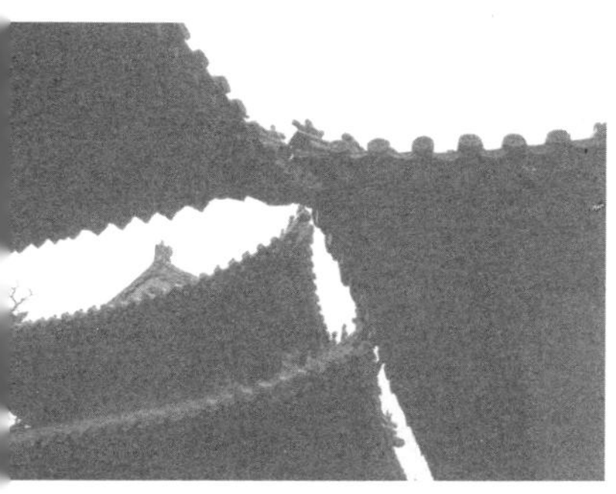

制度化儒家及其解体

（修订版）

干春松 著

中国人民大学出版社
·北京·

图书在版编目（CIP）数据

制度化儒家及其解体/干春松著. —修订本. —北京：中国人民大学出版社，2012.3
ISBN 978-7-300-15124-3

Ⅰ.①制… Ⅱ.①干… Ⅲ.①儒家-研究 Ⅳ.①B222.05

中国版本图书馆 CIP 数据核字（2012）第 000974 号

制度化儒家及其解体（修订版）
干春松　著
Zhiduhua Rujia jiqi Jieti

出版发行	中国人民大学出版社		
社　　址	北京中关村大街 31 号	**邮政编码**	100080
电　　话	010－62511242（总编室）		010－62511398（质管部）
	010－82501766（邮购部）		010－62514148（门市部）
	010－62515195（发行公司）		010－62515275（盗版举报）
网　　址	http://www.crup.com.cn		
	http://www.ttrnet.com(人大教研网)		
经　　销	新华书店		
印　　刷	北京宏伟双华印刷有限公司		
规　　格	160 mm×230 mm　16 开本	**版　　次**	2012 年 4 月第 1 版
印　　张	26.25 插页 2	**印　　次**	2012 年 4 月第 1 次印刷
字　　数	385 000	**定　　价**	55.00 元

《制度化儒家及其解体》序

方克立

在19世纪末到20世纪初的短短30多年时间里，儒学由中国人安身立命的基础和社会秩序合法性的基础，转变为新派知识分子眼中走向民主和自由的障碍物，中国人的心灵经历了一场深刻的震荡和认同危机。对于儒学来说，其所遇到的挑战之严峻远不是佛教和明末清初的基督教所可比拟的。从废除科举到推翻君主制度，中国社会就其主导的价值和制度设置来说，已经从一个传统社会进入了现代社会。

干春松的新作《制度化儒家及其解体》，重点就是研究清末以降，制度化儒家面对外来的冲击和日益激化的内在矛盾，逐渐失去其作为合法性依据的地位而走向解体的过程。不言而喻，在儒学的现代价值日益成为热门话题的今天，此一课题研究有重要的理论意义和现实意义。

本书作者没有采取通常流行的仅从观念史的角度来研究儒学和儒家的做法，而是结合一种制度分析的社会学方法，来提示儒学思想如何在统治权力的支持下，通过将孔子圣人化、儒学经典经学化、选举制度儒家化等制度设计而成为一种独尊的官方意识形态，同时，各种具体的制度安排如法律制度、地方管理制度等亦逐步渗透着儒家的理念，指出儒家之所以影响中国长达几千年，除了思想的内在因素之外，这些制度安排也是非常重要的。

本书的重点是从儒家观念体系的危机、科举的衰落和废除、现代教育制度与现代政治法律制度的建立来考察儒家秩序的崩溃过程，其意义是能够从更深的层次上来解释儒家在近代所遭遇的挑战和它进退失据的困境。儒家在近代中国所面临的冲击是多方面的，甚至可以说是全方位的，但本书强调原先的制度设置逐渐衰落和瓦解则是儒家失去对中国社会的控制力的根本原因。

我认为本书至少有两个方面值得重视。

其一是，对儒学和儒家研究的方法论意义。

历来的儒学研究都存在着过分观念化、逻辑化的倾向。本书从制度化的角度来考察儒学，在哲学史研究中可谓开一新生面。其实，运用知识社会学和社会史的方法来处理思想史问题，在学术界并不鲜见。就国内学术界而言，侯外庐等人的中国思想史研究就十分注重思想与社会之间的互动关系，这也是唯物史观的基本要求。另一方面，或许是受海外汉学研究的影响，国内学者也越来越多地引入这种方法，从类似的角度来处理思想史问题，如对儒学地域化的研究等。就对制度化儒家的研究来说，余英时、金耀基等人已在这方面做了一些基础性的工作，许多历史学者对于某些具体的制度与儒家之间的关系做了认真细致的考察，如瞿同祖对法律儒家化的研究，王德昭、何怀宏对科举制度的研究等。但是从整体上对于制度化儒家进行概念厘定和框架分析，将其上升为一个专门的思想史课题，却自本书始。这体现了作者的学术敏感，也展现了作者从哲学的高度来驾驭史料的能力。

在具体分析处理中，本文所涉及的诸如经学、科举等虽然都是大家熟悉的话题，但采取的特定视角是将其作为儒家的制度性设置，正是由于有这些设置存在，才构成了权力、利益和真理的稳定联系，从而确保了儒家作为社会秩序之合理性依据的权威性，以及对于这种权威的服从所能带来的利益。从这个角度来分析制度化儒家的解体，有助于我们了解近代中国知识精英对于儒家思想的复杂态度，以及近百年来儒学在中国的坎坷命运。儒家之解体与花果飘零固然有其观念上的原因，但是不能否认制度变革是导致儒家失去其安身立命之所的真正原因，这显然比简单地讨论激进或保守更具有说服力。

其二是，这种研究可以为我们了解儒家提供多元的视角。

儒家在春秋战国时期只是诸子百家争鸣中的一个学派，它在汉代被意识形态化之后，才逐渐建立起一套保护其独尊性的制度体系。这样，儒生也就成为与权力最接近的一个群体。因此，我们不能简单地把儒生看作是纯粹的知识精英，他们也构成了中国传统的官吏阶层的主体。也正因为如此，我们就不能用哲学家或用西方知识分子的模式套在中国的儒生身上，这也意味着我们在讲儒家对于权力的“独立性”时还必须掌握一定的限度。尽管我们可以对儒家思想进行“创造性的转化”，但这并不意味着可以不对传统儒学联系其所服务的制度进行深刻的批判，只要经过简单“改装”就能适用于今天。

当然，对于作者所涉足的研究课题来说，本书还只是一个初步的成果。儒家的制度化及其解体是一个涉及面非常广泛的课题，其中的每一种制度设置都包含着相当复杂的历史内容，其解体过程也是为多种内外因素所决定的。这就给作者提出了巨大的挑战。我们不难发现，本书对一些具体的制度设置的论述还显得过于笼统，在史料的掌握上也有待于进一步补充完善。希望作者在已有认识的基础上，把这项研究继续推向深化。

修订版序：儒学与中国制度模式

100年前，武昌起义后，在全国22个省中，竟然有17个宣布独立，然后这些只了解现代政治皮毛的都督们，认为美国的建立最初也是因为十三州宣布独立，然后建立联邦，所以中国适可以仿而效之，建立起以美国为摹本的总统制的三权分立的中华民国。然而，这些新政治的操作者，发现他们所要面对的中国，并非曾经作为殖民地的北美，而是一个有着独立文化传统、价值体系、社会秩序的中国。帝制虽然被推翻，在许多百姓心目中，这只不过是又一次的改朝换代。而袁世凯、曹锟，甚至孙中山，也都对政治理想和现实政治之间的巨大的差距缺乏思想上的认识和行动上的准备。因此，中华民国成立之后的一段时间里，社会崩溃、价值失范，几成一黑暗之中国。

造成这种局面的原因可以有很多种总结，但归结起来有两个，一是对国际秩序理解不够；二是对中国传统认识不深。

虽然杨度等人早就指出，民族国家体系下的西方文明是内外有别的，比如他说："自吾论之，则今日有文明国而无文明世界，今世各国对于内则皆文明，对于外则皆野蛮；对于内惟理是言，对于外惟力是视。故自其国而言之，则文明之国也；自世界而言之，则野蛮之世界也。何以见之？则即其国内法、国际法之区别而可以见之。"① 但是这样的看法，并没被许多法国和美国政治的崇拜者所认识到，而是盲目地相信"公理"时代的到来，欢呼"公理战胜强权"。只有到巴黎和会上，当德国在山东半岛上的权力被列强转移给日本的时候，那些曾经对"公理"抱有幻想

① 杨度：《金铁主义说》，见刘晴波主编：《杨度集》，218页，长沙，湖南人民出版社，1986。

的人，才意识到霸权世界的真正面目。而一直以生吞活剥的方式传播西方文明的梁启超写下了《欧游心影录》，开始全面反思中国文化和西方文化之间的关系。

就文化层面而言，作为绵延悠久的中华文明，固然有对个人权利的漠视，固然有皇权专制的残暴，但是以礼治国，以情治家，恰也展现出文化之温情。尤其以天地人之综合全体来看待我们生活的世界，更可以为人类文明的发展提供一条可持续的道路。但是在现代性的挑战面前，以儒家为代表的中华文明被视为是中国发展的阻碍，陈独秀甚至说："吾人宁取共和民政之乱，而不取王者仁政之治。"① 并认为现代政治与儒家文化乃势不两立之存在。这样的看法，直可看作是削足适履之愚见。

正是因为对于世界和中国两方面都缺乏认识，所以近百年来，我们始终处于制度的实验之中。蒋介石的失败固然不能简单说成是民国政治体制的失败，但是，漫长的"训政"时期，也足以让人觉得"民主"只成为政治家叫卖的羊头而已。

1949 年之后，我们又开始进行社会主义制度的实验。这个实验最初也是模仿，不仅是经济模式，也有政治模式。这个阶段在国家层面的成就是中国终于在现代民族国家体系中获得空前独立的地位。而在政治层面的成就是探索了中国式的基于平均主义的公平体系。但是，"文化大革命"所造成的经济上的崩溃和政治上的无序，说明这个制度实验需要做很大的调整。这就是迄今为止仍在进行中的政治和经济体制改革。

当年人们总结中国近代改革路径的时候，一般都喜欢用三阶段论，即先器物、后制度、再观念。这样的说法其实有一个很大的误解，器物层面的改革可以不论。后制度、再观念的顺序说明了一个制度设计的错位，即存在一个先入为主的意见，即西方的制度是我们必须学的，后果是当制度失灵的时候不去检讨制度设计本身的问题，而是怪罪不适应这个制度的人。

我们应该重新提出一个问题，即制度设计是应该以人为本，还是人

---

① 陈独秀：《答常乃悳》，见任建树主编：《陈独秀著作选编》，第一卷，274 页，上海，上海人民出版社，2009。

应该以制度为本。如果说要检讨 1840 年之后，中国所走过的弯路，以抽象化、理想化的制度为本，而忘记了其中的人，即忘记了每一个有价值、有思想、有生活的中国人，才是那些粗浅的政治家们的最大错误。

21 世纪，中国开始进入了新的发展阶段。在经过了 1980 年代以来的高速经济发展之后，中国已经成为世界上最大的经济体之一。我们可以用一种新的角度来理解中国，理解中国应该为世界所做的贡献。

在经济领域，作为最大的世界工厂，中国是世界上最大的加工基地，即成为世界上各种工业设计的代工基地。就制度和文化来看，中国目前的状况也是如此，这里面有一个深层的原因，那就是，经过一百多年的自我否定，现代中国人已经失去了与我们伟大的传统之间的联系，我们的耳朵失去了体会圣贤教诲的听力。

建立起与传统的联系，倾听圣贤的教诲，是我们理解中国人的一个重要的角度，也是我们试图让我们的制度建构回归到以人为出发点的重要的一步。其实这也是我研究“制度化儒家”的一个重要的出发点。10 年前，当我开始这项工作的时候，可能并没有这么明确的意识，而随着研究的深入，我逐步认识到，研究制度化儒家的解体，是理解儒家如何面对现代性挑战的第一步，而这个研究的目标应该是如何建立现代制度与儒家传统之间的关系。

沿着这样的思路，我提出了“制度儒学”的概念，并相继出版了《制度儒学》、《重回王道——儒家与国际秩序》等著作。这些著作的一个重要任务就是分析儒家与现代中国制度建设的关系，甚至分析到儒家对未来世界秩序的建构的意义。

有一些关注我的研究的同仁已然指出，我的这些研究有一个重要的缺陷就是没有从制度建构的原理上去说明儒家应该在当下甚至将来的中国制度建设中的作用，这样导致了许多的讨论依然停留在个案分析和历史的梳理上。所以，制度儒学所要讨论的首先是儒家的制度建构原则，其次是这样的制度原则如何与现代的制度体系相融合，最后就是如何建立起一套适合于现代社会的制度体系。惟其如此，才谈得上真正意义上的中国模式。

在这 10 年或者更长的时段里，从儒家的角度研究中国的政治和制度建设的，虽然角度不同，但已经有了很多的尝试。这些尝试的一个共同点，就是超越只从心性层面讨论儒家的单向度突破，而是更多地希望从儒家与中国政治、中国制度建设的关系中来探讨儒家未来的发展。比如郭齐勇先生对儒家礼法社会的关注；比如蒋庆先生提出的儒家政治哲学的三重合法性的问题；比如康晓光先生对于“仁政”和中国国家能力的关系的研究；比如陈明对于公民宗教的设计；比如盛洪对于现代中国的家族制度的思考；还比如秋风、唐文明等对于儒教和宪政问题的探讨。这些研究有一个共同的基础，就是不再迷信于从西方移植现成的制度模式，他们从多元的现代性的视野，看到儒家在中国未来制度建构中的重要意义。

也有一些人从理论层面对儒家的思想进行扩展性研究，比如赵汀阳对“天下主义”的制度哲学的阐发、黄玉顺对中国正义论的建构，然这些研究都可以视为是中国的制度体系的形成的理论准备。

诚如许多人所言，现代中国与传统中国的最大差别是，传统中国的制度构建主要来自于儒家的价值体系和实践活动，而经过现代性洗礼的当下中国，则不仅儒家传统在继续发挥作用，而且也有近二百年的西方文化的传统和近百年的社会主义传统，古老的儒家传统和另外两个新传统，共同构成了现代中国思想版图的复杂色彩。而就我个人而言，我愿意将现阶段的多元文化共存的局面视为继佛教之后，儒家传统对于外来传统的新的冲突与融合的过程。我们应该将这个过程看作是中国人发挥其兼容并包的精神而创造新传统的过程，而不是简单采用非此即彼的思路取其一而舍其余。然后从文化发展的一般性规律而言，未来的中国文化应当是一个以中国文化为本位的吸收了新的价值形态从而形成新的中国思想的时代。就儒家而言，或许我们可以看到基要主义的儒家、自由主义的儒家、左派的儒家、社会主义的儒家等等形态各异的新的儒家样态，但是有一点我们可以相信，它们首先是儒家，并最终要归结到儒家。

10 年前，有人说我怀着幸灾乐祸的态度冷眼对待制度化儒家的解体，那么 10 年后，我抱着添砖加瓦的心情来期待中国制度模式的形成。

2011 年 6 月 26 日改定

目　录

导言　儒家的制度化与制度儒家化的互动：制度化儒家的基本结构和近代命运

中国传统思想丰富、复杂，有许多思想流派，但就对中国社会、文化和中国人的价值观的总体影响而言，儒家可以说是无出其右的。儒家的丰富性和复杂性，一方面是因为在其漫长发展过程中不断累积、发展、变化，另一方面则是由于其不断与政治制度、社会生活的融合而渗透到中国人生活的方方面面。

从原始儒家，到现在依然在发展中的各种儒家思潮，其关注的重点和思想形态，一直在不断地发展和变化，儒生的社会角色和自我定位也因儒学与中国政治秩序的关系的变化而不断调整。比如，从儒学形态而言，孔孟所代表的春秋战国时期的儒学与董仲舒等所代表的汉代大一统时代的儒学就有很大的差异，后来的宋明理学又通过"出入"佛教和道教，形成了新的风格。

如果说汉代儒学更侧重于创制立国，改造中国的政治秩序、涵养中国的民间社会的话，那么，经过魏晋玄谈和唐代经学的转变，宋明儒学更为侧重于儒家价值观念的重构和心性之学的探索。① 如果以现代的学术眼光看，或许可以区分为儒家的制度化形态和儒家的内在化形态。而本书的重点将立足于儒家的制度化形态及其解体的梳理和分析。

---

① 对于这种改变，钱穆先生有过确当的论述，他说："伊洛兴起，那时的学术风气又变了。他们看重'教'更过于看重'治'。因此他们特别提出《小戴记》中《大学》这一篇，也正为《大学》明白地主张把'治国'、'平天下'包括到'正心'、'诚意'的一条线上来。于是孟子和孔子更接近，周公和孔子则更疏远。在韩愈以前，常还是'周孔'并称的，到伊洛以后，确然变成为'孔孟'并称了。……他们之更可看重者，也全在其内圣之德上，而不在其外王之道上。于是远从《尚书》'十六字传心诀'，一线相承到孔孟，全都是'圣学'，不再是'王道'。"《孔子与春秋》，见钱穆：《两汉经学今古文平议》，296～297页，北京，商务印书馆，2001。

探讨儒家的制度化形态，主要是想探索儒家自身的制度性存在和儒家对传统中国的政治制度和社会秩序的形铸。

孔子综合和发展西周以来的一些重要的思想观念，如“德”和“礼”，并力图给这些观念找到一个本质性的原则，即“仁”，从而形成了儒家的基本精神特质。另一方面，孔子首开私人教育之风，并吸引了多至三千的学生，从而形成了儒家学派。因此，本书讨论“制度化儒家”将从儒家学派的内在制度结构即“儒家的制度化”和儒家对社会制度不断形铸的“制度的儒家化”这两方面的双向互动来展开。

“儒家的制度化”有许多形式，包括孔子的圣王化、儒家文献的经学化、以儒家经典为核心的选举制度、儒生与权力的结合等。“制度的儒家化”则是儒家观念在社会控制体系和制度设计中的渗透和呈现，包括儒家观念的意识形态化，儒家观念在政治、法律和习俗中的体现等。这两个向度通过权力、真理和制度之间的互相配合而长期影响着中国人的生活。

近代以来，随着现代性的发展而造成了儒家观念的神圣性的消解和儒家价值观与中国制度体系的分离，并最终导致了制度化儒家的解体。我们可以这么认为，制度化儒家的解体在很大程度上决定了近代中国社会和思想的基本特性，可以有效地解释近代中国所发生的重大的政治和思想事件，从而为我们认识近代中国社会的转型提供一种思考的维度。对于儒家自身的发展而论，透过对制度化儒家解体的分析有助于我们更好地认识儒家在现代中国的命运。

1. 制度、制度化、权力与意识形态

任何种群的存在，必然会依循一定的规则，即使是动物世界所遵循的丛林法则，那也是一种游戏规则。人类社会的构成，要更为复杂，正是因为善于组织，所以人类才成为这个地球上的主宰。

人类在组织上的优势，主要体现在建构起各种各样的制度，而且随着社会形态的不断丰富，制度的层次和结构也更为复杂和合理。因此，

有人认为，制度是理解历史的关键。① 制度的建构和完善，是一个长期博弈的结果，因为，制度的最为重要的作用就是减少社会运行的成本。由于博弈是一个永无止境的过程，所以制度的演变也会是持续而不间断的。任何的稳定都只是下一个演变前的一个或长或短的间隙。"制度在一个社会中的主要作用是通过建立一个人们相互作用的稳定的（但不一定是有效的）结构来减少不确定性。但是，制度的稳定性丝毫也没有否定它们是处于变迁之中的这一事实。从习俗、行为准则、行为规范到法律以及人们之间的合约，制度是处于演进之中的，因而在不断改变着我们所能获得的选择。"② 就制度的发生而言，许多制度最初或许是零星的惯例和习俗，以及相对宽松的约束力和松散的结构，但随着代际传播得以维持和再生产，使之不断定型和具有强制力。这样，制度就成为一种使社会运行秩序化的机制。

世界上，我们可以发现不同的制度类型，有一些制度为不同的族群所共同接受，比如家庭、私有制等，但是，也有一些为不同的社会和地区所特有，比如古代印度的种姓制度、中国的科举制度等等。这些不同往往跟这些族群和地区的文化价值观有关系。因此说，无论是如哈耶克那样视制度为"自发形成的秩序"还是将制度看作是人的理性的设计的结果，制度形成的过程，并不单纯是一个利益博弈的产物，其中还包含有价值、历史、符号等不同因素的影响。

制度的最核心部分是社会制度和保障这些制度实施的组织机构。但同时也包含一些没有形成文字但被大家普遍接受的惯例、潜规则等。可以说现有的社会秩序是建立在各种各样的层次不同的制度架构之上的。③

---

① 诺斯说："制度是一个社会的游戏规则，更规范地说，它们是为决定人们的相互关系而人为设定的一些制约。制度构造了人们在政治、社会或经济方面发生交换的激励结构，制度变迁则决定了社会演进的方式，因此，它是理解历史变迁的关键。"见［美］诺斯：《制度、制度变迁与经济绩效》，3 页，上海，上海三联书店，1994。

② 同上书，7 页。

③ "一种 institution 被定义为适用于已建立起来的惯例（practices）或情形（situation）以及为一个社会系统里的成员所一般接受的规则系统。人们相互交往的这些标识（guidelines）抑或可以为法律、宪章、宪法等所明确界定，抑或对某一特定的文化（比如习俗、显俗、一般为人们所接受的伦理原则等等）来说是隐含着的。关键在于，an institution 标示了能被预期到的个人或群体行动的结果。给定一种业已存在的 institution，个人或群体在一定程度上知道他（们）的活动将引起如何反应。" B. Roberts & B. Holdren，*Theory of Social Process*，p. 120，Ames，Iowa：University of Iowa Press，1972. 中译文见韦森：《经济学与哲学：制度分析的哲学基础》，59 页，上海，上海人民出版社，2005。

虽然，对于制度的形成和特征的论说见仁见智，但有一些要素为所有的研究者所共同关注，一般把规制性（regulative）、规范性（normative）和文化认知性（cultural-cognitive）视为制度的关键要素。[①] 如果说规制性和规范性所凸显的不同的制度形式，是有形的；而文化认知性则是这些制度背后的价值和情感因素，是无形的。它们之间的相互独立又相互强化的方式，共同为我们生活的世界提供秩序系统。对此，《国际社会科学百科全书》提供了类似的说明："社会制度通常被考虑为社会组织的基本核心方面，所有社会所共享的基本核心方面和为有条理的社会生活而处理某些基本普遍问题的核心方面。制度（institute）强调的基本有三点。第一，由制度控制的行为模式，这里的制度是指制度化地处理任何社会的一些长期反复出现的基本问题的行为模式。第二，根据一些明确、连续和有组织的模式，社会中个体行为的规则。第三，这些模式涉及一明确标准的管理和规则，也就是说按照正常标准和经过被这些正常标准使之认可而合法支持的规则。这些制度的要素，以多样化的方式，被大部分现存的定义所强调了。因此制度或制度化模式在这里可以定义为：解决任何社会中一些长期反复出现的基本问题的或者使社会有秩序生活的（行为）制约机制。"[②] 因此说，在通过这种"制度"的储存使集体记忆、表述、价值、标准、规则等外部化之后，制度便体现为一种权威性和强制性。它不再是一些没有严格的奖惩标准的惯例。

换一种说法，当行动者为了实现他们的目的而将一些价值、标准和规则外化的过程，就是一个制度化的过程。[③] 而制度化的成功与否取决于

---

① 见［美］理查德·斯科特：《制度与组织——思想观念与物质利益》，58页，北京，中国人民大学出版社，2010。

② David. L. Sills editor, *International Encyclopedia of the Social Sciences*, Vol. 15, Crowell Collier and Macmillan. INC 1968.

③ 韦森倾向于用"制序"来翻译 institution，所以，他将 institutionalization 翻译成"制序化"，也就是本文所讨论的制度化。他是从总体的社会制度的形成过程来理解这个"制序化"的，"从个人的习惯到群体的习俗（自发社会秩序），从习俗到惯例（非正式约束），从惯例到制度（正式约束）这样一个内在于社会过程中的动态逻辑发展进程。从某种程度上来看，我们所理解的'制序化'又近似于社会秩序本身的'型构'（formation of social institutions）过程"。见韦森：《文化与制序》，4页，上海，上海人民出版社，2003。就每一个制度的形成而言，韦森所说的制序化过程大致可以成立，但是就一个制度化过程而言，往往是非正式制度和正式制度并存的。

所形成的制度是否能够获得制度所影响的群体、地区乃至国家的人群的最大限度的支持。

从上述的讨论我们可以看到，制度和制度化与社会思想文化的关系至为密切。

任何一种社会思想体系，都有着内在的制度化的内在要求，特别是政治、道德观念，本身便与制度设置密切相关。因此，这些思想观念一旦与适合的社会历史条件相契合，就会转变为一种宪法、法律和政治体制、道德训诫等形态的制度。

拿启蒙运动为例，发生在欧洲17、18世纪到19世纪初的多种形态的启蒙运动，包括法国启蒙运动、苏格兰启蒙运动，还有德国的启蒙运动，它们孕育出了不同的现代性理论及建立在这些理想和构想基础之上的制度实践，比如西方主流的资本主义社会和作为资本主义的批判力量而发展起来的社会主义实践。按照福柯的描述："'启蒙'是一种事件或事件以及复杂的历史性进程的总体，这总体处于欧洲社会发展的某个时期。这总体包含着社会转型的各种因素，政治体制的各种类型，知识的形式，对认知和实践的理性化设想。"① 的确，通过霍布斯、洛克和卢梭等人的天赋人权、私有财产等观念的传播，启蒙运动逐渐落实为一系列的政治制度。因此，从某种意义上说，近代以来西方的政治、经济制度的形成，就是启蒙思潮"制度化"的过程。

从某种意义上说，"制度化"过程事实上是将一种零星的或者是自发的行动秩序转变为边界清晰的规则系统的过程。虽然，无论是习俗、惯习还是正式的制度，其形成就意味着一定的约束力，然而，非正式制度的约束力比较弱，而形成了"规则系统"的正式制度则约束力比较强，如果是形成一定的支配和统治关系，那么其约束力往往要通过法律、军队等强力手段来保证。

因此，制度化的过程，其实是一个权力形成的过程。

权力这个概念十分复杂②，我们最好回溯到韦伯的经典性定义。韦伯

---

① ［法］福柯：《何为启蒙》，见杜小真编选：《福柯集》，537页，上海，上海远东出版社，1998。

② 有人说权力是一个坏的概念，原因在于其含义的复杂性，关于权力理论的系统性综述，可参见夏传玲：《权杖和权势——组织的权力运作机制》，第一章，北京，中国社会科学出版社，2008。

说："权力意味着在一种社会关系里哪怕是遇到反对也能贯彻自己意志的任何机会，不管这种机会是建立在什么基础之上。"① 很显然韦伯强调了权力本身的强制性。对于任何的政治实体而言，要形成一种稳固的支配关系，需要有强有力的权力来保证。而制度化则为权力的运转提供组织性的保证。但在福柯看来，权力的强制性是权力的最后一张底牌，即利用组织体系来确立领导权。而权力系统的建构则是多重的力量关系的博弈的结果。他说：权力"不是指保证一个特定国家的公民的服从的一组机构与机制。也不是与暴力对立的以法规面目出现的征服手段。……这些只是权力的最后形式。我认为权力首先是多重的力量关系，存在于他们运作的领域并构成自己的组织。权力是通过无休止的斗争和较量而转化、增强或倒退着的过程；权力是这些力量关系相互之间的依靠，它们结成一个链锁或体系，或者正相反，分裂和矛盾使他们彼此孤立；最后权力如同它们据以实施的策略，它的一般构思或在组织机构上的具体化体现在国家机器、法律条文和各种社会领导权中"②。

由此可见，权力的长期、顺利运作还需要依赖于它是否能从制度对象中获得必要的遵从。这不但要看制度本身设计是否合理，更为重要的是要看制度本身所具有的合法性和正当性资源是否充沛。

所以要使制度长期有效，就必须建立在正义和合理的基础之上。也就是说权力（power）要转变为权威（authority）。权力转化为权威的过程，其实是权力形成的观念和制度效率在时间和意义上被普遍化的过程，进而转变为人们的自觉的遵从和心理上的期待。在这个意义上，我们可以说权威是具有合法性③的权力。

学界对于合法性或者正当性的讨论很多，就权力的合法性来源而言，韦伯的论述几乎构成了相关讨论的枢纽。韦伯认为权力和权威的差别在

① ［德］马克斯·韦伯：《经济与社会》上卷，81页，北京，商务印书馆，1997。

② ［法］福柯：《性史》，90页，上海，上海科学技术文献出版社，1989。

③ 周濂主张将legitimacy翻译成"正当性"，而不是更常用的"合法性"，他的理由是译成"合法性"会丧失掉legitimacy这个词所内含的超越的道德维度，而沦为法律实证主义的工具。同时，legitimacy，除了"合法有效"的含义外，还有"正统的"、"正确的"等含义。见周濂：《现代政治的正当性基础》，7页，北京，三联书店，2008。

于是否存在一种“服从的愿望”，他相信，没有任何的支配关系是仅仅以物质利益的关系来维系的，也不仅仅是以情绪化或者理性化的动机来维系的，任何统治者都试图唤起一种合法性的信仰，需要为自己的支配地位寻求正当性的依据。

根据以往的政治形态，韦伯提出：

> 合法统治有3种纯粹的类型，它们的合法性的适用可能首先具有下列性质：
>
> 1. 合理的性质：建立在相信统治者的章程所规定的制度和指令权利的合法性之上，他们是合法授命进行统治的（合法型统治）；——或者，
>
> 2. 传统的性质：建立在一般的相信历来适用的传统的神圣性和由传统授命实施权威的统治者的合法性之上（传统型统治）；——或者最后，
>
> 3. 魅力的性质：［建立在］非凡的献身于一个人以及由他所默示和创立的制度的神圣性，或者英雄气概，或者楷模样板之上（魅力型的统治）。①

虽然，三种合法性的模式在现代政治中依然可以被看到，而且经常是这三者的结合的产物，但现代性所带来的理性化过程，则使得主要体现第一种类型的合法性的程序合法成为社会合法性的主要来源。也就是说，如果一种权力的获得是在被认可的程序的基础上，那么这样的权力就是合法的。

在哈贝马斯看来，合法性的问题并不能在社会学的领域里得到解决，理由在于制度在形成之后，会逐渐从该制度产生的“意义系统”中独立出来。比如，民主制度，本来是一个落实民意的最重要的手段，现在却变成一个选择领袖和领导别人的方式。且不论行政机关可以通过各种方式来操纵“合法性”的产生，因此，有必要对程序本身的合法性进行整体性的反思。“使一种规范得以存在的无争论程序，也就是一种程序的法

---

①［德］马克斯·韦伯：《经济与社会》上卷，241页。

律形式，本身仅仅保障了权威能够承担起对有效法律的责任。这种权威是在政治系统中建立起来的，具有一定的职能，并在该系统中得到承认。但是，这些权威是统治系统的构成部分。如果纯粹的正当性想被视为合法性的一种标志，那么，这个系统就必须在整体上被合法化。”①

整体上的合法化，不仅要求一种合理的制度，而且需要一种被普遍承认的支持该制度的意义系统，这个意义系统的有效性需要以真理性或意识形态化的方式得到确定。

支持制度的意义系统是与制度伴生的，但是通常缺乏一种明确的、一致的表达，有时甚至是互相矛盾和冲突的，这会造成一种行动上的多样性，这在许多时候就会消解制度的合法性和对于制度和权力服从的一致性。因此，当制度和权力结盟之后，客观上产生对意义系统进行真理化和意识形态化的要求。任何一种世界观或道德伦理系统的意识形态化，意味着“它的表述更为明确、它的内部一体化或系统化程度更高、它的范围包罗万象（comprehensiveness）、它的应用相当迫切，以及更为热切地集中关注某些核心命题或评价”②。

毫无疑问，将意识形态化和真理性放在一起讨论自有它的问题，但是如果我们不是从纯自然科学的立场来看待这个问题，我们就会发现，意识形态所希望建立的是一种价值性的“真理”，即利用一种普遍价值的方式来证明一种制度背后的意义系统为真理。

由此我们可以看到制度、权力和真理之间的复杂关系。制度的有效运转会建立起一种权力，而权力的合法性需要一种价值合理性的支持。这样，它们之间构成了一种利益的链条，所以，反过来，价值真理会支持权力运行的合法性，并最终使制度持续化。

在简略地梳理了制度、制度化、权力和合法性等概念之后，我们便可以进入我们的核心议题，即儒家的制度化过程中，这些因素是如何发

① ［德］哈贝马斯：《合法化危机》，130～131页，上海，上海人民出版社，2000。周濂认为哈贝马斯的发难是政治正当性向客观的外在因素的一次“回流”，可以作为现代政治正当性基础落在统治者的主观意志之上的解决力量，尽管他这个做法的效果存有疑问。见周濂：《现代政治的正当性基础》，18页。

② ［美］希尔斯：《知识分子与当权者》，33页，台北，桂冠图书股份有限公司，2004。

挥作用的。

2. 从权力和真理的互动看儒家的制度化

春秋战国时期，是中国传统社会的重大的转折期，西周时期形成的宗法封建制逐渐解体，而新的政治形态还未形成，因此，从旧体制中分离出来的士阶层，纷纷提出各自的政治设计，并对这些政治设计的理论依据和人性基础作了不同的论证。由此形成了百家争鸣的局面。

司马谈曾作《论六家之要指》，概括说："夫阴阳、儒、墨、名、法、道德，此务为治者也，直所从言之异路，有省不省耳。"认为这些诸子的学说，虽殊途但同归，即以现实政治为其关注点，差别只在于是否切中要害而已。司马谈显然是站在黄老道家的立场上来评判这六家的。

> 尝窃观阴阳之术，大祥而众忌讳，使人拘而多所畏；然其序四时之大顺，不可失也。儒者博而寡要，劳而少功，是以其事难尽从；然其序君臣父子之礼，列夫妇长幼之别，不可易也。墨者俭而难遵，是以其事不可遍循；然其强本节用，不可废也。法家严而少恩；然其正君臣上下之分，不可改矣。名家使人俭而善失真；然其正名实，不可不察也。道家使人精神专一，动合无形，赡足万物。其为术也，因阴阳之大顺，采儒墨之善，撮名法之要，与时迁移，应物变化，立俗施事，无所不宜，指约而易操，事少而功多。①

从上文可以看出，司马谈对于各家是有赞有弹。然最为肯定的是道家，认为道家能综合儒道墨法各家的长处，因此能取"事少而功多"的后果。

但同样是对于诸子，《汉书·艺文志》的评价就发生了变化，其关键是肯定儒家"于道最为高"：

> 儒家者流，盖出于司徒之官，助人君顺阳阳明教化者也。游文于六经之中，留意于仁义之际，祖述尧舜，宪章文武，宗师仲尼，

---

① 《史记·太史公自序》。

以重其言，于道最为高。

而且，认为儒家也是“因阴阳之大顺”，等于是肯定了汉代以后儒家对于阴阳家思想的结合。对于道家，班固的评价也是颇为正面的。

> 道家者流，盖出于史官，历记成败存亡祸福古今之道，然后知秉要执本，清虚以自守，卑弱以自持，此君人南面之术也。合于尧之克攘，《易》之嗛嗛，一谦而四益，此其所长也。及放者为之，则欲绝去礼学，兼弃仁义，曰独任清虚可以为治。

不过，班固对于道家绝去礼学、兼弃仁义的做法多少持怀疑态度。而对于墨家、阴阳家和名家的评论则基本一致。从这一转变中，我们基本上可以了解汉初意识形态的转变历程。

那么为什么儒家和法家在大一统的政治格局中特别具有竞争力呢？儒家和法家共同的地方在于都肯定等级秩序的合理性。区别在于儒家将秩序建立在道德和习俗的基础上，而法家则刻薄少恩地坚信制度本身的力量。力量不足以支撑国家运转的时候便迅速崩溃，秦国的速亡是制度失灵的最佳例证。

儒家“游文于六经，留意于仁义”，儒家通过对“六经”的重新整理、诠释，以“仁义”作为社会秩序的基础，继承以“三代之治”的治国平天下的理想，加上孔子有教无类的教育观念，使儒家学派长期成为先秦最大的学派，并提出了系统完备的社会治理方案。

儒家具有最大的包容性，在人情和秩序、政治理想和社会现实之间寻求一种平衡。既强调等级秩序和权威的合理性，又指出道德和民意是判别君权合法性的依据。既积极地寻求参与现实政治的机会，又努力保持独立的人格。这样就比之于法家的刻薄少恩或道家遗世独立那种极端化的立场有更大的弹性空间。因此，更为符合大一统政治格局下的意识形态的一致性和多样性结合的需要。

在秦朝灭亡之后，贾谊和陆贾等人，通过暴力政治缺乏社会凝聚力的证据，主张礼义之治对国家长治久安的重要性。董仲舒等人则通过对先秦哲学遗产进行充分整合建构起天人哲学，从而成为汉代的国家哲学。儒家对于礼仪制度的建构整合了六国信仰，并建立起血缘宗法制和郡县制的混合政体，使汉王朝成为一个极具活力的帝国。①

从儒家经由百家争鸣而成为汉代的国家意识形态的历程，我们可以看到，一种政治学说由观念到弥散到制度的转变。儒家思想内在的超越性力量和其建立在对中国人人性的了解基础上的秩序意识，是其客观化和制度化的根源，因为制度并不是理性设计的产物，制度化更多是对公共的价值观念的确认，并由此客观化为一系列的制度来使之持续产生效率。“制度只能在所有有关人员可以理解的共同设想或世界观的基础上建立起来。它不是政体内自发产生的，而是在共同的象征逐步清楚表达的基础上产生的，而这种象征本身也是通过积累慢慢确立的。因此制度代表一种长期的集体投资，旨在降低社会交换的信息成本——这是较为狭窄地专注于经济过程的制度经济学家所称的‘交易成本’。”②

思想的制度化有很强的排斥性，因为任何形式的争议对于思想本身的发展是重要的，但是对于思想确立起至尊的地位却是有害的。所以当李斯等法家人士要用法家的观念来统一思想的时候，排斥其他有影响的思想体系是政治上的需要。而影响最大的儒家更是首当其冲。

当儒生对于秦始皇的功绩表示怀疑的时候，李斯的决策是“焚书”。

> 古者天下散乱，莫之能一，是以诸侯并作，语皆道古以害今，饰虚言以乱实，人善其所私学，以非上之所建立。今皇帝并有天下，别黑白而定一尊。私学而相与非法教，人闻令下，则各以其学议之，入则心非，出则巷议，夸主以为名，异取以为高，率群下以造谤。如此弗禁，则主势降乎上，党与成乎下。禁之便。臣请史官非秦记皆烧之。非博士官所职，天下敢有藏诗、书、百家语者，悉诣守、尉杂烧之。有敢偶语诗书者弃市。以古非今者族。吏见知不举者与

① 王亚南说：“‘最便于专制’的儒术，或者当作一种专制官僚统治手段来看的儒家学说，稍微仔细分析起来，就知道它具备有以这三项可供利用的内容：（一）天道观念；（二）大一统观念；（三）纲常教义。这三者对于专制官僚统治的维护，是缺一不可的。”见王亚南：《中国官僚政治研究》，69～70页，北京，中国社会科学出版社，1981。这样的研究由于观念上的成见，不能从历史的合理性来看待儒家思想对于中国社会秩序建构的意义。不过这种研究范式至今仍有很多的追随者。

② ［美］马克斯·布瓦索：《信息空间：认识组织、制度和文化的一种框架》，189页，上海，上海译文出版社，2000。

同罪。令下三十日不烧，黥为城旦。所不去者，医药卜筮种树之书。若欲有学法令，以吏为师。①

而董仲舒在给汉武帝的策略中，也是主张通过权力体系来禁止别的思想传播以确保儒家的独尊地位，并以此来垄断观念资源。

《春秋》大一统者，天地之常经，古今之通谊也。今师异道，人异论，百家殊方，指意不同，是以上亡以持一统；法制数变，下不知所守。臣愚以为诸不在六艺之科孔子之术者，皆绝其道，勿使并进。邪辟之说灭息，然后统纪可一而法度可明，民知所从矣。②

价值观的统一是制度顺利运行的保障，因此，制度必须借助权力来保证价值观的真理性地位。不过，一种观念被赋予真理性并获得独尊的地位，对于思想本身的伤害是明显的，很显然，其独尊性意味着其难以有真正的辩难和责难。这是由政治运行的逻辑决定的。因为既然儒家已经成为这种制度的象征性资源，那么为了使这种制度保持稳定性，就要设置一些更为具体化的制度对知识的流动进行一种控制。因为“对社会现实的竞争性解释的无节制竞争会产生四分五裂的社会秩序和主观现实和个性的短暂聚合。这样，所有的世界都被看成相对的，包括我们自己的社会。任何东西迟早会消亡的感觉导致在现有制度秩序的可感受到的合法性方面的危机”③。儒家的制度化就是为了改变自先秦以来思想的自由表述的现象，通过以利益和制裁相结合的手段，从而有效地遏制其他知识的流传，使“个人的思想和经验因而被引导入一套概念和范畴，这些概念和范畴是和周围的社会秩序相匹配的，被引入一种稳定的无可置疑的精神世界，它随后就在这个世界里定居，没有什么逃离的可能性”④。

在现代的思想家中，福柯对权力和思想之间的关系的描述最具有吸引力。他说：“我想说：在一个像我们这样的社会里（不管怎样，在任何一个社会里都一样），复杂的权力关系穿过和建立这社会实体，并规定其

---

① 《史记·秦始皇本纪》。

② 《汉书·董仲舒传》。

③ ［美］马克斯·布瓦索：《信息空间：认识组织、制度和文化的一种框架》，191 页。

④ 同上书，483 页。

特征；它们相互不可分离，也不能在没有真理话语的产生、积累、流通和运转的情况下建立和运转。如果没有真理话语的某种经济学在权力中，从权力出发，并通过权力运行，也就不能行使权力。我们屈服于权力来进行真理的生产，而且只能通过真理的生产来使用权力。在所有的社会中都是如此，但我相信在我们的社会中，权力、法律和真理之间关系的组织方法非常特别。"① 对于权力、法律和真理，福柯指出："一方面，法律的规定从形式上划定了权力的界限；另一方面，另一个极限，另一个限制，就是这个权力产生出并引导真理的效力，而后者又反过来引导这个权力。这样形成一个三角：权力、法律和真理。"② 福柯的权力论容易让人觉得权力先于真理，这一点已由吉登斯做了辨析。③ 的确，权力并不能将任何学说塑造成真理，并且，真理有时也可以对权力本身进行瓦解。也就是说，真理和权力之间究竟是谁决定了谁的命运是一个复杂的问题，但是福柯的分析引导我们认识到权力、法律和思想体系（真理）之间存在着复杂的互动关系，当一个制度有效运行时，我们看到的是这三者之间的互相证明、互相支持。

确立思想体系的真理性的最有效方式就是将其制度化④，所谓思想观念的制度化（institutionalization）⑤，就是在权力的支持下，赋予这种思想观念以真理性的地位，并通过一系列具有强制性法律、习俗、实践系统，来确保这样的思想观念的传播、落实，并对其反对的力量进行控制甚至打击。

---

① ［法］福柯：《必须保卫社会》，23页，上海，上海人民出版社，1999。

② 同上书，22～23页。

③ 参见［英］吉登斯：《社会的构成》，377页，北京，三联书店，1998。

④ 深受韦伯影响的帕森斯说："在任何既定层次产生的权力，都依赖四个基本条件，第一个条件是价值系统的制度化。这种价值系统使组织的目标和组织发挥功能去实现组织目标所运用的基本模式合法化。"［美］帕森斯：《现代社会的结构与过程》，35页，北京，光明日报出版社，1988。

⑤ 戴维·波普诺说："当一个组织成功地吸纳到了成员，并且得到了他们的信赖，能富有效率地实现其目标，能被更大的社区所接受，它就通常能在相对稳定的结构中在一整套目标和价值观的指导下，形成有序的运作模式。简言之，它就制度化了。"这当然是在组织行为学的角度来分析的，但其对于制度化的本质的揭示有助于我们理解思想观念的制度化问题。参见［美］戴维·波普诺：《社会学》，194页，北京，中国人民大学出版社，1999。

制度的确立意味着限制的产生，即由制度的规则来裁定合法与否。按《说文解字》解释，“制”就是“裁”，引申义中有禁止、制服、帝王的命令等。制度可以被理解为控制的规则。如果借用社会学家的话来说，则是“制度是规范的一般模式，这些模式为人们与他们的社会及其各式各样的子系统和群体的其他成员互动规定了指定的、允许的和禁止的社会关系行为的范畴。在某种意义上，他们总是有限制的模式。……制度在社会中处于与权利和义务相对的地位，与既定地位的个人所处的情境结构相对，并且它们规定了制裁和使之合法”①。因此，我们说儒家的制度化就是以儒家的学说为基准，建立起一套法律和实践系统，并通过传播逐渐深入到习俗之中（即通常所谓的“移风易俗”）。儒家制度化的最高表现形式就是儒学的意识形态化。② 意识形态作为一种占独占性地位的观念和表述体系，它的确立能使统治权力资源得到稳定的保障，同时作为一种回馈，价值体系的创立者也获得相应的物质或精神的利益，成为特权阶层的一部分。“权力的正当合法性不能只是权力精英本身的呓言，而必须由政治权力之外围而又具有权威可信度的成员来加以肯定。知识分子在社会中从事象征意义之诠释的合法角色，无疑地使得他们成为政权拥有者竭力争取、拉拢的对象。政权拥有者能否获取他们的支持，他们如何为政治权力的合法性提供诠释，很自然地为政权拥有者所关心，说来，这是社会角色分化后不可避免的结果。”③ 这就是说意识形态使权力得到支持，而权力也使得意识形态自身的合法性得到稳固。

将一种思想观念和学说体系确立为这个社会的意识形态，并将之制度化，其目的是要建立一套能够证明现有的社会秩序合法性的有说服力

① ［美］帕森斯：《现代社会的结构与过程》，144～145页。

② 意识形态是个相当有歧义的概念，本文在使用这个概念时基本上认同这样的定义：“政治意识形态是一个信仰体系，它为既存的或构想中的社会，解释与辩护为人所喜好的政治秩序，并且为其之实现提供策略（过程、制度、计划）。政治意识形态包括一套与人性与社会有关的规范性与经验性的基本命题。这些命题用来解释与辩护人类的情况，及指导或维护人们所喜好的政治秩序之发展。意识形态提供了对于过去的一种诠释，对现在的一种解释，以及对未来的见解。它的原则表明了政治生活与权力的目的、组织与界限。”参见［美］恩格尔：《意识形态与现代政治》，5～6页，台北，桂冠图书股份有限公司，1986。对于这个概念的更为详细讨论，可以参见［德］曼海姆：《意识形态与乌托邦》，北京，商务印书馆，2000。

③ 叶启政：《社会文化和知识分子》，115页，台北，东大图书公司，1984。

的理由。虽然，不同时代的意识形态的功能是大致相同的，但其制度化的方式各不相同，比如，在西方的中世纪，基督教成为意识形态的时候，教会就是其最典型的制度化机构。而启蒙时代之后，教育成为我们这个时代最典型的传达某种观念体系的渠道。

对于占据领导权的统治集团而言，其统治的持久与否在一定程度上取决于其意识形态效能的持续性。软实力的作用，就是化解硬实力的刚性过强的缺陷，而完成柔性治理。意识形态宣传者的一种通常的做法就是宣称自己是真理的代言人，他们使用的是一种近乎宗教式的语言，将一种政权的合法化证明上升到信仰的高度。对此马克思的分析绝对具有超越时代的意义。他说："每一个企图代替旧统治阶级的地位的新阶级，就是为了达到自己的目的而不得不把自己的利益说成是社会全体成员的共同利益，抽象地讲，就是赋予自己的思想以普遍性的形式，把它们描绘成唯一合理的、有普遍意义的思想。"① 当统治者宣称自己秩序的普遍性和真理性特征时，就意味着宣称自己是自然和社会的普遍规律的唯一正确的揭示者，全体人民的共同愿望的真正代言人。

具有"真理性"特征的观念体系使得某种秩序得到合理性的证明，从而构成民众服从的愿望或习惯，因而发挥出超乎武力的威力。不过，要维持这样的观念体系的真理性，就必须将这种观念制度化，即建立起一种有组织的机构与一批从业人员来解释、论证、传播。这样的做法，曾经是宗教组织所经常采用的，而现代的政府，虽然在形式上要隐晦得多，但在实际的操作方式上的区别并不大。格尔兹说："宗教思想、道德思想、实践思想、美学思想也必须由强有力的社会集团承载，才能产生强大的社会作用。必须有人尊崇这些思想，鼓吹这些思想，捍卫这些思想，贯彻这些思想。要想在社会中不仅找到其在精神上的存在，而且找到其在物质上的存在，就必须将这些思想制度化。"②通过制度化的方式，权力、真理和知识之间形成了一个互相证明的链条，并且，它们之间的任何两方也同样构成互相支持的联盟，并最终完成了文化资本和社会资

① 《马克思恩格斯全集》，中文1版，第3卷，54页，北京，人民出版社，1960。

② ［美］格尔兹：《文化的解释》，359页，上海，上海人民出版社，1999。

本的再生产。

具体到汉代的儒家，皇权、儒生和儒学之间是如何建立起一种制度体系，以保证真理、权力和知识之间的互动的呢？这就要做具体的分析。

3. 儒家制度化的基本形态

儒家在其漫长的历史发展中，呈现出多元化的存在方式。制度化的儒家是其中的一种。我们需要说明的是，儒家的制度化，并不意味着制度化是其在传统中国的唯一存在方式。在制度化的过程中，即使是儒家内部也有差异，比如西汉时期设立博士的主要是今文学。对于儒家的制度化也有很多种概括方式①，在中文语境中，也有人称为“建制化”、“体制化”等，核心的关注点基本上一致。而我对于儒家的制度化的理解基于一个基本的认识，即制度化包含着两个方面的进路：一是儒家，作为一个学术流派和思想观念体系的制度化；二是儒家的政治、伦理观念，不断渗透到现实的政治制度和社会秩序中，构成了中国制度的儒家化。而这两个方向是互相影响、互相促进的。也就是说，随着儒家的制度化，儒家观念便更合理、顺畅地改造着现实的制度。而制度的儒家化强化儒家制度化的深度和广度。

儒家的制度化主要包括这样一些制度性设计：儒家文本的经典化、孔子的神圣化、博士制度、隋唐以后的科举制度、学校、书院制度等。制度的儒家化包括儒家制定的礼乐制度、政治法律制度的儒家化，官员选拔制度的儒家化等等。

第一，从儒家的制度化方面来说，儒家文本的经典化是基础和关键环节。作为儒家制度化的关键步骤的罢黜百家、独尊儒术，其关键就是

---

① 按金耀基先生的说法：“制度化儒学是制度和文化的复合体，它所指的主要是以下三个方面：（一）政治制度，包括作为国家系统之基石的皇权；（二）作为帝制国家之工具的庞大的官僚机器；（三）文人学士和地方绅士，他们作为一个身份群体将‘国家’与‘社会’连为一体。所有的制度性结构都同儒家文化的价值交融在一起。”Ambrose Y. C.，“State Confucianism and Its Transformation: The Restructuring of the State-Society Relation in Taiwan”，in Tu Wei-ming ed.，*Confucian Tradition in East Asia Modernity*，*p*. 230，Cambridge，Mass.，Harvard University Press，1996. 这种理解的问题在于对儒家学说本身的制度化考量不够充分，而过分把注意力集中于儒家对于社会机构的影响上。

确立儒家的文本为国家的意识形态。虽然，并非所有的儒家的经典传授系统都被承认，但是，别的学派由此失去了同等传播的机会。儒家所传授的六经，被作为先王的政典为万世立法。因此，儒家文本的经典化意味着儒家的政治理想和伦理观念被确立为正统。

儒家文本的经典化，其开端是汉武帝建元五年（公元前 136 年）的"置五经博士"。这绝对是中国制度史和思想史的转折性事件。首先，这个决定使《诗》、《书》、《礼》、《易》、《春秋》五部儒家文献正式被官方确立为"经典"，使儒家思想成为国家意识形态。其次，五经博士的设立，将由战国以来就存在的"博士"职官转变为由儒家独享。不仅博士作为官秩，博士弟子也有了正式的出身。

儒家的典籍经典化之后，就使儒家经典具有权威性和神圣性。为了证明经典的神圣性，甚至发展出谶纬。而权威性则体现在以经典作为重大政治决定、社会工程甚至法律断案的依据，比如"春秋决狱"、"禹贡治河"等。

五经博士制度的设立，究其实就是为了维护经典的神圣性和权威性。但是也由此发展出经典本身的传授系统的封闭性，比如家法、师法的出现，即经典的传授系统不能违背某一经学解释系统创始者的模式，这样，博士们的经学所能做的只能是词章训诂之学，而难以从义理上作自己的发挥。

汉代经学家法森严，既有经学立场的因素，但也有利益的考量。因此，产生了许多不同的经学流派。不仅经典的类型上有今文经学和古文经学的差异，同时，每一经典也有不同的传授系统。因此，经义之间的矛盾抵触之处甚多，这必然会衰减经典的神圣性，因此就需要进行经义解释的统一。然而这个统一的工作，不仅仅是经学家之间的争辩，而且还要由皇帝"亲临称制"。这样的事件最著名者为石渠阁和白虎观两次会议。皮锡瑞说：

> 非天子不议礼，不制度，不考文；议礼、制度、考文，皆以经义为本。后世右文之主，不过与其臣宴饮赋诗，追《卷阿》矢音之盛事，未有能讲经议礼者。惟汉宣帝博征群儒，论定五经于石渠阁。

> 章帝大会诸儒于白虎观，考详同异，连月乃罢；亲临称制，如石渠故事；顾命史臣，著为《通义》；为旷世一见之典。《石渠议奏》今亡，仅略见于杜佑《通典》。《白虎通义》犹存四卷，集今学之大成。十四博士所传，赖此一书稍窥崖略。①

这段描述的最关键之处就在于强调了天子对于经典的至高的解释权，所谓“非天子不议礼，不制度，不考文”。因此，当儒家文献经典化之后，经典的解释权却因为神圣性的要求而不再在儒生手里。这样王权便凌驾于经典之上。事实上帝王的爱好直接影响到经典的命运。比如汉武帝因为倾向于接受公羊学的“大一统”观念，所以使公羊学大盛。而主持石渠阁会议的汉宣帝因偏好《穀梁传》而使《穀梁传》盛行。西汉末年，刘歆也试图通过王莽的力量将《左传》立为博士。如此，政治权力主导经典解释成为汉代经学的一大特点。

儒家的制度化也改变了儒生的行为方式，虽然有很多的儒生依然坚持孔孟之徒的道德理想主义，但也有一部分以儒术来“缘饰”政治，曲学阿世，如公孙弘之流，使儒学成为追求权力和利禄的手段。

权力对于经学的干预，是后世儒家发展过程中的宿命。虽然，历代皇帝开设“经筵”，定期聆听儒家人士讲解儒学治国平天下之大道，但是这样的仪式性活动，并不能掩盖政治系统对于“道统”的凌驾。历代帝王都会通过对于经学的解释的决定权，来传达“国家意志”，比如，唐代的《五经正义》，唐玄宗亲自注《孝经》，都可以称之为政治活动，编制、注释这些经典的政治意义也十分明显，而权力在决定经典的解释过程中的作用始终巨大。这种作用甚至在某种程度决定着学说的发展方向。如唐代帝王对《孝经》的特殊兴趣就影响着唐代的儒学重点由唐以前的“仁义”转向“忠孝”。

经学以经文为主、严家法师法的传统，造成了中国人思维方式中的“经学化思维”，即习惯于从经典中去寻求现实社会的合法性。无论是因循还是变革，都需要有经典的支持。这样的思维方式延续到面临现代性

---

① 皮锡瑞：《经学历史》，77页，北京，中华书局，2004。

挑战的近代，曾作为激进变法先导的康有为在传统的制度模式面临激烈挑战之际，所采用的依然是通经致用的思想范式。他说："孔子之创制立义，皆起自天数。盖天不能言，使孔子代发之。姑孔子之言，非孔子言也，天之言也；孔子之制与义，非孔子也，天之制与义也。"① 虽然，经学在民国成立之后被废除，但是这并不意味着经学思维方式的终结。历览 20 世纪中国的思想历程，经学化的思维何尝略逊于前人。

第二，孔子的圣人化和祭孔仪式的国家化。从某种意义上说，孔子在先秦已经是一个略具神性的人物，他已经被公众舆论塑造成圣人。无论是儒家思想的追随者还是反对者如墨家和道家，均将孔子作为议论的中心人物。

到了汉代，孔子的神性特征进一步被当时所盛行的谶纬之风所扩展，这或许是儒家为了确立其独尊地位而必经的一个阶段。汉儒吸收阴阳家和方士的知识，利用谶纬将孔子神化，客观上是为了论证其对于自然秩序和社会秩序的解释权。因为，在儒家的传统中，只有圣王才具有制礼作乐的"德位"，所以，立孔子为有德无位的"素王"，他就可以通过删定六经，"为汉制法"、"为万世制法"。

儒家，就其本质而言，是一种理性主义色彩很强的思想体系，所以，"子不语怪力乱神"，并不企图利用神秘主义来羽翼。儒家特别强调祭祀天和祖宗，但是即使是祭神也只是为了树立某种敬畏，所谓的"君子以为文，小人以为神"的"神道设教"。在这样的思想背景下，孔子的神性的塑造并没有走得很远，在东汉末年谶纬之风消退之后，对于孔子的尊崇一般也都是在"人"、"师"，是一种作为凡俗的神圣。② 这一点我们从后世对于尊崇孔子的仪式活动中可以发现。虽然我不想在此讨论儒家宗

---

① 康有为：《春秋董氏学》，见《康有为全集》，第二集，365 页，北京，中国人民大学出版社，2007。

② 赵翼在对汉代儒生"灾异说"的评论中就说天与人终究无涉，可见传统中国对于天人关系的一种理解，是理性而非狂热的。他说："降及后世，机智竞兴，权术是尚，一若天下事皆可以人力致，而天无权。即有志图治者，亦徒详其法制禁令，为人事之防，而无复有求端于天之意。故自汉以后，无复援灾异以规时政者。间或日食求言，亦只奉行故事，而人情意见，但觉天自天，人自人，空虚寥廓，与人无涉。"见王树民：《廿二史札记校正》，40 页，北京，中华书局，1984。

教性问题，但毫无疑问在中国人的心目中，孔子不是耶稣和释迦牟尼式的“神”，而是比一般人要伟大得多的“圣人”。

在汉武帝独尊儒术之后，作为儒家学说创始人的孔子的地位也就不再仅仅是先秦诸子之一，而是一个为新的政治格局“创制立法”的圣人。所以，孔子被历代帝王不断加封，如“文宣王”、“至圣先师”等等，就是要凸显制度设计者的地位。

孔子的后裔因为代表着圣脉的流传，同时作为尊孔的符号化标志，也不断得到各种封号和赏赐。早自汉代开始孔家后裔世职曲阜知县。从唐开元二十七年（公元739年）更诏孔氏后裔出任乡官（州长史），而且是世袭的，其目的是为了使圣人的后代不受别人的“统摄”。

对于孔子的纪念也从弟子的自发活动不断升格，最终成为国家典礼，孔庙则由家庙上升为国家祭典之所。特别是南齐武帝和北魏孝文帝于公元489年在各自的统治中心设立孔庙，无意中使孔庙由阕里走向全国各地。到唐贞观四年（公元630年），太宗下诏在州县都设立孔庙，使得教育制度和儒家的传播建立了明确的联系，也就是说通过孔庙和学校的联系，便开始了儒家教育的官学化和普及化。而庙学和从隋唐开始的科举，一方面有制度性的安排使士生的注意力集中到儒学，同时又悬于利禄鼓励这种倾向。权力和知识彻底结盟，使孔庙的功能也发生了重大的变化，使得孔庙完全脱离家庙性质，正式融入国家祭祀系统，成为官庙之一环。

在孔庙的祭祀系统中，还有历代儒生从祀孔庙制度值得我们注意，虽然理论上说选择杰出的儒生配祀孔子是对于建立功业和弘扬师说的儒生的肯定，但是由于孔庙祭祀属于国家祭典之一，因此决定谁应该进入孔庙享受至高的荣誉，并不是由儒生自己决定的，而是均需得到朝廷认可。朝廷事实上也是通过选择从祀者的活动，借此来引导儒生的言论，间接地制约儒家思想的发展方向。

虽然孔庙的祭祀仪式不断有一些变化，但作为儒家制度化的一个重要的方面，它从形式上强化了儒家的独尊性和神圣性。最为重要的是仪式作为社会价值的重要载体，为社会行为树立榜样和模范，孔庙的祭祀仪式的变化其实传达的正是某种象征性的意义，它能有效地树立儒学在社会生活中的地位。孔子的圣人化和祭孔仪式的体制化毫无疑问是儒家仪式化和制度化的重要组成部分，通过这些仪式可以有效地将儒家的理念渗透到具体的社会生活中。而祭孔仪式的长期存在和反复举行使儒学的价值观得到持续性的传播。

第三，选举制度的儒家化和儒家传播的制度化。教育是人们获得一定社会地位的制度化方式和渠道，这在任何的文化传统中几乎都是一样的。在中国由于选举制度和教育制度之间的特殊联系，使得这种特征更加明显。

官员的选拔由血缘宗法制向察举制和科举制这样的选举制度的转变，既是社会制度转变的结果，也是儒家“贤者居位”观念的体现。客观上编户齐民的国家体制，需要有大量的有能力的官员通过契约的方式为中央权力服务，这本身也符合战国和秦汉士人获得权力的动机。而儒家独尊之后的察举制度，使得对于儒学知识的掌握程度成为获得社会资本的重要途径。

汉武帝元光元年（公元前134年）“举孝廉”科的实施是以儒家作为取士标准的开端的，经过不断的改革，最终到隋唐形成了比较完备的科举制度。其重要的特征是自由投考、时间固定、进一步以儒家观念为基本标准。虽然唐宋明清时期对科举的内容不断有变化，但是基本的制度设置的原则一直没有变化。

儒家的观念体系本身的丰富性和复杂性，通过科举来确立和传达对儒家观念的权威解释显然是传达权力阶层的意志的最彻底和最有效的途径。这样，从某种程度上说科举制度成为传统社会国家意识形态的宣示方式。

无可置疑的是以儒家观念为基础的选举制度的产生意味着儒家和权力之间的联系的制度化。只要你通过了最初层级的科举考试，且不论最终获得什么功名，就已成为社会的特权阶层，即“士”或“绅士”。他们有特殊的服饰和称呼，无须纳丁税。可以参加官方的典礼，一般都是家族和地方的重要节庆活动的核心人物，平民不能随便咒骂绅士或指名道姓地称呼绅士。对绅士犯罪的处理也有特殊的程序，如对其行刑必须首先革去其绅士的称号。如此，儒家成为社会的精英阶层，备受尊敬。

将儒家确立为取士和选举的唯一途径，必然会影响到传统教育制度的形态，因为教育是人的社会化的准备阶段，而人的社会化是以如何在社会中获得优势的生存位置为指标的，因此当儒学与权力和利益发生密切关系，成为强势的话语时，将儒家作为教育的主要内容便会成为官学和私学的自觉选择，从而使得儒家传播的制度化体系自然而然地建立起来了。

中国古代所谓的学校，在秦汉之前主要是修习礼义，包括练武的场所，而不是现代所谓的读书讲学问之地。从先秦开始，由于原有的社会格局的变化，逐步开始出现官学和私人教学的分化。

一般将孔子看作是“有教无类”的私人教育的鼻祖，因此我们大概可以认为在春秋战国时期有了官学和私学两种知识传授体系。所谓官学就是由国家提供财政支持的教育体系，可分为太学、府学、县学、社学（乡学），它所传达的是官方所倡导的价值观念和社会规范。所谓私学则是私自授徒的学校形式。这两种知识传播体系在春秋末期之后，随着社会分化和知识分化的加剧而出现了新的格局，即私学的兴旺。在游士阶层的中介之下，私学和官学之间的互动日益频繁。

不过这种知识的自由传播的局面随着秦朝的建立而消失，焚书坑儒就是国家意志对于自由言说的宰制。而在汉武帝独尊儒术之后，儒家变成了宰制性的思想，儒家由私学上升为官学，其直接后果就是其传播方式的官方化。一方面，对于别的学派的压制和以太学为代表的官学体系为儒家的传播提供了制度性的保证；另一方面，儒家与权力的结盟使得儒家对于读书人的吸引力大大加强。

因此说，在以儒家为基准的选举制度确立之后，教育制度完全受到科举的影响而成为科举之一环，这样儒家的传播便得到了一种严密的制度上的保证。毋庸讳言，这种保证的吸引力与其权力和利益之间的通道相关。由于选举和取人的制度日益单一化，导致教育制度和取士制度的合一化倾向，官方的知识传播系统自不用说，由于权力的指向的唯一性，民间的知识传播体系日益向科举准备转向，到明清时代，整个教育体系包括儿童的启蒙教育都日益以科举为唯一取向，这样权力、儒家知识和政治合法性之间的逻辑联系便完整地建立起来。

第四，政治法律制度的儒家化。儒家最初介入汉代政治秩序的建构主要是礼仪制度的设计和制定。叔孙通的礼乐建制包括朝仪及宗庙礼乐，及与此相配套的衣服之制，并编定《傍章》与《汉礼器制度》，为汉代礼乐奠定了基础。随后伏生的《尚书大传》，描述了天子的巡狩制度、诸侯朝见天子的制度、诸侯贡士于天子的制度、天子至大夫的辅佐制度、衣服之礼、祭祀之礼等，虽然是在谈论尧舜与三代的礼乐制度，但是事实上是希望用托古改制的方式，为汉代的礼制提供建议。汉文帝时所整理的《礼记·王制》中，对爵制、禄制、田制、封建制、官制、朝聘巡狩制、丧葬制、宗庙制、祭祀制、选举制等等当时国家的基本礼乐制度都有了明确的规定，使汉代的礼乐制度更为完备。东汉的《白虎通义》基本上采用了《王制》的观念，并进一步使汉代的礼乐制度完备化。

而儒家在制礼作乐的过程中，强调了依礼而治的重要性，伏生、贾谊等人主张礼义德教是仁政的核心，力求省刑、无刑。后来董仲舒等人提出德主刑辅的礼法思想，成为后世法律儒家化的肇端。

儒家建立在“尊尊”“亲亲”基础之上的“礼治”，对应于法家的“当时而立法、因时而制礼”[①] 更具有制度上的承续性和习俗上的亲和力。其路径是将家族作为社会的基本单位和维系社会安定的基本因子，并将这样的立论原则扩充到社会和国家、天下。

在这种思路之下，孝及由此而来的忠便是极为自然的，天经地义地成为核心的道德。皇权和等级秩序在“礼”的笼罩之下，完全成为一种必然的、唯一可能的秩序形式，《礼运》说：“故圣人耐以天下为一家，以中国为一人者，非意之也。必知其情，辟于其义，明于其利，达于其患，然后能为之。何为人情？喜、怒、哀、惧、爱、恶、欲，七者弗学而能。何为人义？父慈、子孝、兄良、弟弟、夫义、妇听、长惠、幼顺、君仁、臣忠，十者谓之人义。……故圣人所以治人七情，修十义，讲信修睦，尚辞让，去争夺，舍礼何以治之？”这可以说是儒家社会秩序的基本理念，因而也成为儒家化制度设计的基本原则。

儒学独尊之后，儒家的观念不断地贯彻到中国传统的各种制度形态

---

① 《商君书·更法》。

中，上至朝廷礼仪、宗庙祭祀，国家的组织和法律，下至社会礼俗到乡规民约，都是儒家观念的体制化的体现。因此，有“春秋决狱”、“禹贡治河”和“洪范察变”等直接援儒典作为行为规则和判断是非的标准，这当然可以被看作是制度化初期规则未定时不可避免的现象。有人在评论春秋决狱的现象时说：“如果说以儒家思想为立论基础的法典不可能在短时期内制定出，那么以儒家的观念解释现有的法律，也就是‘引经决狱’，则可以弥补这方面的不足。因为这样可以使现有的法律和司法活动，及时服务于已经改变了的政治思想路线。”①

随着儒生不断地参与到政治和社会事务中，因此，制度的儒家化十分明显。在这样的氛围下，法律的儒家化也是势所必然。瞿同祖说：“儒家以礼入法的企图在汉代已开始。虽因受条文的拘束，只能在解释法律及应用经义决狱方面努力，但儒家化的运动成为风气，日益根深蒂固，实胚胎酝酿于此时。时机早已成熟，所以曹魏一旦制律，儒家化的法律便应运而生。自魏而后历晋及北魏、北齐皆可说系此一运动的连续。前一朝法律的儒家因素多为后一朝所吸收，而每一朝又加入若干新的儒家因素，所以内容愈积愈富而体系亦愈益精密。”② 这样的累积最终使儒家化法律成为中国法制的正统。

儒家的制度化具体形式有很多，本文侧重于从文本的经典化、选举标准的儒家化、传播方式制度化和政治法律制度的儒家化几个方面来讨论，大致可以窥测到儒家制度化的核心层面。也期许这样的探讨能对儒家在传统中国的存在方式做一种全方位的认识：儒家的制度化存在和观念化存在是互为依托的，观念化存在是制度化存在的基础，同时制度化的实施又强化了观念化的发展。

思想的制度化是思想发展的一种常见的形式，而在历史的发展中，大多数的思想是很难得到制度化的机会的。一方面是因为在一定的社会条件下，尤其在专制的时代只能容许一种思想占统治地位；另一方面思

---

① 高恒：《公羊春秋学与中国传统法制》，见柳立言主编：《传统中国法律的理念与实践》，13页，台北，“中央研究院”历史语言研究所，2008。

② 瞿同祖：《中国法律之儒家化》，见《瞿同祖法学论著集》，381页，北京，中国政法大学出版社，1998。

想的制度化必须依赖现实的权力作为背景，思想的制度化过程本身是以权力压制其他思想的过程，并达到其最终的目标——意识形态化，转化为国家的意志。在儒家制度化的过程中，儒学也会发生许多的变化，正如葛兆光所说："正是在这种政治权力与思想权力的相互作用中，儒学在逐渐变化。其中，相当重要的一点就是儒者自身的变化，'通于世务，明习文法，以经术润饰吏事'，通过选官制度，儒者成为官吏，其结果是将儒家思想学说中的价值观念与行为准则一方面由教育与管理传播到了平民，一方面由制度与文本渗透到了法律。……实际上是把儒家思想学说世俗化道德化，并作为一种荣誉和象征，向社会垂范，儒生成了整顿风俗与生活的教官。……于是儒学成了刑法的内在核心，儒生成了政府管理的官员，儒学正在一步步地取得国家意识形态的地位。"① 这段话所描述的虽然是汉代的制度化过程，但揭示了儒家借助权力获得话语霸权，而统治者依靠儒家制度化来论证其合法性，思想和权力在制度化的过程中共谋的逻辑线索。

4. 制度化儒家的解体

思想观念的发展和思想观念的制度化是一个悖论。一方面，任何以社会现实问题为指向的思想流派，总是希望自己的政治理念和对于社会秩序的设计能够运用于现实生活中，而制度化则是保证这种思想观念客观化的最好途径。因为思想观念通过制度化的过程，便确立起与权力和真理之间的固定联系，使自己的思想得到广泛的传播，如儒家和科举、中世纪的基督教会和教堂、传教士。另一方面，在通过制度化确立思想观念的独占性优势之后，别的思想体系便处于被排斥的境地。独占性的意识形态为了保持其"真理性"，往往难以适应现实的变化，反而现实会被削足适履地屈服于理论的需要。

对于儒家而言，制度化的过程便是经历这种由制度化带来的思想的悖论的过程。汉武帝采纳董仲舒的"天人三策"，从而儒家拥有了独占性

---

① 葛兆光：《中国思想史：七世纪前中国的知识、思想与信仰世界》，387～388页，上海，复旦大学出版社，1998。

的权力资源，这是儒家制度化的开始。儒家制度化使儒家本身获得了广泛的传播，而且，因为儒家本身的包容性，以及制度化范围之外的“独立儒学”的存在，使儒家不断得到发展。佛教的传入，道教的上层策略，都构成了对儒家的冲击。而儒家“出入佛老”，最终形成了宋明理学，达到了新的高度。但制度化客观上也给儒家带来了很多的制约。以科举为例，科举使儒家获得了前所未有的传播广度，而从事科举的学子，通过研读儒家经典，自然会把经义中的尊德性、道问学之理潜移默化。但是科举与权力的结盟，也会对儒家精神造成束缚，特别是使士子以举业为晋身之阶，而忘了儒家大义。

儒家的制度化存在，虽然不断被批评、受冲击，但是一直延续到晚清。在国内的矛盾冲突和西方文明的冲击之下难以为继，在一系列的社会变革中，儒家不断与新的制度相剥离，并最终解体。

(1) 国内的社会矛盾对于儒家制度的冲击

19 世纪以来，中国最大的矛盾在于清朝统治的危机。

就国内的矛盾而言，对于清朝统治者的最直接的冲击是从太平天国起义开始的，太平天国以一种似是而非的外来的宗教作为社会动员的思想资源，本身就是近代复杂的社会、文化背景的一个缩影，同时也深刻地预示着儒家思想的危机。围绕着镇压太平天国起义的过程而出现对于地方军事力量的支持和相关的财政制度的变化①，使得地方势力逐渐成为晚清政治的主导力量。太平天国起义失败之后，清政府有一段短暂的回光返照，迎来了史书所称的“同治中兴”的时代，但作为战争遗产的地方势力的扩张却使得清政府的权威性遭受空前的破坏。

到了光绪年间，地方势力越发强大。光绪七年，张观在上疏中就攻击这种违背祖宗成法的做法说：“近年以来，疆臣建议，每每立见施行，

---

① 与军队体制变化密切相关的是国家财政制度的变化，由于内战，一方面原有的税收大幅度地减少，而军需则一天天地膨胀，因此国家的财政收支平衡被打破，国家财政中枢户部不堪重负，便改变原有的军饷一律由朝廷发放的制度，而是将筹集军饷的权力下放。与此同时，一种几乎完全脱离朝廷控制的税种——厘金税于 1853 年首先在江苏开征，其最初动机也是为了筹措镇压太平天国起义的经费而向通过运河的粮食征收过境税。到了 1862 年它几乎适用于所有的商品，而且几乎所有的省都开始征收厘金。这使得地方的财政开始有了相对的独立性。这种独立性所导致的地方势力的增强是十分明显的。

间有廷臣条奏饬部核定之件，部臣每以情形难以遥度，仍请交督抚酌议。而督抚则积习相沿，动以窒碍难行，空言搪塞，虽有良法美意，格而不行。”① 这就意味着在晚清时期政令不畅，地方力量日益构成对于中央权威的解构。

如果说清朝的统治危机是从整体上威胁制度的合法性的话，那么，如财政税收制度的变革却连带着对儒家化的制度产生了重大的冲击。比如，为了增加税收而采取的扩大捐纳名额和在税源大省增设“永广学额”的做法则对科举制度造成了重大的冲击。捐纳名额的扩大则说明通过科举而获得功名已不再是“单一性”的社会流动途径，也就是说通过科举制度而建立起来的儒家和权力之间的联盟已经出现了破缺。这种做法的附带效应是，由于人们可以通过金钱获得功名，一直在传统秩序中处于底层的商人便可以通过财富获得原先只有“士”才能获得的社会地位，这样一来，以士为首的士农工商的“四民社会”便发生颠覆性的转变，即随着商人在社会中的地位的提升，士阶层存在着被边缘化的危机。

科举制度的最大危机还是来自于自身，科举制度的发展日益背离其出发点。以八股文为标志的日益技术化的倾向，使得科举的形式和内容日益分离，也就是说人们只要熟悉八股的套路而不必对经典本身的含义作深究。同样科举和权力的结盟，使得读书人更多地将儒家看作是“利禄之途”，而统治者则将之视为收拾人心的好办法。严复在《论世变之亟》中说：“宋以来之制科，其纷争尤为深且远，取人人尊信之书，使其反复沈潜，而其道常在若远若近、有用无用之际，悬格为招矣，而上智有不必得之忧，下愚有或可得之庆，于是举天下之圣智豪杰，至凡有思虑之伦，吾顿八纮之网以收之，即或漏吞舟之鱼，而已暴腮断耆，颓然老矣。尚何能为推波助澜之事也哉。”② 对科举的批评历代都有，但到晚清，对于科举难以真正培养人才的观念几成为变革人士的共识。这样，儒家的制度和由儒家提供合法性的政治制度，都遇到了难以化解的矛盾。

---

① 朱寿朋编：《光绪朝东华录》，1048 页，北京，中华书局，1958。

② 王栻编：《严复集》，第 1 册，1～2 页，北京，中华书局，1986。

（2）西方的冲击和儒家制度化的危机

儒家观念作为中国人心理和习惯的凝聚，经过意识形态化的洗礼已经成为中国人的行为准则，许多已经转化为习焉不察的生活习惯。儒家文本在经典化之后，儒家的真理已经得到权力的支持，并被作为解释自然和社会的出发点。但是，儒家意义系统的解释能力在现代性的冲击面前，其在制度和意义上的欠缺十分明显。按哈贝马斯的说法，“合法性危机”便降临了。哈贝马斯说，生产力、控制能力以及世界观（乃至道德系统）是互相依存的关系，但是“社会文化生活的再生产形式在其中显得很不相称：生产力的发展总是在不断地扩大社会系统的偶然性领域，而解释系统结构中的进化动力并不是总能提供选择上的优势。随着社会组织形式当中的系统自律的增强以及复杂性的相应提高，已经变成桎梏的规范结构就自然会被打破，失去控制意义的参与则自然会被淘汰”①。的确，伴随着西方军事和经济强势而来的西方文化的传播，现代化的生产方式所带来的社会组织方式的空前复杂性，以民族国家体系为特征的国际竞争格局所带来的国际秩序的新变化，如此等等，使儒家的解释系统出现许多“空隙”。这样的新格局，动摇了以华夏中心主义为特征的世界秩序观，它使得中国人逐渐认识到世界已经进入“万国竞逐”的时代。还有，西方文明在船坚炮利的辅助下，也使中国人开始认识到我们需要向西方学习。“师夷之长技以制夷”、“中体西用”都被用来作为这种转变的理论依据。再次，随着基督教根据条约所规定获得了在中国传播的权力，儒家文明遭受了新的精神价值观的冲击，而传教士的特权地位，也影响到绅士在民间社会的主导权。

真正使中国人深刻感受到精神危机的是 1894 年中日战争的失败和日本在 1905 年日俄战争中的胜利，中日战争的失败使中国人产生了民族生存的危机，而日俄战争的结果，使得中国人认识到变革可以使一个国家迅速强大，在这样的刺激下，政治体制改革的必要性已不容置疑。在保国、保种、保教的焦虑心态下，建立在优胜劣败上的进化论原则，被引申到社会发展领域，社会达尔文主义在中国获得了广泛的认同。因此，种族

① ［德］哈贝马斯：《合法化危机》，17 页。

危机、国家危机和信仰危机，以保种、保国、保教这三重使命得到表达。

尽管康有为领导的戊戌变法很快失败了，但是随后的更为惨重的失败终于使清政府开始了新政。新政的第一项措施和真正得到落实的便是废除科举和建立新学堂，科举制度不仅是儒家与权力联结的方式，也是儒家思想传播的最重要的途径。科举的废除标志着儒家制度化的核心制度的退场。而新学堂的建立更是成为培养旧秩序的反对力量的温床。按罗兹曼的说法："科举制度曾经是联系中国传统的社会动力和政治动力的纽带，是维护儒家学说在中国的正统地位的有效手段……它构成了中国社会思想的模式。由于它被废除，整个社会丧失了它特有的制度体系。"① 新学堂所培养的新式知识群体，以其激进的立场，凭借新的知识体系，成为儒家最有力的批评者。

随之而开展的官制改革、法律移植、经济改革之原则就是模仿西方的制度，所以新政的深入过程，特别是仿行立宪的进行，是日益将儒家观念从制度体系中剥离的过程。如 1908 年的宪法虽然规定了皇权的至高无上性，但在传统的理念中皇权来自于"天意"，以现实的理性化的法律来对皇权作出规定，本身就意味着皇权的至上性的瓦解。而资政院和谘议局的设立则是对本来已经难以驾驭的地方势力的行使权力提供了合法性。对西方的法律的移植是对法律儒家化的反动，张之洞、劳乃宣等人对新法律的抵制正是看到了法和礼之间的距离，认为新法律颠覆了纲常秩序，因而不符合中国的民情。刘廷琛的奏议中说："伏惟皇上孝治天下，而新律导人不孝；皇上旌表节烈，而新律导人败节。该法律大臣受恩之深重，曾习诗书，亦何至畔道离经若此。臣反覆推求其故，则仍以所恃宗旨不同也。外国风教攸殊，法律宗旨亦异，欧美宗耶教，故重平等，我国宗孔孟，故重纲常。法律馆专意摹仿外人，值本国风俗于不问，既取平等，自不复顾纲常，毫厘千里之差，其源实由于此。"② 这个奏议强调的是，风俗不同就应该采取不同的制度。不过，这样的言论，即使

① ［美］罗兹曼主编：《中国的现代化》，338 页，南京，江苏人民出版社，1995。

② 《大学堂总监刘廷琛奏新刑律不合礼教条文请严饬删尽折》（宣统三年二月二十三日），见《清末筹备立宪档案史料》，888 页，北京，中华书局，1979。

在晚清的媒体上也被视为是顽固和保守。

1911年辛亥革命的成功和以《临时约法》为代表的新制度原则的确立，从根本否定了儒家作为统治的合法性的依据，从而宣告制度化儒家的解体。余英时先生说："上自朝廷的礼仪、典章、国家的组织与法律、社会礼俗，下至族规、家法、个人的行为规范……凡此自上而下的一切建制之中则都贯注了儒家的原则。这一儒家建制的整体，自辛亥革命以来便迅速地崩溃了。建制既已一去不返，儒学遂尽失其具体的托身之所，变成了'游魂'。所以儒学在可见的将来似不可能恢复它以往那种主宰的地位。"① 儒家被视为游魂，当然可以看作是无所依托，但同样也可以被看作是在寻找新的"体"，况且，儒家虽然失去了有形的制度依托，但依然弥散在民间的习俗中、在百姓的日常生活中。

由于辛亥革命本身的妥协性与新制度和旧传统之间的巨大差距，有形的制度体系虽然解体了，无形的儒家价值观却时时显现在中国人的行为之中。如军阀们依然通过儒家来为他们的行为做辩护，以康有为为代表的保守主义者从中看到了儒家的意义，试图通过"国教"化对儒家进行重新的制度化。无论是军阀还是康有为，其重建制度化的努力依然是采取与权力结盟的方式，而非西方宗教世俗化那样的与世俗权力相分离，这客观上导致孔教会以宗教方式重建儒家制度化的努力与军阀政权寻求合法性的活动一直脱不开干系，如袁世凯、张勋复辟，一直能看到孔教会和康有为的影子。这一切反而使得在激进的知识阶层眼里，日益将儒家与专制和愚昧结合在一起，成为中国进步的主要障碍物。因此消除儒家观念在中国人内心深处的制度化情结，成为新文化运动一种坚定的选择，他们认为民主、自由和儒家观念之间是一种非此即彼的关系。最典型的话语如陈独秀的"要拥护那德先生，便不得不反对孔教、礼法、贞节、旧伦理、旧政治。要拥护那赛先生，便不得不反对旧艺术，旧宗教。要拥护德先生又要拥护赛先生，便不得不反对国粹和旧文学"②。儒家作为现代化的对立面的形象就此确立。

---

① 余英时：《现代儒学论》，37页，上海，上海人民出版社，1998。

② 陈独秀：《本志罪案之答辩书》，见任建树主编：《陈独秀著作选编》，第一卷，317页。

制度化儒家之退出中国的历史舞台，决定了儒家在20世纪无所依托的状况，但是制度化儒家之解体并不意味着儒家已经成为“博物馆里的陈列品”，一方面，儒家在大学里获得了另一种存在方式，另一方面，儒家与现代中国政治和社会发展的关系，一直被政治人物和学术界所关注。比如，国民党意识形态的重要代表人物所发展的“三民主义儒家化”。① 现代新儒家则一直以充满“同情和敬意”的态度来试图寻求儒家和现代化之间的结合点。② 中国共产党也主张马克思主义要与中国的实际相结合，所以毛泽东提出了民族的、科学的、大众的新民主主义文化原则，其中认为从孔夫子到孙中山，都要认真总结。

即使在1949年之后，马克思主义成为中国社会主义建设的指导思想，但孔子思想依然成为一个重要的议题。“文化大革命”期间，对林彪的批判也要与批孔相结合，即所谓的“批林批孔”，同时还牵涉以儒法斗争为主线解释中国的思想史。无论从何种角度，我们都不能认为这是一种随意性的事件。也就是说，1949年之后，儒家依然不仅是一个学术问题，也是一个政治问题。

1978年改革开放以来，如何对待传统文化与现代化的关系，再度成为人们讨论的焦点。1990年之后，人们对于儒家的态度开始发生了很大的变化，基于东亚现代化的成功，以及多元现代性的意识，人们开始反思长期以来的中西、新旧两极化思维方式③，反思启蒙意识主导下将儒家

---

① 参见贺渊：《三民主义与中国政治》，135～150页，北京，社会科学文献出版社，1998。

② 刘军宁提出存在着一种“新儒家悖论”，即“他们既想重新建立一个以儒家为代表的新的正统，又不愿意让这种正统与钱、权、势所谓的‘三毒’结合起来，恐惧儒学的政治化；同时，他们又保持着极富攻击性的批判精神。他们既要使儒学成为新的正统，又要使自己成为以‘生命批判’为中心的知识堡垒。这就产生了一种深刻的角色冲突：他们既以建立儒学正统为己任，同时又对任何与权力相结合的儒家正统极其过敏，持有一种异教徒式的批判精神”。见刘军宁：《共和·民主·宪政》，313页，上海，上海三联书店，1998。

③ 金耀基说：“中国的现代化运动源于中国秀异份子（当然包括广大的民众）的雪耻图强的意识，源于追求国家的‘权力’与‘财富’。而要雪耻图强，其基本动念乃在保本，乃在使‘中国之为中国’有可能，亦即维持中国之‘认同’，而要追求‘权力’与‘财富’，则中国必须有所‘变革’，亦即使‘中国之为中国者’有所变。这一百年来，中国秀异份子对中国现代化的认知，即自觉不自觉地环绕在‘认同’与‘变革’这两个观念上。……假如过去中国一百年的现代化之试误之经验对我们有所教训的话，那就是不必把‘认同’与‘变革’观念放在理论的二极地位上，亦即‘认同’与‘变革’不必是完全冲突的。”参见金耀基：《中国现代化与知识分子》，36、42页，台北，时报出版公司，1977。

作为中国近代落后的替罪羊的简单化思维，而是要以积极的心态，从中国出发来寻求中国式的发展道路。

如果说制度化的儒家是正题，近代的全盘反儒是反题，那么在已经进入新的历史阶段的 21 世纪，应该是一个基于中国、吸收外来文明的综合创新的合题。所谓基于中国，就是基于中国人的历史文化传统、基于中国的社会发展现实，这要求我们有明确的文化自觉，建立文化自信，在这个过程中，儒家的价值观、儒家的秩序理念，将以一种创造性转化的方式，重新成为中国发展的内在动力。

第一章　制度的儒家化

儒家祖述尧舜、宪章文武，自孔夫子创教立派，一直寻求将“仁义”、“德治”这样一些政治秩序的理想诉诸实践，并为此不断奔走于各诸侯之间，知其不可为而为之。但是，在春秋末期的社会大变局中，孔子的道德理想主义，并没有得到真正的应和者。史书说：

> 《六艺》者，王教之典籍，先圣所以明天道，正人伦，致至治之成法也。周道既衰，坏于幽、厉，礼乐征伐自诸侯出，陵夷二百余年而孔子兴，以圣德遭季世，知言之不用而道不行，乃叹曰：“凤鸟不至，河不出图，吾已矣夫！”“文王既没，文不在兹乎？”于是应聘诸侯，以答礼行谊。①

孔子将自己所奉行之道不被接受的理由归结为天命，这个天命，也就是我们现在所说的社会历史条件。这不能算是一个托词。在王道退隐、霸道盛行的时候，在群雄并起、列国争雄的春秋战国时期，难以指望这些朝不保夕的诸侯们有长治久安的规划。

孔子及其后学，守望机会，但并没有因此改变他们的政治理想，孔子之后的儒学群体，或退而著书，或游散在诸侯之中，或隐而不现，却都能传承和坚守，在儒学被忽视的时代，依然“弗废”，不断丰富自身的思想体系，因此蔚为大宗，成为显学。

> 天下并争于战国，儒术既黜焉，然齐鲁之间学者犹弗废，至于威、宣之际，孟子、孙卿之列咸遵夫子之业而润色之，以学显于当世。②

---

① 《汉书·儒林传》。

② 《汉书·儒林传》。

在战国时期使儒学“显于当世”的孟子和荀子，他们的立场同中有异。所同者，为儒家的王道政治方向；所异者，则是实现王道秩序的路径。

王道政治的层面很多，一言以蔽之，即“为政以德”。由修身而齐家、治国、平天下，以达成一个由内圣而推及外王的自然过程。

在汉代的大一统政治格局形成之后，儒家的政治观念经历着一个重大的转折，在由宗法制向郡县制转化的过程中，传统的决定统治合法性的“德”、“位”关系，“礼”、“法”关系，家族与国家的关系，都发生了一个巨大的转变。

而汉武帝之后独尊儒术局面的形成，对于儒家是一个机遇和挑战并存的情势。一方面，它要面对已然成型的新的社会政治格局，即皇权至上的大一统政治体系；另一方面，它的独尊地位，可使儒家有机会将全副身心投入到对于现实政治秩序的修正或改造之上。制度的儒家化正是在这样的抗争和妥协中，达到某种意义上的平衡。

一、王权与天下国家：儒家制度化与传统国家合法性建构

儒家“为政以德”的王道政治理想，核心内容是正人心。人心之正本为人之自然禀赋，然而却需要一些榜样性的人物作为维系。所以，政治秩序虽然上揆之于天，但其入手处却是君子、圣人。孔子就期待君子像风一样，使百姓的行为有所效法。儒家认为理想的状况是贤者居位，由他们来带动人与人之间关系的融洽和社会秩序的稳定。经此一转圜，政治的合法性问题，便转化为统治者的“德”的问题。

在传统的文献中，“德”有十分复杂的含义①，结合了禀赋与具体的

---

① 王健文区分了“德性”和“德行”的概念，他说：“‘德’是一种神圣属性，拥有这属性的人，可以正当地拥有土地、人民及权威。而‘德’在春秋以降，经常又以道德与善行的脉络被理解。为区别这两重意义，我称前者为‘德性’，强调其属性义；称后者为‘德行’，着重其行为之价值判断。”见王健文：《奉天承运——古代中国的“国家”概念及其正当性基础》，85页，台北，东大图书公司，1995。本书主要从道德与善行的脉络来阐发儒家的“德”，故一般用“德行”。

道德行为。儒家的话语体系中，一直试图建立起德行和权力之间的一致性，这种一致性在《中庸》中得到最为明确的说明：

子曰："舜其大孝也与！德为圣人，尊为天子，富有四海之内。宗庙飨之。子孙保之。故大德必得其位，必得其禄，必得其名，必得其寿，故天之生物，必因其材而笃焉。故栽者培之，倾者覆之。《诗》曰：'嘉乐君子，宪宪令德！宜民宜人，受禄于天；保佑命之，自天申之！'故大德者必受命。"

这段话中，舜是因为"德为圣人"，才"尊为天子"，从而得出"大德必得其位"的结论。然而儒家又将德与位也就是德行和权力之间的一致性，以"天命"来保证，进而与儒家的天命随道德而流转①的权力转移模式相融合。

德与位之间的统一是儒家"政者，正也"的政治哲学的必然要求，因为，只要有德者居位，拥有权力，才能使德行得到流播。在孔子看来，春秋以来的政治混乱的主要原因是政治秩序的混乱，也就是因为诸侯势力的崛起而导致传统天子—国—家秩序的破坏。因此，要恢复秩序首先要做的是使君君臣臣、父父子子各安其位、各显其德的"正名"工作。在榜样性和规劝性的古典政治哲学中，政治和社会秩序的恢复往往有赖于有位者的道德表率作用。儒家尤其主张以君子的榜样来带动社会向善。

子曰：下之事上也，不从其所令，从其所行。上好是物，下必有甚者矣。故上之所好恶，不可不慎也，是民之表也。②

然而，儒家的德位说，可以引发不同的后果。③ 一是儒家利用自己的政治影响来劝说现有的当权者去提升自己的德行。这个问题本身可能回避了无德的统治者如何获得天命的困难，但却是儒家主要的政治活动方式。二则是推进一种革命性的思路，即让有德者获得权力。这个过程可

① "皇天无亲，惟德是辅。"（《尚书·周书·蔡仲之命》）

② 《礼记·缁衣》。

③ 王光松认为，孔子的大德者得位的观念是儒家禅让说和革命说的观念要素的结合，并导出内圣外王的理念。见王光松：《在"德"、"位"之间》，8页，上海，华东师范大学出版社，2010。

以是权力拥有者自动让渡自己的权力，即儒家所推崇的禅让制，也可以通过革命的手段来促使政权的更替。那么，这个观念如何与大一统格局下的汉代政治合法性之间建立关联，则是制度儒家化的一个重点。

1. 天命转移与“汤武革命”

在儒家早期的政治正当性建构中，“天命”① 是一个最为核心的议题。在《尚书》的论述中，政治权力的获得和转移主要是“天命”之所予与所夺，比如：

> 我不可不监于有夏，亦不可不监于有殷。我不敢知曰，有夏服天命，惟有历年；我不敢知曰，不其延。惟不敬厥德，乃早坠厥命。我不敢知曰，有殷受天命，惟有历年；我不敢知曰，不其延。惟不敬厥德，乃早坠厥命。今王嗣受厥命，我亦惟兹二国命，嗣若功。②

天命的转移主要是依据“德”的得失。当然，我们不能简单地将《尚书》中的“德”单纯地理解为一种现代意义上的道德，而是一种带有神圣属性的“特质”。不过，德行对于天命的转移却是决定性的。因为“天矜于民，民之所欲，天必从之”③。

到了战国时代，天命观念中的神圣属性不断被消解而转化为对道德行为的重视，这样，儒家对于统治正当性的讨论也开始了新的角度。在这个转折中，对于“天命”的重视让位于有更多包容性的“天”。孟子在回答万章关于尧舜之间的权力转移过程的时候，有意区别了“天”与“命”的不同。

> 万章曰：“尧以天下与舜，有诸?”孟子曰：“否。天子不能以天下与人。”“然则舜有天下也，孰与之?”曰：“天与之。”“天与之者，谆谆然命之乎?”曰：“否。天不言，以行与事示之而已矣。”曰：

① 石元康说：“天命论的论旨，就正当性的问题而言，最简单的说法就是，天命是统治者的正当性的基础。天命使得统治正当化，同样，正当性的丧失也是由于天命的终止或抛弃。”见石元康：《天命与正当性：从韦伯的分类看儒家的政道》，载《开放时代》，1999 (6)。

② 《尚书·周书·召诰》。

③ 《尚书·周书·泰誓》。

"以行与事示之者如之何?"曰:"天子能荐人于天，不能使天与之天下；诸侯能荐人于天子，不能使天子与之诸侯；大夫能荐人于诸侯，不能使诸侯与之大夫。昔者，尧荐舜于天而天受之，暴之于民而民受之，故曰，天不言，以行与事示之而已矣。"①

孟子对于尧舜之间传位案例的讨论，关涉儒家对于统治权力转移这个政治合法性的关键问题。孟子首先否定了政治权力私自转移的合法性，说明舜从尧那里接过天下，并非是尧的个人意愿，而是天意，而天意也要通过民心来呈现，即《尚书·周书·泰誓》所说"天视自我民视，天听自我民听"。这就是说王权的转移需要获得天意与民心的双重支持。

据此，孟子对于素来颇受争议的武王伐纣等问题有了一个解释，也就是统治者如果不能推行仁道，获得民意支持，那么，其合法性便消失。对于这样的政权的革命，不能视之为篡夺，而是"诛一夫"而已。

齐宣王问曰:"汤放桀，武王伐纣，有诸?"孟子对曰:"于传有之。"曰:"臣弑其君可乎?"曰:"贼仁者谓之'贼'，贼义者谓之'残'；残贼之人谓之'一夫'。闻诛一夫纣矣，未闻弑君也。"②

荀子对这个问题也持有相同的观点，他认为"天下归之之谓王，天下去之之谓亡"，在其位者是否获得民心是其能否拥有其位的关键，正是因为桀纣这样的无道君王，已经失去了民心，因此，汤武革命是应天顺人，势所必然。那种将汤武看作是犯上弑君的说法是对汤武的污蔑。

圣王没，有势籍者罢不足以县天下，天下无君，诸侯有能德明威积，海内之民莫不愿得以为君师；然而暴国独侈，安能诛之，必不伤害无罪之民，诛暴国之君若诛独夫，若是，则可谓能用天下矣。能用天下之谓王。汤、武非取天下也，修其道，行其义，兴天下之同利，除天下之同害，而天下归之也。桀、纣非去天下也，反禹、汤之德，乱礼义之分，禽兽之行，积其凶，全其恶，而天下去之也。天下归之之谓王，天下去之之谓亡。故桀、纣无天下而汤、武不弑

---

① 《孟子·万章上》。

② 《孟子·梁惠王下》。

> 君，由此效之也。汤、武者，民之父母也；桀、纣者，民之怨贼也。今世俗之为说者，以桀、纣为君而以汤、武为弑，然则是诛民之父母而师民之怨贼也，不祥莫大焉。以天下之合为君，则天下未尝合于桀、纣也。然则以汤、武为弑，则天下未尝有说也，直堕之耳。①

与孟子一样，荀子也认为圣王是图德、量能，实至名归，有德者必居其位，那种说尧舜擅让的人是浅薄的陋说而已。

> 世俗之为说者曰："尧、舜擅让。"是不然。天子者，势位至尊，无敌于天下，夫有谁与让矣？道德纯备，智惠甚明，南面而听天下，生民之属莫不振动从服以化顺之。天下无隐士，无遗善，同焉者是也，异焉者非也，夫有恶擅天下矣？曰："死而擅之。"是又不然。圣王在上，决德而定次，量能而授官，皆使民载其事而各得其宜，不能以义制利，不能以伪饰性，则兼以为民。圣王已没，天下无圣，则固莫足以擅天下矣。②

然而，由于禹传其帝位于子，且春秋战国时期普遍的篡夺政治，使得儒家的政治合法性的追诉难以在现实中落实。而对于已握有权力的人而言，儒家的革命性言论必然会成为他们维护其权力的一个重大的障碍，所以，政治合法性的理论必然要作出一定的转变。③

其实，在先秦时期，有关政权之更替的理论已然层出不穷。而栖栖遑遑的诸侯们在无所适从之中，更愿意相信两种东西，即自己手中所能掌控的武力，或完全不能受自己控制的命运。因此，一方面霸道、力量政治经由法家等学派的推重而呼应者甚众；另一方面以邹衍等人为代表的阴阳家以五德始终来推衍政权系统的命运，也得到诸多政治人物的青睐。

---

① 《荀子·正论》。

② 《荀子·正论》。

③ 牟宗三先生认为，政权的继替问题其实并不是如"天与之，人与之"那么简单，认为儒家未能正视这个问题，也就是不能就政权的更替作出制度性的安排，所以导致君主专制政体延续两千年。这样的批评对于先秦儒家而言，也许是过于苛刻了。见牟宗三：《政道与治道》，13 页，桂林，广西师范大学出版社，2006。

现在也有人认为邹衍属于儒家学派，理由是《史记·孟子荀卿列传》里的一段话：

> 邹衍睹有国者益淫侈，不能尚德，若大雅整之于身，施及黎庶矣。乃深观阴阳消息而作怪迂之变，终始、大圣之篇十余万言。其语闳大不经，必先验小物，推而大之，至于无垠。……称引天地剖判以来，五德转移，治各有宜，而符应若兹。

从中我们看到邹衍的五德始终之说，其前提也是“尚德”，只是其所采用的方式是以验小推大的方式，通过一些具体的变化来预示国运的流转。按饶宗颐先生的概括，邹衍的五德始终说有三个原则：

> （1）确定每一代帝王之运命，自有其在五行上所属之先天德性。
>
> （2）根据五行相胜，互相生克，推演为五德始终，创为帝王更迭之循环说。
>
> （3）以一年之“纪”扩大为历年之“纪”，成为大型之终始说。①

五德始终的循环论经由《吕氏春秋》等的推广，首先得到了秦始皇的认可，也成为汉初礼制改革过程中的一个核心议题。

汉初的制度形态，基本上是沿袭秦朝，所以人称“承秦立汉”。对此许多史家有专门的讨论，认为刘邦正是因为据秦之地、用秦之人、承秦之制等方面，才导致他击败强大的项羽而创立新的王朝。陈苏镇说：“据秦之地，使刘邦由楚将变为秦王，从而控制了关中形胜之地；用秦之人，使刘邦集团逐渐由以楚人为主变为以秦人为主，使汉成为真正的关中政权；承秦之制，特别是根据秦律制定汉律，是刘邦、萧何为争取秦人的支持而在文化上对秦人作出的让步。这些举措使汉朝得以继承秦朝的军国主义体制，从而真正获得了当年秦所拥有的优势。”② 但是，汉代虽行秦国之制度，并未继承其观念。黄老道学和王霸相杂的观念，随着各地不断出现的动乱局面，显得越发重要。但是，大一统的政治需要统一的

---

① 饶宗颐：《国史上之正统论》，见《饶宗颐二十世纪学术文集》（史学，上），26 页，北京，中国人民大学出版社，2010。

② 陈苏镇：《汉代政治与〈春秋〉学》，36 页，北京，中央广播电视出版社，2001。

思想这一点，在休养生息的汉初固然不会造成制度和观念之间双轨制所带来的掣肘。

虽然，刘汉政权的获得，本身就是一次对于暴秦的革命，但是，革命既然已经成功，那么，“汤武革命”这样的成例便成为一个质疑的对象。

> 辕固，齐人也。以治《诗》孝景时为博士，与黄生争论于上前。黄生曰：“汤、武非受命，乃杀也。”固曰：“不然。夫桀、纣荒乱，天下之心皆归汤、武，汤、武因天下之心而诛桀、纣，桀、纣之民弗为使而归汤、武，汤、武不得已而立，非受命为何?”黄生曰：“‘冠虽敝必加于首，履虽新必贯于足。’何者？上下之分也。今桀、纣虽失道，然君上也；汤、武虽圣，臣下也。夫主有失行，臣不正言匡过以尊天子，反因过而诛之，代立南面，非杀而何?”固曰：“必若云，是高皇帝代秦即天子之位，非邪?”于是上曰：“食肉毋食马肝，未为不知味也；言学者毋言汤、武受命，不为愚。”遂罢。①

其实，汉代的儒家，始终有一部分依然坚持孟荀对于汤武革命的观点，甚至抱持一种儒家的理想主义。面对黄生试图通过否定汤武革命来论证权力世袭的正当性的问题，辕固生坚持统治地位的获得基于天下之人心的儒家立场。

汉代正统观念的完备，当推董仲舒。董仲舒对“西狩获麟”事件进行了新的诠释，认为这是孔子受命写作《春秋》，为汉制法的符命。

《春秋公羊传》有“大一统”之预言。

> 元年，春，王正月。元年者何？君之始年也。……王者孰谓？谓文王也。曷为先言王而后言正月？王正月也。何言乎王正月？大一统也。②

对于“大一统”，何休在《解诂》中说：“统者，始也，总系之辞。夫王者始受命改制，布施政教于天下，自公侯至于庶人，自赤山至于草

---

① 《汉书·儒林传》。

② 《春秋公羊传·隐公元年》。

木昆虫，莫不一一系于正月。故云政教之始。”① 大一统，也就是实现六合同风、九州共贯的一统天下的局面。而董仲舒也是通过对于《春秋公羊传》的解读，建立起一套新的儒家历史观念。这个观念包括三统、三正、文质互递等糅合了儒家、法家、阴阳家等多种思想因素在内，从而成为大一统帝国的新的意识形态。

> 《春秋》大一统者，天地之常经，古今之通谊也。今师异道，人异论，百家殊方，指意不同，是以上亡以持一统；法制数变，下不知所守。臣愚以为诸不在六艺之科孔子之术者，皆绝其道，勿使并进。邪辟之说灭息，然后统纪可一而法度可明，民知所从矣。②

除了独尊儒术之外，还得制定一系列的礼乐制度，来宣示受命而开创新的王朝。

> 春秋曰：“王正月。”传曰：“王者孰谓？谓文王也。曷为先言王而后言正月？王正月也。”何以谓之王正月？曰：王者必受命而后王，王者必改正朔，易服色，制礼乐，一统于天下，所以明易姓、非继人，通以已受之于天也。王者受命而王，制此月以应变，故作科以奉天地，故谓之王正月也。③

与战国时期的儒家合法性意识相比，董仲舒的大一统理论强调了思想统一的必要性。虽然董仲舒强调更化的重要性，但是天不变，道亦不变，儒家的政治原则——仁义之道不会变。董仲舒的天人感应论，主观上希望通过天命和天意的警示来制约皇权，不过，在皇权的绝对性面前，这些制约实质上并不能构成对无限权力的限制。由五德始终发展而来的三统、三正，更多体现的是技术层面的内容，即通过改正朔、易服色、制礼乐来区分不同的朝代，然而，统治者的德行却不再成为政治合法性问题的关键因素。

---

① 陈立：《公羊义疏》，20～21页，台北，商务印书馆，1968。

② 《汉书·董仲舒传》。

③ 《春秋繁露·三代改制质文》。

2. 君权至上及其限制

儒家政治观念的核心是仁，虽然儒家肯定亲亲、尊尊的血缘等级秩序，但在处理君民关系时，呈现出鲜明的民本色彩。所以孔子坚持“天下有道，则礼乐征伐自天子出；天下无道，则礼乐征伐自诸侯出”①。也就是说政治的大权应该由天子到诸侯，逆之就是天下无道。但是，孔子的正名主义同样体现为对在上位者的道德要求。当齐景公问政于孔子的时候，孔子的回答就是“君君臣臣、父父子子”②。在这个回答中，君和臣、父和子之间所存在的是一种交互责任，因为如果君不君，那么臣便可以不再从君。

孔子容忍了齐桓公和管仲的违背礼仪的行为，原因是他们“一匡天下，民到于今受其赐”③。可见，在孔子看来，人民是否受益甚至要高于那些既定的规则。

战国时代，霸力政治横行，但是孟子依然呼吁以不忍人之心行不忍人之“仁政”，政治的合法性要基于民心。孟子甚至很激烈地认为如果君主不能以礼待臣，臣下就可以反抗之。

> 孟子告齐宣王曰：“君之视臣如手足，则臣视君如腹心；君之视臣如犬马，则臣视君如国人；君之视臣如土芥，则臣视君如寇仇。”

天子和君子都有自己的职分的要求，这是儒家正名论的核心，如果不能履行这些职分，就可以推翻之，甚至诛而杀之。这可以说是儒家民本思想的最强音了。

实质上，在宗法制的制度框架下，天下之共主的天子事实并不实质上对分封之国具备完全的控制力，而且在发布政令之前，还必须听取集团内年高德劭者的意见和建议。因此，“有分治之国，无一统之政；有共治之臣，无专制之君。这是封建天下的两大特点”④。

---

① 《论语·季氏》。

② 《论语·颜渊》。

③ 《论语·宪问》。

④ 萧公权：《中国君主政体的实质》，见萧公权：《宪政与民主》，68页，北京，清华大学出版社，2006。萧公权先生指出，中国古代存在着限制君权的制度，如宗教或天的限制、国家的成法和祖宗的成法、谏臣等制度性的设计。参见上书，72～73页。

战国到秦汉是中国政治的一大变局，最突出者是宗法封建制度向大一统的郡县制的转变。在这个转变中，法家一直强调君主权力的绝对性。作为法家理论的主要实践者李斯在对秦二世的督责书中，对于皇权的绝对性做了这样的说明："主独制于天下而无所制也"，他引证申不害和韩非子的话总结说："明主圣王之所以能久处尊位，长执重势，而独擅天下之利者，非有异道也，能独断而审督责，必深罚，故天下不敢犯也。"① 也就是说要通过强力手段来使反抗者放弃其对抗的念头。

这样的理论也得到了制度性的落实，秦王朝是中国由贵族政治向王权政治转化的关键。② 秦国的许多制度性设计，如以郡县制取代分封制、统一文字和丞相制等，与之前的贵族政治有很大变化。尤其突出者为皇权绝对性的确定，即皇帝独揽郡县官员的任命，而不再是如贵族封建制度中的有限地方自治体制。同时在权力更替结构中，唯有皇权是世袭的，而其他的职位均为选举和任命。③

秦朝的短暂存在，使后世的君主认识到严厉的社会控制并不能真正保持权力的持续性。因此，开始了黄老之学和儒家思想的不断修正，而且在社会结构层面，也采用了郡县制和封建制的双轨一体制度④，但是，

---

① 《史记·李斯列传》。

② 由贵族向王权制度的转变是一个渐进的过程，"大体而言，秦初以皇帝为首的官僚制基本上是战国时代列国政治体制的延续与升级。就延续而言，以君王为中心，层级的中央集权政治已经是战国诸邦政治的基本形态。各国君王集军政大权于一身，其下有总揽一切的宰相以及渐趋系统化和专业化的文武官员；在地方上则有君王直接任命的郡县令长。这些大小官员大部分不再是凭藉宗法血缘身份的封建世卿，而是以才学干禄的平民俊秀……可见郡县制实是秦一统天下以前的旧法"。刑义田：《中国皇帝制度的建立与发展》，见刑义田：《秦汉史论稿》，49～50页，台北，东大图书公司，1987。

③ 钱穆先生比较赞同这种皇位世袭和政府成员选举制度，他认为皇位世袭，表明此一政府长期和平与安定，而政府成员的选举可以造成新陈代谢，保持活力，因此皇权制度并非一种专制制度。见钱穆：《国史新论》，128页，北京，三联书店，2001。

④ 管东贵先生说："封建制随宗法制的解体而演变为郡县制后，新政治体制的社会基础中并没另外产生出一种比'血缘'团体（皇帝最可依恃的力量）更有凝聚力的东西来作为政权安全并应付剧变的'依恃力'。然而，郡县制已是历史发展的潮流，而政治现实上又必须要有一种可以依恃的力量。因此宗法封建体制崩溃后政治上自然会面临到'依恃力'从何而来的问题。在当时最有社会凝聚力的东西仍然是'血缘'。这就是后来汉代在郡县制的基础上局部恢复封建制而为双轨一体的皇帝制的根本原因。"管东贵：《秦汉封建与郡县由消长到统合过程中的血缘情结》，见管东贵：《从宗法封建制到皇帝郡县制的演变》，105页，北京，中华书局，2010。

皇权的绝对性这一点，并没有发生变化。而天下一家的理想性言辞究其实际却是天下成为皇帝一家之私产而已。“我们可以视战国的封建制的结构为贵族之‘家’的联合体制。各贵族之‘家’在其封地或采邑内，拥有相对自主的支配权。各级贵族依其身份的尊卑，如王、诸侯、大夫、士的等级，得建立不同等级之家，如国君之有‘国家’。这种家的等级制度最明显地表现在宗庙之上。宗庙礼制是借着宗庙数目的不同，标帜封建贵族之家的身份。皇帝制度建立之后，就政体而言，各级的封建贵族之家皆遭取消，天下成为一家，即只有皇帝之‘家’，亦即皇帝的‘国家’。”①

汉初的儒家，虽然竭力批评秦始皇放弃礼义治国、以吏为师的施政策略对社会秩序带来的破坏，但是对于皇权的无限性问题便如余英时先生所说“是理性所不许施，议论所不敢到的领域”②。

董仲舒的天人政治中，虽然内含有以天意来制约皇权的因素，但是他对于皇权的绝对性的论说却是一点都不含糊。

> 有天子在，诸侯不得专地，不得专封，不得专执天子之大夫，不得舞天子之乐，不得致天子之赋，不得适天子之贵。③

《白虎通义·号》对帝王之名号的解释是：“号令臣下”。

> 或称天子，或称帝王何？以为接上称天子者，明以爵事天也；接下称帝王者，得号天下至尊言称，以号令臣下也。

儒家的政治构想中有一个难以克服的困境，一方面，等级秩序的肯定，使儒家的政治结构中必然会对统治者的权威性予以观念上的支持；另一方面，儒家经典原则内含有对于君权进行制约的因素。④ 这使得儒家

---

① 甘怀真：《中国中古时期“国家”的形态》，见甘怀真：《皇权、礼仪与经典诠释：中国古代政治史研究》，160页，上海，华东师范大学出版社，2008。

② 余英时：《中国思想传统的现代诠释》，116页，南京，江苏人民出版社，1995。

③ 《春秋繁露·王道》。

④ 甘怀真在《皇帝制度是否为专制?》一文中说：“在儒家的法制观念中，人间所有的规范，包括法律在内，是来自经典。如三纲、五常所蕴含的纲常观念，它们是支撑宇宙的大绳子，即维系人间秩序的基本原理，因此它们是亘古常存的。这些原理是先于任何国家而存在的，当然是先于皇权的。”见甘怀真：《皇权、礼仪与经典诠释：中国古代政治史研究》，390页。

对于现实的政治秩序一直存在着理想和现实的矛盾。从现实的政治架构而言，“在世袭君主制的国家，政府是按着家长和家仆的关系组织起来的，官员们都是个别地依附于并效忠于皇帝。他们的官职就像个人财产一样是皇帝赐予的”①。而从儒家的价值理想的层面来说，儒家虽然主张积极参与到现实的政治活动中去，但是这种参与是以君主的行为是否符合儒家的政治理想为标准的。以儒生为主的官僚制度，虽然其权力的获得是来自于皇帝的任命，然而士人们并不将自己定位于皇帝的家臣，而同时也是一个政治上的合作者（共治者）。如果君主背离了“道”，儒生应该谏诤。列文森说：“儒家不得不把皇帝当作道德的化身，但是通过那种能为皇帝加冕的道德体系，儒家在道德上对皇帝的责难则部分地掩盖了官僚们对国家的损害，而国家又是官员们所需要的。‘天命’理论并不能保护人民，但由于它削弱了专制主义，因此保护了士大夫，这些人在治理国家时与皇帝存在着一种合作和冲突的关系。”②

但是，我们只能以求乎上而取乎中的眼光来看待儒家的参与政治的标准，也不能以孔孟的标准作为儒生的实际行为。从历史的现实来看，在君权至上的理论框架下，皇权的制约力量呈越来越弱的趋势，而儒家理想中的“贤者居位”的理论则在皇权的打压下隐而不闻，即使是面对无道昏君的谏诤本身，也存有一个底线，即不能跨越君君臣臣的名分。

明清之后，随着朱元璋废除宰相之职，那么君权和政府权力之间并不确定的制约力量也告消失，这样天下完全成为帝王之私产，所以黄宗羲说“为天下之大害者，君而已矣”③，并激烈地批评已经被权力体制规训而失去了儒家精神本质的“小儒”。他说：

> 小儒规规焉以君臣之义无所逃于天地之间，至桀、纣之暴，犹谓汤、武不当诛之，而妄传伯夷、叔齐无稽之事，使兆人万姓崩溃之血肉，曾不异夫腐鼠。岂天地之大，于兆人万姓之中，独私其一

---

①　黄宗智：《清代的法律、社会与文化：民法的表达与实践》，217页，上海，上海书店出版社，2001。

②　［美］列文森：《儒教中国及其现代命运》，233页，北京，中国社会科学出版社，2000。

③　黄宗羲：《明夷待访录·原君》。

人一姓乎?[①]

呼吁儒生要为万民而非为一人。然则明代的残酷政治，的确使儒家遭受全新的压力，而统治群体所需要的是儒家对于现实秩序的维护而不是批评甚至反抗。因此，儒家经典中的革命性和民本主义色彩的语句便会被指为不经之论，不管其来源于孟子还是别的儒家祖师。当思想的力量受制于无限制的权力时，思想的逻辑必须服从于权力的逻辑。比如朱元璋极为反感孟子所主张的，君视君为“土芥”，则臣视君为“寇仇”的说法，认为这根本不是作为臣子的人所应该说的，所以曾一度将孟子从孔庙的配享中请出。后来虽然恢复，但是却命人编辑《孟子节文》，将其中有“犯上”的言论清除。

类似的做法也体现在清代的统治者中，雍正就直接指出，“贤者居位”是一种“狂怪丧心之论”。他针对曾静所写的《知新录》中的相关言论说：“你所著逆书《知新录》内云：‘皇帝合该是吾学中儒者做……若论正位，春秋时皇帝该孔子做，战国时皇帝该孟子做，秦以后的皇帝该程朱做，明末皇帝该吕子做。今都被豪强占据去了。君儒最会做皇帝，世路上英雄他那晓得做甚皇帝’等语。孔孟之所以为大圣大贤者，以其明伦立教，正万世之人心，明千古之大义。岂有孔子、孟子要做皇帝之理乎？……使孔、孟当日得位行道，惟自尽其臣子之常经，岂有以韦布儒生要自做皇帝之理？……开辟至今，无此狂怪丧心之论。”[②]

近代以来人们一直在思考皇权独大和儒家的制约性的问题。许多儒家的批评者一般而言将儒家视为皇权绝对性的支持者，从而断定儒家是中国专制制度的帮凶。这样的结论固然也不能说毫无根据，但是的确忽视了儒家本身的对抗性的一面。

所以问题的重点应该是为什么儒家的制约性并没有发挥其预想的作用。对此，徐复观先生认为是根源于传统政治的二重主体性的“无可调和的对立”，即“政治的理念民才是主体，而政治的现实则君又是主

---

① 黄宗羲：《明夷待访录·原君》。

② 《大义觉迷录》卷二。

体”①。虽然历代的士人都试图制约君主在政治中的主体性，但结果往往被君主所拥有的政治权力压制了天下的政治主体性。具体到儒家而言，就是不能由民本提升至民主，并将民本之主体客观化为具体的制度。儒家“站在政治这一方面来看，总居于统治者的地位来为被统治者想办法，总是居于统治者的地位以求解决政治问题，而很少以被统治者的地位去规定统治者的政治行动，很少站在被统治者的地位来谋解决政治问题。这便与近代民主政治由下向上去争的发生发展的情形，成一极显明的对照。正因为这样，所以虽然是尊重人性，以民为本，以民为贵的政治思想；并且由仁心而仁政，也曾不断考虑到若干法良意美的措施；以及含有若干民主性的政治制度……而人民始终处于一种消极被动的地位。尽管以民为本，而终不能跳出一步，达到以民为主”②。

而牟宗三先生也认为，因为不能客观化为政治法律形态，儒家的德治并未能对皇权以实质上的制约。“在大一统的君主专制之形态下，皇帝在权与位上是一个超越无限体。因为治权与政权不分，合一于一身，而其政权之取得又是由打天下而来，而儒者于此亦始终未想出一个办法使政权为公有，是即相应政权无政道。即使让政权寄托在一家世袭上，亦必须有一客观有效之法律轨道以限制之，使政权与治权离，如是方能根绝打天下之路，而维持政权之定常永恒性于不坠。今则政权既不能由一道以为公有，即在一家世袭上，复不能有一道以使政权与治权离，是则打天下以取政权乃为不可免者。如是皇帝在权与位上乃一超越无限体，完全不能依一客观有效之法律轨道以客观化与理性化者。在无政道以客观化皇帝之情形下，儒者唯思自治道方面拿‘德’以客观化之。但是此种客观化是道德形态，不是政治法律的形态。”③ 因此，将皇帝圣化，反而使皇帝具有权势和神圣性的双重合法性。

---

① 徐复观：《中国的治道——读陆宣公传集书后》，见徐复观：《学术与政治之间》，44 页，上海，华东师范大学出版社，2009。

② 徐复观：《儒家政治思想的构造及其转进》，见徐复观：《学术与政治之间》，12 页。

③ 牟宗三：《政道与治道》，26 页。

二、礼法合治：制度儒家化与传统社会秩序的建构

儒家坚信良好的社会秩序来自个人心中的道德愿望和道德实践，因此，“儒家所主张的主权者个人的道德修养（内圣外王）及其礼治和德治就成了传统中国中理想社会之‘基设’（postulate）性的东西了。而这一信念又恰恰构成了历代统治者遵从儒家的教诲与箴规、以德为政的缘由。由于‘礼’的作用机制在于教化诱导，‘依礼而治’而不是‘依法而治’，自然就成了以德为政的历代统治者的施政导向选择”①。

在儒家的论说中，三代之治之所以成功，就是因为其制度的创设是依据于礼。因此，如果讨论中国的制度，不归本于礼，那就难以真正理解中国政治制度的根本精神。

在儒家的传统中，“礼”的含义非常丰富。有人从三方面来加以概括，指出礼有宗教、道德和法律三个方面的属性。比如《礼记・祭义》中说：

> 天下之礼，致反始也，致鬼神也，致和用也，致义也，致让也。致反始，以厚其本也；致鬼神，以尊上也；致物用，以立民纪也。致义，则上下不悖逆矣；致让，以去争也。合此五者，以治天下之礼也，虽有奇邪，而不治者，则微矣。

在这段话中，致反始和致鬼神，可以看作是礼的宗教方面的属性，而致物用可以看作是规则和法律意义上的制度之礼；致义和致让，则体现的是人伦关系所确立的交往原则的道德属性。②

当然，这三方面其实是互相联系，并不能截然分开的，但是随着春秋战国时期中国社会不断的理性化和人文化，礼的制度和道德功能不断强化，而宗教功能逐渐分离而成为一种独立的祭典和祀典。本文所要讨论的礼法关系主要是从制度和道德的角度来展开。在《左传》中，我们

---

① 韦森：《从习俗到法律的转化看中国社会的宪制化进程》，见韦森：《经济学与哲学：制度分析的哲学基础》，224 页。

② 参见王启发：《礼学思想体系探源》，5 页，郑州，中州古籍出版社，2005。

甚至看到将礼与仪相区分的倾向。

> 公如晋，自郊劳至于赠贿，无失礼。晋侯谓女叔齐曰："鲁侯不亦善于礼乎?"对曰："鲁侯焉知礼!"公曰："何为？自郊劳至于赠贿，礼无违者，何故不知?"对曰："是仪也，不可谓礼。礼所以守其国，行其政令，无失其民者也。今政令在家，不能取也。有子家羁，弗能用也。奸大国之盟，陵虐小国；利人之难，不知其私。公室四分，民食于他。思莫在公，不图其终。为国君，难将及身，不恤其所。礼之本末，将于此乎在，而屑屑焉习仪以亟。言善于礼，不亦远乎?"君子谓："叔侯于是乎知礼。"①

在这里，女叔齐将礼和仪做了明确的区分，认为礼的功能是"守其国，行其政令，无失其民者"，不是那些仪式性的规矩。在《左传·昭公二十五年》类似的讨论又重复了一次。子大叔再次强调了礼和仪之间的差别，将"礼"看作是天、地、人的总体性的原则。

> 子大叔见赵简子，简子问揖让周旋之礼焉。对曰："是仪也，非礼也。"简子曰："敢问何谓礼?"对曰："吉也闻诸先大夫子产曰：'夫礼，天之经也，地之义也，民之行也。'天地之经，而民实则之。"

由此可见，在春秋战国这个历史的转折时期，礼逐渐由一个神圣性的仪式转化为贵族甚至整个社会的行为规范。而儒家有效地借助礼本身所具有的神圣性因素，将之转化为礼的合法性因素，并将之作为政治和社会秩序的根本性原理，在这样的原则下，完善出儒家以礼为本的政治哲学。②

儒家强调"礼"的合理性是由至高的天所决定的，是圣人所明示的。《礼记·礼运》说："是故夫礼必本于天，殽于地，列于鬼神，达于丧、祭、射、御、冠、昏、朝、聘，故圣人以礼示之，故天下国家可得而正也。"

---

① 《左传·昭公五年》。

② 陈来说："西周以来的礼文化发生了一种由'仪'向'义'的转变，从礼仪、礼乐到礼义、礼政的变化，强调礼作为政治秩序原则的意义。从而，'礼'越来越被政治化、原则化、价值化、伦理化。"见陈来：《古代思想文化的世界》，214 页，北京，三联书店，2002。

正是因为礼的合理性来自于上天，所以它成为人类一切行为的最终依据。自从周公对于以往分散而杂乱的礼仪整理之后，礼就是一个囊括了宗法社会生活各个方面的整体性制度安排。礼作为一种规则性的制度，有别于同时代的具有血腥味的“刑”，但是我们也不能否认礼的强制性和制约力。《礼记·曲礼》说：

> 道德仁义，非礼不成；教训正俗，非礼不备；分争辩讼，非礼不决；君臣上下父子兄弟，非礼不定；宦学事师，非礼不亲；班朝、治军、莅官、行法，非礼威严不行；祷祠、祭祀、供给鬼神，非礼不诚不庄。是以君子恭、敬、撙、节、退、让以明礼。

礼的核心精神是一种区别化的社会治理，这个区别化是将血缘的亲疏和等级的高下制度化，所以礼的重要又基本的职能是辨别亲疏贵贱。《礼记·曲礼》说：“夫礼者，所以定亲疏、决嫌疑、别同异、明是非也。”《史记·礼书》对礼的解释是“君臣朝廷尊卑贵贱之序，下及黎庶车舆衣服宫室饮食嫁娶丧祭之分”。

通过对于上下等级和血缘亲疏的厘定，儒家建构起一套伦常秩序，并借此将社会矛盾冲突的因素压制到最低限度，从而通过自觉意识的培养，而提升至理想的社会秩序。

虽然，在先秦激烈的社会变革中，儒家所坚持的依礼而治的思想受到了现实中的功利主义和以力争霸的观念的冲击，并没有被当时的诸侯们所接受，但是，经过周公的制度化和孔子的内在化，礼教社会的基本思想已经成型，并成为制度儒家化的最重要的特色。

1. 依礼而治：儒家制度的基础

中国传统社会可以被看作是一种伦理社会，在这样的社会秩序中，调节社会秩序运行的主要不是依赖法律，而是依赖礼仪。而制度儒家化的展开，其方向有二：一是要将社会的伦理秩序与一般性的政治制度进行对接，二是还对现实的制度进行道德化的改造。

春秋战国时代，礼崩乐坏，其实质是传统的宗法政治已经难以适应变化了的社会现实，因此，一系列的“变法”便接踵而至。春秋末期变法的主要目标是改革“田制”和重构礼法之间的关系。[①] 战国时期则更为剧烈，扩展到“经济（主要是田亩和赋税）、政治（郡县制和爵制）和其他（宗教和度量衡等）制度方面。实际上，这些变法措施与制度创新又反过来有力地建构了民德、民俗、道德、伦理和文化精神”[②]。

对于发生在春秋战国时期的秩序转型所导致的思想转变过程，以庄子的《天下》篇中的“道术将为天下裂”最为传神。后来的《淮南子·俶真训》则将之具体化：“周室衰而王道废，儒墨乃始列道而议，分徒而讼。”

诸子百家虽殊途而同归，他们都将自己的注意力集中于在旧制度被解构之际，如何安排新的社会秩序上和重新安顿人们的价值观念上，正如司马谈所言：“夫阴阳、儒、墨、名、法、道德，此务为治者也”[③]。而且，为了增强自己学说的权威性和合法性，各家都标榜自己是对于先王的治理之道的忠实继承者。“公见夫谈士、辩人乎？虑事定计，必是人也。然后不能以一言说人主意，故言必称先王，语必道上古。虑事实计，饬先王之成功，语其败者，以恐喜人主之志，以求其欲。多言夸诞，莫大于此矣。”[④] 当然各家之所以这么做，还有一个重要的原因是许多诸侯王喜欢将自己与那些传说中的伟大人物相类比。“世俗之人多尊古而贱今，故为道者必托之于神农、黄帝，而后能入说。乱世暗主，高远其所从来，因而贵之。”[⑤] 他们所不同的只是取舍不同，《韩非子·显学》说：“孔子、墨子俱道尧、舜，而取舍不同，皆自谓真尧、舜。”

面对着这样的变革，儒家在应对中更倾向于坚持一种保守的立场，孔子对这种变化有一些失望，他对于晋国铸刑鼎的批评是“乱制”。在《论语·为政》中，他说：“道之以政，齐之以刑，民免而无耻；道之以德，齐之以礼，民耻且格。”

在这段话中，孔子区分了两种不同的治理方式，政、刑和德、礼，

---

① 参见郑开：《德礼之间——前诸子时期的思想史》，400页，北京，三联书店，2009。

② 同上书，405页。

③ 《史记·太史公自序》。

④ 《史记·太史公自序》。

⑤ 《淮南子·修务训》。

很显然，孔子支持基于德性和礼仪的政治方向，并反对法家通过恐吓式的刑罚来让人服从。面对已然来到的礼法并存的格局，孔子强调礼必须作为刑罚的依据。“礼乐不兴，则刑罚不中；刑罚不中，则民无所措手足。”①

墨子攻击儒家的焦点就在于礼乐，而晏子在劝阻齐景公任用孔子时所陈述的理由也是“礼”。“孔子盛容饰，繁登降之礼、趋详之节，累世不能殚其学，当年不能究其礼”②。墨子虽然也刻苦自励，摩顶放踵，但墨家清简的政治策略，在儒家看来却是有质而无文，更为依赖人的牺牲精神，因为违背了人之常情，难以持久。

法家反对儒家礼治思想的一个重要立足点是认为礼治中所内含的亲疏和上下等级的差等化对待，会导致社会因关注家族的利益而损害国家的公义。在法家看来，要达成利益的一致性，关键是要有一个统一的法律标准，如果考虑贵贱、长幼、尊卑、亲疏的因素，那么法令便不可能得到真正的落实，所以无论是商鞅、慎到还是韩非子，反复说明儒家的个别化处理是社会秩序混乱的主要原因，要建立起秩序，只有确认统一的法令而不是差别性的礼。慎到说：“骨肉可刑，亲戚可灭，至法不可缺也。”③

在法家之说泛滥，并在秦国取得重大成功的时候，儒家的后继者，作出了一些适当的修正，尤其是荀子，在坚持教化的原则下，也有限度地承认了霸和法的合理性，以适应复杂的战国时代的社会格局。《荀子·强国》说：

> 故人之命在天，国之命在礼。人君者，隆礼尊贤而王，重法爱民而霸，好利多诈而危，权谋、倾覆、幽险而亡。

《大戴礼记·礼察》也说：“礼者禁于将然之前，而法者禁于已然之后。”也就是说，对于那些违背礼仪的行为，需要有法律来禁止和纠正。

然无论如何，儒家都坚信礼教行则没有法律刑罚的必要，法律乃不得不然的补救措施，因此，相比于严刑峻法的法家路线，儒家有了更大

---

① 《论语·子路》。

② 《史记·孔子世家》。

③ 《慎子·外篇》。

的宽容度。[①] 加上儒家特别强调的教育和社会教化，使得“儒术具有了与更分化的社会政治相沟通的潜力和动能。事实上儒家在传承古‘礼’时已做出了创造性的转化，如荀子之学，就已经开通了使儒术适应于三统之间更大分代局面的坦途”[②]。

崇尚依礼而治是儒家的理想，不过，儒家之肯定礼仪还有一种从职业和技术层面的优势。

儒生向来以六艺教人，因此，熟悉古代的经典，同样也熟悉古代的礼仪。而相礼这一职业，往往是儒门的生存之术。

儒生对于古代的礼仪的熟悉、继承和改造是使他们在中国的政治和社会生活中占据重要地位的重要原因。从儒家全面渗透到汉代的创制立国过程的初期看，他们是通过为新成立的汉王朝建立朝仪[③]等制度建设而找到切入点的。甚至可以说，儒生的优势即使是在受法家思想影响至深的秦朝也体现得十分明显。最典型的例证就是，秦始皇为了宣示其统治的合法性，要举行封禅仪式，为了合乎礼仪，他需要召集儒生来设计和规划。虽然，儒生之间并不能对许多仪式达成共识，但这并不能动摇他们在礼仪掌握上的几乎是垄断性的地位。

不过一方面是因为诸子百家来自于王官流散之后，其各自分野并不十分明确，角色定位也不如后世这般的清晰；另一方面是秦国的坑儒焚书暴政，所以儒家受到打压，其职业状况是相当复杂的，许多人为了生

---

① 徐复观说：“礼是从宗法中的伯叔兄弟甥舅的亲亲关系中所规定出来的，所以在周旋进退之间，还有一种感情流注于尊卑上下之间，以缓和政治中的压制关系。亲亲的精神消失了，但由亲亲精神所客观化出来的礼，其所定的君臣上下间的分位，远没有由术由法所定出来的悬隔而冷酷。”（《两汉思想史》卷一，99 页，台北，学生书局，1980）对于礼的制约性，昂格尔的说法并不一定符合实际。他说：“‘礼’不是实在的规则，的确，从某种意义上讲，它甚至根本就不是规则。由于它们不是作为脱离具体关系的东西而受到理解、规定和服从的，因而它们缺乏实在性品质，而那些具体关系则确定了一个人的身份和他的社会地位。‘礼’并不是人们制定的，它是社会活生生的、自发形成的秩序。”（[美] 昂格尔：《现代社会中的法律》，89 页，南京，译林出版社，2001）礼虽是自发形成的秩序，但是，一旦制度化便具有强制性。因此，就变成一种“实在的规则”。

② 阎步克：《士大夫政治演生史稿》，322，北京，北京大学出版社，1996。

③ 甘怀真说：“所谓朝仪，主要是朝廷内所实施的礼仪，包括规范官员与官职相关的公共生活，除了宫廷中所举行的仪式外，尚包括郊祀、宗庙、封禅等。”《“制礼”观念的探析》，见甘怀真：《皇权、礼仪与经典诠释：中国古代政治史研究》，62 页。

存掌握了多重的技能。如汉初的晁错在跟随伏生学《尚书》之前，曾经学过“申、商刑名于轵张恢先所”①。还有一些知识则是诸子所共同要掌握的基本常识，诸如五行、阴阳、地理、占卜等。按葛兆光的说法就是“一般的知识”，这是一套“有关礼俗、仪式的知识与技术，即从殷周一直延续着的解释宇宙与社会的知识，沟通人、神的技术，维持社会的礼俗和象征秩序的仪式”②。也就是为什么当时的儒生和一般的术士之间存在许多共同之处的原因。周予同先生将儒家的究天人之际的学问说成是“方士学”③，显然是过于看重方术的独立性而忽视其依附性。④ 章太炎认为阴阳家是儒家的支流，我认为是看到了两者之间的真实联系。⑤

战国和秦代的特殊经历成为汉代初年儒生开始为刘汉王朝创立新制度时的重要基础。在公元前 3 世纪前后，也就是战国末期到秦汉初，中国社会正由血缘国家转变为地域性的国家，旧秩序的瓦解需要一种新的制度来补充。在秦朝的“以吏为师”的模式遭到失败之后，给了儒生阐发自己观念的极好机会。应该说儒生们是从两个角度来利用这样一种机

---

① 《史记·袁盎晁错列传》。

② 葛兆光：《中国思想史：七世纪前中国的知识、思想与信仰世界》，219 页。按李零的归纳这些技术可分为：与“天”有关的方术，如天文历算、占星等；与“地”有关的方术，如“形法”；与“人”有关的方术，包括占梦、招魂、导引等。可参见李零：《中国方术考》，北京，人民中国出版社，1993。

③ 周予同：《纬书与今古文经学》，见《周予同经学史论著选集》（增订本），56 页，上海，上海人民出版社，1996。

④ 我一直认为先秦诸子之间并非是对等的，有些学派如阴阳家的阴阳五行、地理风物犹如现在的物理和地理，是一些公共的知识，而非一家所专有。对此李申的说法值得参考。他说：“战国时代的方士，可说与任何学派都无关联。或者说，即使方士本人属于某家某派，但方士的活动内容，却并不是该派学说的产物。方士面对的是神灵，所要解决的是今天自然科学所要解决的问题。前者是各家共同面对的对象，后者是各家都少有兴趣的问题，使得方士可能独立于各家之外，以‘方’为名，同时又可以依附任何一家。崇尚黄老时有他们，独尊儒术时他们的活动更是千百倍的隆盛。所以说战国到秦的方士是不属于任何一家的一般性问题，汉文帝时是个黄老即道教的问题，汉武帝时是个儒教的问题。”见李申：《中国儒教史》上卷，283 页，上海，上海人民出版社，1999。

⑤ 荀子的《非十二子》说：“案往旧造说，谓之五行。……子思唱之，孟轲和之”。虽然我们在今天的《孟子》和据认为是子思作品的《中庸》中见不到有关五行的讨论，但我们知道儒家始终视《洪范》、《周易》为其重要的思想源头，而荀子以人事为重，对于怪异之论又有非驳尽不可。因此我比较同意章太炎的说法：“今人但知阴阳家以邹衍为首，察荀子所云，则阴阳家乃儒家之别流也。”见章太炎：《国学讲演录》，176 页，上海，华东师范大学出版社，1995。

会的。

一种是如叔孙通等人在制定朝仪和宗庙制度上作出了令刘邦这样的对儒家抱有成见的帝王满意的制度性安排，另一种则侧重于理论上的阐发。如贾谊和陆贾等汉初的儒家都坚持认为儒家以仁义为本的制度设计"礼"是国家长治久安的基础。

在秦末的陈胜起义时，鲁国的一批儒生就手持礼器去投奔陈王，希望得到任用。《汉书·儒林传》记载："及至秦始皇兼天下，燔《诗》、《书》，杀术士，六学从此缺矣。陈涉之王也，鲁诸儒持孔氏礼器往归之，于是孔甲为涉博士，卒与俱死。"

汉初的礼仪制定过程中，叔孙通的地位十分重要。虽然，以儒家的道德标准，叔孙通背秦归汉、投刘邦之所好，多为人所不齿。[①] 但他还是通过给汉高祖制定朝仪，而使儒生获得了新的机会。他说："夫儒者难与进取，可与守成，臣愿征鲁诸生，与臣弟子共起朝仪。"刘邦当时还不这么太放心，叔孙通又说："五帝异乐，三王不同礼。礼者，因时世人情为之节文者也，故夏、殷、周之礼所因损益可知者，谓不相复也。臣愿颇采古礼与秦仪杂就之。"[②] 这次制礼的结果使刘邦喟叹"吾乃今日知为皇帝之贵也"，使刘邦体会到了帝王的威严。

后来叔孙通又负责制定了宗庙礼仪，并为儒生利用自己的知识而制度性地进入权力体系拉开了序幕，并被司马迁视为"一代儒宗"。

从叔孙通制定朝仪到汉武帝完全确立改正朔、易服色的新礼制，期间过程曲折。这当然也因为汉初黄老道学兴盛，对繁文缛节多有排斥，但更重要的原因是新的王朝一直处于磨合阶段，所以要到汉武帝天下大定之际，制礼工作才告一段落。对此，《史记·礼书》有一段描述可了解其一般的经过：

> 至于高祖，光有四海，叔孙通颇有所增益减损，大抵皆袭秦

---

① "叔孙通使征鲁诸生三十余人。鲁有两生不肯行，曰：'公所事者且十主，皆面谀以得亲贵。今天下初定，死者未葬，伤者未起，又欲起礼乐。礼乐所由起，积德百年而后可兴也。吾不忍为公所为。公所为不合古，吾不行。公往矣，无汙我！'叔孙通笑曰：'若真鄙儒也，不知时变。'"（《史记·刘敬叔孙通列传》）

② 《汉书·郦陆朱刘叔孙传》。

> 故。……孝文即位，有司议欲定仪礼，孝文好道家之学，以为繁礼饰貌，无益于治，躬化谓何耳，故罢去之。孝景时，御史大夫晁错明于世务刑名，数干谏孝景曰："……今大国专治异政，不禀京师，恐不可传后。"孝景用其计，而六国叛逆，以错首名，天子诛错以解难……是后官者养交安禄而已，莫敢复议。今上即位，招致儒术之士，令共定仪，十余年不就。或言古者太平，万民和喜，瑞应辨（遍）至，乃采风俗，定制作。上闻之，制诏御史曰："盖受命而王，各有所由兴，殊路而同归，谓因民而作，追俗为制也。议者咸称太古，百姓何望？汉亦一家之事，典法不传，谓子孙何？化隆者闳博，治浅者褊狭，可不勉与！"乃以太初之元改正朔，易服色，封泰山，定宗庙百官之仪，以为典常，垂之于后云。

借用前文所引述的《左传》的辨析，叔孙通所制定的是"仪"而不是"礼"。因为仪式的制定虽也是国家之重器，但并不涉及为政之道。而真正为儒家的政治理念开出新的路径的是贾谊和陆贾等人。

贾谊、陆贾等人也不遗余力地强调以礼治国的重要性。贾谊在《新书·礼》中说：

> 道德仁义，非礼不成；教训正俗，非礼不备；分争辩讼，非礼不决；君臣上下，父子兄弟，非礼不定；宦学事师，非礼不亲；班朝治军、莅官行法，非礼威严不行；祷祠祭祀、供给鬼神，非礼不诚不庄。

贾谊认为礼是定社稷、固国家，使统治者得到民心的唯一路径，因此，以礼治国是吸取秦朝因暴政而迅速灭亡的教训而转变为长治久安的为政之道。陆贾的《新语》也极具煽动性，他也以历史上的治国之经验教训来劝诫汉代的统治者要行仁义之政，"治以道德为上，行以仁义为本"①。

儒家之逐渐进入汉代政治的中心还有一点也必须提到，即汉初作为

---

① 陆贾：《新语·本行》。徐复观先生说：陆贾"不是光有一套仁义的理想框套，再把秦亡的事实，纳入在自己理想的框套中，加以剪裁，判断出来的结论。所以他陈义不高不深，而特含有真实意义，能给刘邦以感动的原因在此"。见徐复观：《两汉思想史》卷二，61～62页，上海，华东师范大学出版社，2001。

太子太傅的许多儒生①，也为统治阶层逐渐接受儒家的观念创造了背景。

汉武帝的时候，郡县制和封建制的磨合已经告一段落，汉朝的国力得到了空前的提升，因此，需要一种新的政治意识形态来为这个新的帝国确立起价值观上的制高点。为此，汉武帝开始征集国人的意见。而富有创新精神的董仲舒便站到了儒家历史的一个转折点上。

董仲舒在天人三策中所构建的建立在天人感应论基础上的儒家世界观被汉武帝所接受。董仲舒的这个观念坚持了儒家以仁义为政治根本的立场，然后融合了阴阳家甚至法家的许多思想资源，而最终开儒家一新的格局，并促成了儒家获得一种独尊的地位，这自有其历史的必然。阎步克说："在代表古典文化上，儒者显然具有更充分的资格，这便使儒家学派在文化领域处于得天独厚的有利地位。对于那个社会的政权来说，它需要充分利用结晶于'诗书''礼乐'之中的高级文化来强化其合法性和整合社会，把它们转化为其政治象征；对于社会来说，也需要这种能够体现其基本道义的高级文化来自我维护，通过他们来形成政治期待，促使国家保障那些价值，并仅仅赋予这样的政权以合法性。于是我们就看到，儒家的'礼治'相对能够更全面地满足那个社会对意识形态的需求。同时那个社会也有其意识形态赖以生发的丰沃土壤。意识形态不同于宗教，它是'入世'的。而'礼'出自'俗'的来源，不但赋予了'礼'以无所不包的性质，而且还使'礼'形成了不离人伦日用、不离政治人事的重大特征。"②

董仲舒以"天人相类"的手法将礼仪和天道结合，以作为儒家神圣性的依据。因此说，儒家思想到了董仲舒那儿，开始有了新的特征。按《汉书·五行志》的说法："汉兴，承秦灭学之后，景武之世，董仲舒治公羊春秋，始推阴阳为儒宗"。而在徐复观看来，董仲舒是儒家发展的一个分水岭，他说："他（董仲舒）是有意识地发展《吕氏春秋·十二纪·纪首》，以建立无所不包的哲学系统的，并把他所传承的《公羊春秋》乃

① 汉初许多帝王的太傅多由儒生担任，这样使得许多皇帝有了研习儒经的习惯，并在诏书中自觉地运用经典作为依据。关于这个问题的讨论可参见刘厚琴：《儒学与汉代社会》，13～18页，济南，齐鲁书社，2002。

② 阎步克：《士大夫政治演生史稿》，321页。

至《尚书》的《洪范》组入此一系统中去，以促成儒家思想的转折。”①

之所以说董仲舒是一个转折，主要是缘于董仲舒所面对的是大一统的新政体。这是先秦儒者所不曾经历的。董仲舒通过建立一种天的哲学，来证明大一统体制的合理性，同时却对这个新的体制提出了一种新的制约性的因素，即屈民而伸君，屈君而伸天。问题在于君主对于百姓的制约是实在的，有制度依托的，而借助天（灾异、谴告）来制约君，则是相对软性的，非制度性的。所以董仲舒的转折使原始儒家的反抗权力的精神虚无化。

如果说董仲舒的最大贡献在理论层面，而礼学家们则致力于将改造后的礼仪落实到具体的政治行为和日常行为之中。在儒家礼的思想的国家化的过程中，后仓和他的六位弟子戴德、戴圣、庆普、萧望之、翼奉和匡衡的作用特别值得指出。他们在后仓学术的基础上，将流传下来的《礼经》编成两个选本，即我们熟悉的《大戴记》和《小戴记》。这大大提高了儒家在国家宗教领域的权威性。

而萧望之、翼奉和匡衡则更是将儒家的礼学付诸实践。翼奉曾在汉元帝时对皇家宗庙及郊祀的礼仪制度提出根本性的批评②，匡衡等人则在汉成帝初年以《礼记》为依据，对国家的宗庙、郊祀体制进行了具体的改革。③按王葆玹的说法：“二戴的著述活动与翼奉、匡衡的实践活动，构成了一股强大的冲击力量，其冲击的成效，是将西汉高、文、景、武、昭、宣时期的各种宗教制度及实施彻底废除，实现了国家宗庙祭祀礼仪的儒家化。”④ 因此说儒生在汉代的根本任务是确立儒家为国家意识形态的地位并将儒家的理想实践化、制度化。当然这个过程中，有抗争，也有妥协，既有对于权力的制约，也有更大的部分可能是被现实的权力所改造。

---

① 徐复观：《两汉思想史》卷二，183页。

② 见《汉书·翼奉传》。

③ 见《汉书·匡衡传》和《汉书·郊祀志》。匡衡的基本说法是原先的祭天地仪式比较繁琐而不简约，劳民伤财，因此提出“天地以王者为主，故圣王制祭天地之礼必于国郊。长安，圣主之居，皇天所观视也”（《汉书·郊祀志》）。这个在都城的南北郊祭天地的制度虽然经历了反复，但最终被统治阶层所接受。

④ 王葆玹：《今古文经学新论》，106页，北京，中国社会科学出版社，1997。

这样的矛盾，导致后世儒家的眼里对汉代儒家的贡献难以定位。而汉儒注重制度和经典建设的做法，甚为后世所盛行的心性儒学的思潮所看低。比如，韩愈自认直接继承孟子的“道统”，而宋明儒者因为面对佛老的挑战，要阐发儒家的心性观念，因此，汉儒的贡献被忽视。而他们的思想路径和其中一些人的道德品行更被视为儒者之耻。李申说：“董仲舒以后，儒者们推阴阳，讲灾异，造谶言，兴图纬，察禨祥，言祸福，不仅俨然方士，而且是地道巫行，遂使后世儒者和今日的研究者引为儒者之耻辱。”①

在这样的观念下，注重将儒家的制度设计落实到现实政治中的荀子和汉代的儒家则长期被忽略，荀子则长期难以在孔庙中占有一席之地。难怪章太炎要为荀子抱屈。他说：“荀子和孟子虽是都称儒家，而两人学问的来源大不同。荀子是精于制度典章之学，所以‘隆礼义而杀诗书’，他书中的《王制》、《礼论》、《乐论》等篇，可推独步”。而孟子则“于礼甚疏”、疏于“王政”，“简陋不堪，哪能及荀子的博大”②。

在强大的现实政治的力量面前，摆在儒生面前的是一个矛盾的选择。如果是选择与大一统体制下日益无制约的皇权对抗，那么儒家甚至将失去以自身的政治理想影响社会的机会，而如果是与现有体制合作来推行儒家的王道，那么王道理想有可能成为现实的霸道政治的装饰物的危险。

秦汉之后，中国的政治格局已然成型，汉承秦制，虽然暴秦的统治已然终结，但是整体的政治制度依然是延续了秦代的皇权体制。对于儒生而言，工作的重心是如何使皇权得到制约、如何使民意得到伸张。然而对于通过打天下而获得政权的汉王朝的统治者所关心的是如何使儒生的精力集中到更好地证明已经存在的制度的合理性而非讨论制度本身的

---

① 李申：《中国儒教史》上卷，284 页。

② 章太炎：《国学概论》，55 页，成都，巴蜀书社，1987。其实这种清理家门的事件早在东汉就已经有了苗头，例如当时有一则谶语说：“孔子将死，遗谶书曰：‘不知何一男子，自谓秦始皇，上我之堂，踞我之床，颠倒我衣裳，至沙丘而亡。’董仲书，乱我书。”（王充《论衡·实知篇》引）而蒙文通的《儒家政治思想之发展》一文，指出今文学家所提出的“改制”、“素王”、“井田”、“封禅”等与已经确立的权威相妨碍，到了东汉之后，都逐渐听不到了。见蒙文通：《古史甄微》，成都，巴蜀书社，1987。

合理性。汉代儒家就是在权力的博弈中发展和挣扎，而政治和法律制度的儒家化则是儒家不断在现有的秩序下扩展自己空间的努力的最典型的例子。

2. 礼法合治：政治法律制度的儒家化

儒家对于中国人的生活影响最巨者为何？这可能是一个见仁见智的问题。史学大家陈寅恪先生认为儒家对中国的影响集中于"制度法律和公私生活"。他说："儒者在古代本为典章学术所寄托之专家。李斯受荀卿之学，佐成秦治。秦之法制实为儒家一派学说之所附系。《中庸》之'车同轨、书同文、行同伦'（即太史公所谓'至始皇乃能并冠带之伦'之'伦'）为儒家理想之制度，而于秦始皇之身，而得以实现之也。汉承秦业，其官制法律亦袭用前朝。遗传至晋以后，法律与礼经并称，儒家周官之学说悉采入法典。夫政治社会一切公私行为，莫不与法典相关，而法典为儒家学说具体之实现。故两千年来华夏民族所受儒家学说之影响，最深最巨者，实在制度法律公私生活之方面，而关于学说思想之方面，或转有不如佛道二教者。"①

对于学说思想方面，儒家的影响是否不如佛道二教，这个判断并不好下，但是陈寅恪先生的这个断语或许也难以获得大多数人的认同。因为，儒家的学说基于中国人的人之常情，并经由经学和科举体制深刻地影响了中国人的精神。不过陈寅恪先生所言儒家影响到华夏民族的制度法律和公私生活确实是不刊之论。

说到中国的制度法律和公私生活，最为关键者为礼法关系。一方面，如前所说，儒家坚持依礼而治的基本立场，所以中国人的社会生活中，礼占据特别重要的地位。另一方面，制度的儒家化的过程，其实，并非是完全排斥法家的制度体系，而是用儒家的观念去改造和转化严酷的制度，使礼法合治成为中国传统社会的一个标志。

对于等级和尊卑的秩序的肯认，儒法之间其实并无根本对立之处，

---

① 陈寅恪：《冯友兰中国哲学史下册审查报告》，见《陈寅恪史学论文选集》，511页，上海，上海古籍出版社，1992。

它们之间的最尖锐的差别在于在“礼崩乐坏”的时代如何收拾人心。儒家认为“礼”是天意和人情的体现，无论是孟子那样的性善论者，还是荀子那样的性恶论者，都相信可以通过道德教化的力量，使人产生一种自觉遵循礼而生活的习惯。甚至，儒家认为按照礼的标准来规训自己，事实上是学习成人的过程。

礼不仅是一种自我修养的过程，而且具有某种意义上的宪法的作用，即作为所谓规则的基础。“当礼适用于统治者的时候，它是作为宪法规范来发挥作用的；当它适用于儒家学者的时候，它是作为造就相信其使命为规训最高政治统治者的人们的政治教训形式来发挥作用的。”①

而法家则坚持人与人之争斗和内心之贪欲是社会发展的结果，只有严刑峻法才是出路。秦国在七国争雄中的胜利说明了法家的胜利。但是秦国的短暂存在恰好说明只依靠刑罚和威权虽足以在短时间内使一个国家具备很强的竞争力，但难以获得一种持续性发展的动力。因此，礼法合治既是历史经验的一种总结，也是一种理论上的完善。

这方面，儒家的变化比较明显，比较理想化的孟子一直主张仁政，但是他也说过“徒善不足以为政，徒法不能以自行”②。而荀子对于刑罚的必要性更为强调，他说：“不教而诛，则刑繁而邪不胜；教而不诛，则奸民不惩；诛而不赏，则勤厉之民不劝；诛赏而不类，则下疑俗俭而百姓不一。”③ 荀子主张要教化与刑罚双管齐下。关键是要赏罚分明，使百姓有一个统一的标准可以遵循。

在现实的政治运作中，儒法并用也是一种很常见的现象。严酷如秦朝，其所征用的博士中多有儒生，而且其制度中，也有很多儒家的因素，比如，近几年出土的湖北云梦秦简《为吏之道》中说“君怀臣忠，父慈子孝，政之本也”，这是典型的儒家论说。

“汉承秦制”，汉代在制度设计上基本上是沿袭秦的规则。汉初很长时间里，虽然崇尚黄老之学，但儒法混杂的特点是十分明显的。汉宣帝

---

① ［韩］咸在鹤：《宪政、儒学公民德行与礼》，见哈佛燕京学社编：《儒家传统与启蒙心态》，83页，南京，江苏教育出版社，2005。

② 《孟子·离娄上》。

③ 《荀子·富国》。

自称自己的政策是“霸王道杂之”①。自窦太后死后，汉代的政治风尚才发生很大的转变，儒家在政治生活和社会生活中的影响是越来越大。汉代依据经义来判断事物的正确与否，特别是以董仲舒为代表的《春秋》断狱的出现，礼法合治逐渐转变为阳儒阴法：一是朝廷的公开宣示中会强调礼是立国之本，二是法典的编纂逐渐由儒家人士来主持，而儒家背景的官员逐渐掌控了断狱的权力。

但是儒法之关系也并非完全是儒家改造法家，其中法家也在许多方面改造了儒家。特别是儒家虽然获得了政治权力的独占性的支持，但是与此同时法家的尊君观念，逐渐取代原始儒家的抑制君主的理念，而形成为“三纲”的观念。徐复观先生说：在大一统的政治格局下，“儒家思想之本身，在政治方面不仅未能获得一正常之发展，且因受压迫而多少变质，以适应专制的局面。其最重要者为无形地放弃了‘抑君’的观念，而接受了法家‘尊君’所造成的事实。由法家‘三顺’之说演化而为儒家‘三纲’之说，将儒家对等之伦理主义改变而为绝对之伦理主义，此一转变，对儒家思想之本身影响至大，几乎可以说，使儒家思想在政治方面发生了本质的变化”②。

礼法合治的最主要表现是法典的儒家化。

前文已经论及，在春秋战国时期，各类法典和刑鼎的出现，意味着传统的宗法制度向大一统帝国转化过程中的制度创新，而郡县制的形成，则表明宗法制度下的天子与诸侯的关系被皇帝与官员之间的科层关系所取代。在这样的转型过程中，旧制度的解体和新制度的形成，或者说新制度在如何适应中国人的行为方式和习俗的问题上，产生了很大的“制度供应”的短缺，这样的问题在汉初表现得十分明显。萧何和曹参都尽量避免出台新政以引发社会的“不适应”，而是通过消减秦朝的繁琐的法令并减轻其惩罚强度来应付新的社会格局。因此，制度的建构——无论是朝廷的礼制还是针对普通百姓的法令——是一件必然要展开的任务。

① 《汉书·元帝纪》。关于这一问题的详细讨论，可参见王葆玹《今古文经学新论》一书中“关于‘罢黜百家，独尊儒术’的文献记载”。

② 徐复观：《儒家对中国历史运命挣扎之一例》，见徐复观：《中国思想史论集》，291页，上海，上海书店出版社，2004。

而这个任务的中枢是董仲舒。

董仲舒在给汉武帝所上的天人三策中，特别指出了秦国的法律制度对于社会秩序的破坏并最终导致帝国崩溃的事实。他说：

> 师申商之法，行韩非之说，憎帝王之道，以贪婪为俗，非有文德以教训于下也。诛名而不察实，为善者不必免，而犯恶者未必刑也。是以百官皆饰虚辞而不顾实，外有事君之礼，内有背上之心，造伪饰诈，趋利无耻；又好用憯酷之吏，赋敛亡度，竭民财力，百姓散亡，不得从耕织之业，群盗并起。是以刑者甚众，死者相望，而奸不息，俗化使然也。①

这段话其实是在强调儒家德化政治的原则，认为刑律只可以让人表面上服从，而难以心服口服，并会增长奸伪之心。

因此，在礼法关系上，董仲舒主张德主刑辅，以阴阳关系来处理教化和惩罚的主次关系。在具体的法律体系的建构上，董仲舒的做法也是具有典范性的，即援引儒家的经典来作为判断是非的标准，即"引经决狱"，这既强化了经典与生活的关联，也使法律事务不断纳入儒家的领地。

据《汉书·艺文志》记载，董仲舒曾有《公羊董仲舒治狱十六篇》，后来东汉时期专门整理董仲舒著作的应劭说："故胶西相董仲舒老病致仕，朝廷每有政议，数遣廷尉张汤亲至陋巷，问其得失，于是作《春秋决狱》二百三十二事，动以经对，言之详矣。"② 这些案例大多已经散佚，在沈家本《历代刑法考》中根据古代文献收集、整理了一些。例如《太平御览》卷六四〇记载了这样一个例子：

> 甲父乙与丙争言相斗。丙以佩刀刺乙，甲即以杖击丙，误伤乙，甲当何论？或曰：殴父也，当枭首。论曰：臣愚以父子至亲也，闻其斗，莫不有怵惕之心，挟杖而救之，非所以欲殴父也。《春秋》之义，许止父病，进药于其父而卒，君子原心，赦而不诛。甲非律所殴父，不当坐。

---

① 《汉书·董仲舒传》。
② 《后汉书·应劭传》。

这个案例的关键是“殴父”的行为是否是出于本意。董仲舒则利用《春秋》中关于给父亲递药而父亲死的案例说明，儿子并无主观动机要杀死其父。所以，在判决中要考虑行为的动机。类似的例子说明，董仲舒希望以儒家的伦理道德观念来分析案例、解释法律，并以此作为定罪量刑的依据。实质上是要将儒家所提倡的礼治的观念深入到社会生活中去，重建古代法律的伦理结构。

这种“诛心”、“原心”的法律原则，当然具有强烈的主观色彩和反技术倾向，但实质上充分体现了儒家的政治原则，即原则性（经）和情景性（权）的结合。汉代的许多大案都是依据《春秋》来定的，如淮南王刘安谋反案、武帝和昭帝之间的假太子案、与匈奴和亲事件等等。这些案例对整个中国的法律传统、政治观念产生了巨大影响。梁治平说：“董（仲舒）氏以儒家典籍，六经之一的《春秋》作判案的依据，更是他为调和儒法两种思想实际上作出的一种努力。从历史上看，这种努力对于中国古代法的发展意义重大。这不独是因为它满足了历史所提出的某种要求，也不只是因为引经断狱的流风余韵，延至唐代还不曾消绝，还是因为它以一种特殊方式开启了中国古代法律史上一个伦理重建的重要时期。在此期间，儒家以其价值重塑法律，系统地完成了儒家伦理的制度化与法律化，结果是在继承先秦乃至青铜时代法律遗产的基础上，将礼崩乐坏之后破碎了的法律经验补缀成一幅完整的图景，最终成就了中国古代法的完备体系。这一过程亦即是后人所谓的‘以礼入法’，我们名之为道德的法律化。”①

---

① 梁治平：《寻求自然秩序中的和谐》，251～252页，北京，中国政法大学出版社，1997。韦森提出，传统中国社会存在一个反向制度化的过程，因为儒家在渗入中国法律体系的过程中，与“欧美近现代社会中从习俗到惯例、从惯例到法律制度这一内在的社会发展演化行程相迴异，在传统中国社会中实际上发生了一个用礼俗（一部分源自中国古代的习俗与惯例，一部分源自圣哲尤其是儒家的说教与箴规）‘改造’或者说‘挤占’由主权者所制定出来的本来就为数不多的法律（刑法）的过程。前一个过程是内在于社会交往、尤其是经济运行和市场发育过程中的自发社会秩序的扩展以及向宪制化的演化，而后者则是把文化观念、道德伦理、意识形态向法律体系的浸透、注入和改造。这就是一些法学家所说的中国传统法律的伦理化和礼教化。”（韦森：《从习俗到法律的转化看中国社会的宪制化进程》，见韦森：《经济学与哲学：制度分析的哲学基础》，225页。）依我看，韦森的理解比较片面。确如梁治平所说，儒家是在“重塑法律”。在儒家渗入法律体系的时候，也有大量的儒家原则以法律条文的方式被确定下来，比如唐律中的“十恶”就是将儒家的许多原则法典化的重要例证。

法律儒家化的行为，实际上也是儒不断取代吏的过程。秦代公开宣称“以吏为师”，采取一种严酷的惩罚措施来迫使人们服从。而这个时候，儒生和文吏之间存在着技术层面和价值观上的巨大差别。儒生虽有价值追寻，但并无不解实际的律令。而以儒家观念入律，一方面，使得朝廷的官吏逐渐兼负管理和教化的责任，并特别是通过循吏的工作进一步使得儒家的观念深入到百姓的日常生活中。① 另一方面，技术化的文吏们也开始了解儒家观念，以教化的方式来处理纠纷。瞿同祖先生对这一过程概括说：“除了法典的内容已为礼所掺入，已为儒家的伦理思想所支配外，审判决狱受儒家思想的影响，也是可注意的事实。儒者为官既有司法的责任，于是他常于法律条文之外，更取决于儒家的思想。中国法律原无律无正文不得为罪的规定，取自由裁定主义，伸缩性极大。这样，儒家思想在法律上一跃而为最高的原则，与法理无异。”②

以儒家经典作为断狱的基础，并非表明儒家认同法律的作用，从根本上说，更多的儒家官员出现之后，他们依然会在社会中倡导“无讼”的秩序观。《后汉书·循吏列传》说：“建初元年迁山阳太守。以礼训人，不任刑罚，崇好儒雅，敦明庠序。每春秋飨射，辄修升降揖让之仪。乃为人设四诫，以定六亲长幼之礼。有遵奉教化者，擢为乡三老，常以八月致酒肉以劝勉之。吏有过咎，罢遣而已，不加耻辱。百姓怀爱，莫有欺犯。”虽然，历史著作的传记资料中存在着不同程度的夸张，但是循吏之移风易俗之举不可能完全是空穴来风。因为关于这方面的描述在汉代的文献中比比皆是。如东郡（颍川）太守韩延寿想以礼让来改变当地百姓互相争夺的风气，因此召集民望很重的老人数十人，亲自了解百姓的疾苦，并提出符合儒家礼仪的解决方法，这样一来，老百姓便逐渐接受

---

① 关于这一点，余英时先生的《汉代循吏和文化传播》一文有详细的讨论。他说：“汉代的大传统以儒教为主体，而儒教的基地则在社会而不在朝廷。因此循吏在发挥‘师’的功能时，他实际上已离开了‘吏’的岗位；他所奉行的不复是朝廷法令，而是大传统的中心教义。由于中国的大传统并非寄身于有组织的宗教，所以它的传播的任务才落到了俗世人物的循吏的肩上。汉代大传统的传播者，借用《周礼》的名词，可称之为‘师儒’，循吏便是以‘师儒’的身份从事‘教化’工作的。循吏自然不是大传统的唯一传播者，但在汉代，‘师儒’之中，循吏却是教化成绩最为卓著的一型。”见余英时：《士与中国文化》，158页，上海，上海人民出版社，1987。

② 瞿同祖：《中国法律与中国社会》，见《瞿同祖法学论著集》，355页。

儒家的礼仪。有一次，韩延寿得知自己管区内的兄弟俩争田，他反而自责自己不能使儒家的教化深入人心，这使得兄弟俩觉得羞愧而和好。这些都说明社会风气的改变依然是礼法合治局面中的最高境界。

礼和刑正如事物的正反两极，但汉儒的眼里，这两极已非是水火不容，而是礼主刑辅，虽有主次，却互相支持。“礼是藉教化及社会制裁的力量来维持的。……但礼亦未尝不可以法律制裁来维持、来推行，而无损其为礼。同一规范，在利用社会制裁时为礼，附有法律制裁后便成为法律。成为法律以后，既无害于礼所期望的目的，也不妨害礼的存在。同一规范，不妨既存于礼，又存于法，礼法分治，同时并存。儒家所争的主体，与其说是德治，毋宁说是礼治，采取何种行为规范自是主要问题，以何种力量来推行这种规范的问题则是次要的。”① 所以事实上儒家不但是古代礼仪的继承和整理者，从西汉中期开始，越来越多地凭借以经断狱的流行，而加入到法令的制定者行列中去。“先秦儒家具体论述法律问题的经义很少，决狱者所引用的基本上是政治、伦理、道德等方面的经义。在引经决狱过程中，逐渐形成了一系列符合儒家思想的具体法律观点。这些观点不仅是‘引经决狱’的依据，而且影响着以后封建时代的立法。有些观点，甚至直接为立法吸收，变成了法律条文。”②

当然，引经决狱是说汉代的立法思想有了很大的转变，而将儒家观念直接写入成文法典还是一个逐步发展的过程，而汉章帝建初四年（公元 79 年）《白虎通义》的编定，是儒家立法观念法典化的一个里程碑。

《白虎通义》最为总括性的原则就是三纲六纪。“三纲者，何谓也？谓君臣、父子、夫妇也。六纪者，谓诸父、兄弟、族人、诸舅、师长、朋友也。故君为臣纲、父为子纲、夫为妻纲。又曰：敬诸父兄，六纪道行，诸舅有义、族人有序、昆弟有亲、师长有尊、朋友有旧。”这样儒家的血缘伦理原则得到了一种经典性的阐述，获得了一种宪法意义上的地位。

---

① 瞿同祖：《中国法律与中国社会》，见《瞿同祖法学论著集》，354 页。

② 高恒：《公羊春秋学与中国传统法制》，见柳立言主编：《传统中国法律的理念与实践》，17 页。

汉代的经学家也开始介入对于律学、律令的解读，因此经学的要义不断注入到法律文本的解释之中，而儒家的价值观念也随之得到律法上的支持。其实，经师介入法律本来就有其制度上的需要，因为汉武帝元狩六年（公元前117年）所制定的选士四科中，包括（1）德行高妙、志节清白；（2）学通行修、经中博士；（3）明晓法令、足以决疑，能案章覆问，文中御史；（4）刚毅多略、遭事不惑，明足以照奸、勇足以决断，才任三辅剧令。其中第（1）、（4）条类似于软性标准，而第（2）条明经，第（3）条明法，才可以视为是硬性指标。因此明经和明法乃是获得社会地位的两大重要的途径，因此，经学和律学互通乃是汉代社会需求的一个体现。

而到了三国时的曹魏政权，礼法关系又呈现出一定的复杂性，曹操主张拨乱刑为先，治平礼为首，其实是礼教和刑罚并重，这在汉末的混乱恢复过程中，也不失为一个切合实际的做法。但是在魏明帝时开始的制定法律的工作完全交由儒生。对此，儒家意识在法律中的影响便十分彻底，并一直延续到清末。瞿同祖先生指出："因事实上之限制，汉儒修改法律仅为零星的……曹魏而后每一新的朝代成立，必制订一套本朝的法律。法典的编制和修订落入儒臣之手，于是他们把握此时机，可以以大刀阔斧的方式为所欲为，有更多的机会尽量将儒家之精华——礼——糅杂在法律条文里，一直到法律全部为儒家思想所支配为止。"① 按《晋书·刑法志》的说法，曹魏的法律制定实际上是向古典儒家的精神回归，因而实际上进一步减轻了汉代法律所带有的浓厚的法家色彩。而瞿同祖先生所谓的儒家的精华大致可以包括"八议"、"十恶"、"五服"等。"八议"即可以享受罪行减免的八种人（议亲、议故、议贤、议能、议功、议贵、议勤、议宾），包括皇亲国戚、社会贤达、功勋人士等，这些人的治罪必须上报皇帝进行议决，普通的官员没有直接审议的权力。"十恶"则是违背纲常伦理的十种不在赦免范围的罪行。而"五服"则是通过血缘的远近来区别对待的方式。法律的儒家化过程是一个内容不断丰富、体系不断完备的连续的过程。"魏以八议入律，晋代保留之，晋又创依服

① 瞿同祖：《中国法律之儒家化》，见《瞿同祖法学论著集》，368页。

制定罪之新律。此二事为北魏所保留，而又加以留养及官当的条例。这些都为齐律所承受，又加入十恶条例。隋、唐承之。”① 法律的儒家化过程的不断体系化和完备化，使中国的法律一直体现着家族主义、等级制、特殊主义的礼教观念，希望通过对于自然差等的承认，来建立一种服从和遵守为基调的社会秩序。一方面法典高扬“慎刑”和“仁政”的观念，另一方面也保留有严酷的刑罚的威胁手段。合而言之，即所谓恩威并施。

这样的礼法合治秩序至唐律而完备，并延续到明清，直至晚清立宪和民国新法律的制定，儒家化的法律才遭废除。

三、儒学与中国地方社会秩序

梁漱溟先生在论述中西社会生活的差异的时候指出：如果把社会构成分为团体—家庭—个人这三个层次的话，“团体与个人，在西洋俨然两个实体，而家庭几若为虚位。中国人却从中间就家庭关系推广发挥，而以伦理组织社会消融了个人与团体这两端”②。从制度的意义上看，中国的家族制度可以说是各种制度的底色，由于始终没有发展出超越血缘关系的组织凝聚力量，因此，家庭伦理和组织原则被扩展到整个社会组织中，如此，以血缘亲疏和辈分高低为原则的家族制度以不同的方式呈现在国家秩序、经济、教育等各种制度中。从个人生活的层面看，长期处于家族制度影响下的人们在理解家族以外的社会生活时，会不自觉地将家族生活的经验延伸到家族以外的团体或组织中，造成一种泛家族主义的思维方式。③

---

① 瞿同祖：《中国法律之儒家化》，见《瞿同祖法学论著集》，381页。

② 梁漱溟：《中国文化要义》，77～78页，上海，学林出版社，1987。

③ 杨国枢说：“中国人之泛家族化历程主要是表现在三个层次：(1) 将家族的结构形态与运作原则，概化到家族以外的团体或组织：亦即，比照家族的结构形式来组织非家族团体，并依据家族的社会逻辑（如长幼有序）来运作。(2) 将家族中的伦理关系或角色关系，概化到家族以外的团体或组织：亦即，将非家族性团体内的成员予以家人化，成员间的关系比照家族内的情形而加以人伦化。(3) 将家族生活中所学得的处事为人的观念、态度及行为，概化到家族以外的团体或组织：亦即，在非家族性团体或组织内，将家族生活的经验与行为不加修改或稍加修改即予采用。”见杨国枢：《华人心理的本土化研究》，86～87页，台北，桂冠图书股份有限公司，2002。

在思维取向和制度架构的互相强化下，家族组织成为中国地方秩序的核心力量，因而孝道为先的儒家伦理，自然也成为中国地方社会控制的主要观念形态。而作为儒家思想在地方社会的代表的绅士阶层，自然也在地方社会秩序的建构中担负起重要的教化功能。本文将基于这两方面来讨论地方秩序建构中的儒家化问题。

1. 家族制度与儒家伦理

家族和宗族在含义上虽有一些差别，但是一般而言，家族制度和宗族制度是可以互换的概念。那么什么是家族呢？按徐扬杰的说法："家族就是同一个男性祖先的子孙，若干世代相聚在一起，按照一定的规范，以血缘关系为纽带结合而成的一种特殊的社会组织形式。"① 也就是说家族是依据血缘关系的远近，来建立起的一种既有差别性又有凝聚力的社会秩序体系。

孔子十分推崇周代的宗法制度，这使得儒家发展出一套以家庭伦理为核心的价值体系。孔子将孝悌作为道德修养的本源。他说："孝弟也者，其为仁之本与！"② "夫孝，德之本也，教之所由生也。"③ 根据儒家经典的阐述，孝的内涵可以用四个字来概括，即养、敬、谏、顺，而最高的层次就是顺，服从。在这个意义上，儒家强调家族伦理和社会伦理的一致性和基础性，孔子就说"其为人也孝弟，而好犯上者鲜矣。不好犯上，而好作乱者未之有也"④。也就是说，由孝可以推导出对于君主的忠诚。《礼记·祭统》说"忠臣以事其君，孝子以事其亲，其本一也"，因此求忠臣必上孝子之门。所以，以孝治天下是列代帝王的基本国策。也因为如此，他们都热衷于对于孝经的注释。

不仅如此，在孔子看来孝并非仅仅表现在赡养这样的道德义务上，而且还必须发自内心。因此，他在跟宰予讨论"三年之丧"的时候，特别强调的是"心安"，即要将人的道德感直接诉诸人的内心之

① 徐扬杰：《宋明家族制度史论》，1 页，北京，中华书局，1995。

② 《论语·学而》。

③ 《孝经·开宗明义》。

④ 《论语·学而》。

体验。

或许可以说周代的宗法制社会是形成儒家家族伦理的重要根源，不过宗族制度在春秋时期发生了变化①，在秦国更是受到重大的冲击，也就是商鞅变法的时候，规定家里有两个男人如果不分家就要加倍收税，同时也禁止父子兄弟同住，客观上导致中国的家庭结构趋向于核心家庭。这个案例在汉儒看来，是造成秦国风俗败坏并最终“速崩”的重要原因。

在魏之前的法典中，这条法律并没有被废除，虽然其实际的法律功效如何，缺乏许多的文献证据。事实上家族的势力和国家权力之间的平衡一直是统治者难以处理的一个问题。而汉初的措施是“强干弱枝”，即以削弱地方权力的方式来保持中央集权的强势地位，其做法是将一些有影响的家族迁离其原居地，以使其与血缘地域分离，并鼓动地方权力对这些豪族进行打压。

在传统中国血缘关系始终是一个最为牢固的凝聚力，所以，军功集团和诸侯王族式微之后，新的豪族代之而起。且儒家独尊之后，尊祖敬宗日益被强调，宗族势力就开始复兴，特别是章帝时颁布的《白虎通义》，对于宗族的合理性做了理论上的说明，这为宗族的复兴提供了经典上的依据。

《白虎通义·宗族》说：

> 宗者，何谓也？宗者尊也，为先祖主者，宗人之所尊也。……族者，何也？族者，凑也，聚也，谓恩爱相流凑也。生相亲爱，死相哀痛，有会聚之道，故谓之族。

这就肯定了血缘的凝聚对于稳定地方秩序的作用。这样各地的豪族势力又得以恢复，特别是东汉政权的获得与豪族的支持密切相关，由此，豪

① 杜正胜说：“春秋以前虽然有家，但社会基础在族，一般称为氏，氏下有宗，是以当权贵族为主导，兼具战斗、行政、祭祀和财产等多项功能的共同体。……春秋晚期以后，封建崩解，社会基本单位逐渐转成为家，集权中央政府才可能实现。……这些家庭就是史书所谓的‘编户’、‘齐民’。编户齐民奠定秦汉以下两千五百年政治和社会的基础，直到今日依然未曾改变。”杜正胜：《传统家族试论》，见黄宽重等编：《家族与社会》，1页，北京，中国大百科全书出版社，2005。

族更是获得了政治上的地位。而儒家独尊所造成的儒士的升迁，也成为豪族势力的一个新的力量。冯尔康等指出："分析东汉政权统治基础的性质，反映出在两汉之际，那些有政治势力和社会影响的大族，开始由武质的宗族群体向文质的宗族群体过渡。其中，豪族越来越儒质化，士林的仕宦则由个人的活动演化而成家族的活动，士大夫家族开始豪族化。"①这些儒家化的豪族，因其独特的教养而形成其社会声望，并在魏晋时期九品中正制的支持下，得以等第化和世袭化。

一般认为，强调士庶之别的门阀士族制度，在唐中叶开始就逐渐解体，特别是唐末的农民起义，使强宗大族的势力彻底消亡。而科举制度的确立，使社会的流动逐渐由考试制度所决定，这就意味着社会流动起点的相对公平性，这样也使得权力处于相对流动的过程中，客观上也不利于世家豪族的维持。这都是豪族制度难以为继的原因。

宋明之后，中国的家族制度进入了新的阶段。②

到了宋代，原有的世家大族制度经过战乱和别的原因已经瓦解，这对于地方社会的控制是十分不利的，因此当时的儒家特别提倡恢复古代的家族制度。张载、程颐和朱熹都特别提倡"敬宗收族"，来改善地方秩序，并最终巩固中央的权力。张载说：

> 管摄天下人心，收宗族，厚风俗，使人不忘本，须是明谱系世族与立宗子法。宗法不立，则人不知统系来处。古人亦鲜有不知来处者，宗子法废，后世尚谱牒，犹有遗风。谱牒又废，人家不知来处，无百年之家，骨肉无统，虽至亲，恩亦薄。

---

① 冯尔康、常建华：《中国宗族史》，112页，上海，上海人民出版社，2009。

② 井上徹认为宗法主义在宋代的产生与科举制度的日渐严密和子女均分财产制度有密切关系。"宋代士大夫赖以生存的资源已不是家世，而是学问，也就是儒教知识。这个时代所体现的原则，就是学习儒教知识，然后在科举中及第，最终成为官僚。显然，这样获得的官位只是本人的奋斗结果，其子孙原则上没有继承权。而且，根据财产均分的继承惯例，官员去世后，其家产将被诸子均分。由此，财富也不一定能长存永续。这就是说，基于科举官僚制度和家产均分惯例，身份与财富都具有一次性的特征。随着世代的延伸，其家系很可能就会面临退出社会舞台的危机。到底怎样才能摆脱这样的宿命，使名门家系长存？至此，'宗法主义'这一重要理念终于浮出了水面。"［日］井上徹：《中国的宗族与国家礼制》，173～174页，上海，上海书店出版社，2008。

> 宗子之法不立，则朝廷无世臣。且如公卿一日崛起于贫贱之中以至公相，宗法不立，既死遂族散，其家不传。宗法若立，则人人各知来处，朝廷大有所益。或问："朝廷何所益?"公卿各保其家，忠义岂有不立？忠义既立，朝廷之本岂有不固？今骤得富贵者，止能为三四十年之计，造宅一区及其所有，既死则众子分裂，未几荡尽，则家遂不存，如此则家且不能保，又安能保国家！①

张载还提出了建立家庙和祭祖制度的设想，这些都成为宋明之后的家族制度的萌芽。程颢、程颐兄弟也肯定家庙和祭祖的必要性，并强调建立家族的法度和规矩的重要性，程颐说："治家者，治乎众人也，苟不闲之以法度，则人情流放，必至于有悔，失长幼之序，乱男女之别，伤恩义，害伦理，无所不至。"② 这也成为宋明之后家族法规的肇端。

对于宗法制度提倡最力的当数朱熹。

朱熹的做法是从恢复家族礼仪开始，他感觉到古代的礼仪废弛对于社会稳定的消极作用。他说："呜呼！礼废久矣。士大夫幼而未尝习于身，是以长而无以行于家。长而无以行于家，是以进而无以议于朝廷，施于郡县，退而无以教于闾里，传之子孙，而莫或知其职之不修也。"③于是编写了《家礼》和《古今家祭礼》两书，对于家族礼仪做了一些具体的描述。比如在《家礼》的祠堂部分，提出普通的百姓，虽不能建立家庙，但可以建立祠堂，并认为祠堂的建筑规模可以根据家族的经济实力有不同的形制。朱熹还制定墓祭始祖和先祖的礼制，并提出家族要设立祭田来保证家族活动的经济支持。

程朱等人深感佛道对百姓日常生活的影响，因此，尤重心性问题的阐发，并辅之以家族礼仪和宗族观念的推展，因此，使儒家之观念得以落实到日常生活，尤其在东南沿海和江西、安徽一带，成效卓著。

宋代宗族观念的增强，构成中国传统家族关系的新阶段，发展出诸如修谱、墓祭、会族的方式，来教化子孙，维持家族的凝聚力。宋明之

---

① 张载：《经学理窟·宗法》。

② 程颐：《周易程氏传·家人》。

③ 朱熹：《跋三家礼范》，见《朱文公文集》卷83。

后出现了聚族而居的家族组织。近代以来人们所经常批评的家族主义①，主要指的就是宋明以来的家族制度。“所有的家族，都由祠堂、家谱和族田三件东西联结起来。族田是家族制度赖以存在的物质条件，依靠它为钓饵把族众团聚在一起，叫做‘收族’；祠堂和家谱则用以尊祖敬宗，强调血缘关系，规定家规家法，从上层建筑和意识形态方面维系家族制度。这三者是近代家族制度的主要特点。”②

这样的状况并没有因为外族的入侵而改变。有人甚至认为元代的政治动荡，有助于使程朱理学深入乡村。“由元末的动荡与政治的交替变动，也显示出这些宗族成员与政治的关联，也可能影响他们自身的性命乃至家族命运。而异族的统治，也使得部分学者投入理学的研究，以寄托心志，传承道统，他们注解经书，参与训蒙，对朱学的研究精辟深湛，将朱学深入乡村。”③

这样的状况，在明代得到进一步的发展。比如，丘濬等人主张以朝廷的力量，如通过立法来制止族田的兼并和强制民间修家谱。同时他进一步推进朱熹的工作，将朱熹的《家礼》一书加以损益，改名为《家礼仪节》，大量地刻印、宣传、推广。他认为《家礼》一书如果推行，那么佛教和道教在民间社会的影响就会减弱。因此，此书“诚辟邪说、正人心之本也。使天下之人，人诵此书，家行此礼，慎终有道，则彼自息矣，儒道岂有不振也哉”④！

明代的族规和乡约⑤建设，使宗族团体化和政治化，促进了官府与宗

---

① 典型的论点如孙中山在《三民主义》中所说：“中国人最崇拜的是家族主义和宗族主义，所以中国只有家族主义和宗族主义，没有国族主义，外国旁观的人说中国人是一片散沙，这个原因在什么地方呢？就是因为一般人民只有家族主义和宗族主义，没有国族主义。中国人对于家族和宗族的团结力非常大，往往因为保护宗族起见，宁肯牺牲身家性命。……所以中国人的团结力，只能及于宗族而止，还没有扩张到国族。”见《孙中山选集》，617页，北京，人民出版社，1981。到1927年，毛泽东在分析中国社会时依然将“家族系统”作为三种权力支配系统之一。

② 徐扬杰：《宋明家族制度史论》，20页。

③ 朱开宇：《科举社会、地域秩序与宗族发展——宋明间的徽州，1100—1644》，99页，台北，台湾大学文史丛刊，2004。

④ 丘濬：《家礼仪节序》，见《丘文庄公集》卷二。

⑤ 乡约最初是一种规约，但后来逐渐转变为一种民间的基层组织，成为落实某种规约的机构。见董建辉：《明清乡约：理论演进与实践发展》，27页，厦门，厦门大学出版社，2008。

族的互动关系。

清代的家族制度是宋明家族制度的延续。然而到了清末，特别是受太平天国起义的影响，家族制度比较完备的南方地区的家族势力受到严重的打击。面对这样的社会矛盾，晚清的思想家所设想的社会改革方案中，就有恢复宗法的提议。比如，龚自珍和冯桂芬等就主张从家族制度中去寻找原因和解决办法，其中冯桂芬所提出的《复宗法议》因为由光绪帝批准并责成全国的官僚学习因而影响巨大，该提议的核心思想包括：强化族长的权威，设立义田对于族中鳏寡孤独进行帮助，并将家族制和保甲制相结合，以确保地方的稳定。“宗法以人人有所隶为主，是亿万户固已若网在纲，条分缕析，于是以保甲为经，宗法为纬，一经一纬，参稽互考。”① 每当社会不稳定的时候人们总是会强调家族的重要性，主要也是看到了家族利益和王朝利益的某种程度上的一致性。其实中国人惯以忠孝并举，主要也是因为视国政为家政的扩大，虽然并没有将这两者混同，但也并不具有明确的界限，皇帝是整个国家的家长。对此艾尔曼的说法是切中要害的。他说：“我们不难理解国家支持地方性宗族发展的原因。儒家系统化的社会、历史、政治观点都是围绕祖先崇拜展开的，宗族关系被奉为道德行为的文化基础。忠孝等宗法观念又被外化到国家层面。因此，宗族秩序的道德影响作为地方社会的建设性基石，被国家认为是有益的。”②

2. 社会秩序的二重建构：家族与官府

在儒家的泛家族主义的制度设计中，家族势力和中央集权之间的矛盾是显而易见的。一个广泛被人讨论的例子就是孔子对于直躬告发其父攘羊的评论。孔子说：“吾党之直者异于是。父为子隐，子为父隐，直在其中矣。”③ 然而这样的原则，似乎对公权力形成了某种程度的抵触。因此，法家就批评儒家以家族为出发点的原则必然会侵扰到公权力的普

---

① 冯桂芬：《复宗法议》，见《校邠庐抗议》，卷下。

② ［美］艾尔曼：《经学、政治和宗族——中华帝国晚期常州今文学派研究》，18 页，南京，江苏人民出版社，1998。

③ 《论语・子路》。

遍化。

在制度儒家化和儒家制度化的双向互动中，中国传统的法律很重视孝的意义，因此肯定亲属之间的容隐制度，而且汉以后的法律规定，儿子如果主动向官府告发父亲，会被因“不孝”而治罪。甚至在罪犯的父母年老又没有别人赡养的情况下，该罪犯可以留在家中侍奉父母。

然而从《孝经》等作品中，我们也可以看到儒家试图建构“孝忠一体”的逻辑，认为家族伦理和公共伦理是一致的。《孝经·广扬名》说：

> 子曰：“君子之事亲孝，故忠可移于君。事兄悌，故顺可移于长。居家理，故治可移于官。是以行成于内，而名立于后世矣。”

这是要表明事亲之理“孝”可以推及事君之理“忠”。但问题的关键在于当忠和孝产生冲突的时候，到底应该是什么优先，这是进入大一统社会之后，儒家所必须面对的问题。

对此矛盾的解决途径，儒家首先是建立起一种公私有别的说法。比如区分“门内之治”和“门外之治”。《礼记·丧服四制》就说：“门内之治，恩掩义；门外之治，义断恩。”这样的做法，倡导的是公义和私谊的兼顾。比如“民不告，官不究”，就是这样的例子。然而，就一统秩序的主导性来说，则是君臣的向度要重于父子的向度。这样最尖锐的例子就是皇帝如何对待他的父亲。

> 六年，高祖五日一朝太公，如家人父子礼。太公家令说太公曰：“天无二日，土无二王。今高祖虽子，人主也；太公虽父，人臣也。奈何令人主拜人臣！如此，则威重不行。”后高祖朝，太公拥彗，迎门却行。高祖大惊，下扶太公。太公曰：“帝，人主也，奈何以我乱天下法！”于是高祖乃尊太公为太上皇。心善家令言，赐金五百斤。[①]

这个例子充分表明，父子之伦并不能超越皇权的绝对性。进而也可以说明在君臣之间和父子之间发生牵扯的时候，父子一伦毫无疑问要让位于君臣尊卑之礼的。

如果将这样的关系模式延伸到中央集权和地方家族制度的关系的话，

---

① 《史记·高祖本纪》。

国法当然是要重于家规，尽管在国法里已经充分吸收了家族伦理。

许多人看到了传统中国由家族制度的发展所带来的地方自治的特色，但是，首先我们必须把宋明之后的家族制度和汉唐时期的家族制度作一定的区分。也就是说，汉唐时期虽然世家大族在社会中曾经起到左右政治格局的作用，但是，朝廷对于地方的垂直控制并没有放松。秦晖先生根据走马楼吴简的资料指出中央集权对地方的控制是十分严密的。虽然朝廷并不能完全控制世家大族，但即使在东汉至隋这样一个大族势力较强的时代，“只要处在帝国官府的控制下，那里的乡村仍然是编户齐民的乡村，而不是宗族的乡村。换句话说，走马楼吴简不能证明非宗族化的吏民社会或编户齐民社会的普遍性，但可以证明这种社会（而绝不是所谓自治的宗族社会）才是帝制下‘传统国家’存在的逻辑基础”①。

帝国官府管理乡村事务的机构，即乡里制度。② 中国的地方行政建制变化巨大，所谓乡里制度只是所有垂直地方管理的一个统称而已。宋代之后，乡里制度日渐转变为保甲制度，成为州县官员的职役。而家族制度的兴起，便日渐成为地方秩序的主导力量。

宋代之后，通过祠堂、家谱和族田联结起来的家族制度，从制度的结构上来分析，宗族制度有如下功能：“（1）有一个明确的组织，该组织并且拥有一套明确的行为规范；（2）将领导权授予一位公认的首领，或者组织宗族会议，行使领导力量；（3）拥有一个受到成员尊敬并能够对其行动发挥支配作用的领导力量；（4）拥有关于成员资格的明确标准，以及有关成员的记录；（5）缺乏由内部紧张和分离造成的分裂；（6）成员以具有宗族的资格为荣，并且有团结心；（7）成员间有社会、经济和礼仪上的密切关系。”③ 在宋明以后，宗族是乡村权力体系重要组成部分。一方面，宗族的首领，以家法族规为依托，对家族内的事务，甚至法律纠纷行使制裁权力，以维护宗族的秩序；另一方面，家族或宗族则能够

① 秦晖：《传统中华帝国的乡村基层控制：汉唐间的乡村组织》，241页，郑州，河南人民出版社，2003。

② 关于“乡里”制度的详细讨论，可参见赵秀玲：《中国乡里制度》，北京，社会科学文献出版社，2002。

③ 许烺光：《宗族、种姓与社团》，72～73页，台北，南天书局，2002。

通过设立公共的财政系统或由族中的富裕人物出资，向宗族内部的一些匮乏者提供经济或其他方面的支持，以避免家族内部的贫富分化的尖锐性。

通过各种祭祀和礼仪活动，中国的家族培养出人与人之间互相依赖、互相帮助的向心力，使中国人在家族里面获得安全感和归属感，这样的情景是儒家的社会秩序观念所希望的。

在许多地方，乡里组织与家族组织往往合二而一，而族长才是乡村秩序的真正主导者。虽然，并非是官员序列中的一分子，但族长往往由名门望族的长者担任。地方纠纷的处理往往更多是依据“乡约”、“族规”，除非重大的事件，一般的事件就在“族规”和“乡约”的框架内解决。瞿同祖说：“在社会和法律都承认家长或族长这种权力的时代，家族实被认为政治、法律之基本单位，以家长或族长为每一单位之主权，而对国家负责。我们可以说家族是最初级的司法机构，家族团体以内的纠纷及冲突应先由族长仲裁，不能调解处理，才由国家司法机构处理。”① 清代陈宏谋的一番议论可以作为佐证：“如族众某房有不孝不弟，习匪打降等事，房长当即化导，化导不遵，告知族长，于祠中当众劝戒，如有逞强不率，许其报告惩处。至于口角争斗，买卖田坟，族长房长秉公处断，即为劝释。如与外姓争斗者，两造族长房长，秉公会议，应劝释者劝释。如经官司，两造族长房长，当堂公言，偏袒者分别罚戒。”② 也就是说即使是家族之间的冲突，也是希望先通过协商解决，只有实在解决不了的问题，才会涉及诉讼。而在很多家族的族规中，明确地将涉及诉讼之类的案件称为家族的耻辱。③

---

① 瞿同祖：《中国法律与中国社会》，见《瞿同祖法学论著集》，27 页。类似的陈述如杨幼炯：“此种‘家族本位’之政治思想，其主要精神推家族而及于国家，由家族道德进化而及于国家道德，以国家作成一大家族，而发生种族同化之作用，实为中国民族特殊精神之所在。”见杨幼炯：《中国政治思想史》，16 页，北京，商务印书馆，1998。

② 陈宏谋：《选举族正族约檄》，见贺长龄、魏源编：《清朝经世文编》卷 58，《礼政五》，《宗法上》。

③ 当然现在有的学者指出，在民间的法律事务中存在着叙述和现实之间的差异，即虽然儒家提倡无讼，但一些讼师会鼓励民众尽量多地通过法律来解决问题。详细的讨论可参见黄宗智：《清代的法律、社会与文化：民法的表达与实践》，5～21 页。

家族制度与儒家伦理密切相关，而宋明之后的科举制度的改革，使科举和家族制度之间发生了复杂的联系。一方面，科举制度本身就是要打破家族制度对于权力的垄断，而给所有人以同等的升迁的机会；因此，科举成功将会使一个普通的家族上升为名门望族。另一方面，家族制度本身是希望家族的权力和荣誉永续，因此与科举的精神实质是相违背的。但在这样的一个矛盾体下，科举成为家族的一项公共事务。比方说由家族公产所支持的“义学”制度，还使得家族中家境贫寒的秀异分子能够得到资助（虽然这项制度的实际运行情况被许多学者怀疑）。“及至科举考试日趋复杂，投考科举不仅要投入更多的精力，也需要相当财力的支持，遂出现了以宗族或乡里的力量来培养族中或乡里中优秀子弟投考科举的情形。科举成为一种可以经营的事业，贫家子弟唯有依靠乡里、宗族的支援，始有入仕的机会。地方上的地主、豪家或已世代蝉联及第的世家望族，为保持其既有利益或地位，更是全力支持子弟参加科举。”“这种以宗族、乡里或家族的支持为背景，参加科举的仕子，及第后，其光荣属于全家、全家族、全乡里，这是因为投入者，不仅有他个人的才能与努力，还有庞大的经济力量。宋以后，士大夫的行动不再个人化，他们对支持他的宗族、乡里或家族有道义上的回报责任。”①

除家族制度外，中国人多元化的信仰世界，也是乡村秩序的重要支撑力量，而儒家的多元性和包容性，有助于各种信仰群体的并存，甚至兼容。这样的局面一直延续到晚清和民国。蒋梦麟回忆说：在乡下，“除了祖先崇拜之外，大家要信什么就信什么。上佛寺、拜神仙、供关公、祭土地，悉听尊便。没有宗教限制，也没有宗教迫害。你信你的神，我拜我的佛，各不相涉，并且还把各式各样的神拼在一起大家来拜。这就是通常所称的‘道教’。如果基督徒肯让基督与中国神祇并供在中国庙宇里，我相信村里人一定会像崇拜其他神佛一样虔敬地崇拜基督”②。同样，美国学者杜赞奇就通过对华北农村祭祀制度和水利组织的考察，观察到“乡村社会中的权威既不是为上层文化所批准的儒家思想的产物，也不是

① 刘岱主编：《立国的宏规》，404 页，北京，三联书店，1992。

② 蒋梦麟：《西潮·新潮》，22 页，长沙，岳麓书店，2000。

某种观念化的固定集团所创造的。乡村权威产生于代表各宗派、集团以及国家政权的通俗象征的部分重叠及相互作用之中”。因此他得出结论说：“我们不能只讲孔教、绅士或由绅士操纵的体制。国家利用合作性的商人团体、庙会组织、神话以及大众文化中的象征性资源等渠道深入下层社会。”① 这种分析显然有助于我们对制度化儒家对于乡村社会的控制方式有更深入的分析。

3. 绅士：官民之间的中介

梁漱溟先生认为中国社会的运转“不靠宗教而靠道德，不靠法律而靠礼俗，不靠强制而靠自力”②，然其中有一个群体在这样的社会自治的过程中发挥作用，这个阶层就是“士”。

“士”在古代中国含义复杂，钱穆先生说：“两千四百年，士之一阶层，进于上，则干济政治。退于下，则主持教育，鼓舞风气。在上为士大夫，在下为士君子。”③ 本节所要讨论的“士”，不是在各级政府为官的士大夫阶层，主要指的是担负社会教化功能的“士”，即传统“士民工商”这四民社会中的一个社会阶层，这个阶层虽不如农工商这样有其特定的职业，他们通过读书明理、主持风教，而使社会秩序稳定有序，从而成为官和民之间的中介。

在明清时期，有一个名词逐渐流行，即“绅士”或“绅衿”。这意味着一个新的社会群体的形成并逐渐在社会生活中产生影响。

很显然，绅士的产生是与科举制度密切相关的④，因为绅士的身份的

① ［美］杜赞奇：《文化、权力与国家——1900—1942年的华北农村》，29、22页，南京，江苏人民出版社，1994。

② 梁漱溟：《中国文化要义》，212页。

③ 钱穆：《再论中国社会演变》，见钱穆：《国史新论》，51页。

④ 按张仲礼的已经被广泛接受的说法：“绅士的地位是通过功名、学品、学衔和官职而获得的。凡属上述身份者即自然成为绅士集团成员。……学品和学衔都是通过政府的科举考试后取得的。这种考试是证明受教育者资格的正式方法。因此人们常将经科举考试而成为绅士的那些人称为‘正途’。然而，功名可以由捐纳而获得。虽然捐功名的人一般也是有文化或受过若干教育的，但他们并不需要提供任何足证其受教育资格的证明。这些绅士人们常称之为‘异途’。”见张仲礼：《中国绅士——关于其在19世纪中国社会中作用的研究》，1页，上海，上海社会科学院出版社，1991。

获得，一个前提条件就是获得科举的功名。瞿同祖说："尽管儒生与士绅有一定程度的身份交叉，但两者间存在着一种差别。教育通常是成为士绅的先决条件，但是仅凭教育并不能使一个人自动成为士绅。要取得这一身份，就必须通过文武科举考试。举例而言，经州县官或知府主持的'县试'或'府试'考试合格的'童生'，只有在通过了省学政主持的'院试'，取得初级功名（秀才）和官学正式学生身份后，才能跻身于士绅阶层。"① 否则就是"布衣"。

不过，绅士这个概念，歧义众多，在经典性的《皇权与绅权》一书中，费孝通和吴晗都强调绅士的退休官员身份。费孝通说："绅士是退任的官僚或是官僚的亲亲戚戚。他们在野，可是朝廷内有人。他们没有政权，可是有势力，势力就是政治免疫性。"② 吴晗说："绅士则是官员的离职，退休，居乡（当然居城也可以），以至未任官以前称呼。……绅士的身份是可变的，有尚未作官的绅士，有作过多年官的绅士，也有作过了官的绅士，免职退休，不甘寂寞，再去作官的。"③ 当然，很难认为他们是在十分严格意义上来使用这个词的，比如吴晗将士族作为绅士家族，这与他对绅士的描述有很大的出入。

在描述绅士在中国社会秩序中作用的时候，一般认为，绅士是政府权力和百姓之间的中介。一方面他既代表皇权的延伸，另一方面他也是民意的传递者。绅士的身份和中间性角色，意味着他的作用的多面性。从正面的角度看，他可以在一定程度上抵制皇权对地方的侵蚀，而保护地方社会的利益。从负面的角度看，他可以为虎作伥，帮助政府欺压百姓，以谋取自己的私利。绅士作为一个独特的群体的存在并不是以其职业作为其标志物的。实际上，绅士们从事的职业活动千差万别，有执掌书院的山长，坐馆授徒的塾师；有经营地方公产的仓董，充当书吏、衙役者；更有乡居以行医、"包揽词讼"为业者。因而，严格地说绅士不是

① 瞿同祖：《士绅与地方行政》，见瞿同祖：《清代地方政府》，288页，北京，法律出版社，2003。

② 费孝通：《论绅士》，见吴晗、费孝通等：《皇权与绅权》，8页，天津，天津人民出版社，1988。

③ 吴晗：《论绅权》，见吴晗、费孝通等：《皇权与绅权》，49页。

一个社会职业集团。孔飞力对绅士的作用是这样描述的："士子—绅士指那些得到功名的人，他们没有官职，生活于家乡社会，凭借他们的身份、财富和关系操纵地方事务，而官僚—绅士则保有政府职位，常常离开家乡去任职。士子—绅士虽然对社会事务的所有方面实施广泛的、非正式的影响，但他们在形式上却是站在国家政权机构之外，是国家控制和管理的对象。因此，从一个方面说，它们可以被看作地方社会最上层，受地方官僚机构的收税和治安权力的支配。但是，官僚本身来自得到功名的绅士；在地方一级，这意味着士子—绅士的上层能够以平等的社会地位与共同的价值观与县官合作；而在全国一级，则意味着绅士作为整体——做官的和不做官的——形成了一个普遍相互影响的有地位的集团，它由非正式的关系网络结合在一起，那才是真正统治的名流。这两部分绅士的相互联系，意味着官僚和地方社会之间利益的严重冲突能够以最低限度的纠纷来解决；而在社会和思想上植根于名流的官僚政治制度，作为一个整体，能够平安度过上层国家事务所经历的风暴时期。"①

胡庆钧在《论绅权》一文中认为，绅士要具备一些相同的条件，"这就是曾经受过相当的教育，具备着相同的经济基础——田产和房屋"，"绅士的经济基础只有从他与地主的结合才能了解的，大多数绅士便是地主"②。虽然有些地主是绅士，但从经济地位来看，绅士不等同于地主，绅士中常有一些经济拮据的贫寒之士。绅士之所以拥有社会声望，是因为其既要有好的品行而为百姓的道德楷模、行为表率，又要利用自己的特权地位维护地方利益。"作为社群或公众的首领，他们解决纠纷、组织募捐活动、主导地方防备，也发挥其他种类的领导作用。人们还希望士绅为他们伸冤昭雪，在灾荒时给人们提供救济，并在增进地方福利中扮演积极角色。"③ 这也是地方社会对绅士的角色期待。

绅士群体之所以能成为地方权力的重要组成部分，还受益于中国古代的官制，按规定，官员必须异地就任并实行定期轮换制度，其本意或

① ［美］孔飞力：《中华帝国晚期的叛乱及其敌人》，5 页，北京，中国社会科学出版社，1990。

② 胡庆钧：《论绅权》，见吴晗、费孝通等：《皇权与绅权》，120 页。

③ 瞿同祖：《士绅与地方行政》，见瞿同祖：《清代地方政府》，297 页。

许是为了防止官员与地方势力的结合而使权力失控，但这客观上为绅士在地方事务中发挥作用创造了机会。因为官员们只能短期在某地任职，使他们难以很快熟悉当地的情况，因此他们也不愿意作出长远的计划。“官与民疏，士与民近，民之信官，不若信士。朝廷之法纪不能尽谕于民，而士易解析，谕之于士，使转谕于民，则道易明，而教易行。”① 所以，地方官员很多事务的处理往往需要依仗地方上的绅士。有一本类似于县令指南的书就告诫那些初为地方官的人说：“为政不得得罪于巨室，交以道，接以礼，固不可权势相加。即士为齐民之首，朝廷法纪尽谕于民，唯士与民亲，易于取信。”② 有时绅士们自行其是，官府也只能听之任之。

的确，因为绅士有着广泛的社会资源，因此那些异地任职的官员，要顺利地完成其职责，就需要与地方的绅士群体合作，这也为绅士发挥其社会作用创造了条件。这也意味着，对于广大的乡村社会而言，中央集权的推行要借助于绅士阶层来完成。③

绅士群体的存在，是明清时期中国政治秩序的有机组成部分。尽管绅士中有良莠之分，少数劣绅甚至借助权力鱼肉百姓。但是总体而言，绅士作为一个饱读诗书的儒家知识群体，对于在乡村社会传播儒家伦理，改善社会风气，维持良好秩序，起着无所替代的作用。

---

① 汪祖辉：《学治臆说》，卷上，《礼士》。

② 王凤生：《绅士》，见《牧令书》卷16，26页。

③ 虽然赋税和劳役是由政府制定的里甲和保甲按户来执行的，属于官府直接控制的范围。但由于甲的领导权一般控制在当地的乡绅手中，因此，绅士依然能发挥很大的作用，事实上绅士经常担负着完成税额的责任。所以政府虽然一直致力于摧毁地方权威，但对于家族对社会的稳定作用和形成独立势力的疑虑始终是政府的一个难题。参见［美］罗兹曼主编：《中国的现代化》，78～79页。

第二章　儒家的制度化

制度的儒家化和儒家的制度化是一个双向互动的过程，因为在权力和知识的互相支持形态中，制度化是一个最为通常的模式。

其实，许多古典的思想都经历了制度化的过程，特别是许多宗教的形成，几乎都是一种观念或信仰的制度化过程。比如马克斯·韦伯就曾经勾勒过这样的一个过程：一个"先知"传道成功，那么，他就可能获得一些永久的支持者，而还有一些信徒则给先知"奉献"食宿、金钱以及其他的支持，甚至愿意为之献出生命。如果这样的社会行为常规化，即构成一种制度化。[①] 而基督教、佛教、伊斯兰教、犹太教这些大的宗教则可以被视为是人类文明史上成功的观念制度化模式。

除了宗教之外，还有许多观念体系，也试图建构或依赖社会组织来传播和进行教化，其目的是影响人们对于这个世界和周围环境的认识，而最终构成的共识，是社会得以发展的一个重要动力。

启蒙运动之后，宗教对社会的统制力大大地衰减，并形成了世俗制度和宗教制度分离的状况。而现代的政治模式，处处体现着近代政治思想家的社会设计观念的因子。世俗的知识，在从宗教分离出来之后，也建立起自己的传播制度。比如，近代以来出现的实证科学，就是与现代的大学和研究组织的形成和发展结合在一起的。"它们以它们所特有的研究对象划分法和研究工作分类法为基础，并或多或少地与技术组织和工业组织，或者说某些职业组织——诸如律师职业、医生职业以及官员职业——联系在一起：它们把它们都称为'科学组织'。"[②] 从某种意义上，

---

① 参见［德］马克斯·韦伯：《宗教社会学》，81页，台北，远流出版事业有限公司，1993。

② ［德］马克斯·舍勒：《知识社会学问题》，20页，北京，华夏出版社，2000。更为具体的讨论可参见［美］华勒斯坦等：《开放社会科学》，北京，三联书店，1997。

这同样是知识和权力的共谋，只是，大学并不直接与政治对接。

对于儒家思想而言，它并没有像轴心时代的其他思想一样，发展成一种超越性的宗教。儒家的关注点在于世俗生活之上，其主体则是“分散”[①] 在世俗的社会组织、教育体系和日常习俗之中。余英时说：“儒学与基督教不同。基督教在中古时代也曾与许多俗世制度融为一体，自从经过宗教改革和启蒙运动的洗礼以后，由于它是有教会组织的宗教，最后终能托身在宗教制度之内。政教分离的结果是基督教与俗世制度之间划清了界线，然而不必变成游魂。传统儒学并无自己的制度或组织，而是以一切社会制度为托身之所。”[②] 也有一些学者主张将儒家的庙学制看作是儒家宗教组织和祭祀活动，这一点颇多争议。或许，从宽泛的意义上，祭孔仪式可以视为儒家作为宗教的一种体现。但是，孔庙中的祭孔仪式不是大众参与性的活动，而是权力系统的一种符号性呈现。也就是说把祭孔看作是政治性的活动要比看作宗教性活动更为恰当。[③]

儒家的制度化模式自有其特殊性。由于儒家是依托于政治组织以及其他的社会组织中，所以，当儒家面对现代性的挑战的时候，难以形成

---

① 杨庆堃将宗教区分为制度性宗教和分散性宗教，这样佛教和道教显然属于制度性的宗教，而儒家则可以称之为“分散性宗教”。他进一步指出，除了孔子并没有被正式的神化之外，儒家并不缺乏某种程度的制度性宗教的因素，比如刻有孔子尊号的牌位，孔庙的建筑风格与寺庙的雷同，“祭祀仪式、香烛、叩头以及正式的祷文，几乎与其他崇拜对象神灵化的膜拜仪式完全相似”。见杨庆堃：《中国社会中的宗教：宗教的现代社会功能与其历史因素之研究》，159 页，上海，上海人民出版社，2007。

② 余英时：《现代儒学论》，233 页。

③ 鲁迅先生说：“种种的权势者便用种种的白粉给他来化妆，一直抬到吓人的高度。但比起后来输入的释迦牟尼来，却实在可怜得很。诚然，每一县固然都有圣庙即文庙，可是一副寂寞的冷落的样子，一般的庶民，是决不去参拜的，要去，则是佛寺，或者是神庙。若向老百姓们问孔夫子是什么人，他们自然回答是圣人，然而这不过是权势者的留声机。……总而言之，孔夫子之在中国，是权势者们捧起来的，是那些权势者或者想做权势者们的圣人，和一般的民众并无什么关系。然而对于圣庙，那些权势者也不过一时的热心。因为尊孔的时候已经怀着别样的目的，所以目的一达，这器具就无用，如果不达呢，那可更加无用了。”（《在现代中国的孔夫子》，《鲁迅全集》，第 6 卷，316 页，北京，人民文学出版社，1981）鲁迅对于孔子和权势之间的关系还有可以讨论的余地，但是他对孔庙之作为权势象征的特性的发掘则是十分精彩的。不过，黄进兴提出，孔庙要改变门前冷落车马稀的状况，首要的便是“去政治化”。参见黄进兴：《优入圣域——权力、信仰与正当性》，350～355 页，西安，陕西师范大学出版社，1998。这也说明了孔庙的政治色彩要大于宗教色彩。

知识、制度和信仰之间的区隔，所以当政治制度解体的时候，儒家的制度化也难以维持。

儒家制度化之所以呈现出其独特性，与其自身的形成和发展有着内在的关联。其中的关键就是儒家对“礼”的重视。早期的儒家群体掌握着最为丰富的祭祀与其他的仪文礼制的知识，因而成为传统社会创制立仪的主要依靠力量，并成为共同体凝聚力的重要来源。芬格莱特说：“孔子思想的特征便是使用‘礼’的语言和意象作为媒介，在礼仪活动中来谈论道德习俗（mores）的整体，或者更确切地说，在礼仪活动中来谈论社会的真正传统与合理习俗的整体。孔子教导说，对于人类完善，尤其是属于人所特有的美德或力量而言，依‘礼’而行的能力和克己复礼的意志乃是最基本的。因此，孔子在此做了两件事情：一是他唤起我们关注传统和习俗的整体，二是他又提醒我们，要通过一种比喻并透过神圣礼仪的意象来看清所有这一切。”① 的确，孔子试图通过对传统的礼仪的损益而建立起一种新的社会“整体感”，同时又努力通过外在的礼仪和内在的敬意的结合，而赋予这种整体以神圣感。这构成了秩序的制度性和秩序背后的精神性的统一。也正是基于此，儒家学说乃是大一统的汉王朝所必然要采纳的。

作为儒家学派本身，对于孔子的崇敬则是渊源有自。孔门子弟经常会把孔子和历史上的圣王相提并论，而在汉代之后，对孔子的尊崇不断升级，成为万世师表和为万世制法的立宪者。儒家的独尊地位还通过儒家文献的经典化而得到保证。通过博士制度和科举制度，保证了经典的传承和传播，并成为后世儒生获得社会地位的重要途径。颇为吊诡的是，孔子所开创的不同于传统官学的私学，在儒家思想被独尊之后，反而成了新的官学和书院的主体教学内容。这些构成了儒家制度化的主要形式。

一、经典与经学

中国的春秋战国时期，是一种思想突破和塑型期，思想的突破一般

---

① ［美］芬格莱特：《孔子：即凡而圣》，6～7页，南京，江苏人民出版社，2002。

来自于社会政治的变革和重建社会秩序的内在需要。而春秋战国时期，中国社会处于封建宗法制度的解体和郡县制的形成的过渡中。社会秩序混乱，按照孔子的说法是“礼崩乐坏”。权力下移十分明显，周天子对于诸侯的控制力只具有形式上的意义，而大大小小的诸侯同样也面临权力被下一层分解的危机。在这个过程中，曾经掌控知识的贵族家臣逐渐转变为一个新的阶层。这个过程被刘向等人描述为王官失其所守，古代文献及其知识、技术逐渐由官府之垄断转而为多个阶层所共享。

诸子出于王官，虽不一定如刘向在《汉书·艺文志》中那般的确凿，但是孔子应该是亲历那段掌典籍与学官星散的过程，据《左传·昭公十七年》所载：

> 秋，郯子来朝，公与之宴。昭子问焉，曰：“少皞氏鸟名官，何故也?”郯子曰：“吾祖也，我知之。昔者黄帝氏以云纪，故为云师而云名；炎帝氏以火纪，故为火师而火名；共工氏以水纪，故为水师而水名；大皞氏以龙纪，故为龙师而龙名。我高祖少皞挚之立也，凤鸟适至，故纪于鸟，为鸟师而鸟名。凤鸟氏，历正也；玄鸟氏，司分者也；伯赵氏，司至者也；青鸟氏，司启者也；丹鸟氏，司闭者也。祝鸠氏，司徒也；鴡鸠氏，司马也；鳲鸠氏，司空也；爽鸠氏，司寇也；鹘鸠氏，司事也。五鸠，鸠民者也。五雉，为五工正，利器用、正度量，夷民者也。九扈为九农正，扈民无淫者也。自颛顼以来，不能纪远，乃纪于近，为民师而命以民事，则不能故也。”仲尼闻之，见于郯子而学之。既而告人曰：“吾闻之：‘天子失官，学在四夷’，犹信。”

我们倒不必相信那时候的分工是否有如此这般的缜密细致，但是，引起我们注意的是孔子听说郯子的到来，主动去学习，并确证了“天子失官，学在四夷”这样的变革。

所谓“学在四夷”，其实就是知识的民间化过程，在这个过程中“士”阶层的状况值得关注。一方面，由于贵族制度的崩溃，一些原先为贵族服务的士人成为流散群体；另一方面，学在私人，让许多出身卑微的人获得了求学的机会，并因其学识而获得服务新的政治集团的机会。

在众多的私人授业的人中，孔子无疑是最成功的一个，他的有教无类的宽容性和以德为先、兼通政务的方针，吸引了大批的门徒，史称弟子三千，贤人七十二。同样获得很多信徒的还有墨子、老子等影响巨大的学派领袖。

许多奠定中国文明基础的典籍都是在这个时候形成的，比如《老子》、《墨经》等等，当时称经者，并非儒家整理典籍之专有名词，章太炎、蒋伯潜等人认为经只是书籍之通称。①

不过，相较于诸子自己所撰之“经”，儒家对于文献的整理，颇为复杂。孔子自称是“述而不作”，特别致力于古代政典的整理，对此，章学诚是如此描述的：

> 三代之衰，治教既分，夫子生于东周，有德无位，惧先圣王法积道备，至于成周，无以续且继者而至于沦失也，于是取周公之典章，所以体天人之撰而存治化之迹者，独与其徒，相与申而明之。此六艺之所以虽失官守，而犹赖有师教也。②

按章学诚的说法，三代之后，治国和教化分而立之。孔子恐怕先王之道丧失其传承，所以述周易，删《诗》、《书》，修《春秋》，如此这般，使六艺得以保存和流传。

章学诚的说法于古有证，在《庄子·天下》篇中就认为古代圣王治理天下之理，有很多传承，而儒家则主要传承和发明六经，并成为先秦诸子的“公共知识”。

> 古之人其备乎！配神明，醇天地，育万物，和天下，泽及百姓，明于本数，系于末度，六通四辟，小大精粗，其运无乎不在。其明而在数度者，旧法世传之史尚多有之。其在于《诗》、《书》、《礼》、《乐》者，邹鲁之士、缙绅先生多能明之。《诗》以道志，《书》以道事，《礼》以道行，《乐》以道和，《易》以道阴阳，《春秋》以道名

---

① 蒋伯潜说：“古以竹简丝编成册，故称曰‘经’。印度之‘修多罗’亦以丝编贝叶为书，义与此同，而译义则亦曰‘经’。此说最为明通。据此，则所谓‘经’者，本书籍之通称；后世尊经，乃特成一专门部类之名称也。”见蒋伯潜：《十三经概论》，2～3页，上海，上海古籍出版社，1983。

② 章学诚：《文史通义·经解上》。

分。其数散于天下而设于中国者，百家之学时或称而道之。

我们可以看到，在先秦的文本中，诸子百家在论述中多引用《诗经》、《尚书》中的句子来作为论证的依据。这意味着，这些著作逐渐成为一些带有“原理”性质的文本。① 而儒家，作为这些著作主要的整理者、传播者，因此获得了最大的影响力。

儒家学派对于经典，有一个相对完善的传承体系，即所谓“圣人作其经，贤人造其传”②。因此，六经我们大致可以梳理出一个传承的系统。比如就《诗》而论③，孔子删诗，传授至子夏，经曾申、李克、孟仲子、根牟子、荀子到毛亨、毛苌，线索清晰。其他经典也是如此，这也就是为什么经历秦火之劫，汉初依然可以找到经典之传人。

因此，一方面，六经所记载的是圣王治国之要道，另一方面，儒家学派又有相对完整的传承谱系，所以在汉初的社会规范和价值体系重建的过程中，成为大一统王朝创制立法之依据。而五经博士的设立则表明儒家对于经典解释的权威性地位的确立。

1. 五经博士的设立

如果说汉初之前六经的传承是孔子后学一个自觉的行为的话，那么，在儒学获得独尊地位之后，经典的传承就有了一个制度性的设置，这个制度就是五经博士与博士弟子的制度。

博士，最初只是对于王官失守之后，流散民间的学者的一种称呼，意为博学通达之士。最晚到战国末期，转而成为官职的名称，王国维认

---

① 陈来说，西周到春秋，“《诗》《书》的文献体系和《诗》《书》的经典地位渐渐形成和确定……《诗》《书》的最大特色是，它们之被作为经典，与天启和神示无关，这些古代的政治文献，以及宫廷、宗庙、民间的诗歌，在礼乐文化中一变而成为经典的素材，依靠历史性的权威而确定了自己的经典地位”。见陈来：《古代思想文化的世界——春秋时代的宗教、伦理与社会思想》，134页。

② 《论衡·书解》。

③ 徐坚：《初学记·文部》说：“《诗》者，按《卜商序》曰：志之所之也。昔孔子删《诗》，上取商，下取鲁，凡三百一十一篇。至秦灭学，亡六篇，今在者三百五篇。初，孔子以《诗》授卜商，商为之序，以授鲁人曾申，曾申授魏人李克，李克授鲁人孟仲子，孟仲子授根牟子，根牟子授赵人荀卿，荀卿授汉人鲁国毛亨。作《诂训传》，以授赵国毛苌。时人谓亨为大毛公，苌为小毛公。以二公所传，故名其诗曰《毛诗》。”

为“博士一官盖置于六国之末，而秦因之”，而汉代又沿袭秦国的制度而有所变化。① 钱穆则考察了稷下先生和博士之间的关系，他们有“不治而议论”的共同特点。他说：“《说苑·尊贤》篇称‘博士淳于髡’，《五经异义》谓：‘战国时，齐置博士之官’。是也。然他书皆称‘稷下先生’，不称‘博士’。二者盖异名同实。故汉祖拜叔孙通为博士，而号‘稷嗣君’，此谓其嗣风于稷下。郑康成《书赞》亦谓‘我先师棘下生孔安国’。‘棘下’即‘稷下’也。安国为汉廷博士，而郑君称其为‘稷下生’，故知‘博士’与‘稷下先生’异名而同实。晚汉犹未堕此义。……《史记·田齐世家》谓：‘稷下先生不治而议论’。《汉书·百官公卿表》：‘博士，秦官，掌通古今’。《续志》：‘博士，掌教弟子，国有疑事，掌承问对’。‘通古今’，‘承问对’，此即‘不治而议论’也。……博士既承问对，则易涉于议政。”② 余英时先生则认为博士和稷下先生有重大的差别：博士制度虽是承接稷下先生，但已有根本的不同。首先是稷下先生不在正式的官制之内，仍保持自由知识分子的身份，而秦汉的博士，是太常的属官，已是官僚系统之一员。其次，稷下先生与君主之间的关系在师友之间，但博士既为官员，那么和皇帝的关系就是君臣关系，不能随意“不治而议论”。如果说了皇上不中听的话，有可能招致杀身之祸，比如有一些博士因为对封禅的计划提出不同意见而招致了“坑儒”的结局。③

在汉武帝之前，博士官可以说是“诸家并立”，博士的来历和背景十分多样化，“其中盖不尽经术之士，如《黄公》之书，《七略》列于法家，而《秦始皇本纪》云，使博士仙真人诗；又有占梦博士。殆诸子、诗赋、术数、方伎，皆立博士，非徒六艺而已”④。主要的工作是“通古论今”、“议典礼政事”，是一些有级别但并无具体职位的随时备用的士人。但是博士的主体应是儒家。秦朝博士多时约有七十人，在史书中有明确姓名可考者为十二人，其中，淳于越、伏生、叔孙通、羊子、李克、圈公明确为儒家，而其他的则杂有名家和神仙家等。扶苏在反对坑杀博士的时候

---

① 干春松、孟彦弘编：《王国维学术经典集》下册，37～38页，南昌，江西人民出版社，1997。

② 钱穆：《两汉经学今古文平议》，184～185页。

③ 余英时：《古代知识阶层的兴起与发展》，见余英时：《士与中国文化》，64～68页。

④ 王国维：《汉魏博士考》，见干春松、孟彦弘编：《王国维学术经典集》下册，38页。

强调“诸生皆诵法孔子”①，这可以说明，儒生当为博士官构成的主体。

汉承秦制，博士制度也依然存在。不过，秦始皇时用以控制思想的“挟书律”和“妖言令”在汉初被废除，这意味着思想的自由度的增加。到汉文帝时，博士官的人数扩大到七十余人。

汉初的博士官依然并非儒家所专有，史书所见就有五行家公孙臣被列为博士。有人猜测文景之世，崇尚黄老，应也会有法家、道家的博士。② 文帝时的一个重要的制度创设是设立了儒家的专经博士，即申公和韩婴被立为《诗》博士，这可以看作是后世五经博士的雏形。

这个时期博士的职能也发生了很大的变化，由以前的不治而议论的言官变成了综合议政、制礼、藏书、教授、试策、出使等多种功能，说明其在政治活动领域的重要性大大增强。

仅以《汉书·儒林传》所载的以治《鲁诗》出身的儒生情况为例。“（申公）弟子为博士十余人，孔安国至临淮太守，周霸胶西内史，夏宽城阳内史，砀鲁赐东海太守，兰陵缪生长沙内史，徐偃胶西中尉，邹人阙门庆忌胶东内史，其治官民皆有廉节称。其学官弟子行虽不备，而至于大夫、郎、掌故以百数。”其他门派的情况也大同小异。因此正如皮锡瑞所说：“自后公卿之位，未有不从经术进者。……盖其时公卿大夫士吏未有不通一艺者也。”③

汉武帝建元五年（公元前136年）置五经博士，是儒家制度化的一个重要措施。④ 随后又接受公孙弘的建议，设立博士弟子。公孙弘说：

---

① 《史记·秦始皇本纪》。

② 参见张汉东：《论秦汉博士制度》，见安作璋、熊铁基：《秦汉官制史稿》，413页，济南，齐鲁书社，1984。

③ 皮锡瑞：《经学历史》，101、103页。

④ 关于是否是在汉武建元五年设立五经博士之事，学界还有一些争议，比如日本学者福井重雅根据《史记》和《汉书》对于董仲舒天人三策的不同记载，认为“在《史记·董仲舒传》，没有任何记载主张他是献言儒学一尊而被重用的学者，而且在《史记·儒林列传》中也看不到开设五经博士的记载。与此相反，《汉书·董仲舒传》将董仲舒当作儒学大家，特别强调他提出儒学一尊的对策被采用”。因此，他认为选择相信哪一个人的叙述是决定我们认识五经博士制度设立的关键。但他认为，根据反对儒学的窦太后在世和汉武帝力量薄弱的情况，不应相信武帝当时对儒教有特别的恩典。[日] 福井重雅：《儒教的国教化》，见 [日] 佐竹靖彦：《殷周秦汉史学的基本问题》，285页，北京，中华书局，2008。

古者政教未洽，不备其礼，请因旧官而兴焉。为博士官置弟子五十人，复其身。太常择民年十八已上，仪状端正者，补博士弟子。郡国县道邑有好文学，敬长上，肃政教，顺乡里，出入不悖所闻者，令相长丞上属所二千石，二千石谨察可者，当与计偕，诣太常，得受业如弟子。一岁皆辄试，能通一蓺以上，补文学掌故缺；其高弟可以为郎中者，太常籍奏。即有秀才异等，辄以名闻。①

在汉武帝“推明儒术”之后，儒生参与政治运作有了固定的渠道，博士和博士弟子自不必论，同时朝廷还要求诸侯王国及地方每年向中央推荐敬长孝亲的人才，跟博士学习。这使得博士和博士弟子的数量不断扩大，在汉武帝时，博士加上弟子大约只有几十人，汉昭帝的时候上升到百人，汉宣帝时又增加一倍。汉元帝时增加到千人，汉成帝时有三千人。②

五经博士是一个总括性的名称，表明博士之职位已由儒家所专属，博士的人数也不是五经各有一位，而是一经有数博士，也有居五经之列但没有博士的，也有博士通数经的。

五经博士的设立是经学诠释的学派与权力之间博弈的结果，比如汉武帝时，董仲舒为代表的公羊春秋与瑕丘江公所代表的穀梁春秋辩论，因为江公不善言辞，加上当时的丞相公孙弘为公羊学中人，所以汉武帝倾向于公羊学，并导致公羊学大盛。而后汉宣帝时，公羊学和穀梁学又有一次经义博弈，而这次“公羊家多不见从……望之等十一人各以经谊对，多从《穀梁》。由是穀梁之学大盛”③。这样的事件还发生在西汉末期刘歆立古文家为博士的权力斗争中。

五经博士的设置，表明经学与权力之间的直接关系的建立。而由经学通向权力不仅使经学流派之间的冲突正面化，而且也导致人们研习经学的权力动机的增强。儒家经师强调通晓经义是基本功，如此获得权力便如“拾地芥”。“士病不明经术，经术苟明，其取青紫如俛拾地芥耳。

① 《史记·儒林列传》。

② 参见《汉书·儒林传》。

③ 《汉书·儒林传》。

学经不明，不如归耕。”[①] 随着儒家经典地位的不断稳固，越来越多的掌握这些经典的儒生逐步被提升为各级官员，完成了由秦代和汉初的“以吏为师”向“以师为吏”的转变，即官吏阶层的儒家化。据有的学者统计，在汉武帝时，有史传的官员中，以儒生而担任地方长官的约有 12 位，占总数的 42%；而以军功、治功或其他途径担任官员的则有 16 位，占 58%。而到元成之后，儒生在地方官员中已经占绝对优势，有史传的 30 余位郡县长官中，儒生约占 80%以上。[②]

甚至连皇帝的继承人有时也以其对儒家经典的了解多少为取舍标准。例如，元平元年（公元前 74 年）四月，昭帝驾崩，大将军霍光在奏议以病已继位时所具明的理由就是：“师受《诗》、《论语》、《孝经》，操行节俭，慈仁爱人”[③]。而且当时皇帝所下的诏书也以经书上的话作为依据。如汉哀帝为了尊自己的母亲丁姬为恭皇后，下诏：“《春秋》‘母以子贵’，尊定陶太后曰恭皇太后，丁姬曰恭皇后，各置左右詹事，食邑如长信宫、中宫。”[④] 遇有紧急情况，也会召集博通经学之士问对。而朝臣上奏也必以经典为话头，“援经立说”。

在经典“为汉制法”、“为万世制法”的观念影响下，儒家经师们认为研习经典，就是为了更好地安排现实的政治、社会、生活秩序。

> 索道于当世者，莫良于典。典者，经也。先圣之所制；先圣得道之精者以行其身，欲贤人自勉以入于道。故圣人之制经以遗后贤也……是故圣人以其心来造经典，后人以经典往合圣心也。故修经之贤，德近于圣矣。[⑤]

王符认为，那些研习传承经典的贤人，其德行是与圣人十分接近的。这可能是对传经之儒最大的肯定。

① 《汉书·夏侯胜传》。
② 参见刘厚琴：《儒学与汉代社会》，37、39 页。
③ 《汉书·宣帝纪》。
④ 《汉书·哀帝纪》。
⑤ 王符：《潜夫论·赞学》。

2. 经典诠释与政治

在汉武帝设立五经博士之后，赋予了那些被列入学官的经典诠释系统以政治符号的意义。这时，经典不再是一些以前文献的简单汇编，而是传达天地之常道的载体。《白虎通义·五经》说："经所以有五何？经，常也。有五常之道，故曰五经。"这段话里，解释了经的含义是"常"，即规律和规则之义。清代的段玉裁在给《说文解字》的"经"所做的注中说："织之从丝谓之经。必先有经而后有纬，是故三纲、五常、六艺谓之天地之常经。"先秦之经即使只是线装书的意思，我也愿意相信各家均认为自己是天地之大道的传达者。但是在儒家垄断了博士之后，儒家就被确定为唯一的天意的宣示者了。

在战国和秦汉很长的时间里，儒家经典的诠释和传承属于学派自身行为，经典的传授各有法度，并构成不同的传承系统，即使是同一经典也有不同的传承脉络。皮锡瑞所说："盖凡学皆贵求新，惟经学必专守旧。经作于大圣，传自古贤。先儒口授其文，后学心知其意，制度有一定而不可私造，义理衷一是而非能臆说。世世递嬗，师师相承，谨守训辞，毋得改易。如是，则经旨不杂而圣教易明矣。"① 在这样的背景下，众多的博士弟子只能成为所归属的经学博士谱系的解释者，其必然的后果是经典解释渐趋繁琐化。

> 自武帝立《五经》博士，开弟子员，设科射策，劝以官禄，讫于元始，百有余年，传业者浸盛，支叶蕃滋，一经说至百余万言，大师众至千余人，盖禄利之路然也。②

但是在权力体系的支持下所出现的经典研习的繁荣，也使经典的意义发生一些变异。比如经典的解释因为不同的传承谱系本身呈现出其多样性，但是这样的多样性会制约思想的统一，导致实际政治活动的混乱，所以，汉代直接确定经义同异的重要讨论有两次，即西汉宣帝甘露三年（公元前

---

① 皮锡瑞：《经学历史》，139页。
② 《汉书·儒林传》。

51 年）的石渠阁会议[①]和东汉章帝建初四年（公元 79 年）的白虎观会议。

石渠阁会议的核心是讨论五经和《论语》这些经典解释的异同，最终形成了《五经杂议》、《书议奏》、《礼议奏》、《春秋议奏》和《论语议奏》这些篇章。但目前所保留的是《礼议奏》，主要是对丧、祭之礼及射礼、嗣礼等异同进行了讨论。这次会议由汉宣帝“称制临决”，因此，所议定的礼制在汉代得到了落实。

东汉时期的白虎观会议是经学史上的重要事件。其背景是博士制度设立之后，经学章句的发展，导致了碎义逃难，便词巧说，破坏经旨大体的后果，因此，杨终上奏汉章帝，希望他模仿石渠阁会议的形式，来论定五经。

由于有班固的会议记录《白虎通义》[②]，我们能更明晰了解这次会议的结果。《白虎通义》对于当时的许多重要的问题作出了定义性的解释，最核心的便是确立了“三纲六纪”：

> 三纲者，何谓也？谓君臣、父子、夫妇也。六纪者，谓诸父、兄弟、族人、诸舅、师长、朋友也。故《含文嘉》曰：“君为臣纲、父为子纲、夫为妻纲。”又曰：“敬诸父兄，六纪道行，诸舅有义，族人有序，昆弟有亲，师长有尊，朋友有旧。”何为纲纪？纲者，张也。纪者，理也。大者为纲，小者为纪，所以张理上下，整齐人道也。[③]

三纲六纪的原则可以称为汉以后中国政治与社会的宪法性原则，很多学者指出了君臣之伦的绝对性带有很强的法家色彩，但是，经过白虎

---

① 汉宣帝时辩论经旨异同的活动有两次，一次是评论公羊和榖梁的异同，一次是石渠阁会议，“后人多以平《公》、《榖》异同及石渠议经之事，混为一谈殊误。因彼乃元年之事，此乃三年之事，《汉书》记载甚明。盖宣帝因平《公》、《榖》之异同，始引起平诸经异同之兴趣，遂有石渠大会之招集，虽有因果之关系，实非一时之事”。见刘汝霖：《汉晋学术编年》卷二，132～133 页，上海，商务印书馆，1935。

② 对于《白虎通义》是否是白虎观会议的记录，学者有不同的意见。比如周德良先生说：“白虎观会议是讲义经学之会议，而《白虎通》是具有组织格局之国教法典，白虎观会议之精神与《白虎通》文本之内容性质并不一致。虽然有学者为化解此一矛盾冲突，而将白虎观会议理解为以统一经义，进而使往后制作‘国宪’合理化之过渡桥梁；但是《白虎通》具有国教法典之性质，其实与章帝欲制定礼宪，在时间与做法皆有矛盾。”见周德良：《白虎通暨汉礼研究》，420 页，台北，学生书局，2007。

③ 《白虎通义·三纲六纪》。

通这样的制宪原则的确立，这个原则便整合到整个以儒家为核心的制度原则中。所以三纲六纪的确立恰好说明了，在大一统的政治现实面前，儒家的经典解释活动，是国家意识形态统一的重要政治活动，而不复是儒门之内的诠释学原则之争。

五经虽作为政治的原则，但是，政治并不完全屈服于经典的力量，也就是说儒家经典对于现实政治的制约力有很大的限度。比如董仲舒在天人哲学中，希望屈民而伸君，屈君而伸天，但是他的天意的力量对于现实的政治权力的制度性并不绝对。当他用“灾异”和“谴告”来解释辽东高庙、长陵高园殿灾，被人偷偷上奏的时候，差点被他不明就里的弟子吕步舒下狱死，从此董仲舒便不敢再提灾异说。

而事实上，的确有一些儒生因为引用经典来干预现实政治而被治罪至死的例子。比如董仲舒的弟子眭孟，他以公羊学的受命说来要求汉帝禅让以待贤人居位，被视为“妖言惑众，大逆不道”而“伏诛”。

> 即说曰：“先师董仲舒有言，虽有继体守文之君，不害圣人之受命。汉家尧后，有传国之运。汉帝宜谁差天下，求索贤人，禅以帝位，而退自封百里，如殷、周二王后，以承顺天命。”孟使友人内官长赐上此书。时，昭帝幼，大将军霍光秉政，恶之，下其书廷尉。奏赐、孟妄设妖言惑众，大逆不道，皆伏诛。①

由此可见，儒家经典被官方化，那么经典的最终解释权便不在儒生手中。所有的解经体系必须符合当时的政治，为稳固统治地位服务。黄俊杰先生曾经总结政治权力对经典会采用一种过滤作用，以屏蔽那些可能会危及自己统治的思想。他通过研究孟子解释史发现，当权者一般对经典采取柔性的“过滤”，他通过分析明代科举试题发现，有关孟子的试题均忽略孟子有关“民本”的主题，这样对于“广大的知识分子对《孟子》的阅读的确具有柔性的导引作用”②。更为严重的则是刚性过滤，典

---

① 《汉书·眭两夏侯京翼李传》。

② 黄俊杰：《论东亚儒家经典诠释与政治权力之关系：以〈论语〉、〈孟子〉为例》，见黄俊格：《东亚文化交流中的儒家经典与理念：互动、转化与融合》，128页，台北，台湾大学出版中心，2010。

型的例子是朱元璋在读到《孟子》中有关君视臣为土芥，臣视君为寇仇的说法时，说这不是做臣子的人该说的话。于是，1394 年命令大学士刘三吾审查并删除《孟子》文本有关君臣关系的言论，编成《孟子节文》。这是政治权力对于经典的直接干预的例证。

经典在历史上的演变，也与政治权力的指导思想的演变有关。儒家经典，历史上有“五经”、“六经”、“十三经”不同范围，这也是受权力控制的结果。周予同先生说：“自汉武帝罢黜百家，独尊儒术，设立五经博士，从而《易》、《书》、《诗》、《礼》、《春秋》‘五经’就被封建专制政府所‘法定’。又汉代‘以孝治天下’，宣传封建宗法思想，利用血缘作为政治团结的工具，于是再将《论语》、《孝经》‘升格’，称为‘七经’。到了唐代，处于封建帝国极盛时期，把极力主张贵贱尊卑区别，认为阶级社会的秩序是‘天道使然’的《五经正义》‘钦命’为科举取士的标准书；又在‘明经’科中设‘三礼’（《周礼》《仪礼》《礼记》）‘三传’（《左传》《公羊传》《穀梁传》）连同《易》《书》《诗》，而有‘九经’之称。宋儒保护家族宗法制度，提倡‘忠’、‘孝’、‘节’、‘烈’，把《礼记》中的《大学》《中庸》抽出来和《论语》《孟子》配为四书，它是为中央集权的君主专制制度服务的，完全符合统治阶级的需要，于是《孟子》升格为经，而有所谓‘十三经’之名，明成祖永乐十二年（公元 1414 年）‘御敕’胡广等修《五经四书大全》‘颁行天下’，用封建教条来束缚思想。清康熙、乾隆又将这些经书多次‘御纂’‘钦定’。可知‘经’是封建专制政府‘法定’的古代儒家书籍，它的扩张是随着封建专制政府的需要而日渐扩张的。”①

当然，将经典的转变完全看成是政治的附属物，有不够周全之处。因为经典既然作为一种符号性的权力，一旦其符号被神圣化，本身也会带有独立的力量，甚至对政治权力形成局部的反制约。

所以，说起来是皇帝在“替天行道”，但是“道”之运行机制的解释权则在儒生手中。如“三统”如何更替，五行如何相胜，如何“改服饰、易正朔”，这些都要倚重娴于礼仪，又精通阴阳方术的儒生，所以西汉时

---

① 周予同：《经、经学、经学史》，见《周予同经学史论著选集》（增订本），654 页。

期，影响政治至为剧烈者为今文经学，尤其首推春秋公羊学，“西汉的公羊学实以‘三统’为核心，辅以‘受命改制’、‘五行生克’及‘符谶灾异’诸说，扮演了它在当时的学术与政治角色”①。

后世儒家所发展的超越于政统和治统的道统观念，正是基于经典即圣人之遗言、先王之政典。这便使经典有超越世俗权力的神圣性。

经典本身有自身发展的逻辑，比如汉学和宋学的轮回，今文和古文的代嬗，都各有所本。从具体的经典看，宋明儒者之重视《四书》，主要是为了回应佛教对于心灵世界的影响，而后被作为科举的范本，则可以看作是政治权力对于经学思潮发展的顺应，而不能倒果为因。

但是，有一点是不能否认的，经典解释的最终接受的限度依然受统治者的控制。即使是那些看似反对主流经学流派的做法，也难免不落入权力的制约之中。艾尔曼通过明代儒者对于“周公辅成王”的解释阐发出儒家在权力体系中的紧张，说明了种种似乎是表明儒家之独立性的制度性设计，其限度一直受统治者的容忍度的左右，这是由专制制度的特性所决定的。他指出：“当统治者的统治权系基于一种从上而下的政治权力观点时，忠诚的道德标准便预定了政治批评的范围。儒家学者若不同意统治者之政策，则异议表达的形式便在意识形态上受到限制。在国内政事上，统治者可享有极高的道德立场，决定朱熹理论可接受到何种程度。然而，对自我修养之关切——在程颐及朱熹等宋儒著作中十分突出，也是永乐帝在 1402 年后首先倡议——在给予儒学者某些政治自治及道德声望上也很可能确实发挥重要作用，而经由道德劝谏之途径被制度化。作为政治异议一种形式的劝谏，转作为依据普遍之儒家标准判定统治者之用。”② 明代的政治实践表明，这种异议的表达与对于统治者的忠诚之间实在是一种极大的矛盾，从而使异议本身只成为一种道德行为，而不具备政治制约的力量。

---

① 孙春在：《清末的公羊思想》，12 页，台北，商务印书馆，1985。在同书同页中，孙春在先生认为，受到清代中晚期公羊家思想的影响，人们经常将“三科九旨”作为汉代公羊学的核心，然这并不符合西汉公羊学的真实状况。

② ［美］艾尔曼：《经学视野中的“周公辅成王”》，见《中华文史论丛》，59 辑，54 页，上海，上海古籍出版社，1999。

3. 通经致用：经学与制度

孔子在制作六经的时候，就强调其所传承的是“先王之政典”，目的是要为万世制法，让后世的统治阶层能够依据经典来塑造合理的政治秩序。

儒者强调六经是一整体，它提供政治和社会的完整意义，因此，不同的经典担负不同的使命。如孟子说孔子作《春秋》而乱臣贼子惧，说明《春秋》主要是通过对于史实的选择透露孔子的褒贬，从而对当权者以警示。荀子是儒家经典传承的关键人物，他认为不同的经典有不同的目的指向，可以根据不同的情况，以不同的经典来进行道德教化。

荀子认为圣人将仁义之统绪通过《诗》、《书》、《礼》、《乐》不同角度加以区分，是高瞻远瞩之举，“彼固天下之大虑也，将为天下生民之属长虑顾后而保万世也”①。这些不是那些没有修养的人所能理解的。他比较具体地说明了不同经典的政治功能。

> 故《书》者，政事之纪也；《诗》者，中声之所止也；《礼》者，法之大分，类之纲纪也，故学至乎《礼》而止矣。夫是之谓道德之极。《礼》之敬文也，《乐》之中和也，《诗》、《书》之博也，《春秋》之微也，在天地之间者毕矣。②

儒家不同的传承谱系，对于经典的政治功能的理解也略有不同，最为后世所接受的是《礼记·经解》中的提法。因为它是以孔子自己的口吻说出，强调了经典系统的整体性。在这个论述中，每一部经典虽有所重，却也各有其“失”，因此，要深潜于六艺之内核，并保证对六艺了解的完整性。

> 孔子曰：入其国，其教可知也。其为人也温柔敦厚，《诗》教也；疏通知远，《书》教也；广博易良，《乐》教也；絜静精微，《易》教也；恭俭庄敬，《礼》教也；属辞比事，《春秋》教也。故《诗》之失愚；《书》之失诬；《乐》之失奢；《易》之失贼；《礼》之

---

① 《荀子·荣辱》。
② 《荀子·劝学》。

失烦；《春秋》之失乱。其为人也，温柔敦厚而不愚，则深于《诗》者也。疏通知远而不诬，则深于《书》者也。广博易良而不奢，则深于《乐》者也。絜静精微而不贼，则深于《易》者也。恭俭庄敬而不烦，则深于《礼》者也。属辞比事而不乱，则深于《春秋》者也。

儒者坚信六经的“制度”意义，因此，在汉帝国成立之初，就不断强调经典对于政治秩序的典范意义，并借助独尊儒术的帝国战略而将之落实到具体的制度中。就西汉而言，其落实可从两方面讲，即“依经立制”和“引经决事”。①

所谓依经立制，就是制度的创制要以经典的描述或经典的旨意作为依据。所以汉代秦，儒生一直试图依据经典的描述重建诸如明堂、辟雍等具有政治合法性意义的建制，但因为经旨繁复，而难以有定论。颇具讽刺意味的是，王莽的政治变革虽然在后世的历史描述中被视为是对于汉的篡夺，但是，王莽却是一个在现实中落实经典政治原则的理想主义者。他用四年的时间恢复了记载模糊的明堂和辟雍，而后在即天子位之后，又依据《周官》、《王制》等儒典的内容，欲建立起一套完整的恢复三代之治的政治制度，但并未取得最后的成功。

《白虎通义》是东汉具有宪法意义的文献，在这个文献中确立了汉代政治乃至汉之后传统中国的基本政治原则。在其制作原则上充分体现了依经立制的原则，即所有的政制安排，都会通过印证儒家经典的方式来证明其合理性。

比如针对祭祀制度的安排，对于为何要祭祀，如何祭祀，均以经典为依托。以五祀为例，我们可以看到这样的叙述：

独大夫已上得祭之何？士者，位卑禄薄，但祭其先祖耳。《礼》曰：“天子祭天地，诸侯祭山川，卿、大夫祭五祀，士祭其先。”《曲礼下》记曰：“天子祭天地、四方山川，五祀，岁遍；诸侯方祀，祭山川，五祀，岁遍；卿大夫祭五祀；士祭其先。有废莫敢举，有举

① 参见陈壁生：《经学、制度与生活》，11、12页，上海，华东师范大学出版社，2010。

莫敢废，非所当祭而祭之曰淫祀。淫祀无福。”①

从这里我们可以看到礼制的设计均以《礼》或对于礼的解释性文本《曲礼》为基础，然后有所取舍。

依经立制的最典型的做法就是法律的儒家化。

儒生们坚信经典中已经包含有解决现实问题的一切办法，明经可以致用，以经典的原则来解决问题，就可以接近圣人的想法。皮锡瑞说：“武、宣之间，经学大昌，家数未分，纯正不杂，故其学极精而有用。以《禹贡》治河，以《洪范》察变，以《春秋》决狱，以三百五篇②当谏书，治一经得一经之益也。”③ 因此，传统中国发展出引经决事的制度原则，其最典型的就是“禹贡治河”、“洪范察变”和“春秋决狱”。

《禹贡》是《尚书》中的一篇，讲的是大禹治水的事，书中有大量关于各地的物产和地理、风土人情方面的内容。《汉书·平当传》中说平当因为精通《禹贡》，所以被任命为治理黄河的官员。以《洪范》察变也言之凿凿。《汉书·夏侯胜传》说：“胜少孤，好学，从始昌受《尚书》及《洪范五行传》，说灾异……征为博士、光禄大夫。会昭帝崩，昌邑王嗣立，数出。胜当乘舆前谏曰：‘天久阴而不雨，臣下有谋上者，陛下出欲何之?’王怒，谓胜为妖言，缚以属吏。”在谶纬和灾异说盛行的汉代，许多政治的谶语或许可以被视为是“妖言”。但因为当时的摄政者霍光正与别人密谋废昌邑王，所以听了这样的“妖言”不免心虚，以为是谁走漏了他们的政治计谋，便去问夏侯胜。夏回答说：“在《洪范传》曰：皇之不极，厥罚常阴，时则下人有伐上者。”这个事件可以证明，当时的人们相信通过《洪范》可以了解事物变化的线索。

在西汉儒生的理解中，所有经典都是面向未来的，因为经典本身就是圣人预先“为汉制法”，而经师的主要任务是将圣人的预见展示给君主。如翼奉说：

圣人见道，然后知王治之象，故划州土，建君臣，立律历，陈

---

① 《白虎通义·五祀》。

② 也就是《诗经》，引者注。

③ 皮锡瑞：《经学历史》，90页。

成败，以视贤者，名之曰经。贤者见经，然后知人道之务，则《诗》、《书》、《易》、《春秋》、《礼》、《乐》是也。《易》有阴阳，《诗》有五际，《春秋》有灾异，皆列终始，推得失，考天心，以言王道之安危。①

如果说以《洪范》察变、《禹贡》治河这类制度化设计仅仅是涉及社会上层的话，那么以《春秋》决狱则通过与人们生活密切相关的法律实践直接将儒家的观念深入至百姓的日常生活之中，最终影响中国人的具体生活习惯和道德风俗。

《春秋》决狱最初是指汉代董仲舒以春秋经义为基础而推演出的一系列判定罪责的原则，后来延伸到引用别的经义来决狱，因此也可以称为“引经决狱”。

春秋决狱的最核心的原则是“原心定罪”，也就是要考虑犯罪过程的主观动机。在这个原则下，还发展出一系列相关性的法律原则，如：(1)“君亲无将，将而必诛”(《春秋公羊传·庄公三十二年》)。意指凡是有意杀害父母和君上，不论其是否付诸实施，均应受诛。(2)“诛首恶”(《春秋公羊传·僖公二年》)。强调处罚共同犯罪中的首要分子。(3)“亲亲得相受匿”。《论语》中就有“父为子隐，子为父隐”的说法，《春秋公羊传·文公十五年》也提及：“父母之于子，虽有罪，犹苦其不欲服罪然。”这个原则后来发展成为容隐制度。其他还有“恶恶止其身”和“以功覆过”等。

在引经决狱的过程中，一系列儒家的经义原则逐渐通过推论而转变为符合儒家思想的法律观念，由此可见，儒家的经典不仅是传统的价值观念的源头，更是传统制度设计的原则。综上所说，就经学对于中国人的生活之意义而言，李澄源之概括最为详备。他说：

儒者之义既托之于经术，儒术遂为经之附庸，而经学起焉。经学者，统一吾国思想之学问。未有经学以前，吾国未有统一之思想。经学得汉武帝之表彰，经学与汉武帝之大一统政治同时而起。吾国

① 《汉书·翼奉传》。

既有经学以后，经学遂为吾国人之大宪章。经学可以规定私人与天下国家之理想，圣君贤相经营天下，以经学为模范，私人生活以经学为楷式，故评论政治得失，衡量人物优劣，皆以经学为权衡。无论国家与私人之设施，皆须于经学上有其根据。经学与时王之律令有同等效用，而经学可以产生律令、修正律令。在吾国人心目中，国家之法律不过一时之规定，而经学则如日月经天，江河行地，万古长存。①

二、孔子的圣人化

作为儒家学派的创始人和儒家思想的奠基者，孔子的地位的形成和变迁是儒学制度化的一个关键内容。轴心时代的几个重要文明的伟大人物，大多转向神化，因此，耶稣、释迦牟尼和穆罕默德，都成为信徒心中的神。而孔子，虽然他的身上综合了先知、立法者甚至救赎者等许多带有宗教意味的角色，但是，他始终没有从一个凡俗的人“升格”为超越性的神。他虽然启示了中国人，并为中国人的生活制定了价值准则，哪怕他背负着殷人民族复兴的使命，但他依然是一个教师、政治家。

虽然，他的政治理想并没有被当时热衷于攻战的诸侯们所接受，但是，这并不意味着当时的诸侯们不重视孔子。而作为一个教师，他吸引了当时最多的学生，所谓弟子三千、贤人七十二。因此，他不是一个一般的政治家，也不是一个一般的教师，他身上所展现出来的“卡里斯玛”②使他被视为是一个神圣的凡人：“圣人”。

圣，从字形上，从耳，从口，《说文解字》就这样来解释“圣”的含义的：“圣，通也。”因为他有倾听的能力。这是典型的“先知”的禀赋。

---

① 李澄源：《论经学之范围性质及治经之途径》，见陈壁生编：《国学与近代经学的解体》，13页，桂林，广西师范大学出版社，2010。

② 在某种意义上，先秦时期对于圣人的认识与韦伯所谓的“魅力型”人物有许多相似之处。在韦伯那里，“魅力型”人物“被视为（天分过人），具有超自然的或者超人的，或者特别非凡的、任何其他人无法企及的力量或素质，或者被视为神灵差遣的，或者被视为楷模，因此也被视为‘领袖’”。参见［德］马克斯·韦伯：《经济与社会》上卷，269页。

这样的禀赋我们可以从耶稣那里得到印证。“耶稣自己之天命的整个基础，以及他所宣称的，他（且只有他）能知道天父，而且也只有信他者，才得接近上帝，实际上乃是一种他感觉内在于自身的巫术性卡里斯玛。无疑就是意识到这种力量——较之于其他因素——使得他能踏上先知的道路。”① 倾听的过程可以被理解为对天意的承受，在“绝天地通”之后，这样的沟通者，对于处于春秋乱世之时，显得是何等的重要。圣人作为沟通者的角色，在《周易》的解释中得到呈现。《易传·系辞上》说：“天生神物，圣人则之；天地变化，圣人效之；天垂象，见吉凶，圣人象之；河出图、洛出书，圣人则之。”当天地之间的通路被阻隔之后，圣人就是普遍的道的领悟者和显示者。

春秋时期及其随后，孔门后学和先秦诸子，便将孔子视为天道和民意之间的沟通者。在王道衰微之际，孔子的聪明通达足以“配天”。

> 唯天下至圣为能聪明睿知，足以有临也；宽裕温柔，足以有容也；发强刚毅，足以有执也；齐庄中正，足以有敬也；文理密察，足以有别也。溥博渊泉，而时出之。溥博如天，渊泉如渊。见而民莫不敬，言而民莫不信，行而民莫不说。是以声名洋溢乎中国，施及蛮貊；舟车所至，人力所通，天之所覆，地之所载，日月所照，霜露所队，凡有血气者，莫不尊亲，故曰配天。②

这样的天道的倾听者的意味在《白虎通义》中依然保留着：“圣者通也、道也、声也。道无所不通，明无所不照，闻声知情，与天地合德，日月合明，四时合序，鬼神合吉凶。”③

圣人是能够了解“天意”、掌握自然规律的人，也就是天意和人情的沟通者。因此他便具有“独见前睹”的能力。因此，孔子这样的圣人是否应该成为王者，也成为诸子百家讨论的问题。其实这样的话头本身就由孔子开启。当子贡问孔子，那些博施于民而能济众的人，是否能称之为仁。孔子的回答很干脆，不用说是仁，就是圣的境界也已经达到了。

---

① ［德］马克斯·韦伯：《宗教社会学》，60～61页。

② 《中庸》第三十一章。

③ 《白虎通义·圣人》。

孔子将修己与安百姓作为圣人的事业，这事实上即是指向内圣外王之道。不过，这也是使后世的儒者将内圣和外王分而论之的路径，比如荀子就将圣者和王者分开。“圣也者，尽伦者也，王也者，尽制者也。两尽者，足以为天下极矣。”① 这种说法既可以理解为战国时期圣、王分途的现实，也可以理解为一种对于圣者的遗憾和对于王者的期待。

而在孟荀眼里，孔子其实就是一个圣人，应该成为王者。对圣人应成为王者的期待并非为孔门后学所独有。比如墨子一个弟子公孟就问过墨子这样的问题：

> 公孟子谓子墨子曰：“昔者圣王之列也，上圣立为天子，其次立为卿、大夫。今孔子博于《诗》、《书》，察于礼乐，详于万物，若使孔子当圣王，则岂不以孔子为天子哉?”子墨子曰：“夫知者，必尊天事鬼，爱人节用，合焉为知矣。今子曰‘孔子博于《诗》、《书》，察于礼乐，详于万物’，而曰可以为天子，是数人之齿而以为富。”②

墨子一贯坚持圣人是那些以治天下为天职的人，所以公孟才会提出让孔子这样的圣人作为天子的问题。当然，在墨子看来，尊天事鬼才是真正的圣人之该所为。不过，公孟这个富有儒家情节的墨家弟子，显然是谈及了儒家一个关键的问题，就是内圣外王的统一问题。

1. 圣人与素王

孔子之与众不同在先秦的文献中已经充分地表现出来。孔子自己，就有很高的自我期待，孔子将自己看作是上天意志的传达者，“天下之无道也久矣，天将以夫子为木铎”③。正因为有这样的承当，所以孔子才周游天下，以求将他的政治构想付诸现实。正因为这样的使命，所以使他在面临匡人的围困时便会镇定自若：“子畏于匡。曰：文王既没，文不在兹乎？天之将丧斯文也，后死者不得与于斯文也。天之未丧斯文也，匡

① 《荀子·解蔽》。
② 《墨子·公孟》。
③ 《论语·八佾》。

人其如予何？”[①] 他一直期待着凤鸟和河图这些祥瑞的出现而接受天命，但是，残酷的现实使他在晚年发出沉重的叹息：“凤鸟不至，河不出图，吾已矣夫。”[②] 越是到了晚年，孔子的失落感越强。“甚矣！吾衰也！久矣吾不复梦见周公。”[③] 而《礼记·檀弓》中所讲述的孔子预知自己不久于人世时的一段话，更是夹杂着悲凉与遗憾。

> 孔子蚤作，负手曳杖，消摇于门，歌曰：“泰山其颓乎！梁木其坏乎！哲人其萎乎！”既歌而入，当户而坐。子贡闻之曰：“泰山其颓，则吾将安仰？梁木其坏，哲人其萎，则吾将安放？夫子殆将病也。”遂趋而入。夫子曰：“赐！尔来何迟也？……夫明王不兴，而天下其孰能宗予，予殆将死也。”盖寝疾七日而没。

不过，孔门弟子大多相信孔子是负有天命的圣人。“太宰问于子贡曰：‘夫子圣者与？何其多能也？’子贡曰：‘固天纵之将圣，又多能也。’子闻之，曰：‘太宰知我乎！吾少也贱，故多能鄙事。君子多乎哉？不多也！’”[④] 在这则有趣的对话中，孔子有意回避了天命的问题，却回答了一个多能的问题，并认为君子应该博学多识。

孔子的博学多识使他在活着的时候已经声望卓著，颜回从切身感受出发说：“仰之弥高，钻之弥坚，瞻之在前，忽焉在后。夫子循循然善诱人。博我以文，约我以礼，欲罢不能。”[⑤] 当有人觉得子贡要贤于孔子的时候，子贡觉得这是因为孔子太过高深，以致人们根本无法了解其内在的丰富。他说，孔子之圣是无可及的。

> 子贡曰：“君子一言以为知，一言以为不知，言不可不慎也！夫子之不可及也，犹天之不可阶而升也。夫子之得邦家者，所谓立之斯立，道之斯行，绥之斯来，动之斯和。其生也荣，其死也哀，如

---

① 《论语·子罕》。
② 《论语·子罕》。
③ 《论语·述而》。
④ 《论语·子罕》。
⑤ 《论语·子罕》。

之何其可及也?"①

虽然有时孔子并不承认自己已经达到圣人的境界，"若圣与仁，则吾岂敢"②？但在他的弟子眼里，他是为万世立规则，甚至已然超越了传说中的圣王尧舜。

> 宰我曰："以予观于夫子，贤于尧、舜远矣。"子贡曰："见其礼而知其政，闻其乐而知其德，由百世之后，等百世之王，莫之能违也。自生民以来，未有夫子也。"有若曰："岂惟民哉？麒麟之于走兽，凤凰之于飞鸟，泰山之于丘垤，河海之于行潦，类也。圣人之于民，亦类也。出于其类，拔乎其萃，自生民以来，未有盛于孔子也。"

这段出自《孟子·公孙丑上》所记载的孔门弟子对于孔子的描述，充分体现了孔子在其弟子心目中的地位，以及孔子在与他同时代的被视为是圣人的伯夷、伊尹等比较而呈现的相对优势。

孔子的理想虽然没有实现，但孔子的学说却得到了广泛的传播。儒家和墨家的思想是当时的"显学"。《史记·儒林列传》说："自孔子卒后，七十子之徒散游诸侯，大者为师傅卿相，小者友教士大夫，或隐而不见。"另一方面，先秦诸子和后来的各种典籍，不载"夫子言行"的很少，既有墨子和法家的批评，也有庄子的寓言和调侃，儒家学派的作品自然以阐述孔子的理想为己任。

孔子在当时甚至被视为是殷遗民预言中那个复兴殷商的圣王。《左传·昭公七年》记孟僖子临死时说："吾闻将有达者曰孔丘，圣人之后也。"甚至"五百年必有王者兴"这样的说法也被用来作为孔子要接替圣王统绪的一种证明。因为孔子距殷武庚的灭亡刚好五百多年。孟子的话似乎也印证了这种说法在当时是被普遍接受的。"由尧舜至于汤，五百有余岁。……由汤至于文王，五百有余岁。……由文王至于孔子，五百有余岁。"③

---

① 《论语·子张》。

② 《论语·述而》。

③ 《孟子·尽心下》。关于孔子被视为殷遗民复兴的圣王的说法，可参见胡适：《说儒》，见《胡适论学近著》，31～36页，济南，山东人民出版社，1998。

如果我们对照《中庸》和《孟子》，就会发现，对圣人孔子有一种“王化”的倾向。《中庸》十分强调德与位的统一。“非天子，不议礼，不制度，不考文。……虽有其位，苟无其德，不敢作礼乐焉；虽有其德，苟无其位，亦不敢作礼乐焉。”

《中庸》在讨论“王天下”的时候，说如果在位者没有信用，则百姓不会追随。而在上位者因为不尊、不信，不信就民不从。从另一个侧面说明德与位之间统一的必要性。因此，君子不应侥幸行险，贸然僭越，而应“居易以俟命”。

不过《中庸》在说孔子的时候，已经说他“祖述尧舜，宪章文武”，显然是继承了政治上的“王统”，而在《孟子》书中，孔子继承“王统”的说法，主要体现在孔子作《春秋》这件事上。

《春秋》乃古代史书的一种称呼，但对于孟子而言，《春秋》乃是政典的一种新形式。孟子说：“王者之迹熄而《诗》亡，《诗》亡然后《春秋》作。”① 因此，《春秋》显然已经不是简单的鲁国历史，而是包含着孔子的政治设想的政论著作。

> 世衰道微，邪说暴行有作，臣弑其君者有之，子弑其父者有之。孔子惧，作《春秋》。《春秋》，天子之事也。是故孔子曰：“知我者其惟《春秋》乎！罪我者其惟《春秋》乎！”……孔子成《春秋》而乱臣贼子惧。②

因为作《春秋》是天子之事，所以孔子作《春秋》乃是违背了非天子不议礼、不制度这样的儒家基本原则，所以孔子才有“知我者”的苦心和“罪我者”的不安。这样的僭越对于一个以天下为己任的人来说何尝不是“知其不可为而为之”的一种使命呢。

《中庸》和《孟子》已经面临如何处理孔子作为先知式的“圣人”和“立法者”之间的紧张，而为了给孔子作为立法者提供必要的正当性，将孔子“王化”则是一个不可抑制的趋势。从汉代的政治实践来看，儒家

---

① 《孟子·离娄下》。

② 《孟子·滕文公下》。

所付出的代价是惨重的，因为在给孔子王化的同时，一个必须支付的代价是给现实的王“圣人化”。而由于世俗权力的独大，圣王本来预期通过道统的提出而制约政统，实际上却是被现实的当权者通过权力而分享圣者的天命。

因为孔子有德无位的现实，于是，儒家的经学特别是春秋学，特别展开一个“素王”的议题。

“素王”一词，最早见于《庄子·天道》。按“静而圣，动而王，无为也而尊，朴素而天下莫能与之争美”的原则，素王乃是无其位而退游乎江海的超脱之境界。而通过孔子的“素王”定位而赋予其为汉制法乃至为万世制法之正当性的主要推动者，是汉初经学之主流春秋公羊学。

孔子通过作《春秋》来表达其政治见解，这在孟子那里已经渊源有自了。而春秋公羊学则因其巨大的解释空间而给予这样的说法以充分的证明。素王论的定型则可归功于董仲舒。

我们先可以看董仲舒对“西狩获麟”事件的重新诠释：

> 春，西狩获麟。何以书？记异也。何异尔？非中国之兽也。然则孰狩之？薪采者也。薪采者则微者也，曷为以狩言之？大之也。曷为大之？为获麟大之也。曷为为获麟大之？麟者，仁兽也。有王者则至，无王者则不至。有以告者曰：“有麕而角者。”孔子曰：“孰为来哉！孰为来哉！”反袂拭面涕沾袍。颜渊死，子曰：“噫！天丧予。”子路死，子曰：“噫！天祝予。”西狩获麟，孔子曰：“吾道穷矣。”①

据此可见，在《春秋公羊传》中，西狩获麟的故事是延续了孔子有其德无其位的宿命，而董仲舒则对这个故事进行了创造性的改造，直接将“西狩获麟”视为“受命之符”。

> （孔子）西狩获麟，受命之符是也。然后托乎《春秋》正不正之间，而明改制之义。一统乎天子，而加忧于天下之忧也，务除天下

---

① 《春秋公羊传·哀公十四年》。

所患，而欲以上通五帝，下极三王，以通百王之道。①

通过这样的颠覆性的解读，孔子作《春秋》乃成为一个具有充分理据的正当行为。在董仲舒给汉武帝所上的《天人三策》中，董仲舒直接将孔子作《春秋》看作是继尧舜文武之后的又一次受命。“孔子作《春秋》，先正王而系万事，见素王之文焉。……故《春秋》受命所先制者，改正朔，易服色，所以应天也。”②

将孔子尊为素王的目的，一是解决了儒家设计汉代政治格局的合法性，二是利用《春秋》的解释空间，来说明孔子是如何利用对于鲁国历史的整理而表达其政见的。这样的设想在春秋公羊学的谱系中，有一个专有的名称“王鲁”。

> 故春秋应天作新王之事，时正黑统，王鲁，尚黑，绌夏、亲周、故宋……春秋上绌夏，下存周，以春秋当新王。春秋当新王者奈何？曰：王者之法必正号，绌王谓之帝，封其后以小国，使奉祀之。下存二王之后以大国，使服其服，行其礼乐，称客而朝。故同时称帝者五，称王者三，所以昭五端，通三统也。是故周人之王，尚推神农为九皇，而改号轩辕，谓之黄帝，因存帝颛顼、帝喾、帝尧之帝号，绌虞，而号舜曰帝舜，录五帝以小国。下存禹之后于杞，存汤之后于宋，以方百里，爵号公，皆使服其服，行其礼乐，称先王客而朝。春秋作新王之事，变周之制，当正黑统，而殷周为王者之后，绌夏，改号禹谓之帝，录其后以小国，故曰：绌夏、存周，以春秋当新王。③

“王鲁”的完整说法是王鲁、黜夏、亲周、故宋，按照公羊义法，每一新王受命，须封前二代的旧王的后人为王。如果以鲁国为新王的话，那么，夏朝因已超过二代，所以“黜夏”而宋是殷之后，周是前一代，所以要“亲周”、“故宋”。古文学家经常以真实的历史来评断公羊的义

---

① 《春秋繁露·符瑞》。
② 《汉书·董仲舒传》。
③ 《春秋繁露·三代改制质文》。

例，所以称公羊学为“可怪”，但是，在公羊学看来，理解春秋的关键，并非是实事，关键是掌握其微言大义。“以《春秋》当新王”，也就是借助于鲁国的历史的取舍来“借事名义”，为后世订立政治法则，因此，并不要求与真实的鲁国历史相一致。

很显然，深受董仲舒影响的司马迁也接受了孔子为天下制法的说法。他在《太史公自序》中也说孔子“为天下制仪法，垂《六艺》之统纪于后世”。将《春秋》作为孔子为汉制法，呈现王道理想的途径。

> 孔子明王道，干七十余君，莫能用，故西观周室，论史记旧闻，兴于鲁而次春秋，上记隐，下至哀之获麟，约其辞文，去其烦重，以制义法；王道备，人事浃。①

孔子受命而为素王的说法，几乎为汉代史家所公认，贾逵、郑玄均引述之。古文经学背景的贾逵在《春秋序》中说：“孔子览史记，就是非之说，立素王之法。”《孔子家语》记述齐太史子余叹美孔子：“天其素王之乎?”这个“素”即“空”，指的是有其德而无其位。晋朝时期的杜预在《左传集解序》中还介绍了这样的说法：“以仲尼自卫反鲁，修《春秋》，立素王，邱明为素臣……子路欲使门人为臣，孔子以为欺天。”② 这里，素王的说法便更为复杂和层次化了，或许也可说明素王之说之流衍状况。

孔子受命为“素王”，也因得到了汉代盛行的谶纬论阐发而进一步得到强化。

纬书经过历代统治者的禁毁，所留存的作品已经不多。在我们所能看到的作品中，“西狩获麟”就被看作是孔子受命的标志。只是这个故事被进一步神话化了。比如《春秋演孔图》的获麟故事中就包含了“端门受命”、天降血书等内容。该故事说：“得麟之后，天下血书鲁端门曰：趋作法，孔圣没，周姬亡。彗东出，秦政起，胡破术，书纪散，孔不绝。子夏明日往视之，血书飞为赤鸟，化为白书，署曰演孔图，中有作图制法之状。”③ 这个故事与纬书中大多数关于孔子作《春秋》的描述，基本

---

① 《史记·十二诸侯年表》。

② 转引自皮锡瑞：《经学通论·春秋》，10页，北京，中华书局，1961。

③ ［日］安居香山、中村璋八辑：《纬书集成》（中），578页，石家庄，河北人民出版社，1994。

上脱胎于同一个原型。核心就是要证明孔子为汉制法的正当性。

当然，孔子所作之《春秋》并非为汉代制法，而且也为万世制法，因为《春秋》所要彰显的是儒家的王道理想，“孔子曰：丘作春秋，始于元，终于麟，王道成也”①。

上天以“获麟”的祥瑞来启示孔子为汉代制定法度。孔子所制的法就是《春秋》和《孝经》，还有《诗》、《书》和《易》。因此《春秋》和《孝经》的出现也是云山雾罩的。如《越绝书》中说《春秋》是孔子“感精”而作。

> 孔子感精，知后有强秦丧其世，而汉兴也。赐权齐、晋、越，入吴。孔子推类，知后有苏秦也。权衡相动，衡五相发。道获麟，周尽证也，故作《春秋》以继周也。此时天地暴清，日月一明，弟子欣然，相与太平。孔子怀圣承弊，无尺土所有，一民所子，睹麟垂涕，伤民不得其所，非圣人孰能痛苦若此。②

儒家的另一本重要经典《孝经》也是“神示”而成。如《孝经中契》说：

> 丘作《孝经》，文成道立，斋以白天，则玄云踊北紫宫，开北门角亢星北落，司命天使书题，号《孝经篇》。云神星裔。孔丘知元，令使阳衢乘紫麟，下告地主要道之君，后年麟至，口吐图文，北落郎服，书鲁端门，隐形不见。子夏往观，写得十七字，余字灭消。其余文飞为赤鸟，翔摩青云。

谶纬中的孔子形象③对后世影响最大。受当时流行的“受命说”的影

---

① 《春秋元命包》，见《纬书集成》（中），597页。

② 《越绝书·外传·纪十九》。

③ 关于谶纬中的孔子形象，周予同先生有过详细的考察，见《纬谶中的孔圣与他的门徒》，见《周予同经学史论著选集》（增订本），292～321页。本文的叙述参考了周先生的文章及（清）孙星衍等辑、郭沂校补的《孔子集语校补》（齐鲁书社，1998）。对于谶纬中的孔子的神圣化的问题，韦伯（Marx Web）和希尔斯（Edwards Shils）关于Chrisma的理论颇具参考价值。韦伯在界定权威的类型时，用此来描述那些具有特殊资质的人，他们被认为有得之于神，或别的宇宙中的最有威力的禀赋。而希尔斯对之进行了发展，认为Chrisma不仅是指人具有的特殊的资质，并且指社会中被视为与产生秩序最神圣的泉源相接触的行为、角色、制度、符号与实际物体，他们能使人类的经验秩序化。孔子的神化和为汉制法的说法，都具有此类权威类型的特征。参见林毓生：《中国意识的危机》，27页，贵阳，贵州人民出版社，1986。

响，孔子的出生被说成是其母感黑帝而生，其姓名也像其他圣人一样是“吹律听声”而得来的。在《春秋演孔图》说：“孔子胸文曰：制作定世符运”。“孔子长十尺，大九围，坐如蹲龙，立如牵牛，就之如昴，望之如斗。”① 在《孝经钩命诀》中，孔子“海口”、“牛唇”、“骈齿”、“辅喉”、“舌理七重”、“虎掌”。

不但是孔子，而且孔子的弟子也有许多异像，如子贡嘴边绕有斗星，曾子长着犀角，其他弟子也都异于常人。

应该说，汉儒所提出的“素王”议题，其根本目的是为了让儒学在大一统的社会格局建构中获得其价值观上的优先性。而谶纬的出现，则是通过将圣人神秘化的方式来增强儒家经典的重要性，客观上有助于确立儒家对于自然秩序和社会秩序的解释权。

纬书作为经学的一个伴生品，可以被视为经学形成初期的一个虽然不尽合理却是可以理解的过程。很显然，儒家在排斥别的知识体系的时候，实际上吸取了许多秦汉时期的方士的神秘手法，当儒家在坚持自己的立场的同时，又有效地吸纳了别的思想流派的方法和观念，那么儒家的独尊也是理所必然的。

总之，无论是“为汉制法”还是为万世制法，孔子已经是“王”。而独尊儒学的格局，使得孔子所创之制度和所立之法则，在现实的政治运行中不断得到实施。

“素王”问题局部解决了孔子创立制度的合法性问题，但是“素王”毕竟“无位”，儒家对于“王”的解释，始终偏向对于“道”的占有，而非权力的拥有。所以，在汉代的解读中，“王”被解读为“天下归往”，是一种道德的吸引力，而非权诈之术。② 不过，这样的王道观念必然会对世俗的政治权力造成冲击，因此，在唐之前，对于孔子的加封，一般是“公”、“侯”，始终在“王者师”而非“王”。这样的冲突到了唐代趋于激烈。因为以前所并称的“周孔”，围绕着“先圣”与“先师”称号的曲

---

① 《春秋演孔图》，见《纬书集成》（中），576 页。

② 比如桓谭说：“王者，往也，言其惠泽优游，天下归往也。……孔氏门人，五尺童子，不言五霸事者，恶其违仁义而尚权诈也。”见《新论・王霸》。

折，实际上体现的是“王统”与“道统”之间的争议。而争议的结果是，孔子不但是无可争议的先师，而且也是“先圣”。一个极具象征意义的转变是唐开元二十七年（公元739年），孔子正式被封为“王”，即“文宣王”。

> 弘我王化，在乎儒术。孰能发挥此道，启迪含灵，则生人已来，未有如夫子者也。所谓自天攸纵，将圣多能，德配乾坤，身揭日月。故能立天下之大本，成天下之大经，美政教，移风俗，君君臣臣，父父子子，人到于今受其赐。不其猗欤！於戏！楚王莫封，鲁公不用，俾夫大圣，才列陪臣，栖迟旅人，固可知矣。年祀浸远，光灵益彰，虽代有褒称，而未为崇峻，不副于实，人其谓何?①

虽然，孔子是否该称王，在不同的时代，依然会被一些人以种种理由展开争论，不过孔子拥有“王”的称号的趋势已是不可逆转。唐玄宗的制文中指出，孔子乃王化之本，而历代对他的崇敬是名不副实，唯有“王”的称号才是名至实归。

自汉代之后，大一统的帝王以“圣”者自居，因此圣王转变为“王圣”，而唐代给圣人的“王”的称号，或可以被视为权力体系对于符号体系的混杂更进一步，而对于儒家而言，儒生对于现实权力的获得经由唐代所确立的科举制度而得到了进一步的扩展。

2. 孔庙及其从祀制度

关于孔庙的记载，以司马迁《史记·孔子世家》为最早：

> 孔子葬鲁城北泗上，弟子皆服三年。三年心丧毕，相诀而去，则哭，各复尽哀；或复留。唯子赣庐于冢上，凡六年，然后去。弟子及鲁人往从冢而家者百有余室，因命曰孔里。鲁世世相传以岁时奉祠孔子冢，而诸儒亦讲礼乡饮大射于孔子冢。孔子冢大一顷。故所居堂弟子内，后世因庙，藏孔子衣冠琴车书。至于汉二百余年不绝。高皇帝过鲁，以太牢祠焉。诸侯卿相至，常先谒，然后从政。

① 《旧唐书·志·礼仪四》。

从这段记述可知，孔庙的雏形是孔子弟子因结庐守丧而逐渐形成的一个存放孔子的遗物，并进行祭祀活动的场所。然而，这个被称为“孔里”的地方，因为汉高祖刘邦在路经鲁国的时候用太牢祭拜孔子的事件而发生了根本性的变化，并在很大程度改变了孔庙的性质。因为在汉高祖祭拜之后，诸侯卿相便将拜谒孔庙作为一种政治礼仪。

孔庙虽然因为汉代的儒术独尊而地位显赫，并泽及孔家后裔和孔门弟子。但是，以孔子宅为庙的时间延续了约六七百年。据《水经注》记载：

> 阜上有季氏宅，宅有武子台，今虽崩夷，犹高数丈。台西百步有大井，广三丈，深十余丈，以石垒之，石似磬制。《春秋》定公十二年，公山不狃帅费入攻鲁，公入季氏之宫，登武子之台也。台之西北二里，有周公台，高五丈，周五十步。台南四里许则孔庙，即夫子之故宅也。宅大一顷，所居之堂后世以为庙。①

按《水经注》的说法，孔子的家庙之所以名扬天下是因为一个意外。在汉武帝时，因为鲁恭王损坏了孔子的旧宅，发现了大量的儒家经典，而这些经典因为用先秦的六国文字写成，且与汉代流行的文本多有不同，因此引发了关于何者才是真正的孔子所整理的经典的争议。随着这些争议的展开，曲阜的孔庙得以广为人知。

> 汉武帝时，鲁恭王坏孔子旧宅，得《尚书》、《春秋》、《论语》、《孝经》，时人已不复知有古文，谓之科斗书，汉世秘之，希有见者。于时闻堂上有金石丝竹之音，乃不坏。庙屋三间，夫子在西间东向，颜母在中间南向，夫人隔东一间东向。夫子床前，有石砚一枚，作甚朴，云平生时物也。鲁人藏孔子所乘车于庙中，是颜路所请者也。②

从经常能听到金石丝竹之声的描述看，《水经注》的记载中夹杂了汉代盛行的谶纬、传说等内容。但从孔庙在孔子旧宅的事实看，对于孔子

① 《水经注》卷二十五：泗水、沂水、洙水。

② 《水经注》卷二十五：泗水、沂水、洙水。

的祭典应该还限于阙里。

由于孔子地位的不断提升，对于孔庙的祭祀则逐渐由弟子自发的转向朝廷的行为。其标志是从第八代孙被封为“鲁文信君”始，孔子奉祠后裔开始领有官方身份。“迄十三代孙孔霸，因为‘帝师’之故，元帝特赐爵‘关内侯’，食邑八百户，号‘褒成君’，徙名数（户籍）于长安。后因孔霸上书求奉祭先圣，元帝方令以所食邑祀孔子，还其长子名数于鲁。……至平帝，方改封‘褒成侯’，专奉先圣之祭。自是孔子后裔世世封爵，且爵位与日俱增。”①

与此同时，汉代的儒生也不断在为孔子的祭祀的升级继续努力。对于孔子的祭祀与儒家的命运息息相关，后来的发展也证明了这一点。其中匡衡和梅福等人的建言都甚为有力，而梅福的奏词得到了成帝的肯定。他说：“今仲尼之庙不出阙里，孔氏子孙不免编户，以圣人而歆匹夫之祀，非皇天之意也。今陛下诚能据仲尼之素功，以封其子孙，则国家必获其福，又陛下之名与天亡极。”②

王莽恢复周制的失败被看成是对于儒家秩序的一种背离，而他实施的禅让也被视为是“篡夺”。虽然刘秀是依靠谶纬的方式获得了政权，但是他却由此意识到谶纬所带来的神秘性包含着隐晦的“革命”因素。因此，对于孔子的神秘化，不如祭祀现实中的孔子。

建武五年（公元 29 年），东汉的光武帝刘秀派遣大司空祭祀孔子，开创了后世帝王遣使祭孔的先例。后来，汉明帝又首开祀孔子弟子的先例，并命令郡县道的学校都要祭祀孔子。

如果说，经学体系的形成是儒学意识形态化的标志，那么孔庙则是儒学价值的物质化表达。因此，当合法性资源越是稀缺，对孔子的尊崇就越是隆重。因此，颇具讽讽意义的是，在政局不稳的时期，或是在少数民族入主中原时期，对于孔子的祭祀反而会越发地升格。比如三国割据时期的曹魏政权在挟天子以令诸侯的同时，为了在三国鼎立的格局中挟孔子以彰正统，魏黄初二年（公元 221 年）曹丕下诏曰：

---

① 黄进兴：《优人圣域——权力、信仰与正当性》，195～196 页。

② 《汉书·梅福传》。

昔仲尼资大圣之才，怀帝王之器，当衰周之末，无受命之运，在鲁、卫之朝，教化乎洙、泗之上，凄凄焉，遑遑焉，欲屈己以存道，贬身以救世。于时王公终莫能用之，乃退考五代之礼，修素王之事，因鲁史而制春秋，就太师而正雅颂，俾千载之后，莫不宗其文以述作，仰其圣以成谋，咨！可谓命世之大圣，亿载之师表者也。遭天下大乱，百祀堕坏，旧居之庙，毁而不脩，褒成之后，绝而莫继，阙里不闻讲颂之声，四时不睹蒸尝之位，斯岂所谓崇礼报功，盛德百世必祀者哉！其以议郎孔羡为宗圣侯，邑百户，奉孔子祀。①

曹丕还下令“令鲁郡修起旧庙，置百户吏卒以守卫之，又于其外广为室屋以居学者”。在孔庙的周围修建专门的房舍让儒生来居住，这可以说是一个创举，这是后世庙学合一体系的雏形。

在南北朝割据时期，双方为了证明自己的正统地位，争设孔庙，寻访圣人后裔，并开启依庙立学的新风气。例如南齐武帝和北魏孝文帝于公元 489 年各自在自己的统治中心设立孔庙，他们对于正统地位的竞争，使孔庙由阙里走向全国各地。孝文帝还下诏全国各郡县的学校内祭祀孔子，从此确立了国家在学校内祭祀孔子的新礼制。

唐代，对孔子的尊崇和孔庙的礼制进入一个新的阶段。如果说曹丕在曲阜孔庙周围建立学舍是一个创造的话，唐代则是在学校体制内建立孔庙。这样孔庙成为学校体制的一部分，也就是说对孔子表示尊崇成为学生的一个礼制。唐高祖武德二年（公元 619 年）下诏在国学立周公、孔庙各一所“四时致祭”②，进一步强化了庙学合一的建制。

宋代尊孔气氛浓烈，曲阜孔庙的规模进一步扩大，而我们现在所见的孔庙格局也大致形成，主体建筑有大成殿、大成门、藏书楼等等，并给孔子的父母以专殿供奉。

值得一提的是，因为北宋末年金兵南下，宋朝迁都临安，也就是今天的浙江杭州，建立南宋王朝。建炎二年（公元 1128 年），孔子第 48 世

① 《三国志·魏书·文帝纪》。

② 唐高祖二年“六月戊戌，令国子学立周公、孔子庙，四时致祭，仍博求其后”（《旧唐书·高祖本纪》）。

孙袭封衍圣公的孔端友捧孔子的楷木雕像随宋高宗赵构南渡，在衢州建孔氏家庙，被称为“东南阙里”。

元明清时期，孔庙继续扩大。据《兖州志》记载，曲阜的孔庙，元代修了六次，明代重修、重建二十一次，清代重修十四次，并最终形成了我们现在所见的孔庙规模。

我们现在所见曲阜的孔庙由五殿、一阁、一坛、两庑、两堂、八门、一祠、三坊构成。

五殿：大成殿、寝殿、圣迹殿、启圣殿、启圣寝殿。

一阁：奎文阁。

一坛：杏坛。

两庑：东庑、西庑。

两堂：金丝堂、诗礼堂。

八门：棂星门、圣时门、弘道门、大中门、同文门、大成门、启圣门、承圣门。

一祠：崇圣祠。

三坊：道冠古今坊、德侔天地坊、金声玉振坊。

各地的孔庙规模略有不同，称呼也各不相同，有称夫子庙的，也有称文庙的，但基本布局是类似的，庙的正门称棂星门。棂星即天镇星，意味着祭孔就是尊天。

有论者指出：传统儒学的教育场所包括以孔庙为中心的祭祀空间与以讲堂为中心的教学空间。这种“庙学制”起源于古代社会中生活与宗教结合的传统。在这样的“教育传统中，每个学生都参与祭祀仪式，但是并不是膜拜祈求神祇的庇佑，而是以孔子等圣贤为典型，以提升自己的声名境界。每个人面对孔子的人格典范，祭祀行为成为一种回向自己，促使自己成圣成贤的过程”①。

固然，从礼制的方面，我们可以看到祭孔所体现的典范作用，也就

---

① 高明士：《传统中国教育的理想与实际对现代通识教育的意义》，见《传统中国教育与现代大学通识教育研讨会论文集》，22页，台湾大学历史系，1995。

是从祭孔的仪式中，每个人所受到的感化。但是，孔子的思想既然已经成为政治合法性的依据，那么祭孔的仪式本身也就必然会被赋予政治上的意义。在唐初，学校体系中的孔庙祭祀，主要由儒官和博士来主持，“初，以儒官自为祭主，直云博士姓名，昭告于先圣。又州县释奠，亦以博士为主”。但是不久之后，礼制就转变为一个由官员主持的仪式，即使在地方，因为博士没有品秩，祭祀秩序也要由主簿及尉通这样的低级官员等来主持。

> 请国学释奠，令国子祭酒为初献，祝辞称“皇帝谨遣”，仍令司业为亚献，国子博士为终献。其州学，刺史为初献，上佐为亚献，博士为终献。县学，令为初献，丞为亚献，博士既无品秩，请主簿及尉通为终献。若有阙，并以次差摄。州县释奠，既请各刺史、县令亲献主祭，望准祭社，同给明衣。修附礼令，以为永则。①

其实，在汉代儒家获得独尊地位的时候，政治权力在获得儒家对于合法性的支持同时，一直试图制约儒家发展出独立的解释系统。对于孔子的尊崇也一样，既要获得孔子的符号价值，但又不能坐视孔子及儒家对于意义系统的独占性优势。这也是对孔子以及经典的解释必须加以控制的原因。由此，政治权力必然会把对于孔子的祭祀活动掌控在行政系统之下，如此，儒学的独立性被不断地削弱。儒学的存在和发展也会因依附于权力而难以脱身。

不过，儒学始终在寻求一种相对于权力的独立性，在唐初的关于孔子和周公在学校祭祀仪式中地位的争议中，孔子开始从“周孔”并称的格局中获得了独立。这在孔庙的礼制发展历程中有特别的意义，孔庙的功能也发生了些许变化。

初唐时期，在不到50年的时间里，孔子与周公在国子学中的地位有一个反复。“武德二年（公元619年），唐高祖下令在国子学立周公庙和孔子庙，以周公为‘先圣’，孔子为‘先师’，而以孔子配享周公。就是说只承认他是教育家的鼻祖，不承认他有坐在主位单独享受致祭太牢的

---

① 《旧唐书·志·礼仪四》。

权利。到贞观六年（公元 632 年），唐高祖尚在，唐太宗便下令废除周公庙，以孔子为‘先圣’，颜渊为‘先师’。就是说让孔子升座南面，使孔子获得对权力系统的相对独立性。① 而唐高宗即位不久，大约在永徽六年（公元 655 年），恢复唐高祖时的礼制，仍以周公为‘先圣’，孔子为‘先师’。这一改制引起了元老重臣长孙无忌等的反对。他们在显庆二年（公元 657 年）集体决议，认为以孔子配享周公是降低了孔子的地位。唐高宗接受了这个决议，于是周公又被纳入王者之统，配享武王，而孔子则开始有了独立的祀典”。黄进兴说：“从汉至唐，孔庙的形成过程之中，孔子形象由一介有教无类的夫子，逐渐蜕化成‘帝王师’，最后汇归为‘万世道统之宗’。相对地，孔庙祭祀即是官方针对此一蜕化形象不断地调适与制度化。朝廷尊崇孔庙，人君与儒生首推其功，其相互为用，自不待多言。是故，从孔庙发展的轨迹审视之，统治阶层实位居主导势力；因此有别于民间信仰，孔庙自始至终、彻头彻尾展现了官方的性格。”②

唐之后，孔庙的格局经常有变化。

贞观元年（公元 627 年）要求天下学皆立孔子、周公庙。到贞观四年（公元 630 年），太宗下诏在州县设立孔庙，并以孔子弟子二十二人从祀。

借助于学校系统，特别是科举制度的成熟而产生的数量巨大的儒生群体，孔子的地位不断地提升，一直要到明代嘉靖年间，对于孔庙的礼制问题面临了新一轮的挑战。其核心问题可以说是老调重弹，即孔子是“先师”、“圣人”还是“王”，这个问题的实质依然是要限制孔子或儒家对政治权力的影响。如果联想到朱元璋对《孟子》中关于“汤武革命”言论的屏蔽，我们应该了解帝王对于“革命”的恐惧。③

明嘉靖九年（公元 1530 年），大学士张璁提出奏议，孔子、颜回、

---

① 按黄进兴的说法，这个改革意义重大，“孔庙遂是兼有正统文化宣导者，与国家教育执行者的双重功能。申言之，京师立庙，有别于原初孔庙，政治意图特为突显。但为维持奉祀之正当性，圣裔设立仍不可或缺。是故，不免染有家庙的残余性格。相对的，地方孔庙纯是遂行国家政教措施，而无此顾虑。这终使得孔庙完全脱离家庙性质，正式融入国家祭祀系统，成为官庙的一环”。见黄进兴：《优入圣域——权力、信仰与正当性》，230～231 页。

② 黄进兴：《优入圣域——权力、信仰与正当性》，242 页。

③ 朱元璋虽然改革了对于各类神祇的封号，但“惟孔子封爵仍旧”（《明史 · 志 · 礼四》）。

曾子、子思在庙廷受人尊崇，而他们的父亲却只能在东西两庑从祀，这有违儒家之孝道，应该别立一室来祭祀。这个建议得到认可。但张璁揣摩明世宗的想法，进一步提出："孔子宜称先圣先师，不称王。祀宇宜称庙，不称殿。祀宜用木主，其塑像宜毁。笾豆用十，乐用六佾。"① 其认为孔子的圣人地位已经够高，不必要再称"王"，因而也不应享有"王"的祭祀规格。

明世宗认识到儒家尊崇孔子的根本目的在于借尊孔来"自尊"，所以听从了张璁的意见，改革孔庙祀典。但这个说法遭到了许多人的反对，徐阶等人因此被贬官。

为了推行新的孔庙祭典，御制了《正孔子祀典说》，张璁又作了《正孔子庙祀典或问》，并让礼部专门讨论，但遭到了激烈的反对，而反对者不是被革职，就是被斥为谬论。最终的结局是孔子失去了"王"的尊位。

> 人以圣人为至，圣人以孔子为至。宋真宗称孔子为至圣，其意已备。今宜于孔子神位题至圣先师孔子，去其王号及大成、文宣之称。改大成殿为先师庙，大成门为庙门。……遵圣祖首定南京国子监规制，制木为神主。仍拟大小尺寸，著为定式。其塑像即令屏撤。春秋祭祀，遵国初旧制，十笾十豆。天下各学，八笾八豆。乐舞止六佾。②

这种礼制变革的内在动机在于政治的权力与儒家道统之间的紧张。因为道统的力量上升到一定程度之后，必然会对皇帝的权势造成制约，因此，对孔子的降格就是要确证作为政治权威的"势"对作为统治原则的"理"的优先性。"权势"虽依"道理"而存，但是如果道理对权势造成实际上的制约，便为权势拥有者所不能容忍。

清朝以"异族"入主中原，对思想的控制却是表现出残暴和温和相结合的做法。一方面大开文字狱，使士人充分感受生存的压力，同时又开社"博学鸿词科"笼络人心。对于孔子的态度也是既表示足够的尊敬，

---

① 《明史·志·礼四》。

② 《明史·志·礼四》。

同时又强调君臣之义，抑制儒家民本思想的传播。如康熙皇帝在康熙二十三年（公元1684年）晋拜孔庙居然行三跪九叩这一历代帝王都不曾使用过的大礼，并特书“万世师表”以扬孔子之教。雍正皇帝也是即位伊始就追封孔子王爵，并在孔庙中新增大量的儒学名宿配祀。乾隆更是九次晋拜阙里孔庙，并将自己的女儿下嫁给七十二代孙衍圣公孔宪培。

孔庙祀典值得注意的还有“配享”与“从祀”制度。

“配享”即合祭或祔祀，古代帝王祭天，以先祖配祭。而帝王的祭祀，一般以功臣配祭。这样的礼仪延伸到孔庙体系中，就是以对儒学发展有重要贡献的人，可以配享孔子。

“从祀”，其实也是配享之一种形式，但是就孔庙系统而言，相对于“配享”，“从祀”之人的重要性略低。在唐以前，祭祀孔子，经常以颜回配享，而其他弟子及儒家人物从祀。不过，有时“配享”和“从祀”混用，显示唐之前礼制还未完全定型。比如《新唐书》中贞观时期孔庙礼制的建构的记载是：贞观二年，“升孔子为先圣，以颜回配”。“二十一年，诏左丘明、卜子夏、公羊高、谷梁赤、伏胜、高堂生、戴圣、毛苌、孔安国、刘向、郑众、贾逵、杜子春、马融、卢植、郑康成、服虔、何休、王肃、王弼、杜预、范甯二十二人皆以配享。”① 这里，“颜回配”与“二十二人配享”，虽有实质性的差别，但字面上并不直接区分。而在《唐六典》中，对“释奠”礼的描述就明确区分了“配”与“从配”，“仲春上丁释奠于孔宣父，以颜回配，其七十二弟子及先儒并从配”②。

孔庙配享和从祀制度最晚在东汉时期就已经初具端倪，既然是从礼制中沿袭过来，因此，一开始就有明确的政治含义。并且由谁配享的决定权也是由权力所控制。黄进兴说：“儒教从祀制与基督教封圣制最显著的差异，即一开始中国的统治阶层，包括人君和官僚集团，便掌握了孔庙从祀人选的主控权。它不像基督教封圣制是属于由下而上，地方性的民间宗教活动。”③

---

① 《新唐书·志·礼乐五》。

② 《唐六典·尚书礼部》。

③ 黄进兴：《圣贤与圣徒》，96页，台北，台湾允晨文化实业有限公司，2001。

三国魏正始二年（公元 241 年）春二月，齐王使太常以太牢祭孔子于辟雍，以颜渊配。这是以颜渊配享孔子之始。第二位进入配享行列的是曾参，他以孝著称，唐睿宗太极元年（公元 712 年），释奠以曾参配，是为曾参列入配享之始。第三位是孟子。孟子受业于子思子的门人，唐以后，在儒家谱系中的地位不断升高，并称为仅次于孔子的“亚圣”，宋神宗元丰七年（公元 1084 年），孟子开始进入配享行列。① 最后一位是子思，他是孔子的孙子，据传是《中庸》的作者，宋度宗咸淳三年（公元 1267 年），子思开始进入配享行列。

宋度宗咸淳三年（公元 1267 年）春正月戊申，度宗诣太学，谒孔子，行舍菜礼，以颜渊、曾参、子思、孟轲配享。顾炎武非常称赞度宗将颜、曾、思、孟配享孔子，认为这是存先王之道的大功业：“自此之后，国无异论，士无异习，历元至明，先王之统亡，而先王之道存，理宗之功大矣。”②

孔庙的配享和从祀制度，使得儒生之追求除了政治体系中的功名之外，还有儒家道统中的不朽地位。因此，从某种意义上讲，从祀孔庙乃儒生之终极追求。不过从祀资格的获得也与现实政治关联密切。比如在王安石和宋神宗相得之际，王安石父子同时从祀孔庙。但在道学群体获得政治上优势的时候，宋理宗在淳祐元年（公元 1241 年），却以王安石放言“天命不足畏，祖宗不足法，人言不足恤”而从孔庙黜之，并发布诏书，将道学群体中的重要成员从祀孔子。

> 惟孔子之道，自孟轲后不得其传，至我朝周惇颐、张载、程颢、程颐，真见实践，深探圣域，千载绝学，始有指归。中兴以来，又

---

① 《宋史·志·礼八》记载：“诏封孟轲邹国公。晋州州学教授陆长愈请春秋释奠，孟子宜与颜子并配。议者以谓凡配享、从祀，皆孔子同时之人，今以孟轲并配，非是。礼官言：‘唐贞观以汉伏胜、高堂生、晋杜预、范宁之徒与颜子俱配享，至今从祀，岂必同时？孟子于孔门当在颜子之列，至于荀况、扬雄、韩愈，皆发明先圣之道，有益学者，久未配食，诚阙典也。请自今春秋释奠，以孟子配食，荀况、扬雄、韩愈并加封爵，以世次先后，从祀于左丘明二十一贤之间。自国子监及天下学庙，皆塑邹国公像，冠服同兖国公。仍绘荀况等像于从祀：荀况，左丘明下；扬雄，刘向下；韩愈，范宁下。冠服各从封爵。’诏如礼部议，荀况封兰陵伯，扬雄封成都伯，韩愈封昌黎伯，令学士院撰赞文。又诏太常寺修四孟释菜仪。”

② 顾炎武：《日知录·从祀》。

得朱熹精思明辨，表里浑融，使《大学》、《论》、《孟》、《中庸》之书，本末洞彻，孔子之道，益以大明于世。朕每观五臣论著，启沃良多，今视学有日，其令学官列诸从祀，以示崇奖之意。①

嘉靖九年孔庙改制，使孔子道统地位受制于权势，被视为是儒门之耻。在从祀的人选上，也是重视性理之儒，而排斥传经之儒，这也体现了宋明之后儒家尊德性和道问学等问题上的紧张，这样的倾向也遭到重视传经的顾炎武批评。

至有明嘉靖九年，欲以制礼之功盖其丰昵之失，而逞私妄议，辄为出入，殊乖古人之旨。传注之功，遂列圣人之左右乎，夫以一事之瑕，而废传经之祀，则宰我之短丧，冉有之聚敛，亦不当列于十哲乎？弃汉儒保残守缺之功，而奖末流论性谈天之学，于是语录之书日增月益，而《五经》之义委之榛芜，自明人之议从祀始也。有王者作，其必遵贞观之制乎？②

在顾炎武看来，如果不注重对经典的传注，那么五经大义必然委顿，而使儒家之整体得不到完整的体现。因此尊德性与道问学不可偏废，应恢复到孔庙祭祀制度建立之初的贞观之制中。

虽然，儒门中人一直强调配享与从祀者的首要条件是有功于圣学的流传与王道之维护。但是，在儒学制度的构建中，儒生与文官的重叠性十分高。这在某种程度上意味着政治评价和价值评价在中国传统社会中的重合性。据黄进兴的统计："两汉以降，中国的'四民'社会业已成形。从祀诸儒除汉皇室河间王刘德之外，均出自士人阶层，尤有过者，汉代以来从祀诸儒且为文官者竟达百分之八十七点二（87.2%），唐代以来从祀且为文官的比例亦居高不下（87.3%）；这样高的重叠性令从祀者与士大夫（scholar-official）集团的关系不言而喻。换言之，从祀者不仅为官方宗教与学术的表率，且兼为国家的统治阶层。这种近乎完

---

① 《宋史·理宗本纪》。

② 顾炎武：《日知录·嘉靖更定从祀》。

美的同一性俾儒教与中华帝国顺利整合，运行无碍。”① 的确，从制度发生学和具体的制度建构的角度看，儒家制度化和制度的儒家化的双向互动结构，是一种完美的合作，这也是该制度具有绵长的生命力的重要原因。

三、学校制度、选举制度和儒家学说传播的制度化

如果说董仲舒是先秦儒学向汉以后的儒学发展的一个重要的转折点的话，那么，其最具决定性意义的，可能是他对儒学教育与传播制度的设计。这一点，已有前贤加以提出。如周予同先生说："董仲舒主张尊崇孔学罢黜百家，还只是表面文章；最有关于中国社会组织的，是他主张设学校，立博士弟子，变春秋、战国的'私学'为'官学'，使地主阶级的弟子套上'太学生'的外衣，化身为官僚，由经济权的获取进而谋教育权的建立与政治权的分润。董仲舒是中国官僚政治的定型者。"②

将董仲舒视为中国官僚政治的定型者，或许不甚准确，但若将董仲舒看作是儒家制度化的关键人物，应是不遑多让的。

教育是人的社会化的主要方式和途径，它的最重要功能除了传播知识之外，还有就是使人们了解和掌握主流的社会观念和规范。

人类最初的教育功能是依赖于神话和礼仪活动来达成的。在西方和印度等国家，随着神话向宗教的转化，在很长的时间内，知识的合法性和传播方式一直由教会所控制。"如古代印度的婆罗门或欧洲中古的僧侣，乃是垄断当时教化权力的特殊阶级。其主要的功能是在为当时流行的世界观提供理论的根据，为当时的政治、社会秩序作辩护士。"③

在中国很早就建立起了独特的教育制度，当然这种教育制度主要是针对贵族而非一般的民众。当时教育的等级性、知识的垄断性都很强，类似于天文、祭祀和礼仪等知识垄断在少数人的手里，这就是所谓的学

---

① 黄进兴：《圣贤与圣徒》，116～117页。

② 《周予同经学史论著选集》（增订本），502页。

③ 余英时：《古代知识阶层的兴起与发展》，见余英时：《士与中国文化》，2页。

在“王官”。[①] 在西周时期大致已经形成了国学和乡学的教育体系[②]，内容主要是礼、乐、射、御、书、数即“六艺”，目的是要达到使人各安其位和“教民事君”的社会功能。

但到了战国时期，也就是通常所谓的“礼崩乐坏”的时代，这种文化秩序遭受到了破坏，如《淮南子·俶真训》说“周室衰而王道废，儒、墨乃列道而议，分徒而论”，即开始了私学时代。清人章学诚描述这种情况说：“至于官师既分，处士横议，诸子纷纷著书立说，而文字始有私家之言，不尽出于典章政教也。”[③] 但这种“各执己见”的时间并不很长，到了秦统一六国，吕不韦和李斯都强调由各家争鸣所造成的思想上的多元化对于大一统帝国的危害，所以私学的传授在严禁之列。经历了焚书坑儒的磨难，秦的速亡为儒家在汉代的迅速反弹提供了充分的理由，在雄心勃勃的汉武帝那里，儒家开始了新的历程。

儒家作为一个学派是特别注重其学说的传播的，一般认为孔子是中国最早以私人资格教授学生的。章太炎在分析“儒”的词源时说：“类名为儒，儒者，知礼乐射御书数。《天官》曰：儒以道得民。说曰：儒，诸侯保氏，有六艺以教民者。《地官》曰：联师儒。说曰：师儒，乡里教以道艺者。此则躬备德行为师，效其材艺为儒。”[④] 这就从词源上说明了儒家学派与古典教育之间的渊源。

儒家以礼乐文化为本，以古代的典籍为依据，建立起尧舜禹周公的

---

① 阎步克在讨论乐师和原始儒家的起源时，认为乐师的主要功能是教化。“但至少到了周代，这种文化教育已是相当的‘人文化’了的，并直接服务于国家统治的需要。乐师承担着培训‘学士’的职责，而‘学士’则是未来的王朝政务承担者。在周代的政治文化传统中，业已形成了深厚的‘君子治国’与‘贤人政治’观念。所谓‘君子’、‘贤人’，则是掌握了道义理想、治国之术和诗书礼乐者。……后世的儒者以‘养贤’、‘举贤’为务，致力于官私学校的建设和发展，这便是其前身——乐师职责的发扬光大。”见阎步克：《乐师与史官》，31 页，北京，三联书店，2001。

② 国学由天子或诸侯设立，分为大学和小学。乡学包括设立于闾的塾、设立于党（500 家）的庠、设立于州（约 12 500 家）的序和设立于乡的校。国学的对象一般是贵族，而乡学的功能则是教化。参见毛礼锐主编的《中国教育简史》（教育科学出版社，1984）23 页和杨宽的《古史新探》（中华书局，1965）中关于古代大学特点的描述。

③ 章学诚：《文史通义·经解上》。

④ 章太炎：《原儒》，见《革故鼎新的哲理——章太炎文选》，338 页，上海，远东出版社，1996。

历史传说系统，因此在先秦有着最大的影响力，为自己培植了深厚的社会基础。许多别的学派，也要以儒家所传承的典籍为基础。从崇尚法家的秦国所立博士多为儒家出身，可知儒生的广泛代表性。

儒生，特别是鲁地的儒生具有强烈的认同感，虽遭秦火之劫而不改。如在刘邦取了项羽的首级攻打鲁国时，依然“弦歌之音不绝”，习礼演乐而不辍。《史记·儒林列传序》说：“及高皇帝诛项籍，举兵围鲁，鲁中诸儒尚讲诵习礼乐，弦歌之音不绝，岂非圣人之遗化，好礼乐之国哉?”

但无论是鲁地、齐地还是楚地的儒家，不管是治《书》的欧阳、大小夏侯还是治《礼》的后氏、治《春秋》的公羊、穀梁，都是依赖于私学来传播的，但自从汉武帝立五经博士之后，出现了两个后果，其一是儒家之外的学说被“皆绝其道，勿使并进”①；其二是即使同是儒家阵营，也有了官学和私学的分别。

在将儒家经典置于意识形态的地位之后，有三项制度性的设计（博士制度、察举制度和学校制度）对儒家思想的传播有决定性的影响，关于博士制度已经在儒家典籍的经典化部分作了分析，下面我们将通过对选官制度和教育制度的关联的考察来展开对儒家知识和权力关系的讨论。

1. 官学和私学：以传播儒家经典为核心的学校制度

教育是社会价值观传承的基本形式。在中国的古籍中有不少关于夏商周的学校的记载，《孟子·滕文公上》说：“夏曰校，殷曰序，周曰庠。学则三代共之。”这里所谓的学，或学校，应是一个社会教化的中心，与宗庙和祭祀活动关系密切。“由于周以前是祭政合一，所以祭祀活动也是教育活动。‘学’与宗庙、明堂当是在同一地点而不同室，其祭礼自然也就是国家大事。”② 而周代的学校如“辟雍”依然是集政治意义和教化意义于一体的。这些机构因是官方所设，所以称之为官学。

春秋战国的转型时期，私学逐渐出现。随着社会分化和知识分化的加剧，社会流动频繁，一方面，原先属于官学系统的一些知识人士因社

---

① 《汉书·董仲舒传》。

② 高明士：《中国传统政治与教育》，116 页，台北，文津出版社，2003。

会的变革而失去了其职守，而另一方面，一些出身下层的人士，则希望通过自己的知识而改变其命运，这两种力量汇聚在教育领域则是私学的兴起。孔子和墨子都聚徒讲学，并逐渐形成学派。

秦始皇三十四年（公元前213年），禁私学。李斯说：

> 古者天下散乱，莫能相一，是以诸侯并作，语皆道古以害今，饰虚言以乱实，人善其所私学，以非上所建立。今陛下并有天下，别白黑而定一尊；而私学乃相与非法教之制，闻令下，即各以其私学议之，入则心非，出则巷议，非主以为名，异趣以为高，率群下以造谤。如此不禁，则主势降乎上，党与成乎下。禁之便。①

这里所指的私学，当然并不完全指的是私人所办的学校，也包括思想不符合官方意志的私人传播。秦国以吏为师的政策，就是要让这些好议论的知识阶层转变为纯粹的技术性的官员。

而在汉武帝独尊儒术之后，儒家变成了宰制性的思想，五经博士和博士弟子制度的设立，对于中国的官学体系有一根本性的意义。博士从此成为儒家的专有政治待遇，而主要功能是培养政府的行政人才。

董仲舒认为儒家教育与政治安定息息相关，所以主张设立学校来推行道德教化，从而改变秦朝以来的以吏为师的格局。他说：

> 今废先王之德教，独用执法之吏治，而欲德化被四海，故难成也。是故古之王者莫不以教化为大务，立太学之教于国，设庠序以化于邑。教化已明，习俗已成，天下尝无一人之狱矣。②

而这些建议很快被真正地落实。在汉武帝元朔五年（公元前124年），当时因精通《春秋》而为丞相公孙弘提出，为博士设置弟子员50人，来推行儒家的“教化”功能。与以前的不同是不但博士本身受到朝廷的优待，博士弟子也被列为仕途正式出身，后来又推出只要精通一经便可免去徭役的待遇。这便使儒家经典的吸引力大大加强，“天下学士靡

---

① 《史记·李斯列传》。

② 《汉书·礼乐志》。

然乡风矣”[①]。从此之后，博士数量和博士弟子数量日益增多，到东汉末年太学生达 3 万余人。[②]

太学的建立标志着汉代以儒家经典为主的官方教育体制的确立。太学的教师一般由博士担任，他们精通一经甚至数经，其诠释解经的方向又符合太学以养士为目标，致力于网罗天下贤才和树立一种崇尚经籍的社会风气。太学生只要能通一艺以上，就可直接做官。东汉时期的许多官员均有太学生的背景。

与太学相配套的措施是在地方上也广置学官[③]，在职官僚也兼授五经，并特别利用地方名流的影响力来扩大儒学对民间社会习俗的影响力，《后汉书·百官志五》记载：“三老掌教化，凡有孝子顺生，贞女义妇，让财救患，及学士为民法式者，皆扁表其门，以兴善行。”这样一来便使儒学在民间的传播有了制度保障，儒学的观念便进一步融入到社会习俗之中。

在崇尚儒学的氛围下，汉代私学也开始兴旺，由于被朝廷立为博士的只是众多解释、整理儒家经典流派中的少数几派，而且博士弟子又有限，而且由于察举制度的存在，未被立为博士的私学出身的经学家也有同样的上升途径，加上先秦私人讲学的遗风犹存，因此两汉时期，特别是东汉时私人讲学之风很盛。《后汉书·儒林列传》说：“自光武中年之后，干戈稍戢，专事经学。自是其风笃焉。其服儒服、称先王、游庠序、聚横塾者，盖布之于邦域矣。若乃经生所处，不远万里之路；精庐暂建，赢粮动有千百。其耆名高义、开门授徒者，编牒不下万人。”当时的许多著名经师登记在册的学生有时上万人，著名的经师郑玄在马融门下学习，

---

① 《汉书·儒林传》。

② 参见《后汉书·党锢列传》。马端临说博士弟子制度使儒家为本的选举制度成为“公法”。“武帝时始为博士、学官置弟子员，前此所谓博士者，虽有弟子，要皆京师自授其徒，其徒自愿受业，朝廷未尝有举用之法，郡国亦无荐送之例。……及武帝既兴学校，则令郡国县官谨察可者，与计偕，诣太常受业如弟子，则郡县皆有以应诏，而博士弟子始为国家选举之公法也。”见马端临：《文献通考》，卷四十六，《学校考七》。

③ 相比之下，郡县的规模就会小一些，有的地方甚至比不上私学的规模。而且这些学校的开办与期限的长短有时与郡县行政长官的任期有关系。见于迎春：《秦汉士史》，306 页，北京，北京大学出版社，2000。

等了三年才见到老师。

官学和私学的地位差异，体现出现实利益上的冲突。两汉经学中最为引人注目的事件就是古文经学和今文经学之间的争论，汉代的官学和私学之争在某种程度上可以说对应于今文经学和古文经学之间的争论。但是今古文经学之间的争论是在儒学的独尊地位确立之后，发生在儒学内部的“技术性”而非“原则性”的争论。“实质上并不是危害圣道与否的争论，而是要不要立于学官的利益之争。”①

由于有更多自由的空间，汉代的民间儒学教育十分兴旺，与此不同的是，被列为博士的官方儒学教育却陷入了困境。经学流派是基于解释的独特性作为其立于官学的资本，所以，博士弟子往往以得到老师的真传作为自己的立身之本，这样，博士弟子们必须固守“师法”、“家法”②，即只对老师之学说进行解释而不加创造，由此形成了繁琐的“章句儒”。《汉书·儒林传》说：“自武帝立《五经》博士，开弟子员，设科射策，劝以官禄，讫于元始，百有余年。传业者浸盛，支叶蕃滋，一经说至百余万言，大师众至千余人，盖禄利之路然也。”然私人传授的经学流派，也并非能摆脱追求立于博士的“禄利”之路，是否立于博士要取决于政治环境的变化。

官学体系到魏晋逐渐形成了“庙学”，即在学宫里建孔子庙。“‘庙学’的设计，起初只见于中央的官学，北齐、隋推广到地方的州（郡）学，到唐太宗贞观 4 年（630），推广到县学，自此以下，直至清末不变，即使宋以后书院教育发达也不例外，只是书院内不曰庙，而曰祠（宇），由于孔子为国家祭祀对象，乃改祭祀先贤。所以从晋以后到唐贞观年间所确立的‘庙学制’，才是传统学校建构的基本形态。”③

唐代由于科举制度的确立，官学制度日渐完备，建立了从中央官学

---

① 李申：《中国儒教史》上卷，470 页。李申同时还指出，今古文之间争论的严重性并不比同处于一个经学派别的不同学派之间争论更激烈。因为东汉时期有许多学者是兼通今古文经学的，如贾逵属于今文经学，通全部古文经学，而属于古文经学的郑玄则试图融合今古文经学。

② 太学传经有遵从“师法”和“家法”的规定，“师法”重传授，明本源，“家法”重立说，争派别。西汉注重“师法”。东汉注重“家法”。皮锡瑞说：“汉人最重师法。师之所传，弟之所受，一字毋敢出入；背师说即不用。师法之严如此。”见皮锡瑞：《经学历史》，77 页。

③ 高明士：《中国传统政治与教育》，119 页。

到州县学的体系，并设有专门的教育管理机构。官学的教学内容以推广儒学为基本出发点，形成了国子学、太学、四门学和广文学这些专修儒经的学校，其他的如医学等专门学校也必须修儒经。在中央官学中，儒经分正经与旁经，正经又分大经，包括《礼记》、《左传》，各学三年；中经，包括《诗经》、《周礼》、《仪礼》各学两年；小经，包括《易经》、《尚书》、《公羊》、《穀梁》，各学一年半。旁经有《论语》和《孝经》，共学一年。学生能通一经的，就可以出任国家官吏。同时责成孔颖达等人编写《五经正义》，以统一经典的解释。宋明之后，虽然入学资格和所传授的经典有所不同，但是官学的基本格局并没有变化。

官学全部由国家提供财政支持，所以其兴衰往往会受到帝王本身的兴趣以及社会政治状况的影响，因此在汉代至清代的漫长历史中，起起落落，总体趋势是不断地衰落和僵化。

科举制虽然使官学不断体系化，但是科举制度所内含的自由投考制度，也同样刺激了私学的发展。特别是许多名师硕儒既是官学的博士又私家授徒，更增加了私学的吸引力，如大儒王通、孔颖达等都私人授徒讲学。私学的发展，还往往与儒学发展史上的一些重要的学派的形成和发展有关。比如宋明时期，程朱理学和陆王心学，起初都不为官方所认可，但是依然吸引了大批儒生宁愿牺牲举业也要投师问学。朱熹、陆九渊、王阳明等大儒都依凭书院、精舍聚徒讲学，支配和影响着整个宋明时代的学术风气。

书院教育的成熟，是宋明时期学校的一大特色。

书院教育制度是我国特有的教育制度，虽然书院之名在唐代就有，但作为教育机构成熟于宋代。① 其兴盛的主要原因是因为五代十国直至宋代建国初长期的官学系统的萧条，以及科举社会所产生的大量的士子读书的需求。宋代的书院一般是私人创办的讲学场所，带有一定的社会影响，往往会得到官府和地方名流的支持。朱熹在《衡州石鼓书院记》中说："予惟前代庠序之教不修，士病无所于学，往往相与择胜地、立精舍，以为群居讲学之所。而为政者乃或就而褒表之，若此山，若岳麓，

① 参见陈元晖等：《中国古代的书院制度》，1～13页，上海，上海教育出版社，1981。

若白鹿洞之类是也。”[①] 岳麓书院和白鹿洞书院等重要的书院不仅会获得政府的表彰，也有实际的财政上的支持。

书院的兴衰也随着选举制度和朝廷对官学的重视与否出现反复[②]，其实书院很大程度是对官学的补充，许多学子上书院主要是为科举做准备，其课程很多是科举考试的预演。从宋代开始，很多书院就实行诸如“每月三课”这样的考试制度[③]，其形式虽各有不同，但内容是与科举考试相一致的。在科举成为读书人唯一的社会流动渠道的背景下，学校的教育，无论官学、私学都不免成为科举的附属。

明代思想控制甚严，官学兴盛。《明史·选举志一》说：

> 天下府、州、县、卫所，皆建儒学，教官四千二百余员，弟子无算，教养之法备矣。……盖无地而不设之学，无人而不纳之教。庠声序音，重规叠矩，无间于下邑荒徼、山陬海涯。此明代学校之盛，唐宋以来所不及也。

与官学的兴盛相对照的是书院的萧条，朱元璋曾经下令将学田入官，这样实际上是切断了书院的经济基础，他这么做的原因就是希望士子都入官学学习，从而更有利于控制思想。

明代的书院状况据曹松叶先生统计，书院约 1 200 多所，民办的仅 184 所，而地方官办的有 625 所，督抚办的 135 所，京官办的 58 所，合计达 818 所。[④]

明代书院的转折主要是因为王学的流行，王门后学频繁的讲会活动，促使东南地区的民间书院再度兴起。

---

① 《朱文公文集》卷 79。

② 对于书院与官学的异同，高明士的总结是：相同点：(1) 实施儒学教育。(2) 科举准备教育。(3) 学为官人与学为圣人。(4)“庙学”的建筑形式。(5) 行政管理有学规等学则，经费收支有学田等设施。不同点：(1) 除几所大书院而外，一般的书院多兼由基础教育，循序而升，到报考科举为止。官学大致实施类似今日中等教育以上的教育。(2) 书院比较平民化。(3) 书院的祭祀为地方的大儒，而官学祭祀孔子。参见高明士：《中国传统政治与教育》，141 页。

③ 如《明道书院规程》十一条：“每月三课，上旬经疑，中旬史疑，下旬举业”。徐元杰《延平郡学及书院诸学榜》也有：“每月三课，上旬本经，中旬论，下旬策”。

④ 曹松叶：《宋元明清书院概况》，载《中山大学语言历史研究所周刊》，第十集，第 111—115 期，1929 年 12 月—1930 年 1 月。

书院之设，昉于宋之金山徂徕及白鹿洞，本朝旧无额设明例。自武宗朝王新建以良知之学行江浙两广间，而罗念庵、唐荆川诸公继之，于是东南景附，书院顿盛，虽世宗力禁，而终不能止。①

但朝廷也不断寻找借口来摧毁书院，目的是防止书院成为异见的激荡之所。明末曾经四次禁毁书院，主要矛头针对王学通过书院而流传，或认为士人通过书院“群聚党徒”，因此，明末的书院便一蹶不振。

官办的书院不以讲学为主，而是组织学生准备举业，书院实行考课制度，其成绩要送知府审定，优越者给予奖赏，这都接近于官学的“廪给制度”。明末还实行过一种“洞学科举”，即在乡试的年份有书院保送学生参加科举，这样与州郡学校便完全一样了。

清初曾一度禁止创办书院，但顺治末年和康熙初年，改变了对书院的政策。其办法是在各省会设立书院一所，经费由政府提供，与此相应，书院的山长和讲学者由督抚聘请，学生的考核也由官员负责，私办书院则要经过官府的审查。这样就使书院与官学化体制看齐。在这样的体制下，书院的功能完全以科举为目的。在八股取士的取向下，许多书院的学生甚至连传统的训诂和义理之学都置之不理，而埋头于八股时文。八股的技术化倾向使得儒家经典的内涵被忽视，因而与通过教育传播儒学价值愿望背道而驰。

这里需要顺便提及的是中国传统蒙养教育的儒家化和科举化。中国传统社会缺乏严格意义上公共教育体系，官学体系中没有蒙养教育这一项，因此启蒙教育的责任主要由民间私学来承担。方式比较多样化，有教师开馆收学生，也有富裕人家聘教师在家教自己家的孩子，这就是私塾。还有一种是地方家族设置的义学，帮助族中贫穷但有前途的人上学。元代之后还有一种官办和公助相结合的学校，称为社学，在农闲时开课。② 蒙养教育的内容也以时代的发展而不同。

蒙养教育以儒家经典为基础可以追溯到很早以前，到汉代，儒家的

---

① 沈德符：《万历野获编》卷二十四。

② 参见毛礼锐：《中国教育简史》“蒙养教育部分”，56～67页，北京，教育科学出版社，1983。

一些基本经典已经作为中国古代蒙养教育的核心内容。王充在《论衡·自纪》中回顾自己小时候的学习经历时，就说因为自己喜欢学习，又很少捣乱，所以八岁就“受《论语》、《尚书》，日讽千字”。在汉代的文献中可以看到大量的从小背诵经典的记载。

从现存的教材看，唐五代之前的蒙学，以识字为主，综合一些道德、常识和礼仪知识。而宋代之后，蒙养教材开始了专门化的倾向。但是在科举考试对教育内容的主导作用越来越大的情况下，蒙养教育逐渐演化为科举启蒙教育。首先，是在观念上确立读书（读儒家的典籍）和做官之间的联系。如广为流传的《神童诗》中充满着这样的句子：“学乃身之宝，儒为席上珍；君看为宰相，必用读书人。”“遗子黄金屋，何如教一经；姓名书锦轴，朱紫佐朝廷。”

其次，教材内容上也以科举内容为核心，而在南宋之后，由于朱熹的《四书集注》是科举的必考的内容，因此儿童在略为识字之后，就必须开始背诵《四书》。元代又出现了更为通俗的理学读本《性理字训》。

再次，由于科举考试中的各种文体，无论是诗赋还是策论，都要求对仗工整，尤其是在八股文作为标准的考试文体之后，蒙学阶段便开始了八股文的写作训练，并有专门的教材指导儿童学作八股文。比方说有一时期，考试的书法流行馆阁体，儿童们练字便也采用这种字体。

童蒙教育与科举的接轨，表明了科举制度对明清以后中国传统教育的笼罩性的影响。

2. 以儒家价值为本的诠选制度的形成和发展

唐代的杜佑在《通典·选举》中对《周官》中的选举制度是如此赞美的：

> 周官大司徒职：“以乡三物教万民，而宾兴之：一曰六德，二曰六行，三曰六艺。”诗、书、礼、乐，谓之四术。四术既修，九年大成。凡士之有善，乡先论士之秀者，升诸司徒，曰选士；司徒论选士之秀者而升诸学，曰俊士；既升而不征者，曰造士；大乐正论造士之秀者升诸司马，曰进士。司马论进士之贤者及乡老、群吏献贤

能之书于王，王再拜受之，登于天府，藏于祖庙，内史书其贰而行焉。在其职也，则乡大夫、乡老举贤能而宾其礼，司徒教三物而兴诸学，司马辩官材以定其论，太宰诏废置而持其柄，内史赞与夺而贰于中，司士掌其版而知其数。论定然后官之，任官然后爵之，位定然后禄之。盖择材取士如此之详也。

这样理想的制度可以看作是后世儒者对于完美的选举制度的一种想象。其实，在西周的封建制下，世袭继承肯定是获得官职的最主要的途径。不过，已有学者指出，一个人的家庭背景仅仅意味着他的一个资格，而要获得更高的地位，则需要自己的能力和努力。①

然而到了政治体制转型的战国时期，处于游散状态的士阶层和竞争激烈的新政治体制呼唤一种新的人才选拔机制，即选贤与能。比如《墨子》说：

故古者圣王之为政，列德而尚贤，虽在农与工肆之人，有能则举之，高予之爵，重予之禄，任之以事，断予之令……故当是时，以德就列，以官服事，以劳殿赏，量功而分禄。故官无常贵，而民无终贱，有能则举之，无能则下之，举公义，辟私怨，此若言之谓也。②

韩非子虽然担心任用贤能之士会威胁到君主的威信，但是依然相信能力和任务的匹配才能造就效能政治。

相比之下，儒家的立场比较复杂一些，也就是如何处理选贤与能与亲亲之间的紧张。总体而言，儒家认为尊贤和亲亲并不矛盾。《中庸》所提出的治理天下国家的九大原则中，亲亲和尊贤是并列的。但是亲亲的关系主义原则必然会伤害到尊贤的能力主义立场，尤其是当两者发生冲突的时候，这个问题似乎没有荀子所说的那么轻松。

王者之论：无德不贵，无能不官，无功不赏，无罪不罚，朝无

---

① 参见李峰：《西周的政体：中国早期的官僚制度和国家》，213 页，北京，三联书店，2010。

② 《墨子·尚贤上》。

幸位，民无幸生，尚贤使能而等位不遗，析愿禁悍而刑罚不过。百姓晓然皆知夫为善于家而取赏于朝也，为不善于幽而蒙刑于显也。夫是之谓定论。是王者之论也。①

然秦国采纳的是“辟田”和“胜敌”的技术化的标准，这种做法使秦国很快统一了六国，但也很快失去了江山。因此，如何选拔出品行和才干均足以服众的官员成为汉朝皇帝的重要使命。

汉初的几代帝王以黄老道学为立政之基，汉高祖和汉文帝举行过一些诏举“贤士大夫”、“贤良方正”等选官的活动，但并无定制。在叔孙通、贾谊、董仲舒等人的努力之下，儒家的价值观不断得到强化。汉武帝元光元年（公元前 134 年）设立的“举贤良”、“举孝廉”的察举制度是以儒家价值选拔官员的肇端。它规定：

郡国口二十万以上岁察一人，四十万以上二人，六十万三人，八十万四人，百万五人，百二十万六人；不满二十万，二岁一人；不满十万，三岁一人。限以四科：一曰德行高妙，志节清白；二曰学通行修，经中博士；三曰明习法令，足以决疑，能按章覆问，文中御史；四曰刚毅多略，遭事不惑，明足决断，材任三辅县令。②

但在实际的执行中，以政事为主的举贤良受到重视，而以奖挹社会风气的举孝廉则颇受冷落。因此，汉武帝说要对那些不积极推举孝廉的人治罪，并批准了有司所奏：

夫附下罔上者死，附上罔下者刑，与闻国政而无益于民者斥，在上位而不能进贤者退，此所以劝善黜恶也。今诏书昭先帝圣绪，令二千石举孝廉，所以化元元，移风易俗也。不举孝，不奉诏，当以不敬论；不察廉，不胜任也，当免。③

这样做的结果是孝廉逐渐成为汉代选官的最主要的途径，朝廷的官员逐渐转变为以孝廉而获得升迁的人。举孝廉注重品德和办事能力的统

---

① 《荀子·王制》。

② 杜佑：《通典》，卷十三，《选举一》。

③ 《汉书·武帝纪》。

一，但在实际的操作中，往往是以孝为先。阎步克的说法极具法眼："尽管事实上孝廉察举标准在实施上有更复杂的情况，但是举士科目冠之以'孝廉'，依然具有重大的象征意义。这种以居家之'孝'举用治国之吏的制度，既为商、韩所斥，又于秦代无闻。它使政统和亲统的相互渗透，获得了相当制度化的形式。"① 也就是说举孝廉既改变了汉初承续秦制所造成的残酷政治的现状，又使儒家的血缘伦理与官僚制度的能力原则得到结合。

察举制在推行了 200 多年之后，其弊端日益严重，比如察举的权力主要控制在官员手里、孝廉的德和才并不一定兼备、社会竞相博取孝名而弄虚作假、人数过于庞大而难以安置等等，因此在东汉顺帝阳嘉元年(公元 132 年)，采纳了左雄的建议，要求所举之孝廉必须在 40 岁以上，同时，要得到任用必须经过考试。考试的内容是"诸生试家法，文吏课笺奏"②。并正式确定"诸生通章句"才能应孝廉之选，这样就进一步将通晓儒家经典和选拔官员联系起来，为最终以科举取士奠定了基础。

魏晋初期曹操所推行的"唯才是举"政策和随后的"九品中正制"可以说是察举制的变种。"唯才是举"显然是对察举制中道德至上主义的反拨，但世家大族和儒学家族的影响却依然会在人才荐举中体现出来。所以，"九品中正制"在制度设计上是能力本位和道德本位的妥协性表达。九品官人法的选择标准为家世、德、才三项，然在实际操作中，家世逐渐成为选人的最关键者。而因为人物品评的权力在于中正官个人，所以更易受社会环境之影响，所以法久必弊。重要的职位便为世家大族所控制。

> 九品之制，初因后汉建安中天下兵兴，衣冠士族多离本土，欲征源流，虑难委悉。魏氏革命，州郡县俱置大、小中正，各取本处人任诸府公卿及台省郎吏有德充才盛者为之，区别所管人物，定为

---

① 阎步克：《士大夫政治演生史稿》，339 页。

② 《后汉书·左雄传》。其实，儒生和文吏的分别一直是汉代官员选拔制度中的一个焦点问题。按照一般的说法，儒生主张以德治，而文吏则在处理纷乱的事件上比较具有决断力，他们似乎更像是职业官员。而随着察举制的确立而出现的文吏和儒生的融合，是儒家思想进一步渗透的标志。

九等。其有言行修著，则升进之，或以五升四，以六升五。傥或道义亏缺，则降下之，或自五退六，自六退七矣。是以吏部不能审定核天下人才士庶，故委中正铨第等级，凭之授受，以免乖失。及法弊也，唯能知其阀阅，非复辨其贤愚，所以刘毅云："下品无高门，上品无寒士。"南朝至于梁、陈，北朝至于周、隋，选举之法，虽互相损益，而九品及中正，至隋开皇中方罢之。①

九品中正制虽然要到隋朝才被正式废止，不过在南北朝时期，随着士族势力被摧折，察举和学校入仕之途又开始恢复。而察举的方式也逐渐由举荐向通过考试转变，士人得官主要依据于策试和"明经"考试。察举的标准也由孝悌、吏能、经术并重，转向以考察对于儒家经典的熟悉程度的文化考试为主。由此察举制和学校制度的关联也更为密切。更为重要的是成为后来科举的根本性特征的自由投考制度在北朝开始萌芽。

科举制度究竟起源于隋还是唐，至今学界并无定论。但科举的核心是"完全公开，由各地人民自量智能，自由呈报，径由政府考试录用"②。这些原则随着宋代的锁院、糊名、誊录和明代的提学官这些保证考试公平性措施的采取而得到进一步的落实。③ 不过，本文要强调的则是由于科举考试的内容以儒家经典为基础，这样便使熟悉儒家经典与获得权力两者结合的制度化更加直接和严密了。科举制度的建立，使得无论官学和私学，皆以科举考试为主要功能，这样便使得学校制度成为科举考试的附庸；与此同时，儒家的经典成为社会上升的基础，促使大量的读书人将经典和权力之间作了对接。

---

① 郑樵：《通志二十略·选举略》。

② 钱穆：《国史新论》，279 页。钱穆先生将科举制度看作是政权向民众的开放："科举制度显然在开放政权，这始是科举制度之内在意义与精神生命。汉代的选举，是由封建贵族中开放政权的一条路。唐代的公开竞选，是由门第特殊阶级中开放政权的一条路。唐代开放的范围，较诸汉代更广大，更自由。"见钱穆：《中国历代政治得失》，56～57 页，北京，三联书店，2001。

③ 科举制度的公平性一直被人所肯定，宋代的欧阳修在评论宋代的取士制度时说："国家取士之制，比于前世，最号至公。盖累圣留心，讲求曲尽，以谓王者无外，天下一家，故不问东西南北之人，尽聚诸路贡士，混合为一，而惟才是择。又糊名誊录而考之，使主司莫知为何方之人、谁氏之子，不得有所憎爱厚薄于其间。故议者谓国家科场之制虽未复古法，而便于今世。其无情如造化，至公如权衡，祖宗以来，不可易之制也。"（马端临：《文献通考》，卷三十一，《选举考四》）

科举考试的内容各朝略有不同，主要包括三个方面，经义、杂文和策论。经义主要是儒家经典（在唐代进士科还包括《老子》、《尔雅》）。杂文则是考察考生的文学修养和写作水平。在唐宋以诗赋为主，明以后则是八股文。策论主要包括策、论表、判、诏、诰等政治性论文和公文。这些内容要求考生熟读经典又通晓事务，其实主要是运用经典来分析现实问题。

科举考试的科目设置和考试范围是不断变化的。比如唐代设有进士科、明经科和秀才科等很多科目，进士科和明经科是经常性的。王安石变革科举制度，将明经科并入进士科，导致科举的重心由北方转向南方。① 元代以后又将经义进士科、词赋进士科和策论进士科合二为一，成为德行明经科，并延续到明清两代。

考试的范围以儒家经典为主，兼及一些实用的文史、礼仪、法律等科目。科举制建立之后，文学一直是主要的考试方式，但是在进士科成为主要的考试科目之后，因为要担负原先明经科的职能，所以，儒家经典成为主要的考试内容。②

从唐代开始，被列入科举考试的经典是九部正经和三部兼经。九部正经即《易》、《诗》、《书》、《周礼》、《仪礼》、《礼记》、《春秋左传》、《春秋公羊传》和《春秋穀梁传》。三部兼经是《论语》、《孝经》和《尔雅》。北宋时《孟子》也被列入科举考试的范围。

儒家经典注疏众多，解释也多有歧义，到了清代甚至面临真伪问题，因此，这不但需要规范经文本身，也需要选择和规范对经文的注释，因

---

① 吕祖谦说："及至熙宁间，荆公罢词赋，帖经、墨义并归进士一科，齐、鲁、河朔之士往往守先儒训诂，质厚不能为文辞，所以自进士科一并之后，榜出多是南人预选，北人预者极少。"见马端临：《文献通考》，卷三十二，《选举考五》。

② 宋哲宗元祐四年（公元 1089 年）下诏科举所涉及的儒家经典范围是："凡诗赋进士，于《易》、《书》、《诗》、《周礼》、《礼记》、《春秋左传》内听习一经。初试本经义二道，《论》、《孟》义各一道，次试赋及律诗各一首，次试论一首，末试子史时务策二道，凡四场。其经义进士，须习两经，以《诗》、《礼记》、《周礼》、《左氏春秋》为大经，《书》、《易》、《公羊》、《穀梁》、《仪礼》为中经，愿习二大经者听，不得偏占两中经。初试本经义三道，《论语》义一道，次试本经义三道，《孟子》义一道，次试论、策如诗赋科。并以四场通定高下，而取解额中分之，各占其半。专经者以理义定取舍，兼诗赋者以诗赋为去留，其名次高下，则如策论参之。"见毕沅：《续资治通鉴》，卷八十一，《哲宗》。

此，出现了国家性的经典规范工作，比如唐代的《五经正义》、宋代王安石的《三经新义》等。

这样的情况到元代发生巨大变化。元仁宗皇庆二年（公元1313年）正式规定“四书”、“五经”取代十三经，作为德行明经科的唯一考试范围，并延续至明清。明代并采用八股文作为答题的模式。《明史·选举志二》说：

> 科目者，沿唐、宋之旧，而稍变其试士之法，专取四子书及《易》、《书》、《诗》、《春秋》、《礼记》五经命题试士。盖太祖与刘基所定。其文略仿宋经义，然代古人语气为之，体用排偶，谓之八股，通谓之制义。

考试的时间和形式也有进一步的规范。科举每隔三年举行一次，并建立了乡试、会试、殿试不同层级的考试方式。

> 三年大比，以诸生试之直省，曰乡试。中式者为举人。次年，以举人试之京师，曰会试。中式者，天子亲策于廷，曰廷试，亦曰殿试。分一、二、三甲以为名第之次。一甲止三人，曰状元、榜眼、探花，赐进士及第。二甲若干人，赐进士出身。三甲若干人，赐同进士出身。状元、榜眼、探花之名，制所定也。而士大夫又通以乡试第一为解元，会试第一为会元，二、三甲第一为传胪云。子、午、卯、酉年乡试，辰、戌、丑、未年会试。乡试以八月，会试以二月，皆初九日为第一场，又三日为第二场，又三日为第三场。初设科举时，初场试经义二道，《四书》义一道；二场，论一道；三场，策一道。中式后十日，复以骑、射、书、算、律五事试之。后颁科举定式，初场试《四书》义三道，经义四道。①

而经典的文本也做了明确的规定，即主要是朱熹的注释为主，最终确立《四书五经大全》为科举的经典文本和注释依据。

> 《四书》主朱子《集注》，《易》主程《传》、朱子《本义》，《书》

① 《明史·选举志》。

> 主蔡氏传及古注疏，《诗》主朱子《集传》，《春秋》主左氏、公羊、穀梁三传及胡安国、张洽传，《礼记》主古注疏。永乐间，颁《四书五经大全》，废注疏不用。其后，《春秋》亦不用张洽传，礼记止用陈澔《集说》。二场试论一道，判五道，诏、诰、表、内科一道。三场试经史时务策五道。①

《四书五经大全》是《五经大全》、《四书大全》、《性理大全》的合并本，主要是程朱理学家对于四书五经注释的汇辑，这意味着程朱理学作为经学统一的标准解释，从而完成了科举的形式化和经典的统一化。

3. 科举制：制度化儒家的枢纽

科举制度可以被视为是制度化儒家的枢纽，从儒家的制度化层面来看，科举制度是传达权力阶层意志的最有效的方法。教育系统并不仅仅是将过去的知识传递下去的制度机制，它更是一种证明权力合法性和强化权力合法性的一个间接却持续性的方式。科举制通过确定考试的范围和统一经典文本、经典解释的方式，有效地传达核心的价值观，并有效地控制“真理”系统的构成，进而建立起一种有效的沟通机制。

科举制的广泛开放性，使经典的传播冲破了地域和年龄的限制，使主导性的价值观得到最为广泛的传播，也使将儒家经典作为教育内容成为官学、私学甚至童蒙教育的自觉选择。而选举取士方式的日益单一化，使教育制度和科举制度合一化，从而大大增强了制度的效能。

科举制度作为官僚选拔机制，在社会流动比较贫乏的传统社会，几乎成为上升性流动的“单一性”机会。何怀宏说：所谓的“单一性”机会，“第一，它是一种最优的机会，一旦入仕就会带来最大好处、最大利益，不仅获得权力，也获得声望和财富；第二，它越来越成为社会上的一种主要上升机会，虽然还有其他途径出人头地，但那些却是异途，后期只有科举才是正途，对于贫寒者还可以说是唯一的上升之阶；第三，它接近于单一的制度性机会……只有它提供了一种稳定的、一贯的希望。

① 《明史·选举志》。

‘单一’意味着把社会上人们的主要和最高的价值欲求整合为一个：即仅仅指向官场。‘单一’还意味着古代选举和取人的途径和标准也日趋为一”①。这就意味着，科举制既是权力机构强化其权力机制的一种方式，同样也是社会成员进入权力机构的途径。这样，权力的设计和权力的获得成为一个互相支持的正反馈机制，即由权力机构决定儒家经典作为科举的内容，而儒生在进入权力机构之后，使权力符号诠释者和权力系统的维护者之间构成一种共同体。布尔迪约说：“教育行动强加一种文化专断的专断权力，最终以集团或阶级之间的权力关系为基础，这些集团或阶级构成了教育行动在其中实施的社会构成。教育行动使它灌输的文化专断得以再生产，从而有助于作为它专断强加权力的基础的权力关系的再生产。”②

当然也有一些学者对于科举给社会流动的效益提出过不同的看法。比如，李弘祺、贾志扬对宋代科举的研究表明：科举制度的建立，虽然给很多普通的百姓以社会上升流动的机会，但是，因为科举需要一定的社会和经济上的资本，这样整个制度就相对有利于权势阶层和富裕阶层。其次，科举所实际提供的机会也很少。而何炳棣对明清时代的社会流动的研究发现，明清时代虽然有很多低级功名的获得者是来自社会的下层，但是高级功名的竞争相当的激烈，而且，由于人口增长、资源的紧张及技术上的落后与停止，受过儒家教育的文人士子的出路非常狭窄，甚至整个社会的流动呈下降趋势。③

但是这样的质疑并不能否定科举给士人所带来的希望。科举制度的形成，很大程度上化解了儒家政治理想与现实政治之间的紧张性，当追求功名成为士人的首要目标的时候，儒生的生存方式已经由以自己的理想去改造社会现实变成为替现实的政治合法性提供依据。

由于每次考试都是以皇帝的名义举行的，所有的考生可以被广义地

---

① 何怀宏：《选举社会及其终结》，139～140页，北京，三联书店，1998。

② ［法］布尔迪约、帕斯隆：《再生产——一种教育系统理论的要点》，18页，北京，商务印书馆，2002。

③ 相关的文献综述可参见朱开宇：《科举社会、地域秩序与宗族发展——宋明间的徽州，1100—1644》。

认为是“天子门生”，我们可以想见唐太宗发出“天下英雄尽入我彀中”时内心的得意。儒家思想在被制度化之后，道统和政统之间的矛盾在很大程度上被化解了。

科举制度的不断技术化和垄断化，在给儒学获得广泛的传播的同时，也造成了儒学的异化。异化的表现之一是经典日益脱离圣人创制立教的本意，科举考试选择部分经典作为考试范围的做法破坏了经学的整体性，经学只成为“干禄”的工具。顾炎武说：

> 古人抱遗经、扶微学之心，如此其急，而今乃一切废之，盖必当时之士子苦四经之难习，而主议之臣徇其私意，遂举历代相传之经典弃之而不学也。自汉以来，岂不知经之为五，而义有并存，不容执一。故三家之学并列《春秋》，至于《三礼》，各自为书。今乃去经习传，尤为乖理。苟便己私，用之干禄，率天下而欺君负国，莫甚于此。经学日衰，人材日下，非职此之由乎?①

因此，顾炎武甚至认为八股文考试对于儒家思想的损害要超过秦始皇之焚书坑儒。

异化的表现之二是儒生由求道变为逐利。儒家着力寻求通过儒家的理想政治模式的提倡来对现实的政治秩序进行干预。因此，在体制性的儒家之外，非体制性的儒家也会以一种竞争甚至对抗的方式得到发展。比如西汉今文经学的独尊，但古文经学同样显示出发展的潜力，并在东汉获得主导地位。宋明道学的产生也一度被打压而视为“伪学”，但道学群体并没有因为这样的社会压力而放弃他们所一贯坚持的道统对于政统的优先性立场。②

朱熹和陆九渊都批评当时的学校过于注重科举，而忽视儒家义理之

---

① 顾炎武：《日知录·九经》。

② 包弼德说：“理学在君主与知识分子之间形成一种新的紧张关系，而这种关系对知识分子地位的提高多于对君主地位的提高。它让知识分子在把自己视为帝国体系参与者的同时，也把自己视为与体制保持距离的学者。它也鼓励知识分子无论国家愿不愿意都把自己组织起来，并担负起领导与改善社会的责任。他们之所以愿意这么做，主要就是因为他们认为世间的道德并不是由政权创造，而是通过培育人人与生俱来的具有普遍意义的品质获得。”包弼德：《历史上的理学》，133页，杭州，浙江大学出版社，2010。

讲求。光宗绍熙三年（公元 1192 年）朱熹上《学校贡举私议》说："所谓太学者，但为声利之场，而掌其教事者，不过取其善为科举之文而尝得隽于场屋者耳。士之有志于义理者，既无所求于学，其奔趋辐凑而来者，不过为解额之滥，舍选之私而已。"① 但是，制度化的力量是如此之强大，在于它完全有能力将体制的异己力量转化为体制的一部分。南宋理宗时代朱熹及其理学便由政治上的异议分子而转变为新的意识形态的一部分，朱熹对于四书的注解成为随后时代的标准解释。心学和以后的思想，则试图冲破朱学的笼罩而获得儒家的新的发展。

尽管，科举制的建立对于儒家而言，是一个功过兼有的悖论。不过，从制度化存在的维度来分析，我们可以看到科举制度使儒家与现实的政治权力之间建立起共谋关系。权力通过对知识生产和传播的控制获得其符号的力量，而知识借助权力的支持而获得广泛的传播，儒生又因为对于这样的知识的掌握而获得了权力和利益，甚至中国的家族制度，在宋明时代也因为科举制度而产生相应的变化。② 总之，科举制度作为儒家制度化的枢纽而将儒家与现实制度之间的各种联系充分地串联。

---

① 《朱文公文集》卷 69。

② 艾尔曼说："地方世族能够利用其社会地位和经济力量转化为科举的成功，继而取得对当地文化资源的支配地位。拥有共同财产的世家大族，需要培养出精通儒家文化、位居高官的人物，能够周旋于精英圈子，成为家族与县、省、中央等各级官吏沟通的中介。那些富有的家族，尤其是居住在经济发达地区的家族，能够以其经济实力使家庭成员享有良好的儒家文化教育并取得科举考试的成功，从而拥有家族权利不及的政治和经济特权地位。"见［美］艾尔曼：《经学·科举·文化史：艾尔曼自选集》，148 页，北京，中华书局，2010。

第三章　中国的价值观危机与儒家观念体系的崩解

从汉代开始，儒家获得了独尊的地位，并逐步开始建构一整套制度体系来维护其独尊的地位。制度化可能削弱了儒家对于现实的反应强度。因此，从某种意义上说，儒家的危机始终存在。儒家的危机一方面来自于儒家如何适应不断变化的社会形势，另一方面则来自于别的价值体系对于话语权力的争夺，如道教、佛教，还有明末之后来自西方的基督教，所以，儒家必须不断发展其理论体系来保持其对现实问题的解释的有效性。

在儒家的观念体系中，《周易》中"变"、"通"和"道器"、"理气"的立论方式，都为儒家在可能的范围内进行变革提供了理论上的支持。在经学系统中，则存在着"经"和"权"的分际。然而，有一点是确定的，即天不变，道亦不变，所变者器也、气也。具体到政治或社会生活中，政治秩序的构成方式可以有多样性的呈现，但是政治的原则却是不能变的。这是一种文化自信的表现。

在 19 世纪中叶前，中国也出现过许多对于政治和行政模式的争论，比如封建制和郡县制的争论，也遭遇过佛教和道教的价值意识上的冲突，但这些挑战并未危及到儒家作为国家意识形态代言人的地位。刘小枫说："华夏帝国自汉以降未遇到制度理念的正当性危机，朝代的更替是政权的更换，制度理念及正当性形式没有变。虽然各代都在具体的制度安排方面有所变革，为制度问题忧心的儒生代不乏人，然而，凡此变革和忧心，都是在儒家的制度理想的框架中生发的，儒家的政制理念的正当性本身，从未受到过挑战。佛教义理入华，对作为国家宗教的儒教的义理有很大的冲击，以致促动了儒家革命精神气质的演化，没有佛理的冲击，陆王心性圣学不会成为这个样。但佛教入华，并未携带一套政制理念，从而未激起儒学在政制理念选择上的反应。”①意思是说，因为之前所遇的挑战不甚涉及政治制度的理念，所以儒家的制度意识并没有被真正地触动。

自从 19 世纪上半叶开始，中国社会开始进入一个前所未有的阶段。中国被卷入全球性的资本主义发展过程中。这个过程对于中国这样的后发国家而言，还伴随着侵略和殖民。因此，儒家的许多价值原则遭受到了前所未有的挑战。

对于外力的入侵无力抵抗的现实，清政府统治的合法性面临激烈的挑战，所殃及的自然是作为这种制度的意识形态的儒家价值观，包括夷夏问题在内的中国传统的世界观遭到颠覆。

在国内秩序方面，为了平定国内此起彼伏的起义，清政府不得不依靠地方的势力，使得地方军事力量的壮大和地方自治权限的加强，这大大制约了中央政权的控制力。而清政府为解决财政困境而被迫采取的出售“名器”（捐官、捐功名）方式，使统治的神圣性被“去魅”，消解了国人对于政权的认同和对于社会精英阶层的固有的尊重。

总括地说，导致传统政权和制度化儒家危机的既有中国自身发展中的原因，也是外力影响的结果；既有自身社会结构的变化的因素，也有现代性的冲击的原因。在这错综复杂的矛盾中，清政府逐渐走向了末路，而制度化的儒家，也逐渐失去了它的生存根基，开始“悬浮”而无所依托。在我看来，太平天国居然以毁坏孔子塑像和以外来的“上帝”作为其合法性依据，可见即使是在民间社会中，中国内生的思想资源之号召力已经十分薄弱。

本文将 1894 年甲午战争及随后开始的维新运动作为讨论制度化儒家解体的起点，原因在于甲午的战败唤起了中国人沉浸于其中长达数千年的大梦。而日本的成功使中国找到了改革的一个例证，当时《申报》的一篇文章指出：日本“其幅员不及中国二三省，土地之大，人民之众，财力之富，物产之多，皆不足与中国抗衡。乃自数十年来，日本尽弃其旧习，而专学

① 刘小枫：《儒家革命精神源流考》，见刘小枫：《个体信仰与文化理论》，532 页，成都，四川人民出版社，1997。

西国之所长，仿效西法、崇尚西学、练兵购舰、制械理财，一切惟西人之言是从，即西人亦笑其变法之太亟。毅然行之，日增月盛”①。反观中国虽名曰学习西方，实际上则因循守旧，因此基本上形成了共识，即变法是民族自强的唯一出路，由此展开了以戊戌变法为标志的真正意义上的“制度创新”，即对西方政治、社会制度的全面模仿和借鉴。

康有为等人已经意识到世界格局的变化，因此，他给光绪皇帝上书说：“窃以为今之为治、当以开创之势治天下，不当以守成之势治天下；当以列国并立之势治天下，不当以一统垂裳之势治天下。盖开创则更新百度，守成则率由旧章。列国并立则争雄角智，一统垂裳则拱手无为。言率由则外变相迫，必至不守不成；言无为而诸国交争，必至四分五裂。”② 康有为提出要工商立国，因此，必须从制度上作出巨大的变化。因此，1895 年，对于中国人而言，则是从制度上开始感觉不足而提出加以改变的年份。梁启超写于 1923 年的《五十年中国进化概论》将之视为中国近代改革的第二阶段。他说：“第一期，先从器物上感觉不足。这种感觉，从鸦片战争后渐渐发动，到同治年间借了外国兵来平内乱，于是曾国藩、李鸿章一班人，很觉得外国的船坚炮利，确是我们所不及，对于这方面的事项，觉得有舍己从人的必要，于是福建船政学堂、上海制造局等等渐次设立起来。……第二期，是从制度上感觉不足。自从和日本打了一个败仗下来，国内有心人，真像睡梦中著了一个霹雳，因想道，堂堂中国为什么衰败到这田地，都为的是政制不良，所以拿‘变法维新’做一面大旗，在社会上开始运动。……第三期，便是从文化根本上感觉不足。……革命成功将近十年，所希望的件件都落空，渐渐有点废然思返，觉得社会文化是整套的，要拿旧心理运用新制度，决计不可能，渐渐要求全人格的觉悟。”③

① 《论自强宜稍变旧法》，载《申报》，1894—09—26。

② 康有为：《上清帝第二书》（1895 年 5 月），见《康有为全集》，第二集，37 页。

③ 梁启超：《五十年中国进化概论》，《饮冰室文集》之三十九，44 页，台北，中华书局，1979。后来的许多论者如殷海光、金耀基基本上都接受了这种说法，对此可参见杨念群：《儒学地域化的近代形态》，94 页，北京，三联书店，1997。在我看来，这个概括基本上是反映了中国近代社会变迁的实际的。

显见之，梁启超所谓的“从制度上感觉不足”而开始维新的时期大概就是1894年到1912年的阶段，我认为如果要将晚清政治体制的改革和儒家制度化的崩溃联系起来讨论，其中又可以分为两个阶段，即1894—1905年的危机阶段和1905—1912年的解体阶段。1894—1905年期间所进行的科举和教育体制改革截断了儒家和权力体系之间的联结和儒家的延续近千年的传播方式。但儒家制度化的核心部分的纲常秩序及其体现这种观念的社会秩序只是伤了点皮毛。不过这个时期，对于儒家制度化而言值得关注的问题是诸如商人和军人这些新的社会群体的出现，这些传统社会的弱势群体开始与传统的精英群体——绅士分享社会权力，并出现了“绅商”这一绅士和商人的结合体，这完全改变了儒家的社会秩序，使得儒家与权力之间的联盟出现危机。而从1905年开始的预备立宪到1911年的辛亥革命则是完全改变了儒家政治和社会原则，从而使儒家和现实的政治制度分离。[①] 这我称之为解体阶段。下文将从1894—1905年之间的政治、教育改革出发，讨论儒家制度化是如何逐步分崩离析的。

一、中体西用：突破旧的制度框架的角度

18世纪以来中国的内生矛盾和外力的双重作用，使得固有的制度难以应付，按照现在的话来说，出现了“有效制度供应匮乏”，也就是说原先对社会行为具有绝对权威的社会规范和意义系统已经缺少广泛的认同，社会便不再具有先前所有的稳定和凝聚力。固有的制度体系已经不能给出现实生活的意义和价值，因此政治家、社会舆论和学术界从各自的角度提出了变革现存制度的问题，以便适应变化了的社会现实。

从儒学内部来说，常州今文学派在清代的考据之学中突破出来，以公羊学微言大义的手法，试图通过对于儒家经典意义的重新解释，为日

① 需要指出的是，我在这里强调的分离是法理上的分离而非观念上的分离，我们可以说儒家思想至今影响着中国人的生活，自然也影响着中国人的政治活动，但这种影响对儒家而言是非制度化的。也就是说现代的中国政府并不会宣称自己的政治实践是在实施着儒家的政治理想。相反，在很多时候我们虽然在实施着儒家的原则，但往往需要在口头上反对儒家的观念，对此需要专文论述。

益僵化的制度形式提供新的可能性。而一些开明政治家们则开始了以洋务运动为核心的制度创新，如设立同文馆、制造局等，希望“以夷制夷”。但是在一部分带有原教旨色彩的晚清儒生看来，西学只是一些术数，根本不能成为立国之大道，即使有用，也不应该学。“无论偏长薄技，不足为中国师，即多材多艺，层出不穷，而华夷之辨，不得不严；尊卑之分，不得不定；名器之重，不得不惜。”① 在他们的眼里，丰富复杂的儒学已简化为制度层面的“三纲五常”和中外关系中的“夷夏之辨”，任何的变革都会导致对于纲常秩序的破坏和中国中心的沦落。制度变革的现实需要和现有的意识形态之间的矛盾十分尖锐，几乎每一步小的改变，都会引起巨大的争议。张之洞说：“今日之世变，岂特春秋所未有，抑秦汉以至元明所未有也。语其祸，则共工之狂、辛有之痛，不足喻也。庙堂旰食，乾惕震厉，方将改弦以调琴瑟，异等以储将相，学堂建，特科设，海内志士发愤搤捥，于是图救时者言新学，虑害道者守旧学，莫衷于一。旧者因噎而食废，新者歧多而羊亡。旧者不知通，新者不知本。不知通则无应敌制变之术，不知本则有非薄名教之心。夫如是则旧者语病新，新者愈厌旧……学者摇摇，中无所主，邪说暴行横流天下。”② 在这个思想混乱的时代，需要一种新的意识形态来解决中西之间的对峙，为思想变革提供合法化的途径。

这时候，一种建立在传统的体用、道器范畴之上的新的思想方法“中体西用”，为中国人接受西方的制度文化提供了理论基础。梁启超说：“甲午丧师，举国震动；年少气盛之士，疾首扼腕言维新变法。而疆吏若李鸿章、张之洞辈，亦稍稍和之。而其流行语，则有所谓‘中学为体西学为用’者，张之洞最乐道之，而举国以为至言。”③

其实，最初进行学习西方实践的“洋务派”一开始想出来用以自圆其说的道理是“西学中源”说。这一方面符合一直以天朝上国，以为自己文化独步天下的中国人的心理，同时也可以“礼失而求诸野”的逻辑

---

① 《同治六年五月二十二日杨廷熙条》，见《筹办夷务始末·同治朝》，卷四十九，《续修四库全书》史部纪事本末类，19页。

② 张之洞：《劝学篇序》。

③ 梁启超：《清代学术概论》，217页，北京，中国人民大学出版社，2004。

来回应反对者的声音。因此在一段时间内西学中源论居然成为洋务派及其反对者共同的思想武器。这种观点的最经典文本可推李鸿章于 1865 年为论证向西方学习机器制造技术所提出的理由。他说："无论中国制度文章，事事非海外人所能望见，即彼机器一事，亦以算术为主，而非西术之借根方，本于中术之天元，彼西土目为东来法，亦不能昧其所自来。尤异者，中术四元之学，阐明于道光十年前后，而西人代数之新法，近日译出于上海，显然脱胎四元，竭其智慧不出中国之范围，已可概见。特其制造之巧，得于西方金行之性，又专精推算，发为新奇，遂几于不可急。中国亦务求实用，焉往不学？学成而彼将何所用其骄？是故求遗珠不得不游赤水，寻滥觞不得不度昆仑。"① 西学中源论由来已久，明末的黄宗羲就认为勾股定理等数学原理发现于中国，当时的中国人学习西方的算术，算是一种知识上的"归还"。清末重拾这种说法，有助于洋务派反驳保守派对西学一概拒斥的态度。

但这种观点的想象空间极其有限，因为毕竟有许多东西是找不到中国的源头的。因此，道器、体用论便被提出来，李鸿章在 1876 年写给朋友的一封信中说："中国所尚者道为重，而西方所精者器为多。……欲求御外之术，惟有力图自治，修明前圣制度，勿使有名无实；而于外人所长，亦勿设藩篱以自隘，斯乃道器兼备，不难合四海为一家。"② 与道器论相应的还有本末论和主辅论，而完整提出"中学为体、西学为用"这个成为当时流行语的当是沈寿康在 1896 年 4 月发表于《万国公报》上的《匡时策》一文，文章说："夫中西学问，本自互有得失，为华人计，宜以中学为体，西学为用。"同年九月孙家鼐在《议复开办京师大学堂折》中也明确地提出了这个说法："中国五千年来，神圣相继，政教昌明，决不能入日本之舍己芸人，尽弃其学而学西法。……应以中学为主，西学为辅，中学为体，西学为用。中国有未备者，以西学辅之，中学失其传者，以西学还之，以中学包罗西学，不能以西学凌驾中学。"在这些说法中，体用含义除了继续保持经义和治事的意义外，有了一种新的延伸，

① 《海防档·机器局》，14 页，台北，南港，1957。

② 转引自薛福成：《庸庵全集·文编》卷二。

即主辅关系。①

1898年前后，康有为提出中西会通说，但他的基础依旧是中体西用说。他说：

> 臣窃维中国人才衰弱之由，皆缘中西两学不能会通之故。故由科举出身者，于西学辄无所闻知；由学堂出身者，于中学亦茫然不解。夫中学体也，西学用也；无体不立，无用不行，二者相需，缺一不可。②

在当时的社会氛围和思想观念中，儒家的合理性是不可怀疑的，所以道器、体用论的核心并非是要证伪儒家的合法性，而是试图通过一些调整来保持儒家解决问题的有效性。由此，一种二元论儒学③的观念，逐渐开始浮出水面。儒学开始向心性道德层面退缩，而制度和知识层面开始由西学所占据。

中体西用论的提出可以被看作是儒家的制度自救行为。因为儒家的合法性与现实的政治制度的合法性具有同一性，因此中体西用论所关注的必然是试图在保存现有社会秩序和统治合法性大前提下，引入西方的制度文化，因此张之洞说："今欲强中国，存中学，则不得不讲西学。然而不先以中学固其根柢，端其识趣，则强者为乱首，弱者为人奴，其祸更烈于不通西学者矣。"④ 因此任何的变革行为"必先通经以明我中国先

---

① 方克立：《评"中体西用"和"西体中用"》，见《方克立文集》，287页，上海，上海辞书出版社，2005。

② 康有为：《请将经济岁举归并正科并饬各省生童岁科试迅即遵旨改试策论折（代宋伯鲁作）》，见《康有为全集》，第四集，306页，北京，中国人民大学出版社，2007。

③ "二元论儒学"是金观涛提出的观念，按他的说法，"所谓二元论儒学，是把儒家伦理和社会制度分成两个不相干的领域，其目的是使儒学退到私人生活空间，而在一切公共领域都采纳现代价值"。不过金观涛认为这样的分离，是不可能做到的。"在十九世纪末民族国家争雄的世界格局中，中国要实现内部整合与抵抗西方冲击这双重目标，必须建立具有现代动员力的国家。它可以集中广大农业社会的人力物力建立现代国防，并将农业剩余转化为工业投资以实现工业化。要做到这一点，国家必须打破家族组织，剥夺地主对乡村的支配，并建立一个能广泛深入基层的超级官僚机构。从这个意义上，以家族为组织中心、以士大夫个人道德精英主义为基本特征的儒学，无论进行强化事功的变异，还是实行现代转化，均不可能做到这一点。"也就是说，儒家是不可能退出公共生活空间的。见金观涛、刘青峰：《中国现代思想的起源》，227、229页，香港，香港中文大学出版社，2000。

④ 张之洞：《劝学篇·循序》。

圣先师立教之旨，考史以识我中国历代之治乱，九州之风土，涉猎子集以通我中国之学术文章。然后择西学之可以补吾阙用者用之，西政之可以起吾疾者取之，斯有益而无其害”①。张之洞将中学核心理解为三纲等纲常原则，因此，他所看重的西学之害就是康有为等激进人士所提倡的“民权”、“自由”和“议会”等主张。因为平等和民权思想与儒家的纲常伦理原则是不相容的，因此说：“故知君臣之纲，则民权之说不可行也；知父子之纲，则父子同罪，免丧废祀之说不可行也；知夫妇之纲，则男女平权之说不可行也。”②

对于自由，张之洞说：“夫一哄之市场必有平，群盗之中必有长。若人皆自主，家私其家，乡私其乡，士愿坐食，农愿蠲租，商愿专利，行愿高价，无业贫民愿劫夺，子不从父，弟不尊师，妇不从夫，贱不服贵，弱肉强食，不尽灭人类不止。环球万国必无此政，生番蛮獠必无此俗。至外国今有自由党，西语实曰里勃而特，犹言事事公道，于众有益。译为公论党可也，译为自由非也。”③ 至于议院，则因为“民智未开”，不可超前实行，而开公司和设学堂则原有的制度从未禁止过，所以要做的只是改善而已。

但张之洞的折中观点中，还是为突破旧制度提供了有限但重要的空间。他强调学习西方不能停留在一些技艺上，而是要从制度上突破。“西艺非要，西政为要”④，尽管在他那里“西政”的范围只是很小一部分。“学校、地理、度支、赋税、武备、律例、劝工、通商，西政也。”⑤ 但他认为只要存有“圣人之心”，那么，还是“圣人之徒”。他说：“中学为内学，西学为外学；中学治身心，西学应世事。……如其心圣人之心，行圣人之行，以孝弟忠信为德，以尊主庇民为政，虽朝运汽机，夕驰铁路，无害为圣人之徒也。”⑥

---

① 张之洞：《劝学篇·循序》。

② 张之洞：《劝学篇·明纲》。

③ 张之洞：《劝学篇·正权》。

④ 张之洞：《劝学篇序》。

⑤ 张之洞：《劝学篇·设学》。

⑥ 张之洞：《劝学篇·会通》。

由此可见，相比于严夷夏之防的观点，中体西用论为中西文化与制度之间的相容性提供了理论空间。在此基础上许多更为大胆的设想就逐步提出来了，如郑观应、钟天纬等人提出了仿照西法进行经济体制和政教法度全面变革的主张，因此说这种观念在当时的革命性是不容置疑的。

中体西用论对于儒家纲常伦理的坚持，在更趋激进的人看来，会制约人们对于西方学术和西方政治制度的接受，因此，严复就强烈批评张之洞的中体西用观。他说：

> 体用者，即一物而言之也。有牛之体，则有负重之用；有马之体，则有致远之用。未闻以牛为体，以马为用也。中西学之为异也，如其种人之面目然，不可强谓似也。故中学有中学之体用，西学有西学之体用，分之则并立，合之则两亡。①

严复还批评了张之洞的“政本艺末”的观点，认为西方的学术与西方的政治是一体的，现代西方政治正是建立在现代西方的科学观念之上的，他说洋务运动之所以无效，就是因为只袭取西方的船炮技术，而不肯学习其科学原理之故。

张之洞之中体西用论出，虽然“举国以为至言”，但反对者甚众，比如梁启超、杨度等人。然对于张之洞的中体西用论的批评更为系统的是何启和胡礼垣，他们在写作于1899年的《劝学篇书后》中，对张之洞的《劝学篇》中的观点逐条进行了批驳，认为张之洞的“中体西用”论将导致西方的民权、科学在中国成为无源之水、无本之木。

> 自《同心》至《去毒》，所谓内篇者，细按其自治之法，竟无一是处。由此而观其外，则外篇虽有趋时之言，与泰西之法貌极相似者，苟仿而行之，亦如无源之水，可立而待其涸，无根之木，可坐而见其枯。②

因此，他们认为学习西方应该是完整的，本末全学，不仅要学习他

---

① 严复：《与〈外交报〉主人论教育书》，见王栻编：《严复集》，第3册，558～559页，北京，中华书局，1986。

② 何启、胡礼垣：《劝学篇书后·去毒篇辩》，见何启、胡礼垣：《新政真诠》，五编，383页，沈阳，辽宁人民出版社，1994。

们的新知识、新技术，也要学习他们的社会组织方式，方能收富国强兵之真效果。

在近代以来的意识形态话语中，因为中体西用论是基于“器可变道不可变”的思想立场，所以被认为是阻碍中国向西方学习的反动观念，甚至许多现代新儒家也有类似的看法。比如，杜维明显然是继承了这种思路，他似乎是愿意将“中体西用”看作是“停止思想的借口”。他说：“将朱熹思想中的体用二分法和张之洞（1837—1909）的名言‘中学为体、西学为用’加以比较，就可以清楚地看到，精妙的能动范畴如何变成停止思想的借口。当然，这并不是说，张之洞努力将传统中国哲学中诸如‘体用’之类的范畴与近代情势联系起来，是毫无意义可言的。他的这句话也许是缓解西方冲击的巧妙方法，不过，就创造性思想而言，张氏的二分法显然缺乏从儒学角度对西方文化挑战作出回应。”① 杜维明说张之洞缺乏从儒学的角度对西方文化挑战作出回应的结论肯定是不恰当的，因为张之洞显然是在坚持儒家本体的立场上来进行文化回应的，而牟宗三和杜维明等对将儒家遁入心性而将民主、科学等外王视为普遍性制度原则的做法，也是颇具疑问的。

在我看来，中体西用或许是最具有中国特色的回应方式，首先，从现实的发展看，正是“西用”为西方知识的传入提供了条件，并使人们思考西方强大的深层原因。中体西用作为解决中国文化和西方文化冲突的一种折中性的思想方法，它反映了儒家在制度化解体之后巨大的维护力量和中国人的感情因素，在一段时间内，它有效地调节着中国人的自尊和自卑之间的平衡，可以说是中国人面对西方文化的冲击所产生理智和情感的复杂矛盾的最好写照。这种思路事实上是为现实中的政治和社会变革提供一种思想和操作上的空间。

其次，中体西用论者隐约地感觉到了制度移植和本土文化价值观念之间的关系。因为任何制度的移植，如果不能关照到制度产生的道德和价值依据，也不能考虑到未来制度运行的一些新的环境，那么即使全盘照搬，这些制度也不可能发生作用。近代以来，我们曾经采用过议会制

---

① 杜维明：《道·学·政》，148页，上海，上海人民出版社，2000。

度、共和政体，但是这些制度现在已经不同程度地“变形”，合理的解释便是这些外来的制度与中国的本土状况是否适应。曾经激烈批评张之洞的中体西用论的严复，1909 年 9 月在给曾经的同道胡礼垣的信中，对何启和胡礼垣的立场进行了质疑，也可以看作是严复对于过去的立场所作的自我反思。

> 来教谓平等自由之理，胥万国以同归；大同郅治之规，实学途之究竟，斯诚见极之谈，一往破的。顾仆则谓世界以斯为正鹄，而中间所有涂术，种各不同。何则？以其中天演程度各有高低故也。譬诸吾国大道为公之说，非尽无也，而形气之用，各竞生存，由是攘夺攻取之私不得不有。于此之时，一国之立法、行政诸权，又无以善持其后，则向之所谓平等自由者，适成其蔑礼无忌惮之风，而汰淘之祸乃益烈。此蜕故变新之时，所为大可惧也。①

在严复看来，政治的理想固然重要，是否在一个合适的时机下合理地展开则是十分值得关注的。因此，在越发激进的近代思想背景下，一种相对理性的调和论思想始终在发展和反思着文化和制度之间的关系，如“国粹派”和杜亚泉的东方文化派。国粹派的代表人物黄节说，政治与其风俗气质习惯，有各国的特点，合理的方法是：“本我国之所有，而适宜焉者，国粹也。取外国之宜于我国，而吾足以行之者，亦国粹也。”②因此，中体西用论的思想内涵，即使在现在中国面临的巨大制度创新的机缘面前，依然有其值得反思的巨大空间。

二、托古改制和经学的没落

甲午战争的失败，中国人从日本的崛起中看到了一个因变法而成功的例子，为了给社会变革寻找合法性的依据，从清中晚期开始形成的常州学派的公羊学思想被看重，并逐渐成为晚清经学的中坚。但是，公羊

---

① 严复：《与胡礼垣书》，见王栻编：《严复集》，第 3 册，594 页。

② 黄节：《国粹保存主义》，见桑兵等编：《国学的历史》，3 页，北京，国家图书馆出版社，2010。

学的变革观念被过度地使用是足以成为解构自己的合法性的“飞去来器”。当康有为开始将古文经学判定为“伪经”的时候，所引发的结果是使人怀疑经学整体的价值，并使经学的神圣性部分被侵蚀，因此，在政治变革的大趋势下，经学也被“世俗化”为一般性的学识，而不再是创制立法的依据，中国由此进入了“后经学时代”。[①]

经典作为现实秩序的依据的做法即使在儒家制度化之前即已存在，在春秋战国时期，引经据典就是行为合法性的重要依据。不仅儒家如此，别的学派也一样。比如墨子的判定行为是否合理的“三表”中，古者圣贤之语就是其一。汉以后，通经致用成为经典阐释之原则，所以在经学时代，“引自经典的政治语言是晚期帝国意识形态主张的体现。皇帝、朝臣、军官和士绅都借经典为他们对公共及私人事务的垄断辩护。经学研究被作为一种系统化的政治话语，成为一种为国家特权合法性辩护的具有意识形态封闭性、排他性的系统。晚期帝国的政治权力通过儒家道德、政治哲学反射到令人仰慕的制度和符号系统之中”[②]。从前文中关于经学发展脉络的分析中我们可以看到，今文经学和古文经学因政治形势的需要和经学发展的内在逻辑的原因各领风骚，有一点则是一以贯之的，经学和政治权力之间的互动关系始终如一地存在着。

清代的经学以乾嘉汉学为正统，考证之学本为研求经典之真意，从而回归三代之治，但是现实并没有呈现考据家的理想，因此，曾经遭考居家诋之为明代灭亡的理由的道学，又开始获得人们的重视。与此同时，以庄存与、刘逢禄为代表的常州今文学派，也逐渐在复杂的政治和思想环境中得到发展。公羊学的解释空间似乎在为即将到来的社会巨变作理论准备。龚自珍和魏源，发展出公羊学中的衰世、治世的辩证，要让沉迷于同治中兴幻觉中的人们有危机感。

经由廖平的转折，公羊学到康有为那里，被用作维新运动的思想武

① 冯友兰先生将自董仲舒到康有为期间的中国的学术传统称为“经学时代”，后来陈少明先生将康有为之后的中国思想称为“后经学时代”，从讨论经学和制度之间的关系来看，这种分别是极具意义的。参见冯友兰：《中国哲学史》上卷，485页，北京，中华书局，1984；陈少明等：《被解释的传统》，81页，广州，中山大学出版社，1995。

② ［美］艾尔曼：《经学、政治和宗族——中华帝国晚期常州今文学派研究》，223页。

器，他说要从文字音韵找到圣人之道，无异于蒸沙成饭，所以，必须了解经典的改制之意。康有为从经典中寻找改革之道，运用微言大义的家法，通过《新学伪经考》和《孔子改制考》等著作，对儒家著作做了“过度诠释”，结果是改革没有取得成功，反倒是儒家经典的神圣性被破坏。尽管经典没落自有其复杂的缘由，但客观上，维新运动之后，经学走下了圣坛。

《新学伪经考》完成于1891年，对于其主要的观点，梁启超的概括是准确而简明的。他说：

> “伪经”者，谓《周礼》、《逸礼》、《左传》及《诗》之毛传，凡西汉末刘歆所力争立博士者；“新学”者，谓新莽之学；时清儒诵法许郑者，自号曰“汉学”，有为以为此新代之学，非汉代之学，故更其名焉。《新学伪经考》之要点：一，西汉经学，并无所谓古文者，凡古文皆刘歆伪作；二，秦焚书，并未厄及六经，汉十四博士所传，皆孔门足本，并无残缺；三，孔子时所用字，即秦汉间篆书，即以“文”论，亦绝无今古之目；四，刘歆欲弥缝其作伪之迹，故校中秘书时，于一切古书多所羼乱；五，刘歆所以作伪经之故，因欲佐莽篡汉，先谋湮乱孔子之微言大义。①

康有为首先将古文经学置于无所依着的状态，同时宣称刘歆的所作所为，使人们看不到孔子作为“制宪者”的形象，并导致人们由于惧怕“非圣无法”而所应存有的改革的想法。康有为说：

> 始作伪乱圣制者自刘歆，布行伪经篡孔统者成于郑玄。阅二千年岁、月、日、时之绵暖，聚百、千、万、亿衿缨之问学，统二十朝王者礼乐制度之崇严，咸奉伪经为圣法，诵读尊信，奉持施行，违者以非圣无法论，亦无一人敢违者，亦无一人敢疑者。②

康有为将一些经典判定为伪经是有他的现实目的的，就是要将孔子

① 梁启超：《清代学术概论》，199页。

② 康有为：《新学伪经考》，见《康有为全集》，第一集，355页，北京，中国人民大学出版社，2007。

塑造成改革家和为万世立法的制宪家。在他看来，三代之治只是孔子为后代人树立的样板，而非实有其事。而刘歆的做法便是将孔子的功劳错按在周公的头上，使孔子的真实意图得不到呈现。他说刘歆“夺孔子之经以与周公，而抑孔子为传；于是扫孔子改制之圣法，而目为断烂朝报”①。这样一来，六经的真意便被误解，所以他强调：“凡后世所指目为‘汉学’者，皆贾、马、许、郑之学，乃‘新学’，非‘汉学’也；即宋人所尊述之经，乃多伪经，非孔子之经也。”② 在视儒家经典为万世不易之真理的时代，居然将一部分经典判为“伪经”，对中国人的思想观念的冲击之巨大是不难想象的，以致当时许多人要求禁毁这部书籍。梁启超将之比喻为当时思想界的一阵“飓风”。当然他对阎若璩的《尚书古文疏证》的一段评论放在这里更合适，他说：

> 夫辩十数篇之伪书，则何关轻重？殊不知此伪书者，千余年来，举国学子人人习之，七八岁便都上口，心目中恒视为神圣不可侵犯；历代帝王，经筵日讲，临轩发策，咸所依据尊尚；毅然悍然辞而辟之，非天下之大勇固不能矣。自汉武帝表章六艺而罢黜百家以来，国人之对于六经，只许征引，只许解释，不许批评研究。韩愈所谓“曾经圣人手，议论安敢到”；若对于经文之一字一句稍涉拟议，便自觉陷于“非圣无法”，蹙然不自安于其良心，非特畏法网惮清议而已。凡事物之含有宗教性者，例不许作为学问上研究之问题；一作为问题，其神圣之地位固已动摇矣。今不唯成为问题而已；而研究之结果，乃知畴昔所共奉为神圣者，其中一部分实粪土也……盖自兹以往，而一切经文，皆可以成为研究之问题矣；再进一步，而一切经义，皆可以成为研究之问题矣。③

从某种意义上说，考据派对于一些经典成为伪书的考订，已然构成了对于经典神圣性的伤害。这一点不仅是一般人看得到，守旧人士更有危机当头之感。他们预感到《新学伪经考》牵一发而动全身，势必对儒

---

① 康有为：《新学伪经考》，见《康有为全集》，第一集，355 页。

② 同上书，356 页。

③ 梁启超：《清代学术概论》，143 页。

家经典的意义系统产生颠覆性的影响，当时朱一新给康有为写了一系列信，进行辩驳。其中明确指出，古文经学和今文经学虽有许多不同之处，但其基本原则是一致的，即旨在阐明“君臣、父子、兄弟、夫妻”的永恒义理。但如果站在今文的立场将古文经视为伪经，那就有可能造成连锁反应，进而令人怀疑所有儒家经典的价值。他说：

> 自伪古文之说行，其毒中于人心。人心中有一六经不可尽信之意，好奇而寡识者遂欲黜孔学而专立今文。夫人心何厌之有？六经更二千年，忽以古文为不足信，更历千百年，又能必今文之可信耶？欲加之罪，何患无辞，秦政即未焚书，能焚书者岂独秦政，此势所必至之事，他日自有仇视圣教者为之。吾辈读圣贤书，何忍甘为戎首？①

朱一新甚至将康有为伪经说的危害比拟为秦政之焚书。后来的疑古运动的兴起从另一侧面证实了朱一新的忧虑。

《新学伪经考》只是康有为维新理论的基础之一，在此基础上，他又进一步发挥今文学的传统，写成以《礼运注》、《春秋董氏学》和《孔子改制考》为代表的一系列著作，利用公羊学的“通三统”、“张三世”的观点，提出系统的历史进化观念，构造了一个“托古改制”的理论体系。

按照董仲舒和何休的发挥，《春秋》的主要思想是“通三统”和“张三世”。“三世”即所谓的“所见”、“所闻”、“所传”，这是孔子为人类发展所作的一个描述。康有为根据“三世说”和《礼记·礼运》中的“大道之行也，天下为公”的一段话②发展出人类社会是由“据乱世”、“升平

---

① 朱一新：《朱侍御答康有为书第三书》，见苏舆编：《翼教丛编》，6页，上海，上海书店出版社，2002。

② 《礼运》中的这段话是这样的：“大道之行也，天下为公，选贤与能，讲信修睦。故人不独亲其亲，不独子其子，使老有所终，壮有所用，幼有所长，矜寡孤独废疾者，皆有所养。男有分，女有归。货，恶其弃于地也，不必藏于己；力，恶其不出于身也，不必为己。是故谋闭而不兴，盗窃乱贼而不作，故外户而不闭。是谓大同。今大道既隐，天下为家。各亲其亲，各子其子，货力为己。大人世及以为礼，城郭沟池以为固。礼义以为纪，以正君臣，以笃父子，以睦兄弟，以和夫妇，以设制度，以立田里，以贤勇知，以功为己。故谋用是作而兵由此起。禹、汤、文、武、成王、周公，由此其选也。此六君子者，未有不谨于礼者也，以著其义，以考其信，著有过，刑仁讲让，示民有常。如有不由此者，在执者去，众以为殃。是谓小康。”康有为将此与进化论相结合，而发展其维新理论实在是经学化的中国思想之奇特的典型。

世”和“太平世”的不断进化的过程，并认为《礼运》中的“小康”相当于“升平世”，“大同”相当于“太平世”。他说：

> 人道进化皆有定位，自族制而为部落，而成国家，由国家而成大统。由独人而渐立酋长，由酋长而渐正君臣。由君主而渐为立宪，由立宪而渐为共和。由独人而渐为夫妇，由夫妇而渐定父子，由父子而兼锡尔类，由锡类而渐为大同，于是复为独人。盖自据乱进为升平，升平进为太平，进化有渐，因革有由，验之万国，莫不同风。①

这就把三世说与现代的政治形态的发展阶段做了一个比较自然的联系，以便为现实的社会变革提供经学意义上的支持。康有为认为孔子生活的时代是“据乱世”，所以孔子有一些政治设计都是根据当时的条件而制定的，现在时代已经变了，那么政制就要作出相应的变化，否则便会产生“大乱”。他说：

> 孔子之法，务在因时。当草昧乱世，教化未至，而行太平之制，必生大害。当升平世，而仍守据乱，亦生大害也。譬之当今升平之时，应发自主自立之义、公议立宪之事，若不变法则大乱生。②

康有为认为，既不能超越，也不能滞后。既然现在社会已经发展到升平世，那么建立“公议立宪”政体，就是势所必然的。在他看来，从刘歆到朱熹，不管他们的著作是真是假，有一点是共同的，讲的都是“小康”的道理，因此，再固守这些道理，便是违背了儒家的真意。“吾中国二千年来，凡汉、唐、宋、明，不别其治乱兴衰，总总皆小康之世也。凡中国二千年先儒所言，自荀卿、刘歆、朱子之说，所言不别其真伪、精粗、美恶，总总皆小康之道也。……今者，中国已小康矣，而不求进化，泥守旧方，是失孔子之意，而大悖其道也，甚非所以安天下乐

---

① 康有为：《论语注》卷之二，见《康有为全集》，第六集，393页，北京，中国人民大学出版社，2007。

② 康有为：《中庸注》，见《康有为全集》，第五集，387页，北京，中国人民大学出版社，2007。

群生也；甚非所以崇孔子同大地也。”[①] 小康社会已经达到，不能再拘泥不进了。

那么孔子之道在当时的真意应该是什么呢，按康有为的说法就是实行“君主立宪”，他说：“东西各国之强，皆以立宪法，开国会之故。国会者，君与国民共议一国之政法也。盖自三权鼎立之说出，以国会立法，以法官司法，以政府行政，而人主总之，立定宪法，同受治焉。人主尊为神圣，不受责任，而政府代之，东西各国，皆行此政体，故人君与千百万之国民，合为一体，国安得不强?”[②] 并说实行宪政便可把《春秋》中已经存在的立宪之意落到实处。

其实康有为并非不知道，把《春秋》和现代西方的制度比附在一起的牵强之处，但这也是不得已而为之。按韦伯的说法：“在严格的传统主义适用的时代，如果没有对制度作出新的默示，新的制度亦即被视为‘新的’制度的产生，只能通过这样的途径，即把这些制度当作在实际上历来就适用，只是尚未被正确地认识，或者一时被埋没，现在又被重新发现。”[③] 康有为使用的就是这种今文经学所习惯的偷梁换柱的方法，他强调他所提出的新的制度构想是圣人早就设计好了的，只是因为时机不到而没有提出而已。然而康有为并不隐讳他这么做的更主要的原因是要堵住守旧反对派的口。他在给光绪帝的奏文中直接地道出了他之所以托古之原因：

> 诚以守旧者不欲变法，实为便其私图；而往往陈义甚高，动引孔、孟、程、朱以钳人口。臣考古先圣人，莫大于孔子……汉以前儒者，皆称孔子为改制纯儒，董仲舒尤累言之。改者变也，制者法也，盖谓孔子为变法之圣人也。……臣故博征往籍，发明孔子变法大义，使守旧者无所藉口，庶于变法自强，能正其本。区区之意，窃在于是。[④]

---

① 康有为：《礼运注序》，见《康有为全集》，第五集，553 页。

② 康有为：《请定立宪开国会折》，见《康有为全集》，第四集，424 页。

③ ［德］马克斯·韦伯：《经济与社会》上卷，67 页。

④ 康有为：《恭谢天恩并陈编纂群书以助变法请及时发愤速筹全局折》，见《康有为全集》，第四集，385～386 页。

康有为将公羊义理看作是圣人神道设教的一种方式，事实上是降低了改制思想的正当性。康有为一系列理论活动的核心具有很强的功利色彩，目的是为了给习惯于从经典中寻找依据的中国人接受西方的制度提供合法性依据，这里出现了两种情况，都对儒家的制度化产生了毁灭性的影响。其一，大规模地修正人们已经习惯的经学系统使人们对经学本身的神圣性产生怀疑，从而开启了在儒家内部对于儒家价值的猛烈攻击。作为维新派一员的谭嗣同就直接以重新解释“仁”出发，来攻击作为儒家制度基础的“三纲五常”，他说：

> 仁之乱也，则于其名……名本无实体，故易乱。名乱焉，而仁从之，是非名罪也，主张名者之罪也。俗学陋行，动言名教，敬若天命而不敢渝，畏若国宪而不敢议。嗟呼！以名为教，则其教已为实之宾，而决非实也。又况名者，由人创造，上以制其下，而不能不奉之，则数千年来，三纲五伦之惨祸烈毒，由是酷焉矣。君以名桎臣，官以名轭民，父以名压子，夫以名困妻，兄弟朋友各挟一名以相抗拒，而仁尚有少存焉者得乎？①

所以谭嗣同呼吁要冲决由纲常所编织的网。

其二，由于康有为托古改制所引入的制度模式，主要是接受了西方民主自由宪政的制度，而这些制度的基础是平等和自由，这与儒家的社会秩序观念有很大的差异，这也使儒家体制的合理性陷入困境。

或许我们可从更深一层来说，康有为自己也只是为了堵住反对派的口而假借孔子之名，这说明即使是儒门中的精英分子也开始认识到，已有的儒家资源已经难以提供解决现实问题的有效制度供应，这种产生于信众本身的信仰危机才是儒学最根本的危机之所在。

康有为的另一部为变法张目的著作《孔子改制考》引起了比《新学伪经考》更大的社会反应，即使是一些曾经赏识康有为的人也为这种对于儒家经典的肆无忌惮的解释而感到震惊和恐惧。如张之洞在《劝学篇》

---

① 《仁学》八，见《谭嗣同全集》，下册，299 页，北京，中华书局，1981。

中专门批驳，并责斥康有为“忘亲”、“忘圣”，“欲举世放恣黩乱而后快”[①]。一直向光绪推举康有为并对整个戊戌维新运动起着关键性作用的翁同龢在读了《孔子改制考》之后，也对光绪皇帝说“此人居心叵测”，并有意与康拉开距离。持基要主义立场的翼教派更是明显感受到了康有为的做法与传统的制度理念的根本对立，这必将对现有秩序产生威胁。苏舆说：

> 邪说横溢，人心浮动，其祸实肇于南海康有为。康有为人不足道，其学则足以惑世，招纳门徒，潜相煽诱。……其言以康之《新学伪经考》、《孔子改制考》为主，而平等民权、孔子纪年诸谬说辅之，伪六籍，灭圣经也；托改制，乱成宪也；倡平等，堕纲常也；伸民权，无君上也；孔子纪年，欲人不知有本朝也。[②]

苏舆所指的康有为倡平等、伸民权的问题，恰是儒家制度之关键。

在许多反对的声音中，文悌的奏文经常被引用，也是最能深刻地揭示出隐藏于托古改制背后的西学、西政和旧体制的尖锐矛盾的。文悌宣称自己很早就留心西学，并由此分辨他和康有为的不同立场。

> 惟中国此日讲求西法，所贵使中国之人明西法，为中国用以强中国，非欲将中国一切典章文物废弃摧烧，全变西法，使中国之人默化潜移，尽为西洋之人，然后为强也。故其事必修明孔、孟、程、朱、四书、五经、《小学》、《性理》诸书，植为根柢，使人孰知孝弟忠信、礼义廉耻、纲常伦纪、名教气节以明体，然后再习学外国文字、语言、艺术以致用。则中国有一通西学之人，得一人之益矣。若全不讲为学、为政本末，如迩来《时务》、《知新》等报所论，尊侠力，伸民权，兴党会，改制度，甚则欲去跪拜之礼仪，废满汉之文字，平君臣之尊卑，改男女之外内，直似止须中国一变而为外洋政教风俗，即可立致富强，而不知其势，小则群起斗争，召乱无已，

---

① 张之洞：《劝学篇·明纲》。

② 苏舆：《翼教丛编序》，见《翼教丛编》，1页。

大则各便私利，卖国何难！[①]

文悌在奏折中一边回忆自己与康有为的交往和规劝康有为的经过，同时，严厉指出康有为之变法主张与儒家秩序之间的水火关系，几乎切中肯綮。

不管怎么说，康有为、梁启超等人的变法主张感动了有心无力的光绪皇帝，尤其是康有为"速成"的许诺，使光绪看到了希望。康有为说："大抵欧美以三百年而造成治体，日本效欧美，以三十年而摹成治体。若以中国之广土众民，近采日本，三年而宏规成，五年而条理备，八年而成效举，十年而霸图定矣。"[②] 因此光绪在1898年6月11日下了一道"明定国是"的诏书，宣布变法，到9月21日的政变的103天内，共发出新政的诏书和谕令110多起，内容包括废除八股，改革科举；设立学堂学习西学；派人出国留学；奖励新著作的出版和报刊；保护农工商业；开路设矿；精简机构和军队改革；等等。按康有为的想法是，要变就得变得彻底。"方今累经外患之来，天下知旧法之敝，思变计图存矣。然……枝枝节节而为之，逐末偏端而举之……必至无功……臣以为不变则已，若决欲变法，势当全变"[③]。尽管如此，但很显然诏书中的内容主要是关于教育和经济方面，康有为所着力的关于立宪等政治改革并没有相应的措施出台。

但很快，康有为便从皇帝的座上客变成了通缉犯，谭嗣同等六人更是血溅菜市口。戊戌变法失败了，这也说明清王朝已经失去了自我改革的能力。中国社会似乎又一次恢复了平静，而这么一场对近代中国的历史走向影响巨大的变法运动，对于远离政治核心的老百姓来说，这或许只是一件很平常的事。蒋梦麟是这么描述这件事在地方上的反应的。他说："一八九八年，我在学校里听到一个消息，说是光绪皇帝听了康有为和梁启超的话，已经决定废科举，办学校。这使老一辈的学人大惊失色。但是康、梁的维新运动如昙花一现，不久慈禧太后再度垂帘听政，康有

① 《文仲恭侍御严劾康有为折》，见《翼教丛编》，30～31页。

② 康有为：《进呈〈日本变政考〉序》，见《康有为全集》，第四集，105页。

③ 康有为：《敬谢天恩并请统筹全局折》，见《康有为全集》，第四集，90页。

为和梁启超亡命日本。中国又回到老路子，我放假回到乡村时，看到大街的墙上张贴着黄纸缮写的圣旨，一面是汉文，一面是满文，写的是通缉康梁的命令。看起来，维新运动就此寿终正寝了。"① 儒家倡导精英政治和民间自治，所以对于这样的事情于普遍人群毫无影响，想来也算是自然而然的。

戊戌变法失败之后，康有为、梁启超等开始了流亡生涯。在流亡的过程中，康有为并没有停止对他的公羊学理论的改善。他这个时期的作品包括《春秋笔削大义微言考》和《中庸注》、《孟子微》等，着力于通过公羊三世的重新构建，一方面容纳西方引入的民主、宪政的思想，另一方面又要通过对中国的现实的强调而采取确实可行的态度，以反对革命派对于理想主义的狂热。这样，公羊学本身便不再是戊戌之前的积极进取的变革思想，而更多是容纳和保守。

公羊家"所选取的公羊义例，已有模式化的雏形，并且可由古史推向未来，建构成一个世界性的体系。这一体系，或者有大而无当的隐忧，但却的确是前瞻性的、世界性的、富创意而积极的。'三世'模式可以将纷至的'理想'划分层次、标定次序，并藉着对已身时代在模式中的定位，进而勾绘出前进的步骤。这一阶段式的思考方式，对于面临纷繁的外部压力的十九世纪末的中国是很有价值的"。但是，康有为与其他的公羊家们也发现了一个残酷的现实，即，不管如何进行系统内部的调整，公羊的义例已经难以完全解释这个数千年未有之大变局，比如，康有为等人通过对三世说的复杂化处理，试图来给中国和世界的发展阶段进行定位，但这并不能真正回应中国传统制度和现代制度之间的张力。而最终的证明或许就是，公羊的模式已经无力回应时代的问题。"但即令是繁复化后的'三世'模式，仍不能有效地提供当时以有力的回应行动。这一点是由于思想体系本身的缺陷。易言之，'三世'只是一个进化史观(清末的意义)，并不足以构成一个完整的、且是'现代的'系统。然而当时的公羊思想家们却未虑及此。在回应乏力时，有些人放弃了此一途径的努力，而转向他求。有些人则将模式作太过一般化的繁复推衍，而

① 蒋梦麟：《西潮·新潮》，48页。

使其蜕变并回归到传统的二元世界观，反趋保守。”① 从放弃这一层来说，意味着对于通经致用一途的否定。而对于繁复化的一层来说，其实也是放弃了公羊学对于现实的积极回应，而是消极地试图让外在的现实削足适履般地回归到公羊模式中，事实上，也使公羊学由变革的动力僵化为变革的阻力。

康有为对儒家经典的重释和对于孔子形象的重新塑造，客观的结果是使经学走向末路。首先，从价值层面来看，经典的过度诠释使原有世界观和价值观难以适应变化了的现实，反而导致经典解释权威性的降低，孔子和儒家经典一起被认为是进步的障碍。其次，一些具体的改革措施，使儒家存在的社会基础被抽空。比如，由于科举的改革，使得儒家原有的传播途径被堵塞。而新学堂的设立，产生了一代新的知识分子。他们与传统的知识阶层的根本不同在于，他们已经疏离于中国的知识传统，其活动方式和生存方式也与传统以儒家为天经地义的知识阶层不同，因此制度化的儒家正因为如此这般的制度性转变而逐渐呈“游离”，在20世纪初的很长一段时间里，儒家在大部分时间和大部分人那里，其存在的唯一理由就是成为中国落后和积弱的替罪羊，人们虽然采取的手段不同，知识立场不同，但是他们从各自的方向给儒家以最猛烈的攻击。再次，康有为的“伪经”判定，激发了晚清和民国的疑古运动。康有为断定古文经为伪经，目的似乎是要让人回到“真经”，但公羊学本身的托古改制思想，又需要大量的“发挥”，这样使今文经的真实性也被破坏，因此，康有为的做法无意中为随后的疑古运动奠下了基础。钱玄同、顾颉刚都成为他的伪经说的追随者。本来准备做古文经学家的疑古运动的代表人物顾颉刚回忆说：

《新学伪经考》买到了。翻览一过，知道它的论辨的基础完全建立于历史的证据上，要是古文的来历确有可疑之点，那么，康长素先生把这些疑点列举出来也是应有之事。因此，使我对于今文家平心了不少。后来又从《不忍杂志》上读到《孔子改制考》，第一篇论

① 孙春在：《清末的公羊思想》，250页。

上古事茫昧无稽，说孔子时夏、殷的文献已苦于不足，何况三皇五帝的史事，此说即极惬心餍理。①

古史辨运动以“科学”、“实证”的态度来对待作为价值源头的经典，这样经典已不复为中国政治之基础和生活之指南，而只为学术研究之对象，经典的末路难道是由康有为所开吗？

三、中国在世界中：作为儒家世界体系的天朝模式的解体

中国传统的政治理想是“王道天下”，它所要超越的是具体的家、国利益本位，而确立起一种普遍性的价值原则。

天下秩序所能遭遇到的最大的质疑来自于其“普遍性”和“平等性”的现实可能，特别是关于中国和夷夏的论述以及曾经存在的朝贡制度，都被人看作是与“普遍平等”的天下观念格格不入的。

的确，天下秩序的最初产生是建立在某种程度的“中心—边缘”格局之上的，即中国和周边世界，与血缘的远近、地位的高低相关，建立起一套亲疏、尊卑的理论。但是到了战国之后，夷夏观念逐渐转变为地域和文化的差异。随着秦汉大一统帝国的建立，天下体系通过文明发展程度的高低建立起一种中国和周边世界的格局。必须承认，当时中国人所建构的世界格局，是一种有一定等级差异的“差序格局”，比如后世形成的朝贡关系。② 董仲舒等强调这样的格局是天意所在，让文明在中心区域作为周边的示范：“三统五端，化四方之本也，天始废始施，地必待中，是故三代必居中国，法天奉本，执端要以统天下，朝诸侯也。”③ 所以在天下秩序中，周边的国家和中国之间的关系应该是以臣事君、以小

① 顾颉刚：《〈古史辨〉第一册自序》，见《中国现代学术经典·顾颉刚卷》，442～443页，石家庄，河北教育出版社，1996。

② 滨下武志通过对中国与周边的朝贡体系的研究，认为东南亚各国之间的内在联系是由等级森严的制度体系所决定的。[日] 滨下武志：《从周边看朝贡体系》，见陈尚胜主编：《儒家文明与中国传统对外关系》，259页，济南，山东大学出版社，2008。

③ 《春秋繁露·三代改制质文》。

事大的关系，对中华文明抱持一种“向化”心理。说到底，朝贡关系是国内秩序的一种扩展，而并非是对于异类的征服。而从更为实际的眼光来看，后世的朝贡关系还可以被理解为一种贸易关系，而非政治上的屈服。

囿于地理的视野和文化中心主义观念的影响，儒家学者在处理中央帝国和周边国家的关系的时候，的确有一套严格的礼仪，而礼仪的最基本功能就是别尊卑，确立一种含有等级的秩序。在天下格局中，中国和周边地区存在着中心—边缘的差等式的世界格局，但中国在处理与周边的民族和国家的关系的时候主要采取德化的政策，而威慑性的惩罚措施虽也不绝于史书，却更应该被视为是辅助性的手段。①

与此同时，儒家始终在进行超越差别和等级的努力，这是作为儒家王道秩序的核心精神的“仁”的内在要求。因此，儒家的经典解释者不断要在现实秩序中的差别性和理想秩序中的王者无外的普遍性之间寻求一种合理的解释，这个问题在漫长的《春秋》解读谱系中，尤为集中。

在《春秋》解释的历史上，一直希望通过对不同历史时期的不同制度要求来解释普遍性和特殊性的紧张。在这里“公羊三世”说最值得关注，因为在据乱世、升平世和太平世不同世界的划分中，儒家试图为人类秩序的发展指出一条由互相争夺到和谐相处的道路。

作为《春秋》最早的解读者之一，孟子极力要说明是文化价值而不是种族是决定社会秩序的关键，他借用舜和周文王的例子说：“舜生于诸冯，迁于负夏，卒于鸣条，东夷之人也。文王生于岐周，卒于毕郢，西夷之人也。地之相去也千有余里，世之相后也千有余岁，得志行乎中国，若合符节。先圣后圣，其揆一也。”② 既然舜和周文王这样的圣王，也是出身于“夷”族，也就说明，某种文化价值是否值得推崇，某一些人是否能够担当价值的代言者，关键在于是否符合王道价值，而不是价值的

---

① 高明士说：“中国天子平时运用德化原理于四夷时，是基于教化臣民而抚育四海，若对臣民采取兵刑（王化），威慑四方，则属于例外。因此，自汉以后，所谓德化原理，实际包含两个层次，一是教化，一是王化。前者是父教子，后者是君导臣，所达到的境界，统称为德化。”见高明士：《天下秩序与文化圈的探索》，16 页，上海，上海古籍出版社，2008。

② 《孟子·离娄下》。

种族性来源。

因此，儒家的一贯立场在于从进入礼乐的先后和教化程度高低来确定其是被称为夷或夏，也就是说，夷夏并非是天生的，而是一直在变易过程中的。董仲舒很好地阐发了这样的立场："《春秋》无通辞，从变而移，今晋变而为夷狄，楚变而为君子，故移其辞以从其事。"①

《春秋》公羊学者，特别重视"王者无外"的理念，认为王者的最终目标是一统天下，并不是要刻意区分内外，而是基于地理上的远近，先近而后远。"《春秋》内其国而外诸夏，内诸夏而外夷狄。王者欲一乎天下，曷为以外内之辞言之？言自近者始也。"②

这样一来，所谓的夷夏，只是地理上的远近的反映。所谓的"异内外"，包含有三义："其一曰自近者始；其二曰攘夷狄以救中国；其三曰夷狄而中国也则进之。所以严夷夏之大防，与不用夷变夏者。"③ 在这里"不用夷变夏"，是建立在文化的自信之上，其核心在于要用"好的"文明来化成天下。

《春秋》公羊学的一贯思路是由近及远、由内而外，其内在的逻辑在于只有把身边的事情做好，自然就会吸引别人的模仿和归附。而如果内治未得，怎能以中正外呢？因此，公羊学系统，将拨乱反正的过程分为三个阶段：所传闻、所闻、所见，分别对应于据乱世、升平世和太平世。在不同的阶段，对待内外远近的方式也需对症下药。董仲舒在《春秋繁露·王道》中说："亲近以来远，故未有不先近而致远者也。故内其国而外诸夏，内诸夏而外夷狄，言自近者始。"何休的看法与董仲舒基本一致，他说："于所传闻之世，见治起于衰乱之中，用心尚粗觕，故内其国而外诸夏，先详内而后治外。……于所闻之世，见治升平，内诸夏而外狄夷。……至所见之世，著治太平，夷狄进至于爵，天下远近小大若一，用心犹深而详，故崇仁义，讥二名。"④ 简言之，夷夏、远近更多是体现

① 《春秋繁露·竹林》。

② 《春秋公羊传·成公十五年》。

③ 段熙仲：《春秋公羊学讲疏》，505 页，南京，南京师范大学出版社，2002。

④ 何休：《春秋公羊传解诂·隐公元年》。

一个教化的顺序，而非高低贵贱的差异。也只有建立在将世界和人类的整体看作是一个不可分裂的共同体的前提之下，修身齐家治国才能通向平天下这样一个整体性的目标。

与修齐治平逻辑相一致，儒家认为只要中国达成王道政治，就可以为世界树立其规则，并最终得到诸夏及四夷的认同。①

1. 从“夷夏之辨”到中国与世界

曾经有过的文化特别是道德优越感是中国中心观念的最重要的支撑因素，但是由于近代以来各次战争的失败，文化的优越感和道德的优越感已经难以为继，所以建立在其基础上的“中国中心观”也必然会崩解。“以中国为中心的万国观有两个前提：一是认为世界是由不同道德水准的国家组成；二是中国儒家伦理在道德上优于世界万国，因此是以中国为中心。甲午战败的一个直接后果，就是朝野士大夫对儒家伦理优越性和儒家提供的社会组织蓝图产生了怀疑，中国也不再处于用道德教化世界的至高无上地位，也就是说，华夏中心主义从此解体。”② 这应该是符合实际的描述。

这个道德上的优越感的破灭最初是从制度上来确立的。传统中国并没有平等处理对外关系的机构，只有“理藩院”这样的很强的等级性的机构。然而，1840 年之后的一系列条约中，一般都有一条款，即中外双方应以平等的地位相待，比如 1856 年的《中英天津条约》中第 51 条款规定“嗣后各式公文，无论京外，内叙大英帝国官民，自不得提书夷字”③。

---

① 金观涛等指出，天下和国家是指那些实现了儒家伦理的地区，又由于儒家强调道德伦理是普世的，人种、语言等区别不具有本质意义，外夷只要学习儒家道德文化，即所谓以夏变夷，亦能纳入这个没有边界的共同体，成为华夏的一部分。这就使得儒学所主张的国家具有普遍主义的倾向，即天下。但他们又认为天下秩序的等级性导致其成为实质上的“华夏中心主义”。这样的分析有一定的道理。但他们并没有将这种普遍秩序和现实秩序的矛盾，做一个妥然的安顿，因而没有看到春秋三世说中，对于当下性和超越性的历时性分析，也就不能真正体会王道政治的普遍性的目标。见金观涛、刘青峰：《观念史研究：中国现代重要政治术语的形成》，230～231 页，北京，法律出版社，2009。

② 金观涛、刘青峰：《观念史研究：中国现代重要政治术语的形成》，240 页。

③ 王铁崖：《中外旧约章汇编》，第 1 卷，102 页，北京，三联书店，1957。

由于军事上的失败，与传统的朝贡制度相对的新的制度性设计开始出现，最具意义的是在1861年，由于西方列强的要求，清政府被迫设立“总理各国事务衙门”，这是朝贡体制瓦解的标志，也是中国逐步走向世界的标志。1873年6月29日，同治皇帝在过去接见贡使的中南海紫光阁首次接见了英、法、美、俄、日等国的公使及代表，各国代表行鞠躬礼并送交国书，由此开始了以西方礼节接见外国使节的历史。

这种变化我们也可以从人们用词的变化中得到印证，如与西方有关事务在19世纪60年代之前，一般称为“夷务”，而在70年代之后则改称为“洋务”，相关的知识称为“西学”或“新学”。由“夷夏”观念所承载的民族优越感在不断的失败面前逐渐变成一种苦涩的回忆，大清官员们甚至不惜掩耳盗铃般的自欺欺人，如在《天津条约》签订之前有一广东籍的官员对于人们用“洋务”代替“夷务”很是不满，上奏皇帝说：“缘人心愤夷已极，而地方官自夷入城以来，每言夷务，甚至文移公牍，称夷务为洋务，又称外国事务，不敢直言夷字。臣等再四商酌，应于关防内明刻‘办理夷务’字样，方足鼓舞人心，现今刊刻完峻，业已随时盖用。”① 用称外国人为“夷”来鼓舞人心，所引来的势必只能是狭隘的民族主义情绪，而根本不足以解决实际的问题。

与制度上的变化相联系，儒家的经学系统也开始对夷夏关系进行重新定位，特别是晚清主流的公羊学，一方面是接受新的地理观念，另一方面是强化公羊学中以文化而非种族来区分中国与夷狄的立场。就此夷夏之大防转变为中国与万国、中国与世界的关系。比如谭嗣同说：“地既是圆的，试问何处是中？除非南北二极，可以说中，然南北两极又非人所能到之地。我国地处地球北温带限内，何故自命为中国，而轻人为外国乎？然而此亦不可厚非也。中者，据我所处之地而言。我既处于此国，即不得不以此国为中，而外此国者即为外。然则在美、法、英、德、日、俄各国之人，亦必曰其国为中，非其国即为外。是中外亦通共之词，不得援以骄人也。而我国不惟好以中国骄人，且又好以狄夷诋人，春秋之所谓夷狄中国，初非以地言，故进于中国则中国之，流于夷狄则夷狄之。

① 《筹办夷务始末·咸丰朝》，第3册，812～813页。

惟视教化文明之进退何如耳。若以地言，则我湘、楚固春秋之夷狄，而今如何也?”①

皮锡瑞进一步结合公羊三世说，对夷夏和远近问题做了一个整合性的解释，他认为以前之所以有夷夏观念，原因在于时代发展的局限，在升平世的时候，世界还未进入大同世界，因此，种族之间的不平等还未消除，而进入大同世界之后，天下为一家，中国为一人，那么种族问题自然解决了。他说：“圣人心同天地，以天下为一家，中国为一人，必无因其种族不同而有歧视之意。而升平世不能不外狄夷者，其时世界程度尚未进于太平……王化自近及远，由其国而诸夏而狄夷，以渐进于大同，正如由修身而齐家而治国，以渐至平天下。”② 将现实的局限与理想的天下秩序进行调整和融通是公羊学的一贯的立场。

这样的解释，目的是为了破除学习西方的过程中所出现的观念性障碍，对此，易鼐的立论颇有点以其治人之道反治其人之身的意义。他说：“中土之谈风俗者，于同洲各国，率鄙之曰四夷，或曰四裔，或曰异域，侈然以华夏自居。小者以藩属待之，大者以狄夷视之。懵然不知《春秋》之义，夷狄不以地而以人。风俗不善，无礼无义，乃曰夷狄。是故中国而类乎夷狄，则降而夷狄之；夷狄而合乎中国，则进而中国之。斯义既昧，于已国之风俗，美者益夸大而张皇；劣者乃弥缝而掩盖。虽其极陋甚弊者，亦举国习以为然。沉锢蜷缚于其内，莫能冲破其藩篱。一语及他国之风俗，较胜于已者，嫉之忌之，而不宣诸口。恶者则援之以为谭柄，且过当其实。近者海禁宏开，万方辐辏，无识者仍欲以其夷狄同洲之故伎，夷狄他洲也。”③

易鼐接受了万国竞逐的格局，认为中国应该放弃本有的天下观念。为了适应万国竞逐的新格局，许多人认为要确立民族国家的观念，并以此来构建新的国家观念，由此发展出一种新的世界秩序观。

黄遵宪、梁启超等先觉者觉得重新解释“中国”的主要任务是确立

① 《谭嗣同全集》，下册，401页。

② 皮锡瑞：《经学通论·春秋》，9页。

③ 易鼐：《五洲各国风俗考》，载《湘学新报》第35期。

"中国"在现代国家体系中的角色，要完成这样的目标，必须改造社会经济结构、政治体系，特别是思想观念。梁启超开始对中国传统的天下观念和现代国家意识进行比较。通过对"天下"与"国家"的对照，梁启超认为天下观念虽然是崇高的道德，但并不切合中国的实际，在当下，国家才是忠诚的最高点。他说："有世界主义，有国家主义。无义战非攻者，世界主义也；尚武敌忾者，国家主义也。世界主义属于理想，国家主义属于事实。世界主义属于将来，国家主义属于现在。今中国岌岌不可终日，非我辈谈将来道理想之时矣。"① 出于对中国富强的迫切形势的关切，梁觉得，中国人最大的问题是没有国家意识。他总结道：中国人因为地理的局限和学说上的欠缺，所以滋生出两个问题，第一是只知有天下，不知有国；第二是只知有个人，不知有天下。

所以他呼吁要从四个方面来建立起国家的观念。首先，对于一身而知有国家。也就是说，人要认识到有高于自身利益的团体利益存在。这个团体就是国家。

其次，对于朝廷而知有国家。中国因为传统的天下观念，认为王权之兴替取决于天意，而不了解朝廷只是国家的管理机构，因此，国家才是团体的真正代表。

再次，对于外族而知有国家。国家与国家之间必然会有冲突，所以真爱国者，不论别国如何良善，在利益冲突之际，宁愿牺牲自己的性命，也不会允许国家的利益被侵害和丧失。

最后，对于世界而知有国家。"宗教家之论，动言天国、言大同、言一切众生。所谓博爱主义、世界主义。抑岂不至德而深仁也哉。"② 但梁启超认为这只是一种理想的状态，并不存在于现实的世界中。当今的世界是一个竞争的世界，而竞争是文明进步的动力，国家之间存在着激烈的竞争，所以，国家是促使文明进步的最高的团体。

在梁启超笔下，国家意识确立的前提是塑造一种新的国民："新民"，要培养新的国民人格，这些新人格中包含了传统价值中所不曾肯定的冒

---

① 梁启超：《自由书》，见《饮冰室专集之二》，39页，北京，中华书局，1989。

② 梁启超：《新民说》，见《饮冰室专集之四》，17页。

险、进取等因素。梁认为唯有新的国民，才能保证中国在新的世界格局中的竞争力。对此，张灏的评价是："1902 年新民理想形成的意义并不局限在一个成熟的民族国家思想的出现，还表达了一种新的世界秩序观，这种新的世界秩序观透露了为中国人所久已认识但从未接受的政治现实的意义和关系。梁设想的这一新的世界秩序观是与传统的世界秩序观相对立的。"①

既然，竞争是民族国家体系的内在特性，那么军事和经济实力就成为衡量国家力量的主要指标，按照传统儒家的区分，这是王道的式微和霸道的崛起。在这样的时代氛围中，政治伦理要让位于实际的政治效能，正如在战国时代，法家的政治学说比儒家更为"有效"一样，在近代世界，"为政以德"的古典政治理念显然难以适应新的格局。对于中国人来说，要做的是尽快适应新的规则，即使这些规则很不合理，并严重地损害了中国的权利。

为了获得一个公平地处理内外事务的资格，中国必须"在新的世界体系中重新确立自己的国家身份和国家关系"②。具体地说，这样的国家身份的确立是一个传统帝国向现代国家的"转化"。基于此，人们开始试图学习和了解新的国际秩序。在 1864 年丁韪良翻译完成《万国公法》之后，许多人开始憧憬西方列强可能会以公法的规则来对待中国，但是，在卫廉士于 1865 年 11 月 23 日写给美国国务卿的信中，不无担忧地说："支那国的官员和日本国的官员如果潜心研究这本书的话，就会作出他们的努力，把国际法的惯例和原则也适用于他们与外国的交涉中。这些官员就会逐步意识到，他们与西方国家签署的条约中，所谓治外法权的原则其实是篡改了西方和欧洲国家之间通行的惯例。他们会奇怪，西方人的目的为什么不在于把东方民族提升到他们自己的水平，反而倒行逆施，非把治外法权强加于人，瓦解当地人民的生存方式。"③ 很显然，人们遇到了新的困难，国际秩序是由西方新兴的国家所建立的，出于掠夺资源

---

① 张灏：《梁启超与中国思想的过渡》，112～113 页，南京，江苏人民出版社，1993。

② 王中江：《近代中国思维方式演变趋势总论》，见《近代中国思维方式演变的趋势》，368 页，成都，四川出版集团，2008。

③ 转引自刘禾：《帝国的话语政治》，165～166 页，北京，三联书店，2009。

等殖民活动目的，这些新规则的制订者在指责中华帝国没有遵守这些规则的时候，根本无意以平等的立场来对待中国。

对此，当时中国的少数有识之士已经有所觉察。比如，最早研习宪政制度的杨度认为国际法实际上是一个强权的法则，是内外有别的，对内是文明的，对外则是野蛮的。甚至每当他们以一个新的方式消灭一个国家，在国际法上就增添一个规则。“自吾论之，则今日有文明国而无文明世界，今世各国对于内则皆文明，对于外则皆野蛮，对于内惟理是言，对于外惟力是视。故自其国而言之，则文明之国也；自世界而言之，则野蛮之世界也。何以见之？则即其国内法、国际法之区别而可以见之。”①所以很难将西方世界视为真正的文明世界。他说中国当下所遇到的国家是文明国家，但是面对的世界却是野蛮世界。

面对弱肉强食的现实，要保护国家利益只有一条路，即通过增强国家实力来抵抗霸国主义，否则，国将无以为国。康有为说：“当竞争之世，霸国主义之时，国欲自立，而内无精练之陆军，外无相当之铁舰，则以子产、俾斯麦为外部大臣，庸有幸乎？夫国家者无道德，惟示强力，既无强力，何以拒外，则惟有隐缩退让而已。夫国而隐缩退让为事，一切听命于人，则不得为国矣。”②

这个时代，使许多饱读诗书的传统士人回想起春秋战国的状况，并以之来比拟进入民族国家体系的国际竞争格局③，但更多的有识之士认识到以民族国家方式来确立“国家意识”是争取经济自由和文化独立的重要手段。如此，建立在宗法基础上的政治法律体系和以文化价值为基础的天下秩序，逐步为追求独立的民族国家的目标所取代。这样的变化说明了中国已经不能仅仅通过易服色、改正朔这样的传统手段，在内部关系的调整中确立权力的合法性，而是必须通过厘定外部世界的主权关系，

① 杨度：《金铁主义说》，见刘晴波主编：《杨度集》，218页。

② 康有为：《物质救国论》，见《康有为全集》，第八集，100页，北京，中国人民大学出版社，2007。

③ 冯桂芬说：“今海外诸夷，一春秋时之列国也，不特形势同，即风气亦相近焉。势力相高，而言必称理，谲诈相尚而口必道信。两军交战，不废通使，一旦渝平，居然与国。亦复大侵小、强凌弱，而必有其藉口之端。不闻有不论理、不论信，如战国时事者。”（《校邠庐抗议·重专对议》）

来界定自己的合法性。

杨度也从当时传入中国的进化论来证明由天下转到国家的正当性，认为国家意识的强调既符合社会进化的公理，也是抵御外敌的思想资源。[①] 杨度认为在强权的时代，须以国家思想才能抵抗外国的侵凌，因此主张抛弃天下主义和家族主义，提倡国家主义。[②]

杨度认为，中国古代引为文化之美和历史之长，在东洋各民族中无人可与之相比，“中国之名称，不能求一国名与之对待，即有之非终为其并吞之领土，即其臣服朝贡之属国，亦决无与之颉颃者。故中国数千年历史上，无国际之名词，而中国之人民，亦惟有世界观念，而无国家观念。此无他，以为中国以外，无所谓世界，中国以外，亦无所谓国家。盖中国即世界，世界即中国”[③]。但是，中国即世界和世界即中国的历史已经成为过去，而且国际关系的规则也发生了很大的变化，因此，他对当时中国一部分人所持有的用国际法来维护中国的利益的期待表示怀疑，杨度认为这些国际法的基础建立在对于强者利益的肯定上，所以丝毫不能保护弱小国家的利益，简直就是“铁炮”的说话而已。

由此，杨度呼吁不要抱有幻想，既然世界各国的竞争依赖于经济实力和军事势力，那么，中国要发展，必须依赖金铁主义：金，即黄金，也就是经济；而铁，即铁炮，也就是军事实力。同样，这两种主义是内外有别的，他提供的路径图是：

对内的——富民——工商立国——扩张民权——有自由人民
对外的——强国——军事立国——巩固国权——有责任政府

总之，杨度和梁启超都主张抛弃中国原先的天下观念，而接受民族

① 根据金观涛等的统计，“在1895年至1899年这四年间，‘天下’这个词的使用达到历史上从未有过的高峰，而‘国家’一词的使用，也是在1895年后突然增加了，‘民族’一词的使用则到1900年后才开始出现井喷之势。1900年以后，‘天下’一词的使用次数急遽减少，‘民族’一词急遽增加，这在19世纪是难以想象的”。见金观涛、刘青峰：《观念史研究：中国现代重要政治术语的形成》，242页。词汇的使用频率变化，虽然有报纸等新式传播工具产生的影响，但依然可以看出某一个观念的改变过程。

② 参见杨度：《金铁主义说》、《论国家主义与家族主义的区别》，见刘晴波主编：《杨度集》，213～397、529～533页。

③ 杨度：《金铁主义说》，见刘晴波主编：《杨度集》，214页。

国家的思想，这样做的目的只有一个，以国家观念来激发民族的凝聚力从而保卫这个国家的主权。

2. 谁拥有真理：洋教和孔教、传教士和儒生

近代以来，儒家在科学知识上的短处已成为不可回避的问题。因此，通过中体西用论的确立，解决了吸收西方知识体系的观念障碍。在这个过程中，儒家存在着一个不断向内寻求立足点的趋势，尤其是强调儒家在伦理道德层面的本源性意义。然而，自从太平天国之后，儒家便必须要面对另一个信仰体系的直接挑战，即基督教。与佛教和道教在传统中国自觉寻求与儒家的一致性不同的是，基督教则具有明显的“对立性”。尤其是基督教传入中国是受到近代的条约体系的保护的，它在中国社会中构成一个新的权力体，这些对孔子的权威性和传统的家族秩序构成了很大的冲击。

对于基督教和中国本土思想之间的关系，自明末以来一直是中国知识阶层所必须面对的问题。反之，作为外来的传教士，他们在中国活动的经验也提醒他们必须认真处理基督教的基本教义和儒家观念之间的冲突之处。因为清初关于传教士是否尊重中国的礼仪和风俗的“礼仪之争”① 事件，直接导致了清政府对于耶稣会士在华传教活动的禁止。

鸦片战争之后，传教士通过条约又重新获得了在华传教的权力，1844 年签订的《中美望厦条约》，规定美国人可以在“贸易港口租地自行建设礼拜堂”。同年《中法黄埔条约》规定，法国人在通商口岸“可以建

---

① 关于“礼仪之争”法国学者席微叶夫妇的解释比较简明而直接，他们说，这场争论在 17、18 世纪达到高峰，最终的结果是使雍正于 1724 年发布了禁止传教的谕令。“大家指责耶稣会士们奉利玛窦为楷模，并过分地屈服于中国风俗和礼仪。不满情绪来自两个基本点方面：一方面是据说神父们允许其新归化的教徒尊孔和祭祖。这与天主教的正宗是水火不相容的。另一方面是他们为了翻译‘上帝’而使用了只具有物质意义的‘天’的汉文术语。由此而指责耶稣会士们离崇拜偶像只有一步之远了。神父们对此作出了回答：‘天’字并不是指物质的天，而是‘天主’，因此完全适用于真正的上帝。崇拜祖宗主要是一种世俗而不是宗教礼仪，禁止这种礼仪就意味着放弃归化中国人，从而会冒引起皇帝怒斥教徒的危险”，但是结果似乎是耶稣会士的这种折中主义的做法失败了，1715 年，教皇就下令停止任何迷信的做法。而在教皇通谕约 10 年后，他们又被中国的皇帝赶到了广州。参见安田朴、谢和耐编：《明清间入华耶稣会士和中西文化交流》，6～8 页，成都，巴蜀书社，1993。

造礼拜堂、医人院、周急院、学房、坟地”。根据最惠国待遇条款，上述条约之规定适用于所有与中国签订条约的国家。为保证传教自由，道光皇帝还两次发布谕令，一是声明华人可自由信教，二是归还在康、雍禁教时期被没收的教民财产。传教士不必像利玛窦那样以“会通儒耶”的迂回的方式传教。更为严重的是，在治外法权的保护下，教会组织成为一种不受中国权力系统约束的新的权力组织。我们不难理解传教士在获得这种机会之后的激动，以至于有点忘乎所以。1842 年 2 月 14 日，有一个在澳门活动的天主教传教士给另一传教士的信中写道：“一次我信步走到城门口，城墙上似乎永恒地写着：‘洋人莫入’。……我是一个洋人，又是一个传教士，我看到了墙上写的那句话，可是我不顾一群在场的中国人的惊诧，闯进了城门。时候已经到来，我们已沉默到今天，现在是可以到中国城市的大街上，提高我们的嗓门大喊大叫的日子了。”①

毫无疑问，我们不能将传教士与殖民侵略者等同起来，如果殖民势力的直接对手是中国的政府和军队的话，那么传教士的对手则是孔子的信徒。

传教士来华的意图是希望将基督的福音传达给一切需要拯救的灵魂，他们有着他们的先行者所没有的通过条约规定的合法性，但他们所要面临的却是他们先行者们的共同的问题，即如何让一直在儒家和其他宗教影响下的中国人将“灵魂”交给上帝。杨格非对这种宗旨有着明确的说法：“我们在中国不是为了开发这个国家的资源，不是为了促进商业，不是仅仅为了增进文明，而是为了和黑暗势力作战斗，拯人于罪孽和为基督征服中国。”②

基督教所要宣示的是一种与儒家不同的对于世界的理解方式，更接近于宗教的说法，就是完全不同的信仰方式。“基督教的世界观，认为人生来都是有罪的，只有信奉上帝，履行上帝所规定的义务，死后才能升入天堂。这也是一种道德观，它使教民放弃原先的伦理观念，奉行基督

① Cary-Elwes, Columbia O. S. B., *China and Cross, Studies in Missionary History*, Longmans, 1957.

② 《新教在华传教士大会记录》，32 页，上海，1877。

教的伦理准则。这样，教会权威结构通过其信仰体系改变了教民的道德观，继而改变教民的行为方式。如中国人入教之后，必须放弃传统的偶像崇拜信仰，不得参加例行的民间宗教节日活动。"① 这里面争论最大的无疑就是一直以来争论不休的对于祭祖和祭孔是否是偶像崇拜的问题。这两点既是儒家的安身立命之处，也正是在这一点上，儒家必然与基督教发生正面的冲突。

敬天、法祖、崇圣是中国人观念系统的核心部分，按照最为通行的说法，祭祖是儒教的核心仪式，也是家族制度的思想基础。敬天是儒家的价值合法性依据。崇圣则是儒家维系其价值的制度性方式。这三者是儒家制度建构的原则和出发点，必然是基督教"征服"中国的最大障碍。明末清初的"礼仪之争"的核心问题也在此。中国人攻击基督教最有力的武器也就集中在"无君无父"这一点上。如《湖南阖省公檄》中说："该教不敬祖宗及诸神灵，所奉之神，惟吹氏而已。行教者为教父，名为黑老爷。奉敬之时，令人自誓身为吹氏所出，必先毁其祖考神主，以示归心。噫！自绝其本也。"②

与明末清初的耶稣会士所面对的问题一样，对于是否将祭祖和祭孔作为必须废除的"偶像崇拜"范围，在传教士内部存在着争论，其中以1877年的上海传教士大会之后，传教士开始对儒家表现出一定程度的宽容，这个事件被描述为类似于利玛窦法则的"孔子加耶稣"。但这种"宽容"最多只能被视为是一种策略，而非传教观念上的变化。③ 也就是说传教士并没有放弃他们以基督教改变儒家的基本策略和文化征服的基本使命。如谢卫楼的说法就非常有代表性，"基督教到中国来，不是作为儒学的一种补充，而是要取而代之。基督教是这样一种结构体，它本身并不需要儒学，不论是作为基础，还是作为装饰物"④。

---

① 孙江：《十字架与龙》，55页，杭州，浙江人民出版社，1990。

② 吕实强：《中国官绅反教原因（1860—1874年）》，台北，"中央研究院"近代史研究所专刊（16），27页，1966。

③ 关于"孔子加耶稣"是一种传教的策略还是观念上的变化，胡卫清在其《普遍主义的挑战》一书的183～255页有详细的分析，本文基本接受他的结论。

④ D. Z. Shefield, "A Discussion of the Confucian Doctrine Concerning Man's Nature at Brith", *The Chinese Recorder*, Vol. IX (1878), p. 23.

许多早期的教会学校开设了儒家的课程，一些传教士也撰写了一些有关儒学的文章，这些应该被看作是基督教拉近和中国人的心理距离的众多方式之一，但这并不表明基督教要吸收儒家的一些因素。传教士的基本立场依然是以基督教的教义为准绳来评判儒学。这种做法，“从消极的意义上说，这种分析批判展现了基督教教育哲学的内在张力，是传教士和教会学校被迫适应中国社会文化的一种表现。从积极的意义上说，传教士系统地批评儒学，正是为了真正贯彻基督教的教育，因此被纳入基督教教育体制的儒学，实际上可以看成是传教士彻底改造一种异端宗教的一种实验对象”①。

儒家与基督教的冲突体现为近代以来发生的众多教案。传教士在鸦片战争之后进入中国自由传教所依据的是凭借武力而签订的不平等条约，因此它的传播本身就带给中国人一种屈辱感，加上有一些传教士和外国人在进入中国之后所持有的种族和文化上的优越感，更强化了中国人与西方人之间的对立情绪。许多有在国外留学经历的中国人能明显地感觉到西方人来到中国之后所表现出来的傲慢。杨荫杭说：“西人有一病：一旦移居东方，则视人如豕，偶不如意，即拳足交下。其意若曰：‘此乃苦力国也，殴一苦力，与殴一人类不同’，于是积习成性，居中国越久，离人道益远。此不特未受教育者为然，即在本国曾受教育者，亦如入鲍鱼之肆，久而不觉其臭。”②

还有一点必须强调的是，早期来华传教的教会所吸引的信徒往往是那些社会边缘人物，要么是极度贫困的人，要么是品行不端、企图依仗教会的势力与官府和乡民作对的人，这进一步扩大了主流民众与基督教之间的距离。

而传教士中的许多人在解决与本土地方势力的冲突的时候，往往也会自觉不自觉地利用军事和外力的强势来压制和打击由绅士群体所构筑的一体化的权威体系。这都为教案的爆发埋下了种子。曾国藩就曾说过：

> 凡教中犯案，教士不问是非，曲庇教民；领事不问是非，曲庇

① 胡卫清：《普遍主义的挑战》，204页，上海，上海人民出版社，2000。

② 杨荫杭：《老圃遗文辑》，741页，武汉，长江文艺出版社，1993。

教士。遇有民教争斗，平民恒屈，教民恒胜。教民势焰愈横，平民愤郁愈甚，郁极必发，则聚众而思一逞。①

这种情况到了20世纪初年依然没有改变，如刘大鹏1901年5月22日的日记中就记载洋人办理教案时对于地方权威的威逼：

洋夷有入晋者，系办教案而来，自三月初旬进犯固关以后，晋抚与夷讲和，准其陆续入晋保护各处教民，修理各处教堂，严惩各处拳民，凡去岁练习义和拳者，无不锁拿治罪，其为教民素日所恶之人，即未练拳，亦乘此气焰甚炽之时，指为去岁抢其财物，而控告之，官虽深知其然，而亦不敢违教民之意，必将被告黎民锁拿治罪……邻里乡党悉受蔓延之害。

太原一郡之州县官无他政之可办，惟是办理教案，听教民之指挥而已。当此之时，差役四出，恫喝乡民，乡民恐惧，贿役求免，而役遂出无厌之求，闾巷何以能安乎?②

近代教案的详细情况不是本文所要讨论的内容，但人们普遍认定反对基督教的中坚势力是绅士和权威受到直接挑战的地方政府③，说到底是因为教会的势力对于地方秩序和儒家的权威造成了直接的威胁，特别是对一直在社会生活中处于绝对支配地位的绅士群体的权威造成了挑战，这正是近代以来儒家和基督教冲突的最基本的原因。柯文说，传教士之所以在很长一段时期内被仇视，其原因在于：

对许多19世纪的中国人来说，传教士是独一无二的有形象征，人们可以把反对外国入侵的情绪倾注在这个象征身上。

传教士遭受攻击的另一部分原因，看来是由于1860年后他们使中国人感到其存在的方式几乎是存心要冒犯中国人。比如，他们慷慨激昂地攻击中国是人类文化唯一泉源的思想。此外，还更加具体地攻击中国文化的许多方面，从而直接地侵犯了绅士阶层对文化统

① 《筹办夷务始末·同治朝》，卷七十六。

② 刘大鹏：《退想斋日记》，97页，太原，山西人民出版社，1990。

③ 关于这一点的详细分析可参见顾卫民：《基督教与近代中国社会》，201～214页，上海，上海人民出版社，1998。

治。而且他们还通过种种方式对绅士阶层惯于视为禁脔的社会领导权造成了威胁。在地方一级，除了绅士以外，传教士是唯一的一批被允许以平等的社会身份和地方当局往来的人，而且他们享有治外法权，而绅士阶层却从未享受过这么多免遭中国法律处分的权利。

比这些具体侵犯绅士特权的现象更加重要的，可能是传教士本身就是教师这一事实。……有一位著名的新教传教士曾恰当地总结了这些做法对文人学士的影响："要想不触犯他们是不可能的。传教就是侮辱他们，因为传教本身就说明你窃居了教师的地位。发表一本有关宗教或科学的书也是侮辱他们，因为这种做法的前提，是认为中国并不是世间所有真理与知识的宝库。……鼓吹进步是侮辱他们，因为你暗示中国并没有达到文化的顶峰，而且你竟比他们高出一头。"①

这可以被看作是"文明的冲突"。传教士们还袭取了儒家的传播途径，他们借用清代宣讲《圣谕广训》的方法，经常采取露天演讲的方法来传播福音，他们还发现了一个更为行之有效的方法，就是每次州县的考试期间，他们必然会在人烟密集处宣讲，同时散发《圣经》或其他宣传教义的著作。这种做法几乎可以被视为是对孔子的神圣性和儒家权威的公然的挑战。

凡遇州县考试，教士亦必出现于贡院附近通衢大街人烟众多之处，露天宣讲。若熟知清代法令者即不能等闲视之。视学全省各州县最高考试官学政，按临到县，势必到学宫拈香祀孔，同时即登坛宣讲圣谕，并讲经籍，而今西洋教士也到临宣讲，对象也是地方学子，真不免是唱对台戏。②

这种做法的影响很大，引起了士绅们的强烈反感，曾经遭到考试管理当局，甚至地方督抚的抗议，如张之洞就曾经警告乘考试之际在湖北

① 柯文：《在中国发现历史——中国中心观在美国的兴起》，33～34页，北京，中华书局，1989。

② 王尔敏：《近代文化生态及其变迁》，25页，南昌，百花洲文艺出版社，2002。

黄州传教的传教士："现值考试之期，各处考童云集，体察民情，甚不愿洋人在彼传教，若必勉强，久住势必激成事端"[①]。客观地说，这种警告的效果很一般，因为传教士并不惧怕地方政府的权力，他们在治外法权的保护之下，依然我行我素。传教士因地制宜传教的方式得到了差遣会总部的肯定，而实际的效果也是不错的，典型的例子是洪秀全便是在参加科举考试的时候获得《劝世良言》这本书，最终在屡试不中的绝望之中创立了"拜上帝会"。

传教士在中国传教所创立的制度性模式是办理新式报刊、慈善组织，还有就是创办教会学校。在近代中国的改革过程中，科举书院向学堂教育的转变是一个阻力相对较小的领域，传教士很快发现了一种更为稳妥的传教方法，即兴办教育。

如果我们将教会势力依靠武力和其他强力手段来消解儒家的权威看作是一种消极性的途径的话，那么传教士们通过兴办教育，传播新知识，鼓吹社会政治改良和习俗变革所导致的对儒家在中国社会影响的减弱则可以称为一种积极性的途径。

尽管在西方，近代科学的发展极大地冲击了教会的权威，传教士对于传播科学知识和传教之间的关系存有疑虑。但是，按照美国长老会传教士狄考文的看法：学生学习科学知识有利于破除迷信思想，毕业后有能力左右中国社会的发展，而且宣传科学知识有助于提高教会的声望。[②]所以他们通过办报刊、建立新式学堂和翻译西书等种种活动，在传播"福音"的同时，将西方的自然科学知识和政治法律思想传播到中国。如康有为等人所提出的许多改革主张就是来自于林乐知主持的广学会的《万国公报》。传教士成为近代中国改革的重要推动力量，"如所周知，在戊戌变法以前，在华欧美人士的著译诸书，有几种对于中国士人的政治意识的激变，起了特别强烈的警钟效应，例如花之安的《自西徂东》，林乐知编译的《中东战纪本末》、《文学兴国策》，李提摩太编译的《泰西新

① 张之洞：《札江汉关道照会英领事饬黄州教士回汉》（光绪十九年七月初四），见《张文襄公全集·公牍》，台北，文海出版社，1963。

② 参见顾长声：《从马礼逊到司徒雷登》，295页，上海，上海人民出版社，1985。

史揽要》、《新政策》，艾约瑟的《富国养民策》，李佳白的《尚贤堂文录》，一般都是先在《万国公报》连载，再由广学会出版单行本。……还在 1897 年，便有读者给《万国公报》写信，承认它给中国开了风气，'变法之端，皆广学会之所肇始'。广学会的确有理由得意。姑举数例，以见其从甲午后到戊戌中的影响。第一是《万国公报》已经成为帝国的政客文士的必读刊物，甚至惊动了光绪皇帝，要求上海招商局按期呈览。第二是李提摩太惊奇地发现，康有为事前找他商酌的新政奏折，'举凡余从前所有之建议，几尽归纳结晶，若特异之小指南针焉'"①。而这些新政措施对于后来的制度化儒家的解体起到了直接的影响。

鸦片战争之后的很长一段时间，中国士人的西学知识主要来自于由传教士所主持的译书局的译作。对于儒家的教育体系而言，冲击最为强烈的是通过建立教会学校而出现的对新的教育观念和新的教学模式的介绍。早在 19 世纪初年基督教传教士就开始在中国创办新式学校，最初教会学校开设的目的就是为了传教。根据顾长声先生的说法："为了扩展教会势力，因此有必要培植一批中国籍的传教助手。为了达到这个目的，不论是天主教或是基督教开办的教会学校，他们的主课就是宗教。天主教办的学校里强迫学生读《教义问答》（《教会问答》），内容是讲述天主教的主要教义和教规；基督教办的学校里学生要读《圣经》，主要选读其中有关创世论、赎罪论和耶稣生平等教义，宗教课不及格不能升级。此外，他们还强迫学生参加弥撒或做礼拜以及其他各种宗教集会，经过一段时期的训练和考核，让他们接受洗礼入教。传教士通过宗教课和宗教活动，严格控制学生的思想，若有越轨活动，轻的则处以体罚，停止领

① 朱维铮编：《万国公报文选》导言，24～25 页，北京，三联书店，1998。汪荣祖先生说："林乐知和李提摩太介绍西方'俗文化'之贡献最大。两人皆久居中国，通晓华语，故较能有效传达西方之知识与思想。李提摩太对中国知识分子之影响最大，因其认为士大夫与官绅应为主要争取之对象。更重要者，李教士之传教方法，采取弹性之态度，允基督教义与中华文化相协调。此种态度颇引得官绅之赞助，封疆大臣如李鸿章、丁日昌等亦过往无忤。李教士并于甲午前后，得见帝师翁同龢，畅谈时务。李亦与康、梁结交。由此可知，李提摩太以及其他西方教士对晚清变法家之影响，是毋庸置疑的。"见汪荣祖：《晚清变法思想论丛》，75 页，北京，新星出版社，2008。

圣体或不给饭吃，重的则开除教籍，开除学籍和追回学杂费。”① 这种模式在 1860 年之后依靠条约的力量得到很大的发展，但由于文化上的差异，这种方式的效果很差，所以传教士们便逐步调整他们的策略，他们的思路是尽可能发现更有效地影响中国人的思维方式的途径。如李提摩太担任同文书会督办（后改称总干事）后所做的第一件事，就是调查中国上层社会究竟有多少人可以作为同文书会的读者对象，他对中央和地方的高级文武官员、府学以上的礼部官员、举人以上的在职和在野的士大夫以及全国的秀才和应试书生进行了统计，共有 4 万 4 千名。②

李提摩太说：“我们提议，要把这批人作为我们的学生，我们将把有关对中国最重要的知识系统地教育他们，直到教他们懂得有必要为他们的苦难的国家用更好的方法时为止。”③ 与此同时，另一个重要的传教士裨治文（Elijah Coleman Bridgman）也相信教育是改变中国人思维方式的最佳方式。他充满自信地说：“只要给我们机会和充足的经费来教育整个一代人，正如支配思想之律世世代代都肯定是相同的那样，教育也肯定地可以在道德、社会、国民性方面比同一时期内任何陆海军力量，比最繁荣的商业刺激，比任何或者一切其他手段联合行动，要产生更为巨大的影响。”④

真正形成具有现代教育特征的基督教教育是在 1877 年之后。在这之后，基督教教育并非单纯以传教为目的，而是成为现代教育的一个很重要的组成部分。“首先在教育思想上，它以实施现代普通教育为目标，教育本身成为目的；其次它采用了现代学制系统，正规的年级教育制被确立起来；第三，在课程结构上，现代知识占有重要位置，自然科学知识被系统地讲授，而这一切是以系统编纂现代教科书为前提的；第四，师资队伍逐步专业化，非信徒教师的人数逐步增加；第五，在体制上，教会学校在差会制内部逐步成为一个相对独立的系统，由专门的部门管理，

---

① 顾长声：《传教士与近代中国》（增订本），229 页，上海，上海人民出版社，1995。

② 参见《中国基督教差会史》，308 页，1896。

③ 《广学会五十周年纪念特刊》，85 页，参见顾长声：《传教士与近代中国》（增订本），151 页。

④ 《中国丛报》1836 年 12 月，371～381 页。

某些超宗派的联合大学甚至脱离了差会体制。”① 这就是说教会大学虽然有宗教的背景，但核心的功能则是教育而非单纯的传教了。

可以这么说，在 1903 年之前，基督教教育是中国现代教育的主力，即使到了 1905 年废除科举之后，政府的新式学校的学生人数是 102 767 人，而同时期基督教教育的学生达 57 683 人。虽然到了 1909 年的人数分别为 1 301 168 人和 76 725 人。② 到 1914 年，中国的官立学校共有 57 267 所，学生共约 163 万，与教会学校的比例，学校是五比一，学生是六比一。③ 而 1918 年，在华的教会学校学生总数约 35 万名……其中公立的约有 430 万名……教会学校所占的比例约百分之七弱，在数量上比例渐趋减少。④ 看起来似乎基督教教育在中国新式教育中的地位变得不很重要。但如果我们从另一个角度来看待这个问题，就会有不同的结论，也就是说中国的新教育模式很大程度上来源于基督教教育的模式，虽然这种模式很大程度上淡化了儒家和基督教到底谁是真理的拥有者这样的问题，但这种新的被认为是培养中国急需人才的教育模式基本上与传统的儒家教育模式，无论在教育内容、目标和方式等各个方面都完全不同，也就是说，这种新的教育模式的建立意味着即使在科举废除之前，儒家教育模式在实际的教育中占据的重要性在降低。

随着基督教教育的壮大，其发展的方向逐渐走向两极，一是在大城市提出以质量取胜的方针，二是将目标转向政府教育力所不及的边远地区。这种战略性的教育重点转移，首先使得基督教的信教人数有了大幅度的增长。如从 1913 年开始，美国人穆德组织“学生志愿国外传教运动”，从 1886—1918 年间派到中国来的传教士达 2 500 多名，占总共 8 000 多人中的 1/3。而这个活动极为重要的基础工作是对亚洲、非洲和拉丁美洲的传教情况进行调查。在中国，1913 年成立了“中华续行委员会”，对中国的各方面情况进行调查，自 1913 年开始，到 1918 年进行实质性的搜集整理，经过三年多的编辑整理，决定把其中的一部分出版，

---

① 胡卫清：《普遍主义的挑战》，52 页。

② 以上数字根据胡卫清《普遍主义的挑战》62～63 页提供的数字综合而成。

③ James W. Bashford, *China, an Interpretation*, New York and Cincinnati, 1916, p. 113.

④ 参见顾长声：《传教士与近代中国》（增订本），334 页。

即成书名为《中华归主》（英文版名为 *The Christian Occupation of China*）。该调查表明，从1900—1920年的20年间，基督教徒从8万余人发展到36万余人，增加了4倍多。教堂从三百余座增加到1万座，遍布中国各战略要地，发展最快的省份是湖南、湖北、云南、直隶、广西、江西和贵州。基督教差会从原有的61个增加到1919年的130个，到1921年又增加到150多个不同的差会团体。教会学校大量发展，大学有14所，基金600万元，常年经费为120余万元。天主教至1920年已有190余万教徒。①

其次，基督教教育也实现了他们以教育的方式来改变中国人的思想方式，培养一批亲基督教的社会势力的目的。由于教会学校较强的经济实力和师资实力，使得教会学校更具有国际化特色，从而吸引了一大批上层人士的子弟入学，这样就容易为社会悬置一个榜样性的标准，“1926年的一个统计，圣约翰大学的毕业生在中国政府任职的有43人，其中内阁部长级的7人，局长级的16人，外交官6人，铁路官员14人；在商界任职的共有158人，其中当经理的有24人，当各种买办的有107人，在银行界任职的有27人；另外在教育界任职的共有72人，其中大学校长2人，大学教员65人，中学校长5人”②。而基督教教育对于边远地区和政府教育力所不及地区的投资则直接从社会底层来改变国人对于基督教的看法，对此杨懋春的感受是很有代表性的。他说：

“英美各国的传教士既发现不能在居住在城市的人中作有效宣传，引人信主，就转移目标，到农村中对农民、小手艺人及小商人宣传。因为这些属于所谓低社会阶级的人，心里比较单纯，生活比较朴素，传统文化的拘束力也比较薄弱，所以能收到比较好的效果。

“传教士们除了宣讲基督教的教义与信仰外，更想方设法改善中国乡民的现实生活并开启他们的知识。……在开启知识上，他们设立新式小学、中学及职业技术学校等。当时我们自己的乡村绅董们还不知或不能

① 参见顾长声：《传教士与近代中国》（增订本），261～262页。

② 《基督教高等教育在中国》，203页，转引自顾长声：《传教士与近代中国》（增订本），372页。

普遍地做这类事。政府因限于财力与人才，仅能在县城中设立少数高级小学与更少数的初级中学。在乡村中，只能在较大的集镇上设立模范小学。……所以在那时候，基督教会在我们的农村中及集镇上设立甚多小学，在市镇上设立工业及农业技术训练学校，也在县城中设立中学，此外还设立各级女子学校，使我国女子得受正式学校教育。这些在开中国农村社会的新风气上，实在有极大贡献。

“又因为当时中国家庭之有社会地位与传统文化者多不愿意使子女进教会所办的学校，所以教会学校的学生绝大多数是农村中贫寒家庭中的子女。为使这样家庭的子女能入学校读书，教会就供给他们一切费用，包括膳宿书籍等。因为基督教会的这些善意与资助，初期的新式教育才能以相当高的比率到达农村的贫寒之家。我相信有不少自民国三十到四十年代那段期间的社会领导人物与科学人才是出身于那些早期农村集镇上的教会学校。”①

有些方面更可以说是附带效应。比如说传教士在传教活动中带入的一些生活用品，它们是中国边远地区的人感受西方物质文明的重要途径，它激起人们对于新的生活方式的向往，从而增强了人们对于新事物的接受态度。这一切都使得人们对于偏离儒家轨道的改革表现出足够的宽容。② 蒋梦麟说：“基督教传教士无意中把外国货品介绍到中国内地。传教士们不顾艰难险阻，瘴疠瘟疫，甚至生命危险，遍历穷乡僻壤，去拯救不相信上帝的中国人的灵魂。他们足迹所至，随身携带的煤油、洋布、钟表、肥皂等等也到了内地。一般老百姓似乎对这些东西比对福音更感兴趣。这些舶来品开拓了中国老百姓的眼界，同时也激起了国人对于物质文明的向往。传教士原来的目的是传布耶稣基督的福音，结果却无意中为洋货开拓了市场。”③ 毫无疑问，他们不仅仅是为洋货开拓了市

---

① 杨懋春：《中国乡村社会》，93～94 页，台北，巨流图书公司，1980。

② 近代的社会变革，中国农村始终似乎没有足够的参与性，原因是多方面的，主要是传统的国家和社会体制，使得一般的乡村社会远离政治活动。另外乡村的文化网络也并非是完整的儒家一体化结构，而是民间习俗和各种信仰的综合体，在其中传教士作为一种外来文化的传递者，在诸如医疗、男女平等、革除陋习方面起到了重要作用，而正是这种潜移默化的作用，使得人们对以西方文明为指向的社会变革有了一定的心理基础。

③ 蒋梦麟：《西潮・新潮》，42 页。

场，中国人在使用洋货的时候，思考问题的方式也在不知不觉中发生了变化。

基督教之传入中国，是儒家思想所遭遇到的最大的挑战之一。看上去是现代化的生产方式导致儒家在现代社会失去了制度依托，但是基督教与儒家则是在信仰层面的冲突。固然，基督教有其在中国的传播的自由，我们也不能否认基督教所创办的各类公益性的事业对近代中国社会变革所起到的作用，但是究其实，基督教与儒家文化之间并非只有对话而没有冲突，在这个谁拥有“真理”的争夺中，我们可以期待新的文明形态的形成和发展。

第四章　难以维持的秩序：儒家制度体系的危机

传统价值的崩溃，对于制度化儒家的影响肯定是巨大的。尤其是面对基督教的传入，儒生内心是十分焦虑的，但是却无可奈何。而基督教在条约的保护下对地方秩序的破坏，使民众产生了不小的仇教情绪。

然而，价值体系的危机的真正根源是来自于社会层面的问题，以儒家观念为基础的各种社会制度，在日益扩大的西方生产方式的冲击下而开始面临制度效用的衰减甚至失效。比如，科举制度的日益变异，使儒家与权力之间的联系产生了问题。而地方势力的增长则威胁到大一统社会的政治格局，这些均不同程度地体现了儒家对于社会制度的制约力的降低，这是整个制度体系瓦解的前兆。

一、地方势力的崛起对儒家秩序的冲击

与儒家的观念系统受到全面冲击相伴随，中国社会和政治结构的变化，则使得制度化儒家扎根的土壤进一步“流失”。“从 19 世纪中叶开始，西方的影响虽然削弱了清政府的权威，但是，清政府真正的权威危机是来源于农民的造反运动与内部阶层的分离倾向。”①

所谓的农民造反运动指的是太平天国农民起义和随后的捻军起义，洪秀全等以外来的宗教作为反抗清政府的价值依据，不管他所借助的基督教的教义是如何被“改造”甚至“歪曲”。反孔成为太平天国的一个重要的面相，起义军所到之处，儒家经典以及孔庙皆被焚毁。有人将之看作是继秦始皇焚书之后的第二次儒家大劫难。

---

① 许纪霖等主编：《中国现代化史》（1800—1949），第一卷，89 页，上海，上海三联书店，1995。

而内部阶层的分离意味着统治集团权力体系的变异。我在这里要着重讨论的是由于镇压起义而引发的地方势力、军人的增强及由此带来的对皇权的侵蚀。另外还将关注财政体制的变化。作为这种变化的结果，商人的地位空前提高。这些都造成了原有社会层级的变化。

清朝传统的军队由八旗兵和绿营军两个部分组成。八旗出现较早，原是兵民合一的组织。在满族人入关之前，它兼有社会组织、政治组织和军事组织的多重功能。随着清朝统治的稳固，八旗制逐渐演变为一种专门的军事组织，作为巩固其统治的武装力量。而绿营是在 1644 年清朝“定鼎中原”之后，以明朝的军制、军人为基础建立起来的以汉族人为主的军队，其主要的将领仍由满族人担任。为了防范满族亲王拥兵自重而削弱皇权，一方面军费开支均由国库支付，同时在 18 世纪初，清朝的皇帝就定下了这样的制度，即佐领（300 人设一佐领）以上的八旗高级将领每隔三至五年在各驻地之间调防。而绿营兵也有相应的规定，即兵士是世袭的，但中级将领以上的人必须在三至五年内轮换，且根据回避原则，将领不准在本省任职。这种制度有效地阻断了兵和将领之间的联系，同时也阻断了绿营各部之间的联系，使得各地武装分别对皇帝负责。这种制度在和平年月当然极为有利于维护皇权的至上性，但这种各自为政体制的缺点在于难以联合对敌，所以，在太平天国这样的大规模起义面前便有点束手无策了。对此曾国藩的体会极为深刻。他说：

> 今日之兵极可伤恨者在败不相救四字。彼营出队，此营张目而旁观，哆口而微笑，见其胜则深妒之，恐其得赏银，恐其获保奏；见其败则袖手不顾，虽全军覆没，亦无一人出面援手拯救于生死呼吸之顷者。以仆所闻，在在皆然。盖缘调兵之初，此营一百，彼营五十，征兵一千，而已抽选数营或十数营之多，其卒与卒已不相习矣，而统领之将又非平日本管之官。一省所调若此，他省亦如之。即同一营也，或今年一次调百人赴粤，明年一次调五十赴楚，出征有先后，赴防有远近，劳逸亦遂乖然不能以相入，败不相救之故半亦在此。①

① 《曾国藩全集·书信》一，192 页，长沙，岳麓书店，1990。

在失败面前，一种符合中国人的文化心理的新型军队开始走上历史舞台，当时人们称之为“勇营”，按王尔敏先生的总结，勇营是由绅士群体组织的军队。它具有明显的乡土性，即来自于同一个地区。勇营始终不是国家建制的军队，而是由将帅招募，属于私军。其体制的维护也是以将帅为中心，凝聚力是建筑于各阶层军事领袖的私人关系之上。其军饷的来源也由统帅自筹，或办捐输、或抽厘金。不一而足。①

包括湘军、淮军等都是“勇营”的建制，最多时达三十余万人。这种新体制与以前的军事制度的最大的区别在于它强调上下级之间、官兵之间的基于血缘和地域的私人联系。而湘军首领之间的互相照应也解决了绿营军各自为政的局面。当一次战役中，有一个将军不能积极支持相邻部队的时候，曾国藩勃然大怒，认为其破坏了“湘军之制”。

> 湘军之所以无敌者，彼此相顾也。湘军将虽有仇，临阵未尝不相闻知乎？故有晨参商而夕赴救者。私怨，情也；公事，义也，尔独不由此败坏也。不急改者，将谁容汝？②

勇营制解决了军队的凝聚力和联动性，增强了军队的战斗力，很快湘军获得了善战的声誉。

当绿营军在太平军面前溃不成军之时，咸丰皇帝屡次颁发命令，号召各地官绅筹办团练。1853 年 1 月，在太平军直逼武昌之时，正在家“丁忧”的曾国藩奉旨办理湖南的团练事务，他模仿前人的成法加以改进，确立了组织湘军的两个原则，首先是在军队来源上，用薪金吸收诚实的农民，以儒家之名教作为凝聚力；其次是在编制上以各级将领为中心，先设官，然后由官召兵。这样每一级的士兵为上司所私属。这样的军事组织在镇压太平天国胜利后达到顶峰，但并没有真正转变为有战斗力的现代军队，因为在后来所面对的与西方人的战斗中，他们几乎毫无战斗力。

---

① 王尔敏：《清代勇营制度》，见王尔敏：《清季军事史论集》，28～32 页，桂林，广西师范大学出版社，2008。

② 王闿运：《湘军志》，见王闿运等：《湘军史料四种》，63 页，长沙，湖南人民出版社，2008。

一个重大的转变却随之而形成，即这些汉族的军人势力逐渐掌握了朝廷中的重要权力。

与军队体制变化密切相关的是国家财政制度的变化，杨国强说："内战促成了兵制的变法，然而成千上万的军队从团练中脱胎而出，又使养兵成为一个难题。于是，在营制抉破旧规之后，饷制也抉破了旧规，牵连所及，遂使国家度支之法大变。"① 但这种财政制度的变化与军队体制的变化一样，就是地方的独立性大为增强。

由于内战，原有的税收大幅度地减少，而军需则一天天地膨胀，因此国家的财政收支平衡被打破，国家财政中枢户部不堪重负，便改变原有的军饷一律由朝廷发放的制度，而是将筹集军饷的权力下放，咸丰四年（公元1854年）谕旨允许地方截留漕粮并采取灵活的办法。

> 现在贼氛未靖，各路军营饷需浩繁，部库筹拨银两实形支绌。叠经降旨，并由户部奏明，行知琦善、向荣、胜保等军营，运储米石，以充军食。湖北等省漕粮，均准截留接济；山东折漕，因恐出入折耗，令将米石拨营备用；各处仓社米石，均准关支。
>
> 其有漕省分，征存未用漕粮，均准各地粮台就地动用；其无漕省分，均令于所属仓谷项下酌量关支出。②

在这样的背景下，一种几乎完全脱离朝廷控制的税种——厘金税于1853年首先在江苏开征，该税种的设立最初动机也是为了筹措镇压太平天国起义的经费而向通过运河的粮食征收过境税。而到了1862年它几乎适用于所有的商品，而且几乎所有的省都开始征收厘金。这使得地方的财政开始有了相对的独立性。这种独立性导致地方势力拥有巨大的权力。连当事人曾国藩也发出这样的感叹：

> 前代之制，一州岁入之款，置转运使主之，疆吏不得专擅。我朝之制，一省岁入之款报销听候部拨，疆吏亦不得专擅。自军兴以来，各省丁、漕等款，纷纷奏留本省军需，于是户部之权日轻，疆

---

① 杨国强：《百年嬗蜕——中国近代的士与社会》，71页，上海，上海三联书店，1997。

② 《清文宗实录》，卷139。

吏之权日重。①

太平天国运动被镇压之后，迎来了史书所称的“同治中兴”的时代，但作为战争遗产的地方军事和政治势力的扩张却使得朝廷法度的权威性遭受空前的破坏。朝廷起初并非没有认识到这种权威的流失对于自己的威胁，朝廷也做过一些努力来阻止这种权势的转移，措施包括：改造八旗和绿营，如组建“洋枪队”，精简整编，但始终收效甚微；或是采取一些办法对地方势力进行限制。薛福成记载的一件事就很有代表性：

> 粤贼之据武昌、汉阳也，进陷岳州以逼长沙，曾文正公以丁忧侍郎起乡兵，逐贼出湖南境，进克武汉黄诸郡，肃清湖北。捷书方至，文宗显皇帝喜形于色，谓军机大臣曰：“不意曾国藩一书生，乃能建此奇功。”某公对曰：“曾国藩以侍郎在籍，犹匹夫耳。匹夫居闾里一呼，蹶起从之者万余人，恐非国家福也。”文宗默然变色者久之。由是曾公不获大行其志者七八年。②

这样的担心是肯定的。但是我们也可以看出，清政府面对危机，并不是通过有效的新的制度创设来解决社会矛盾，而是试图借助旧的民间自卫组织的框架来应付局面。这样的后果是使不同的地方形成带有明显地域性的势力集团，虽然朝廷可以使曾国藩不得大行其志七八年，但这却成为曾国藩等晚清权势人物巩固其地方势力的机会。

时局的艰难迫使朝廷接受权力下移的现实，曾国藩在1860年之后被任命为两江总督兼钦差大臣，成为东南地区的最高统帅，湘军也由地方武装上升为正规军。与此同时，曾国藩为了便于指挥，将一大批湘军的将领和自己幕府中的成员如李鸿章、左宗棠等举荐为封疆大吏，形成了与朝廷分庭抗礼的地方势力集团。成书于光绪十五年的《湘军志》中罗列了湘军军功集团转换成地方首领的情况。

> 自广西寇发，海内骚动，新宁江忠烈公忠源，实倡义旅。而王壮武公鑫，罗忠节公泽南以诸生起，其后李忠武公续宾、胡文忠公

---

① 《曾国藩全集·奏稿》七，3397页，长沙，岳麓书店，1987。

② 薛福成：《庸庵文续编·书宰相有学无识》。

林翼、左文襄公宗棠、刘武慎公长佑、蒋果敏公益澧，暨今总督曾公国荃、尚书彭公玉麟、总督杨公岳斌、巡抚刘公锦棠，征伐四出，用兵遍十八行省，一时湘人由战功任封圻者，总督则有刘公岳昭、刘公坤一、杨公昌濬；巡抚则有李勇毅公续宜、刘果敏公典、刘公蓉、唐公训方、陈公士杰；其以提督权巡抚者，则有田公兴恕，江诚恪公忠义。而劳文毅公崇光、侍郎郭公嵩焘、总督谭公钟麟、巡抚黎文肃公培敬，虽起家翰林，亦皆涉历兵事。其他专阃、监司，以勋伐昭著于世者，不可胜数。①

这里我们可以看到制度转型期间的一些特殊的现象。曾国藩是利用儒家价值体系来挽救由太平天国拜上帝教所带来的“名教之奇变”，因此，有效地调动了血缘和地缘这些传统的因素，使湘军有着超越于政府军队的战斗力。不过，另一方面，湘军这样的新的军队体系也给大一统的社会秩序制造了一个巨大的缺口。如果，我们能够联系到世界上大多数国家在走向现代化的过程中都经历过军人干预政治的事实，那么，地方势力借助军事实力而崛起，也可以被理解为中国现代化过程中，权势由君主转向民众的一个中间阶段。

在这个过程中，儒家的解释力几乎是微弱的，儒家对于力量政治的排斥，几乎使儒家经典中很少有关于军事问题的议论。在这个问题上，曾国藩的身份本身就是分裂的，他是清代儒学发展中事功派的代表，湘军的凝聚力量也来自于他在勇营中推行的儒家教化和血缘地域因素。但另一方面，他对于军队的控制和明代也曾经带兵打仗的王阳明已经有很大的不同。王阳明在军事上的成功并不意味着他可以建立起自己的势力范围，王更多地是把精力放在地方社会秩序的儒家化建构，而军功集团所引发的是对朝廷的威严的冲击。当皇权必须迎合疆吏的意愿时，统治的合法性已经发生了严重的危机。

自咸丰以来，节镇权重，以喜怒为曲直，以爱憎为生死。湖广居江湖要脊，官（文）相恣睢专断者一十二年。而合肥李氏（鸿章、

① 王安定：《湘军记·粤湘战守篇》，见王闿运等：《湘军史料四种》，338页。

瀚章）兄弟先后相继为总督，湖广官吏之视总督，一若封此土。凡有建议，朝廷不敢支吾。李君起家州县，以持重镇物为务，然不喜清议，听察旧之言，不如属吏；属吏之言，又不如左右。尝枉断光化一狱，再诉西台，辄下复奏，终不得一直，湖北之人，悚息权势。①

到了光绪年间，地方势力越发强大。光绪七年，张观在上疏中就攻击这种违背祖宗成法的做法说："近年以来，疆臣建议，每每立见施行，间有廷臣条奏饬部核定之件，部臣每以情形难以遥度，仍请交督抚酌议。而督抚则积习相沿，动以窒碍难行，空言搪塞，虽有良法美意，格而不行。"② 很显然，在晚清时期中央政府已经明显地受制于地方强力集团的势力。

地方势力与朝廷力量的对抗最典型的表现是在 1900 年，当八国联军攻打北京，朝廷谕旨与各国开战之际，刘坤一、张之洞等人却提出开战谕旨不向外公布，李鸿章甚至说勤王的谕旨可能是被"拳匪"控制的朝臣所为，而非两宫所出，所以，并不打算"遵旨"。这些东南诸省的权势人物与列强商议，决定租界由各国保护，而长江内地则由各地督抚保护，并签订"东南互保"的条约。关于东南互保这一策略对近代中国是否有利，这在学术界依然有很大的争议，但是这种公然"抗旨"的行为的发生，说明了朝廷已经不具备对于各地威权督抚们的控制力，地方势力这样典型的叛变行为，并没有被追究，朝廷反而认为张之洞等人有政治成熟度，而加官晋爵。这种地方主导的政治格局与后来军阀割据和地方分权的共和制的产生有密切关系。

有人说中国近代的政治变革需要一个强有力的政治势力来推动，但是晚清的政治格局却是地方势力坐大而中央权威缺乏的阶段，这导致中国社会的现代化进程没有一个完整的战略性的设计，而是被现实的困境牵着鼻子走。儒家在这个过程中，逐渐被越来越激进的社会氛围所忽略，

① 王闿运：《湘绮楼日记》（光绪元年十月十三日），转引自杨国强：《百年嬗蜕——中国近代的士与社会》，107 页。

② 朱寿朋编：《光绪朝东华录》，1048 页。

直至抛弃。

二、科举的衰落和儒家权力之途的堵塞

科举制度是制度化儒家的最基本和最核心的制度性设计，它既是儒家价值传播的基本渠道，使儒家和权力的联系变得十分具体，同时经由科举制而构建的绅士群体成为皇权和民众、国家和社会之间的中介。因此一旦科举制度陷入困境，就意味着儒家观念的传播的最有效途径产生了阻塞。清政府为培养应对现代性挑战的人才，率先废除了科举，其结果是绅士群体的消失，从而失去了其政权的基本支持者。而新学堂所培养的恰恰是皇权的反对力量。

不过从另一个角度来说，废除科举到了清末已是历史的必然，一方面科举的日益技术化倾向日益背离了它的“传道”功能，同时人口和财政的危机迫使朝廷出卖本来必须经过科举才能获得的功名及其随之而来的社会地位。因此，儒家的知识不再成为获得权力的坦途。这样儒家与中国制度建构的实践渐行渐远。

1. 人口、财政危机和科举的没落

科举制度是儒家制度化的核心和枢纽。一方面，正是通过科举制度儒家经典成为中国正式教育的唯一内容而得到一种制度化的传播，同时使儒家作为国家的意志能顺畅地传达到社会各个层面。另一方面，科举作为一种官吏的选举制度又使对于儒家思想的了解成为社会上升流动的唯一性途径。

作为一种制度性的设计，科举有许多可取之处，特别是在保持某种程度的公平性和破除门阀势力等方面尤为显著。诚如吕思勉先生所总结的：“科举之善，在能破朋党之私。前此九品中正之制无论矣，即汉世郡国选举得之者，亦多能奔走标榜之人……惟科目听其投牒，而试之以一日之短长，当其初行时，尚无糊名易书之法，主司固得采取誉望，士子亦得托人荐达，或竟自以文字投谒。究之京城距士子之乡土远，试者与所试者关系不深，而毂之下，众目昭彰，拔取苟或不公，又可加以复试，

亦不敢显然舞弊。前此选举，皆权在举之之人，士有应举之才，而举不之及，夫固无如之何，既可投牒自列，即不得不就而试之，应试者虽不必其皆见取，然终必于其中取出若干人。是不能应试者，有司虽欲徇私举之而不得。苟能应试，终必有若干人可以获举也。此实选举之官徇私舞弊之限制，而亦人人有服官之权之所以兑现于实也。”① 科举的公平性和开放性的确是中国传统选官制度值得肯定的地方。

随着时间的推移，科举制度本身出现了许多问题。首先是科举制度的日益形式化倾向，特别是明代之后的八股文体的确立，使得科举考试的形式日益与内容相脱离；其次不断增长的人口也使科举的压力空前，因各省录取人数却是相对固定的，这意味着考生人数和获得功名的人数之间的比例日渐扩大。竞争的激烈导致科举腐败。

最关键的问题出在清政府的财政困难上。为解决财政困难而出现的功名买卖，使科举作为上升途径的唯一性受到了挑战，这样既破坏了科举的神圣性，也导致合法途径的儒生的叙用的困难。因此，即使在传统的秩序框架下，科举制度的运行已经危机重重。即使没有外来力量的冲击，科举的前景也已经十分暗淡，制度化儒家在晚清已经面临着自身难以解决的困境。

我们先来看一下人口问题对科举的影响。

清代的人口在康乾盛世的阶段出现了大规模的增长，乾隆五十五年(公元1790年)，中国人口达到3亿。根据清政府户部清册统计，道光二十年（公元1840年）全国人口总数为41 281.7万，以后逐年增加，到咸丰元年（公元1851年）达43 189.6万。② 虽然户部清册的人数与实际的人口有很大的出入，但是，这么庞大的人口规模对整个社会造成的严重压力是显而易见的。对于科举考试而言，人口的压力更为明显。因为从清初的顺治年间到清末的光绪年间，虽然乡试的举人名额每朝有所不同，但一般都在

---

① 吕思勉：《中国制度史》，731页，上海，上海教育出版社，1985。

② 参见严中平等编：《中国近代经济史统计资料选辑》，365～366页，北京，科学出版社，1957。

1 000 到1 500 名之间波动①，而人口却已经由 1 亿左右上升到 4 亿左右。

我们承认人口增长和考生增长之间并不存在绝对的比例关系，的确也没有确切的数据来描述人口的增长值转化为科举考试的士子的增长值。但是，人口增长所带来的考生增长造成了科举竞争白热化，科举之途越来越窄则是不容置疑的。

升迁之途的压力，促使人们诉诸非法途径，科举中的各种各样的舞弊行为呈明显上升趋势。这里就出现了一种尖锐的悖论，科举本意是选拔社会的精英来作为社会的领导阶层，这个阶层以道德素质作为其最主要的标准。而科举过程中存在着过多的非程序化、非道德的成分，使科举越来越背离其道德的宗旨。这样的背离体现在各个方面，比如在考官层面，因为考生太多，导致考官的工作量加大，加上阅卷时间的限制，有些地方的考官在挑选出规定的人数之后，不管别的考生水准如何，均弃之不顾，因此在江苏居然发展出“短快明”三字诀。“今之督学使者，按临各郡，考试生童，每次须分十余场，往往因公事繁冗，期限迫促，不能从容评阅，悉心搜校。……江苏为人文渊薮，闻昔学院有以快短明三字衡文者，大抵交卷愈快愈妙，篇幅愈短愈妙，而意义则取其明白轩爽。题纸一下，不可构思，振笔疾书，奔往交卷，取额一满，则不待终场而出案。往往考者方据案咿唔，研墨润笔，忽鼓吹聒耳，龙门洞开，始知出红案也，乃皆踉跄不终卷而出。”②这听上去甚至有一些夸张，有一些举子还在做卷的时候，但是榜却放出来了。

这些对于科举的损害或许还属于技术层面，也就是科举不再公正。而解构科举神圣性的是朝廷为了解决财政的困境出售功名和官职。大量的通过金钱而获得功名的人的存在，会使正途者有一种“剥夺感”。也就是说金钱和功名之间的交换，导致了制度化儒家的异化和偏向的力量的逐渐积聚，最终的结局是使整个制度本身消灭。

① 全国乡试举人名额顺治二年为 1 228 名，顺治十七年为 736 名；康熙三十五年为 988 名，康熙五十年为 1 223 名；乾隆九年为 1 143 名；嘉庆廿五年为 1 493 名；道光十四年为 1 371 名；咸丰元年为 770 名；同治元年为 1 566 名，同治九年为 615 名；光绪七年为 1 254 名，光绪十一年为 1 521 名。参见王德昭：《清代科举制度研究》，63 页，北京，中华书局，1984。

② 薛福成：《庸庵笔记》卷 3，《学使以快短明衡文》。

大规模的金钱和功名之间的交换是从太平天国起义后开始的，为筹集镇压太平天国所需的巨额军费开支，1853年咸丰皇帝下达谕旨：

现在大江南北军营，援剿之兵，数逾十万。连日捷音迭奏，大挫凶锋。近复调集各路重兵，克期赴剿。合之前调之兵，不下二十余万。朕不惜帑金，为民除害，统计所拨，已及二千七百余万两。际兹大兵云集，需饷尤殷，仍不能不借资民力，以济军储……著照大学士等所请，由各省督抚，妥为劝导，无论已捐未捐省分，凡绅士商民，捐资备饷，一省至十万两者，准广该省文武乡试中额各一名。一厅州县，捐至两千两者，准广该处文武试学额各一名。如应广之额，浮于原额，即递行推展。傥捐数较多，展至数次，犹有盈余者，准其于奏请时声明，分别酌加永广定额。加额银数，及如何归并划除之处，悉照大学士等所议办理。其捐生本身，应得奖叙，仍准奏请，另予恩施。①

这就是说，如果地方出资支持筹措军饷，那么可以按照一定的比例增加这个地区的科举名额。这么做的结果使不经过正常考试渠道而成为绅士的人数大大增加，从19世纪上半叶到下半叶，增加了50%。

表4—1　　太平天国前后文生员学额简表

各省分配	太平天国前学额	太平天国后学额		
		正额	因捐输永广学额	总数
八旗	109	109	33	142
奉天	71	130	29	159
直隶	2 845	2 848	40	2 888
江苏	1 402	1 408	360	1 768
安徽	1 289	1 289	315	1 604
浙江	1 800	1 803	374	2 177
江西	1 350	1 350	670	2 020
福建	1 187	1 208	347	1 555
河南	1 631	1 633	235	1 868
山东	1 830	1 830	123	1 953

① 《清文宗实录》，卷89，10～13页。

续前表

各省分配	太平天国前学额	太平天国后学额		
		正额	因捐输永广学额	总数
山西	1 536	1 542	84	1 626
湖北	1 087	1 107	427	1 534
湖南	1 219	1 229	418	1 647
陕西	两省合计	1 133	103	1 236
甘肃	1 865	882	7	889
四川	1 366	1 374	544	1 918
广东	1 326	1 339	409	1 748
广西	1 019	1 027	105	1 132
云南	1 323	1 369	3	1 372
贵州	753	766	1	767
商籍	81	89	21	110
总计	25 089	25 465	4 648	30 113

资料来源：张仲礼：《中国绅士——关于其在 19 世纪中国社会中作用的研究》，86 页。

对于那些正途出身的人而言，更为雪上加霜的后果是，那些通过金钱获得功名的人，进一步凭借他们的经济背景，更容易获得官职。这样老老实实而又穷困的儒生所能获得的机会就会大大减少，蒋琦龄在同治元年（公元 1862 年）所上的《应诏上中兴十二策疏》中就抨击说：不仅捐纳出身的官吏已经太多，而且各省督抚更喜欢任命“异途”，而不愿意给贫穷的从正途上来的官员以实际的职位。加上军功集团挤占，因此事实上许多人一辈子只能作个“候补”，而很难充任实际的职位。

太平天国之后，虽然有短暂的“同治中兴”，财政困境有所缓解，但是好景不长，接下来的清政府和西方殖民者的战争，使清政府的财政状况更为恶化。由于战败而承担的种种赔款不但加重了老百姓的负担，而且整个国家财政也已经破产，因此出卖禄位和朝廷的名器成为解决财政困境的一种重要的手段。据山西一位乡绅刘大鹏在他的日记中说：“为赔洋款，山西一省共捐二百余万金，凡出捐输金者，皆赏给实职官阶。现在因捐输而得官职者纷纷，上至道台、知府，下至知县、教官杂职，皆因捐输而得，名器之滥，如此之极，无论至贱之人，亦有官职在身，良可慨也。”①

① 刘大鹏：《退想斋日记》（1901 年 10 月 27 日），102 页。

而这么做的结果是使"正途"，也就是说通过合法化途径获得功名的人获得任用的机会更加渺茫。且看何刚德的描述：

> 从前举人不中进士，即可截取，以知县按省分科分名次，归部轮选。当时举人何等活动！乾隆年间，以此项选缺尚欠疏通，乃加大挑一途，凡举人三科不中，准其赴挑。每挑以十二年为一次，例于会试之前，派王公大臣在内阁验看，由吏部分班带见，每班二十人之内，先剔去八人不用，俗谓之跳八仙，其余十二人，再挑三人，作为一等，带领引见，以知县分省候补，余九人作为二等归部，以教谕训导即选，行之数科。逐渐拥挤，外省知县，非一二十年，不能补缺，教职亦然。光绪以来，其拥挤更不可问，即如进士分发知县。名曰"即用"，亦非一二十年，不能补缺，故时人有以"即用"改为"积用"之谑，因县缺只有一千九百，而历科所积之人才什倍于此，其势固不能不穷也。……有清时代，一科举时代也，二百余年，粉饰升平，祸乱不作者，不得谓非科举之效，所谓英雄入吾彀中是也，大抵利禄之途，人人争趋，御世之术，饵之而已，乃疏导无方，壅塞之弊，无以宣泄，其尾闾横决，至不可收拾，末季事变纷歧，何一不因科举直接间接而起，而究其始，特一着之错，不知不觉耳。①

这段描述很清晰地勾勒了功名转化为实际政治权力的效率不断衰减的过程，当功名难以转化为权力，也就意味着知识和权力之间的通途被壅塞了，而士子对于朝廷的忠诚度自然会降低，进而寻求新的出路，甚至转变为政治秩序的对立面。到了清朝的最后几十年，功名之途没落的最极端表现是即使中了状元也难以改变其现实的窘迫。"光绪一朝，所取状元皆不得意。陈冕早逝，黄恩永以无罪陷狱，昭雪后亦不得大用。赵以炯、刘福姚、骆成骧皆偃蹇终身，并不得开坊晋一阶。夏同龢、刘春霖、王寿彭皆俯首入学堂而充生徒；夏复游学东洋，毕业亦竟不用。张建勋、吴鲁得外放提学使，已为多幸，然与捐纳之候补道，其升途正相似耳。唯张謇以经营实业起家，以视先代鼎甲由清贵而直跻清要，盖不

① 何刚德：《客座偶谈》卷二，上海，上海古籍出版社，1983。

可以道里计。殆科举将废之先兆欤?”①

状元的落魄已经成为科举被废的先兆。

或许我们并不能就此认为科举制度本身出了问题，问题是总体的皇权制度已经失去了活力，那么即使其中的一些制度依然合理和运行有序，也独立难支。

制度和人们的行为之间的关系是通过“效益”和“利益”作为纽带而确立的，科举本身的最大吸引力就是知识和权力的结盟。但纳捐的过度扩张，使儒家与权力和利益之间的固定联系被打破，而造成制度本身的缺口，也就是说制度本身已经不能最大限度地保证体制内的人员的利益，这样这种制度的正当性和吸引力自然会受到影响。据张仲礼的研究，“从理论上说，文生员和平民不得捐官。因为文生员是在学的学生，理应努力进取更高的荣誉，并由此而谋‘正途’出身。平民不应平步青云，一跃而为上层绅士。然而在实际上生员和平民都允许捐监生和贡生衔，他们可由此再进而捐官。其中有的人从未真正成为监生和贡生，因为他们捐官时，将监生和贡生捐银和官职的捐银同时缴纳，因此在官员们的奏报中，往往将捐官者的出身分别为官吏、绅士、商人或富豪”②。这就好比说是直接在街上买一张毕业文凭再去买一个官职，后果就是谁有钱谁就可以当官。

如此这般，通过科举制度所建立的权利/真理/利益的架构的平衡被打破了，这就导致了整个社会对于儒业的疏离，同时老百姓对于传统的功名的尊重感也就大大地减弱了，转而对于富人表现出仰慕。据刘大鹏日记说：“顷闻太谷大富王姓者年二十余，先捐一道员，改捐某部郎中，于本月初八日赴京供职，饯行者络绎不绝，路旁之人莫不歆然倾慕。嗟乎！富家之子不读书而可列于朝廷，贫窭之士抱学问而终困于草野。”③制度的失灵会导致原有的社会秩序逐渐失去对社会的规范能力，甚至导致对于先有的制度的排拒心理。科举制度也一样，在捐纳的泛滥时期逐

① 夏仁虎：《旧京琐记》，79页，北京，北京古籍出版社，1986。

② 张仲礼：《中国绅士——关于其在19世纪中国社会中作用的研究》，26～27页。

③ 刘大鹏：《退想斋日记》(1905年9月11日)，145页。

渐失去了对社会行为的规范力和凝聚力。

2. 科举的形式化及其与儒家精神的疏离

对于制度化儒家而言，科举制度的产生和发展是极为关键的，这一点很快会被科举废除之后的历史事实所证实。科举制度使儒家的价值观成为一种社会上升流动的必要的和前提性的条件，这样，对儒家价值观的认同便成为一种自觉的行为。但以对知识的流动实行控制为主要特征的思想观念的制度化本身意味着它对于社会秩序的各种竞争性的解释的控制甚至排斥，这个过程不但是针对儒家思想之外的别的思想流派，而且对于儒家经典内部，这样的规范行为也在不断进行着。这会导致两方面的后果：其一，科举考试的内容越来越集中于一些儒家的经典，而对这些经典的解释必须是得到官方认可的。越到后期，考试的范围越窄。这样科举虽然给儒家的观念提供了制度化的传播渠道，代价是儒家的整体精神被分解。其二，由于对竞争性解释的排斥，使主流的观念因缺乏内在的发展动力而僵化，在不断形式化的过程中而导致其形式和内容的不断背离。

科举考试作为一种以传达儒家观念为核心的选举性考试制度，在不同的时代有不同的考试形式和内容，最通常的内容是阐发经典义理。尤其是北宋的王安石改革科举内容起，这样的形式便得到确立。按康有为的说法，“推宋王安石之以经义试士也，盖鉴于诗赋之浮华寡实，帖括之迂腐无用，故亦借先圣深博之经文，令学者发精微之大义，以为诸经包括人天，兼该治教，经世宰物，利用前民，苟能发明其大义微言，自可深信其通经致用。立法之始，意美法良”①。这种“依经按传”代圣贤立言的考试方式便被延续下来。

明代之后，科举考试的范围名为《四书》、《五经》，但实际上的考试

---

① 康有为：《请废八股试帖楷法试士改用策论折》，见《康有为全集》，第四集，78页。因此，到了明代（明清两代的科举形式基本上一致），“乡试三场，首场试四书义、经义，另一场试论、判、诏、诰、章、表，一场试经史策论。三场所重在首场，首场的经义或称五经文，仿四书文，亦用八股文式。所以论者称明以时文或四书文取士者，乃就其所重者而言”。见王德昭：《清代科举考试制度研究》，23页。

内容主要从《四书》而来，这些书中所能出的题目有限，因此举子只有将之分类，搜求范文背诵便可完成考试，因此，对于本经原文，却是十分陌生。

明代科举采用一种严格的考试文体“时文”，或称制义，即通常所说的八股文。“其文略仿宋经义，然代古人语气为之，体用排偶，谓之八股，通谓之制义。”① 从技术层面来讲，八股这种形式有利于从标准化的方式来选取人才，最大限度地避免因文体的多样性而导致的考试标准的主观性色彩。因此，对于八股文这种形式的本意和实际的作用的评价是一个十分复杂的问题，至少我们不能简单地用现代教育的目光来衡量这种制度，对此需要另文专论，这里所要讨论的是这种出于“通经致用”为目的而设立的制度逐渐僵化和技术化，进而演化为一种表面上和形式上的东西，而对于儒家经义的内容反而成了一种点缀。因此我们说科举发展到明末已经越来越非儒家化，而各地无论官学还是私学，都变成了科举的附庸。

对于由于形式化和利益化所导致的士生忽视儒家经义之大端而孜孜于功名的问题，宋明以来的大儒不断地强调，并试图改变。比如陆九渊从义利之辨的角度来唤醒士子们对于“利”的警惕。后来也有许多人强调举子必须在应对科举的同时，更进一步体会圣贤之学的精髓。比如，王阳明在嘉靖四年所写的《万松书院记》中说：

> 自科举之业盛，士皆驰骛于记诵辞章，而功利得丧分惑其心，于是师之所教，弟子之所学者，遂不复知有明伦之意矣。怀世道之忧者思挽而复之，则亦未知所措其力。……今书院之设……士之来集于此者，其必相与思之曰：“既进我于学校矣，而复优我于是，何为乎？宁独以精吾之举业而已乎？使吾之进取而已乎？则学校之中，未尝不可以精吾之业。而进取之心，自吾所汲汲，非有待于人之从而趋之也。是必有进于是者矣。是固期我以古圣贤之学也。”②

---

① 《明史·志·选举二》。

② 王阳明：《万松书院记》，见《王阳明全集》，上卷，253 页，上海，上海人民出版社，1992。

虽然王门后学纷纷通过讲会的方式阐明儒家之宗纲，但是对于整个社会而言，科举的巨大吸引力必然会引导士子通过最有利于考取功名的途径来学习。

明末社会危机促使人们对以前的制度进行反思，其中，对于科举制度的反思也是重要的内容。明末的重要思想家对于科举的形式化有十分严厉的批评，尤以顾炎武和黄宗羲等人攻之最力。顾炎武对于读书人醉心于“十八房”“坊刻”的考试辅导书而无心于从经典本文去寻求儒家精神的做法十分反感，他并将科举对于儒学的损害等同于焚书坑儒。他说：

> 今日科场之病，莫甚乎拟题。且以经文言之，初场试所习本经义四道，而本经之中，场屋可出之题不过数十。富家巨族延请名士馆于家塾，将此数十题各撰一篇，计篇酬价，令其子弟及僮奴之俊慧者记诵熟习。入场命题，十符八九，即以所记之文抄誊上卷，较之风檐结构，难易遇殊，《四书》亦然。发榜之后，此曹便为贵人，年少貌美者多得馆选，天下之士靡然从风，而本经亦可以不读矣，予闻昔年《五经》之中，惟《春秋》止记题目，然亦须兼读四传。又闻嘉靖以前，学臣命《礼记》题，有出《丧服》以试士子之能记否者，百年以来，《丧服》等篇皆删去不读，今则并《檀弓》不读矣。《书》则删去《五子之歌》、《汤誓》、《盘庚》、《西伯勘黎》、《微子》、《金胺》、《顾命》、《康王之浩》、《文侯之命》等篇不读，《诗》则删去淫风变雅不读，《易》则删去《讼》、《否》、《剥》、《豚》、《明夷》、《睽》、《蹇》、《困》、《旅》等卦不读，止记其可以出题之篇，及此数十题之文而已。读论惟取一篇，披庄不过盈尺。因陋就寡，赴速邀时。昔人所需十年而成者，以一年毕之。昔人所待一年而习者，以一月毕之。成于剿袭，得于假倩，卒而间其所未读之经，有茫然不知为何书者，故愚以为八股之害等于焚书，而败坏人材有甚于咸阳之郊所坑者。①

在顾炎武看来，儒家的经典是一个整体，抽取其中的一部分，并以

① 顾炎武：《日知录·拟题》。

八股的方式阐发，那么经学之真谛便无从了解。所以他主张改革科举，要从改变读书方式开始。

虽然，明代科举的弊端已十分明显，但清代依然沿用明代的考试方法，并继续将《四书》、《五经》作为科举考试的范围。以经典作为选举之依据，本意是通过这种制度性的手段，将儒家的义理贯彻到社会各个层面，以维护政治社会的体制和秩序。如乾隆皇帝在命方苞选辑《钦定四书文》时说："国家以经义取士，将使士子沈潜于四书、五经之义，含英咀华，发摅文采，因以觇学力之深浅与器识之淳薄，而风会所趋，即有关气运。诚以人心士习之端倪，呈露者甚微，而征应者甚巨也。"① 即通过对儒家经义的体会来激发内心的秩序感。但是明朝科举的一些负面缺陷并没有得到改变，士子们已经深陷于科举与名利的关系，而对于经学大义则弃之不顾，科举日益与圣贤之道相背离。乾隆皇帝在乾隆五年（公元 1740 年）给太学下的谕令中就慨叹道："独是科名声利之习，深入人心，积习难返，士子所为汲汲皇皇者，惟是之求，而未尝有志于圣贤之道。"②

在科举与巨大的利益和权力相连的时候，我们可以理解对于考试技巧的研究必然会超过对于经典内容的关注。而学校作为与科举相联系的儒家传播途径，也必然会演变为科举的预备机构而不是圣贤之道的推广渠道。"自明科举之法兴，而学校之教育废矣。国学、府学、县学，徒有学校之名耳。考其学业，科举之法外，无他业也；窥其志虑，求取科名之外，无他志也。"③ 近人王德昭也说："于科举制度下，清代学校所肄习者为科举之学，而科举之学尤重者为四书文，即时文或八股文。不仅如此，为清代学校的主体的国学和府、州、县学，直可谓有考课，无教学。"④ 到了晚清时期，人们对于考试形式的看重和对于内容的忽视已经到了有点偏执的地步，如对考生的字体的讲究。当时发展出一种特别的"小楷"，对此有许多的记载，如有人描述说："读卷诸臣，率多偏重书

---

① 《钦定大清会典事例》，卷三三二，乾隆元年下。

② 《钦定大清会典事例》，卷一〇九九。

③ 汤成烈：《学校篇》，见《皇朝经世文续编》，卷六十五。

④ 王德昭：《清代科举制度研究》，112 页。

法，于策文取无疵类而已。敷奏以言为拜献先资。如文义醇茂，字画端楷，固为及格之选；若字在丙而文在甲，视文字均属乙等，自当使之出一头地。”① 因此读书人用功的主要内容变成了“练字”。据刘大鹏 1896 年 9 月 12 日的日记说：

> 我朝开科取士，乡试会试外，大率以字取者居多。殿试则是取字，朝考亦然，京都凡取士，总以字为先，以诗赋为次，文艺又次之。故用功之士，写字为要务，一日之中写字工夫居其半，甚且有终日写字者。京师之人相见问曰：近日用功否？即问写字也，并不问所读何书。若见一生人，阴问此人书法如何，善写钦仰，不善写则轻视，风气使然也吁。②

如果说由于科举的形式化造就了知识和信仰之间的背离的话，那么，可以说这种危机是内在的，是由制度化本身的逻辑所决定的。列文森说：“儒家的需要导致了科举制度的形成，但科举制度形成后似乎又违背了儒家的需要，它甚至按照那些想成为官员之人的愿望把文化提升到了品质之上。因为毕竟学问是能够系统检验的，而品德则不能。”③ 利用科举的手段考查学生对于儒家经典的了解，在传统的测量手段中，不可谓是一种可以想到的最理想的办法。因为，道德判断有很大的主观能动性，所以难免有偏差，而科举可以尽量地减低主观性对于判断的干扰。但是具有讽刺意味的是，一个人的道德品行只有通过行为而不能通过一种形式上的检验而测量出来，这是由科举这种形式和内容之间的先天的矛盾所决定的。

清初也曾经试图解决科举的弊端。康熙十八年，就有谕令各地的学政应努力解决的十个问题。其中包括，不够资格而准予考试、优先录取权贵子弟、勒索考生等等。④ 后来的雍正和乾隆时期，也曾采取严厉的惩罚措施来处置科场弊案。但是，随着时间的推移，科举制度再度陷入腐

---

① 王庆云：《石渠余记》，卷一，40 页。
② 刘大鹏：《退想斋日记》，61 页。
③ ［美］列文森：《儒教中国及其现代命运》，197 页。
④ 商衍鎏：《清代科举考试述录及有关著作》，296 页，天津，百花文艺出版社，2004。

败的怪圈。科举制度本身也因为各种腐败案件的出现而进入了制度退化阶段，科举制度的优越性越来越被制度的负面因素所掩盖。

科举之竞争激烈超乎想象，获得的利益又十分明显。高收益必然会导致铤而走险的冒险行为。比如，从考官方面，有人将之视为一条敛财之路；而从考生方面来说，也有人为了获得考试的成功而不择手段。

儒家的制度化决定了从事“儒业”的声望，因为声望本身可以对社会地位的差异进行再细致化和补偿，以保持儒家的象征意义，这样即使那些没有取得考试成功的人也可以获得较高的社会尊重度。而地方的清流还可以出任书院的教习。

按清代的制度，教职需有专门的选拔途径，教授必须出身进士、举人。而学正、教谕、训导，也要有进士的身份，但是在雍正的时候，首开将不胜任的官员改任教职的命令，这样就变成了一个成例，即教职“殆成为庸劣不职人员的安置之所”①。那些在行政机构不堪任的人，且可以转任官学的教习。教职本身并非一个重要的职位，但其含有声誉上的意义。如以行政官制改任，便会减弱教职在价值承担上的严肃性，并发展成为对于所教内容的神圣性的消解。

这样一种“成例”的形成，表明在关乎价值建构的正式制度之外，产生了极具操作性的次级制度，而这种制度虽然并不直接与包括科举制度在内的核心制度相冲突，但它对制度化儒家的打击随着人们将科举视为近代人才匮乏的原因时，越发明显。

科举考试除了为朝廷选举服务人才之外，其重要的功能还在于造就一批社会的榜样人物，通过赋予他们特殊的地位和相应的权威而作为转变民众观念和维护社会安定的重要力量。如嘉庆十九年（公元 1814 年）上谕说：“向来直省各学政、岁科考试，取进童生，复试时定有敬谨默写《圣谕广训》之条。诚以士为民倡，果能平时服诵，相与宣讲，内而砥砺躬行，外而化导乡俗，自见薰德善良，风气日臻醇厚。”② 但事实上，由于投考者和录取者之间巨大的差额和在科举所能带来的现实的功利面前，

① 王德昭：《清代科举制度研究》，117 页。

② 《钦定大清会典事例》，嘉庆十九年下。

读书人早已将“化导乡俗”而使民风醇厚的责任置之一边，而是想尽一切办法以达到出人头地的目的。

随着时间的推移，科举考试的各个环节都开始出现问题。

首先是考官就监守自盗，“勾通内帘收掌书吏，预传红号，竟将某卷直送书房，以便呈荐”①。这种风气使得考生和考官之间的沟通逐渐交易化，据薛福成的记载：“当咸丰之初年，条子之风盛行，大庭广众中，不以为讳。敏给者常制胜，朴讷者常失利。往往有考官夙所相识，闱中不知而摈之，及出闱而咎其不递条子者。又有无耻之徒，加识三圈五圈于条上者，倘获中式，则三圈者馈三百金，五圈者馈五百金。考官之尤无行者，或歆羡之。余不知此风始自于何时，然以余所见，则世风之下，至斯极矣。”② 作弊之风的盛行也曾让朝廷有严惩的决心。其中尤以咸丰八年（公元 1858 年）的“戊午科场案”堪称科场大狱。当时一个戏班的票友得中顺天府的乡试第七名，导致物论四起，谓戏子亦能中式，因此可使调查，查明在考试的过程中出现了撤换试卷、递条子（使考官能辨认是谁的考卷）数案并发的现象，当时被处以斩决、戍边的就有包括大学士、户部尚书和左副都御史等在内的朝廷重臣。当时的咸丰皇帝还专门发布上谕说：“朕此次严惩，正为士林维持风气，尔在廷诸臣当能默喻朕衷也。”③虽然自戊午严办考官之后，遂一度没有人敢明目张胆以条子相授受，但在科举成功的巨大利益诱惑面前，考试的腐败依然严重，就在 1893 年大的科场案件就有三件：“光绪癸巳（1893 年），科场案凡三：陕西主考丁惟禔，尝贿通内监，谋四川主考。过付人有编修饶士腾，及二酉堂书肆。为御史林绍年揭参。饶畏罪服毒毙，丁则案未结而病死；浙江主考殷如璋，赴浙途中，有浙籍中书周福清拜谒，商贾关节，为殷举发，定斩监候之罪。北闱则揭晓后，新举人数名，为台谏纠以枪替，因命复试。文字相符，准一体会试者一人，即周学熙也，余停科及黜革有差。”④ 这里提到的浙籍中书周福清就是鲁迅的爷爷，这个案件也是导

① 《清朝续文献通考》卷 86，选举三。

② 薛福成：《戊午科场之案》，见《庸庵笔记》卷 3。

③ 《清朝续文献通考》卷 86，选举三。

④ 《凌霄一士随笔》，载《国闻周报》，第 6 卷，第 50 期。

致鲁迅幼时家道中落的直接原因。

其次是士子为博成功而不择手段。既然经典已成获得功名之手段，那么经典便成工具，至于经典所训导之礼义廉耻就对士子而言适成其口是心非之讽刺。齐召南说：“士子以四书五经为干禄之具，而不知其为修己治人之方；其所为人，悉是剿说之余，而不足为躬行心得之验。仁智之性，既塞其源，恻隐羞恶是非之良，亦仅存而无几。本实拨矣，枝叶何观。”① 正是因为参加考试的士子们已经将“四书五经为干禄之具”，因而身上便少有道德承当意识，因此诸如“冒名顶替”（即所谓雇枪手）、“垫塞”（即将大量写好的文章缝在衣服里，或放在考生带饭的篮子里）、“传递”（一旦大考官将题目公布，立刻有人将之传给在场外等待的人，“枪手”着手写文章，再通过看守和监考人员将之传递到需要的人手中）等手段层出不穷。到晚清的最后几年甚至发展成聚众闹事和借机生事的理由。

科举之用意中有通过教育手段将儒家思想传播乡野的宏愿，只是制度的变异使科举的利益层面被强化而教化层面被遮蔽。对此，徐复观认为科举是使中国人的道德行为和文化精神荡然无存的根由，他说：

> 科举在事势上只能着眼于文字，文字与一个人的行义名节无关，这便使士大夫和中国文化的基本精神脱节，使知识分子对文化无真正的责任感，使主要以成就人之道德行为的文化精神沉没浮荡而无所附丽。文字的好坏，要揣摩朝廷的好恶，与社会清议无关，这便使士大夫一面在精神上乃至在形式上完全弃置其乡里于不顾，完全与现实的社会脱节，更使其浮游无根……科举考试都是“投牒自进”，破坏士大夫的廉耻，使士大夫日趋于卑贱，日安于卑贱。把士与政治的关系，简化为一单纯的利禄之门，把读书的事情，简化为单纯的利禄的工具。②

徐复观先生把“投牒自进”这样的广泛的参与看作是破坏士大夫的

---

① 《进呈经史说》，见《皇朝经世文编》，卷十。

② 徐复观：《学术与政治之间》，74～75页，上海，华东师范大学出版社，2009。

廉耻，可能有一些批评过当，不过科举制度将知识和权力结盟的方式，的确使知识不断成为权力的附庸，则是切中要害的。

3. 求道和学艺：科举与现代教育之矛盾

儒家所崇尚的教育是人格的培养和为人处世的能力的提升，知识的学习固然是基础，但是不同时期的目标则主要在于自我修养式的"小成"和教化社会、"化民易俗"的"大成"。《礼记・学记》言之甚详：

> 古之教者，家有塾，党有庠，术有序，国有学。比年入学，中年考校。一年视离经辨志，三年视敬业乐群，五年视博习亲师，七年视论学取友，谓之小成；九年知类通达，强立而不反，谓之大成。夫然后足以化民易俗，近者说服，而远者怀之，此大学之道也。

基于此，这个学的过程就是一个持续不断的过程，即现在所谓的"终身学习"。孔子描述他自己的学习过程就是一个不断提升人格境界的过程。子曰："吾十有五而志于学，三十而立，四十而不惑，五十而知天命，六十而耳顺，七十而从心所欲，不逾矩。"①

儒家之学习始于修身，发用为服务社会，因此，其教育的目的是培养内圣外王合一的人。最高的境界便是成圣成贤。

儒家严君子、小人之分别，这主要不是基于知识才能上的差别，而是基于道德境界的高下。孔子首先就训导自己的弟子要成为"君子儒"，而不要做"小人儒"。君子之所以为君子并非是他擅长于做什么具体的工作，孔子说"君子不器"②，也就是说君子无须也不应该关注那些"技术性的知识和工艺"。君子是仁德的承载者，并由他播撒到人们的日常生活中，从而构成一个和谐的社会秩序。

> 子曰："富与贵，是人之所欲也；不以其道得之，不处也。贫与贱，是人之所恶也；不以其道得之，不去也。君子去仁，恶乎成名？

---

① 《论语・为政》。
② 《论语・为政》。

君子无终食之间违仁，造次必于是，颠沛必于是。”①

正是在这样的价值原则下，中国士人的知识指向更多是关注社会秩序的建立及与之相关的内容，包括人如何维护这种社会秩序。

汉代立五经博士，设太学，而博士弟子开始将儒家的经典作为其研习的内容，在制度性的保障之下，成为一种经学之儒，这样的儒者，以阐发经学的意蕴为首务，而与实践之儒分而不合。儒家的选官制度，最初秉孝廉察举之法，首重道德品行，东汉之后再辅之以经典知识。后世科举之制成，逐渐转向以经典为本，德行之考察逐渐隐而不彰。不过这样的教育方式，依然是古典式的，虽然太学之教育中包含有律令、医学等内容，但是经学依然是最为核心的要求。科举之法要选择的不是专门的管理人才或技术人员，而是一种对于儒家的秩序观念有着深刻认同的“君子”。马克斯·韦伯对于中西考试内容的分析，指出它们之间的巨大差别在于：“中国的考试，并不像我们西方为法学家、医师或技术人员等所制定的新式的、理性官僚主义的考试章程一样确定某种专业资格。……中国的考试，目的在于考查学生是否完全具备经典知识及由此产生的、适合于一个有教养的人的思考方式。”② 如果我们将中国式的古典教育视之为“求道”的话，那么韦伯所谓的资格考试，则可以命名为“学艺”。

如果我们换一个视角，我们可以将“求道”和“学艺”这样不同的教育方式看作是古典教育和现代教育之间的差别。西方思想在经受启蒙运动洗礼的时候，逐渐开始了信仰和知识的分途，并到 19 世纪逐渐形成知识的学科化和专业化。“创立了以生产新知识、培养知识创造者为宗旨的永久性制度结构。多元学科的创立乃基于这样一个信念：由于现实被合理地分成了一些不同的知识群，因此系统化研究便要求研究者掌握专门的技能，并借助于这些技能去集中应对多种多样、各自独立的现实领域。”③ 当西方逐渐建立起一套现代的专业化和应用性的知识体系的时候，

---

① 《论语·里仁》。

② ［德］韦伯：《儒教与道教》，143 页，南京，江苏人民出版社，1993。

③ ［美］华勒斯坦等：《开放社会科学》，9 页。

古典的儒家教育理念依然占据主导性，那些专业性和技术性的工作依然不被主流的士大夫们所看重，甚至鄙视为奇技淫巧。关键是当这些新的知识创造成为西方殖民者的羽翼的时候，古典知识和现代知识之间的冲突便前所未有地摆在毫无准备的儒生面前了。

最初的震撼虽然是未及思考的，但必然是强烈的。当时参加《南京条约》谈判的黄恩彤，已经感受到中西知识体系之间的巨大鸿沟。他在谈到中国的海防说："无论昔之言战言防、均成画饼。即今之言造船，言铸炮，言练水勇，言筑台堡者，亦复毫无把握。"① 在民族的尊严遭受严重侵犯之时，原有的教育方式和人才选拔机制并不能提供应付现实之需的人才。对此的反思从内部改革和外部吸收两方面展开。一方面，人们试图对儒家的内容进行重新理解，经世致用的思想被强调。曾国藩对儒家内涵的分析就突出了经世的一面："有义理之学，有词章之学，有经济之学，有考据之学。义理之学即宋史所谓道学也，在孔门为德行之科；词章之学在孔门为言语之科；经济之学在孔门为政事之科；考据之学即今世所谓汉学也，在孔门为文学之科。此四者阙一不可。"② 另一方面，接受西方的知识体系，改革学校和科举的内容成了当时许多人的急迫的想法。

对以科举为核心的制度的最初突破口在于非科举目的的实用性学校的创办。鉴于与外国交涉需要外语人才，所以在建议设立"总理各国事务衙门"之时，奕䜣还建议设立专习外国文字的"同文馆"，并于 1862 年正式建立。此后上海的广方言馆和洋务学堂开始出现，1867 年同文馆奏请招收正途的学生。这引发了巨大的争论，其中倭仁的说法就是强调古典的教育与技术教育的差别，他认为挽救中国的危局，不能仅仅靠技术而放弃经典所宣示的"大道"。倭仁说：

> 立国之道，尚礼义不尚权谋；根本之图，在人心不在技艺。今求之一技之末，而又奉夷人为师。无论夷人诡，未必传其精巧，即使教者诚教，学者诚学，所成就者不过术数之士。古今来未闻有术

① 《抚夷论》，见《鸦片战争》，第五册，434 页，上海，上海人民出版社，1962。

② 《曾文正公全集·求阙斋日记》，卷上，《问学》。

数而能起衰振弱者。[①]

倭仁的立场中有明显的华夏中心主义色彩，但是他所强调的却是儒家教育对于政治秩序的关键意义，并认为这一点并非技艺性的知识所能担当。

随着对于西方情况的了解的深入，人们开始将科举改革视为改变中国知识格局的重要路径。最初的科举改革的想法是在原有的考试内容上作一些变动[②]，也有人主张特设一科，来专门选拔有造船、制造、驾驶、测量的人才。在经过无数次的质难和辩驳之后，1888年举行的戊子乡试，首开算学科，并决定只要报名人数在20名之上者，就可以开考。虽然以后数次均因报名人数达不到要求而停摆，但这对儒家"求道斥器"的教育理念是一种重大的冲击。

甲午战争的失败，必须在制度层面上进行变革已经成为社会的共识。与知识和技术密切相关的科举制度则是制度改革最被人看得到的部分。严复说："逮甲午东方事起，以北洋精炼而见败于素所轻蔑之日本，于是天下愕眙，群起而求其所以然之故，乃恍然于前此教育之无当，而集矢于数百千年通用取士之经义。"[③] 在亡国灭种的忧虑中，人们不仅将目标对准科举的内容，甚至主张连科举这种形式也应该废除。

康有为认为日本迅速崛起的一个大的因素就是兴学，而中国之所以在兴办学校这一点上举步维艰，就是因为科举的内容不适应时代的需求，所以"下手之指始、抽薪之法，莫先于厘正科举及岁科试。四书文体以发明大道为主，必须贯串后世及大地万国掌故，以印证之；使学通今古中外，乃可施行其文体如汉、宋人经义。停八股一事，必皇上明降谕旨，乃足以风厉天下。此制一变，则士民靡然向风，人才辈出"[④]。康有为的总体理念是中西会通，因此他既要保持经典的地位，但同时也希望在考

---

① 《同治六年二月十五日大学士倭仁折》，见《筹办夷务始末·同治朝》，卷四十七。

② 如道光年间的潘德舆在《与鲁通甫书》中说："窃以为今之三场校士不必变，变之徒骇俗，无裨于治术。但变其所校者而已矣。"见《皇朝经世文续编》，卷六十六，《礼政六：贡举》。

③ 王栻编：《严复集》，第1册，166页。

④ 康有为：《请商定教案法律厘正科举文体听天下乡邑增设文庙谨写〈孔子改制考〉进呈御览以尊圣师而保大教折》，见《康有为全集》，第四集，94页。

试内容中能容纳更多的内容。而梁启超对科举制度的分析开始意识到了“君子不器”的理念和西方的教育体系在提升国民素质上的不同之处。梁启超以西方的普及教育为坐标认为中国的科举考试则是趋中国人于愚昧的境地，因此应该废弃。他说：

> 且科举之法，非徒愚士大夫无用已也，又并其农工商兵妇女而皆愚而弃之。夫欲富国，必自智其农工商始，欲强其兵，必自智其兵始。泰西民六七岁，必皆入学，识字学算，粗解天文舆地，故其农工商兵妇女，皆知学，皆能阅报。吾之生童，固农工商兵妇女之师也。吾生童无专门之学，故农不知植物，工不知制造，商不知万国物产，兵不知测绘算数，妇女无以助其夫，是皇上抚有四万万有用之民，而弃之无用之地，至兵不能御敌，而农工商不能裕国，岂不大可痛哉！①

梁启超认为科举的办法会将士大夫的精力投入到无用之地。这里潜藏着这样的意思，即经典本身已经不足以解决中国当前的困局，这一点他比康有为走得更远，这也是他的立场在革命派和改良派之间来回游离的原因之一。他从现代教育的立场指出科举制度并不利于儒家的传播，反而成为儒家思想与民众阻隔的主要障碍。

> 中国之孔子之教，历数千载，受教之人，号称四百兆，未为少也。然而妇女不读书，去其半矣，农工商兵不知学，去其十之八九矣，自余一二占毕咿呀以从事于《四书》《五经》者，彼其用心，则为考试之题目耳，制艺之取材耳，于经无与也，于教无与也。其有通人志士，或笺注校勘，效忠于许郑，或束身自爱，归命于程朱，然于古人之微言大义，所谓诵《诗》三百可以授政，《春秋》经世先王之志者，盖寡能留意，则亦不过学其所学，于经仍无与也，于教仍无与也。故号为受教者四万万人，而究其实能有几人，则非吾之所敢言也。故吾尝谓今日之天下，幸而犹以经义取士耳，否则读吾

① 梁启超等：《公车上书请变通科举折》（1898），见《戊戌变法》，第二册，345 页，上海，神州国光社，1953。

> 教之经者，殆几绝也。此言似过，然有铁证焉。彼《礼经》十七篇，孔子之所雅言，今试问缀学之子，能诵其文，言其义者，几何人也。何也，科举所不用也。然则堂堂大教，乃反借其疲敝之科举以图存，夫借科举之所存者，其与亡也相去几何矣。而况今日之科举，其势必不能久。吾向者所谓变亦变，不变亦变，与其待他人之变，而一切澌灭以至于尽，则何如吾自变之，而尚可以存其一二也。记曰："下无学，贼民兴，丧无日矣。"传曰："小雅尽废，则四彝交侵，而中国微。"忾我儒教，爰自东京，即已不竞。晋宋之间陷于老，隋唐以来沦于佛，外教一入，立见侵夺，况于彼教之徒，强聒不舍，挟以国力，奇悍无伦。今吾盖见通商各岸之商贾，西文学堂之人士，攘臂弄舌，动曰《四书》《五经》为无用之物，而教士之著书发论，亦侃侃言曰，中国之衰弱，由于教之未善。夫以今日帖括家之所谓经，与考据家之所谓经，虽圣人复起，不能谓其非无用也。则恶能禁人之不轻薄之而遗弃之也。故准此不变，吾恐二十年以后，孔子之教，将绝于天壤，此则可为痛哭者也。①

在这种社会氛围之下，朝廷开始接受有关国家知识治理制度的重构的建议，光绪二十一年（公元 1895 年）设立"官书局"，选择翻译外文书籍和各国报纸，以传播新知识。光绪二十二年（公元 1896 年）于京师设立大学堂，并在各省、府、州、县设立学堂的建议也被采纳。光绪二十四年（公元 1898 年）经济专科设立，这样在传统的科举之外又别设一

---

① 梁启超：《学校总论》（1896 年），见舒新城：《中国近代教育史资料》下册，931～932 页，北京，人民教育出版社，1981。在晚清之谴责小说《孽海花》中，曾朴对于读书人沉醉于科举所作的抨击也特别有力："我如今要说一种特别异样的迷信，为全世界各种人所无，而一种人所独具。他的势力极大，能叫全国人如痴如狂，生命可以弃，国家可以亡，种族可以乱，而惟此一点迷信，山崩雷震也不能唤醒他。你道有这个迷信的是那一国，迷信是什么事呢？原来那国非别，就是爱自由者最崇拜的、神圣的不可犯之支那大帝国。全国国民别无嗜好，就是迷信着'科名'两字，看得似第二个生命一般。当着那世界人民都掷头颅，糜血肉，死争自由最剧烈的时代，正是我国民呕心血，绞脑汁，巴结科名最高兴的当儿。列位，你们猜猜，这'科名'两字是什么东西？难道是天地生成，祖宗养成我这四万万人的特别原质，应当迷信这个的吗？咳！咳！这便是我国民一段最痛心的历史，受了一千多年海样深的大害。到如今尚不肯醒来，还说是百年养士之鸿恩，一代搜才之盛典哩！呸！呸！什么鸿恩？什么盛典？这便是专制君主束缚我同胞最毒的手段。"转引自王尔敏：《近代文化生态及其变迁》，249 页。

途，与正途相类。同年科举中的八股文体被废除，而改试策论。

虽然康梁领导的戊戌变法被视为是“离间宫廷之计”，一些当时提出的措施被废止。但是，京师大学堂因为外国教习已经聘任等原因而继续。光绪二十六年（公元 1900 年），朝廷下诏变法，一些教育改革措施如经济特科、设立学堂等在光绪二十七年（公元 1901 年）开始也陆续恢复，还出台了鼓励各省派学生出洋学习的措施，比如经费由各省筹备，自费出国留学者如获得文凭，可以享受官派生一样的待遇，清廷将赏给进士、举人出身。清廷还在西安宣布将在光绪二十八年（公元 1902 年）废除时文诗帖，而是用经义和策论来考试，并停止武科。并在回北京之后下令“将宗室、觉罗、八旗等官学，改设小学堂、中学堂，均归入大学堂办理……各省驻防官学、书院，一律改为小学堂”①。

学校教育和以科举为核心的传统教育其实是完全不同的两种教育类型，借用何怀宏的说法：“由旧科举向新学校的转变，实质上是一个由选拔少数道德文化精英从政的制度（即它甚至还不是一种精英的教育培养制度，而只是一种初步的选拔制度），向一个普及全民教育、广泛实施专业、技术训练制度的转变，前者是依附于一个等级社会，而后者是走向一个平等社会；所以前者必须严格精选，限制数量，保证质量，而后者则不妨广开学路，尽量吸引人受教育，各学一技术，各习所业。”②

然而，在由求道式的教育向学艺式的教育转变的时候，其阻力也不小。尽管 19 世纪末新式学堂已经具有了一定的号召力，但在将科举作为上升途径的中国士人那里，科举的吸引力远大于前途未卜的学堂，理由无他，皆因科举“出身”依然是一种巨大的社会资源。为了吸引士子投身新式学堂，张之洞等人一开始建议采取渐进的办法，一是在科举考试的内容中，大量加入各国政治、地理、武备等新知识；二是逐步减少科举取士的名额，将之转为从学堂取士的名额，经过一段时间之后，逐渐将出路转移到新学堂中。③ 但尽管有种种鼓励新式学堂和游学的措施，但

① 《清德宗实录》，卷 486。

② 何怀宏：《选举社会及其终结》，392 页。

③ 参见《湖广总督张之洞、两江总督刘坤一：会奏变法自强第一疏》，见陈元晖主编：《中国近代教育史资料汇编：学制演变》，14～15 页，上海，上海教育出版社，2007。

或许是因为新学堂在初建时期，不敷完善，或许是一些地方还未能及时了解社会的变化，所以，士子们依然倾向于科举。张之洞说："夫学堂虽立，无晋身之阶，人不乐为也。其来者必白屋钝士，资禀凡下，不能为时文者也。其世族俊才，皆仍志于科举而已。……使乡试会试仍取决于时文，京朝官仍絜长于小楷，名位取舍惟在于斯；则虽日讨国人而申儆之，告之祸至无日，戒以识时务、求通才、救危局，而朝野之汶暗如故，空疏亦如故矣。故救时必自变法始，变法必自变科举始。"① 光绪二十九年（公元1903年）袁世凯、张之洞等人以科举阻碍学堂为由，上奏要求逐年减少学额，直至到最后"舍学堂别无进身之路"。到1905年科举被最后废除。

废除科举造成的知识与权力联盟的解体更具体的解释我们将在下一章作出，上面所概略说明的是科举的衰落既是因为科举制度的发展导致其与儒家价值的分离化倾向，以及面对新的知识形态的冲击所面临的知识再生产方式的危机，这些内外交困的因素，导致了科举制度最终被废除的命运，由此，制度化儒家的解体拉开了序幕。

三、报纸、杂志等公众媒介的发展和知识传播的新途径

关于近代中国大众传媒对于中国社会变迁的关系，国内外已经有了很多的研究，近年来人们又借助哈贝马斯关于"公共空间"的概念做了许多研究。许多人认同哈贝马斯的观点，认为近代欧洲在启蒙运动中出现的报刊、俱乐部和咖啡厅等各种文化机构，形成了一种代表中产阶级利益的公共领域。这个领域的产生，解构了官方权力一统天下的局面，从而成为社会转型过程中的关键点之一。② 近代中国媒体的出现部分是因为新的工商群体的出现，部分是因为传教士希望借助在西方已经十分成熟的新闻传媒来扩大他们对中国社会的影响，但无论原因为何，这些新

① 张之洞：《劝学篇·变科举第八》。

② 参见李仁渊：《晚清的新式传播媒体与知识分子》，5页，台北，稻香出版社，2005。

媒体都逐渐成为影响社会的重要的政治性阵地，构成了社会变革的重要动力。

1. 中国报刊的政论倾向对于政治体制的冲击

中国近代报刊的发展以传教士和商人贡献最大，在 1865 年第二次鸦片战争之后，中文报刊逐渐形成了一定的规模。虽然其中大多数属于宗教性、商业型和知识类的报纸，但已经有一些报纸注意到舆论的社会作用，其间影响最大的当数《申报》和由广学会主办的《万国公报》。

《申报》在当时的成功主要是基于商业化的目的及基于此目标而采取的任用本地编辑的措施。这些报纸通过对社会新闻的报道和评论，逐渐引发人们共同的话题和关注点。特别是在晚清混乱的政治局面中，报纸对中外战争的报道，在引发民众的忧国之情的同时，催生出民族和国家意识，这为中国由传统的帝国政治向现代民族国家的转变，奠定了思想意识的基础。对此，《申报》自己就将报纸的发展和国家振兴联系在一起。

> 本馆尝言，泰西各国振兴之所由，大半由于准民间多设新闻纸馆。盖新闻纸之所述，上则国政之是非得失，皆准其论列；下则民间之善法美器，亦准其胪陈，故能互相采用，互相匡救，以成其振兴之道焉。中国昔日不知此事之有益于国家也……近来少知此事之有益。……新报之设，非能上达九重也，惟求其能邀各当道之青盼耳。若录有上益于国，下益于民之事，各当道有以采择而行之，而后新报方为有益之物也。……吾谓中国不欲取用西法则已，若欲取用西法，必先自阅报始。①

《申报》认为取用西法要从阅报开始，这个判断是有事实根据的。当时由传教士创办的《万国公报》在介绍世界各国的政治变迁、传播西方制度理念上，或许可以称之为中国维新人士的精神源头之一。

《万国公报》以改变中国人的思维方式为己任，积极刊登支持维新的

---

① 《申报》，1875 年 2 月 4 日。

言论，并直接将发行重点确定为各级官员和中上层人士，因为他们坚信士人是中国精神的真正的灵魂，影响他们便可以影响整个国家。1891 年广学会制定的一个发行计划，准备将《万国公报》发行到下列人员手中：

一、道台以上的高级文官 2 289 人；

二、尉官以上的高级武官 1 987 人；

三、府学以上的礼部官吏 1 760 人；

四、专科以上学校的教授 2 000 人；

五、居留在全国各省会，具有举人资格的候补官吏 2 000 人；

六、下列各方面知识分子的百分之五：

1. 来京会试的人员，

2. 在 20 行省内投考举人的人员，

3. 在全国 253 个府县投考秀才的人员，

这三方面共 3 000 人；

七、某些特别官吏及士大夫阶层的女眷及子女 4 000 人，共计 17 036 人。①

《万国公报》对于维新运动的影响力在前面有关传教士的部分中已有所论及，的确，康梁的很多政见受其影响很深，以至于康有为在组织强学会之后，于 1895 年 8 月 17 日创办了一份体现维新派主张的报纸，径直就命名为《万国公报》。后来因李提摩太的建议改名为《中外纪闻》。创办于 1896 年 8 月，作为晚清知识阶层鼓吹改革的另一家报纸——《时务报》，由于其主要的管理人员汪康年和主笔梁启超其西政西学知识主要来自《万国公报》和江南制造局、广学会的译著，所以从内容到风格都直接剥离自《万国公报》，维新派的这些做法引起了《万国公报》主持人林乐知等人的不满。②

有人把 1895 年视为中国近代史的一个转折点，对于传媒的发展来说也是如此。1895 年是中国民间媒体兴起的开端，自 1895—1911 年，这短

---

① 参见《创办广学会计划书》，转引自刘志琴主编：《近代中国社会文化变迁录》，第一卷，362 页，杭州，浙江人民出版社，1998。

② 参见朱维铮编：《万国公报文选》导言，25 页。

短的十几年，各类中文报刊达七八百种之多，虽然商办的报纸逐年上升，并日渐占据统治地位，但就内容而言，政论性的报刊一直是晚清媒介的主流。反而作为新闻媒介的主要功能的事实性报道退居其次，这不能不说是由中国近代特殊的历史条件所决定的。亓冰峰说：

> 在民主政治的国家之内，报刊成为民主政治的锁钥，是供给消息的主要系统，必须以独立客观的精神作为支柱，不应存任何偏见，否则它所供给的消息，非但不真实，而且有毒。但在清末中国的报人就不作如是观了，他们办报是发自悲时忧国的心情，或者为了宣传自己的主张，因此他们重视言论，而不注意新闻。如果我们打开当时的报纸或杂志来看，就可看到这种真相。杂志的内容注重论说，时评或纪事附于每期之末自不必讲，即是日报的第一版也全是论说，新闻栏反被挤在不重要的地位。因此，论说成了报纸的主体，新闻仅视为它的附属品。①

在社会转型的过程中，原先的思想论说和传播渠道不复具有权威性，因此，以论说为主流的中国媒体对中国社会价值观念的转变起到了一种引领的作用。如 1895—1900 年间的维新报刊和维新运动②，由《苏报》案所进一步激发的以排满为特征的民族主义革命，分别以《新民丛报》和《民报》为阵地的保皇党和革命党的论战，都影响到中国近代社会的发展方向。虽然我们并不能由此得出中国的走向完全由论战所决定，但是舆论和民意之间的互动关系是不容否认的。张元济说：

> 光绪己亥以后，东游渐众，聪颖者率入其国法科，因文字之便利，朝受课程于讲室，夕即移译以饷祖国。斯时杂志之刊，前后相

---

① 亓冰峰：《清末革命与君宪的论争》，243 页，台北，“中央研究院”近代史研究所专刊(19)，1980。

② 如戊戌变法之后，慈禧自是知道报刊的厉害，所以在光绪二十四年（公元 1898 年）就下谕说：“莠言乱政，最为生民之害。前经降旨意将《官报局》、《时务报》一律停止。近闻天津、上海、汉口等处，仍复报馆林立，肆口逞说，妄造谣言，惑世诬民，罔知顾忌，亟应设法禁止。著各该督抚饬属认真查禁。其馆中主笔之人，率皆斯文败类，不顾廉耻。即饬地方官严行访拿，从重惩办，以息邪说，以靖人心。”见张静庐：《中国近代出版史料初编》，93 页，上海，群联出版社，1953。

继，称为极盛。鼓吹之力，中外知名大吏，渐为所动。未几而朝廷有考察宪政之使命，又未几而仿行立宪政体之国是定矣。溯厥原因，虽至复杂，然当时输入法学，广刊杂志，不得谓无丝毫之助力也。①

就与晚清政府的关系而言，康梁等戊戌维新的倡导者，虽然开始利用新式媒体来宣传自己的思想，但是，他们并非是要颠覆当时的政治秩序。他们所希望的是利用这样的新传媒来引起当权者的注意，从而实现他们的改革社会的愿望。

而维新运动失败之后，康梁等人流亡海外，继续利用媒体宣传他们的思想。在对于中国的前途这一点上，逐渐形成的留学生群体，表现出更为激进的倾向。这个新的学生群体，在接受新的思想观点之后，容易在一个相对自由的空间中，激发出激进色彩的思想倾向。改良与革命之争是当时的思想主潮。

代表革命派观念的最有影响的媒体是同盟会的机关报《民报》，它直接以推翻清政府为目的。孙中山先生在《民报》的发刊词中就说："非常革新之学说，其理想输灌于人心而化为常识，则其去实行也近。"因此每期的《民报》都刊载其"倾覆现今之恶劣政府"等六大主张。而在日本，由于学生群体天生的革命倾向和以《民报》为代表的革命报纸的宣传，使许多康梁的信徒转向了革命。《民报》创办后的第二年，梁启超在写给康有为的信中就承认了《民报》在革命宣传上的效果，并强调争夺舆论强势的重要性，将与《民报》的辩论放在攻击政府之前。信中说："革党现在东京占极大之势力，万余学生从之者过半，前此预备立宪诏下，其机稍息，及改革官制有名无实，其势益张，近且举国若狂矣。东京各省人皆有，彼播种于此间，而蔓延于内地，真腹心之大患，万不能轻视者。近顷江西、湖南、山东、直隶到处乱机蜂起，皆彼党所为。今者我党与政府死战，犹是第二义，与革党死战，乃是第一义。"② 梁启超甚至提出有我则无彼、有彼则无我这样的非此即彼的判断，既体现出当时思想界逐渐由保守向激进的转变，也体现出媒体的风向与政治风向之间的内在

---

① 《法学协会杂志序》，载《东方杂志》，第8卷第五号。

② 丁文江、赵丰田：《梁启超年谱长编》，245页，上海，上海人民出版社，2009。

关系。

虽然，民国前的媒体也有直接将儒家与专制政体联系起来进行攻击的，但当时的主流媒体的热情还在于是改良还是革命的争论之中，它们的关注点在于是采取妥协式的君主立宪还是彻底推翻旧政府建立新政府。而《民报》动员社会力量的主要方式和重点是将现有政治制度的合法性问题诉诸民族主义的方面，即所谓的异族统治问题，而不去深究当时的社会秩序和儒家之间的依赖关系。

我们说当时的主流舆论并不将重点直接放在对儒家的批判上，并不表明它们对于政治改革的设想和行动不会触及儒家，而是相反，正是因为现有政权的合法性是建立在儒家的观念之上的，所以任何政治改革与革命的设想和行为势必直接影响到儒家本身的存在的合理性。任何对于现存政府的攻击最有效的方式是对作为其合法性依据的意识形态的解构。当时革命派的主张，其合理性依据主要来自于启蒙思想和进化论的社会历史观，因此《民报》的许多主张，必然与儒家的政治价值和社会伦理发生对立，只不过是顾及当时的社会心理并没有直接将儒家拉出来而已。如果我们参照《民报》第三期号外所列的"《民报》与《新民丛报》辩驳之纲领"① 便可体会其中的关联性。戈公振在《中国报学史》中说："自报章之文体行，遇事畅言，意无不尽。因印刷之进化，而传布愈易，因批判之风开，而真理乃愈见。所谓自由平等博爱之学说，乃一一输入我

---

① 民报所列的《民报》和《新民丛报》的差别，其实就是革命派和改良派的基本立场的差别，包括：一、《民报》主共和；《新民丛报》主专制。二、《民报》望国民以民权立宪；《新民丛报》望政府以开明专制。三、《民报》以政府恶劣，故望国民之革命；《新民丛报》以国民恶劣，故望政府以专制。四、《民报》望国民以民权立宪，故鼓吹教育与革命，以达其目的；《新民丛报》望政府以开明专制，不知如何方副其希冀。五、《民报》主张政治革命，同时主张种族革命；《新民丛报》主张政府开明专制，同时主张政治革命。六、《民报》以为国民革命，自颠覆专制而观，则为政治革命，自驱除异族而观，则为种族革命；《新民丛报》以为种族革命与政治革命不能相容。七、《民报》以为政治革命必需实力；《新民丛报》以为政治革命只需要求。八、《民报》以为革命事业专主实力不取要求；《新民丛报》以为要求不遂，继以惩警。九、《民报》以为不纳租税与暗杀不过革命之一端，革命须有全副事业；《新民丛报》以为惩警之法在不纳租税与暗杀。十、《民报》以为凡虚无党皆以革命为宗旨，非仅以刺客为事；《新民丛报》诋毁革命而鼓吹虚无党。十一、《民报》以为革命所以求共和；《新民丛报》以为革命反以得专制。十二、《民报》鉴于世界前途，知社会问题必须解决，故提倡社会主义；《新民丛报》以为社会主义不过煽动乞丐流民之具。

国，而国人始知有所谓自由、博爱、平等。故能于十余年间，颠覆清社，宏我汉京，文学之盛衰，系乎国运之隆替，不其然欤!”① 满汉问题事实上只是一个问题的突破口，革命所追求的不是王朝的轮替，而是一个自由、平等、博爱的新社会。

在国民革命成功之后，传统的政治制度和社会秩序解体，儒家便日益成为“无根基”之“上层建筑”，这种根本制度的变化也意味着作为制度化存在的儒家的解体，在论述辛亥革命成功的原因时，许多人都将之归结为舆论的力量。梁启超在《初归国演说词》中说：

> 去秋武汉起义，不数月而国体丕变，成功之速，殆为中外古今所未有。南方尚稍烦战争，若北方则更不劳一兵不折一矢矣。问其何能如是，则报纸鼓吹之功最高，此天下公言也。世人或以吾国之大，革数千年之帝政，而流血至少，所出代价至薄，诧以为奇，岂知当军兴前军兴中，哲人畸士之心血沁于报纸中者，云胡可量！然则谓我中华民国之成立，乃以黑血革命代红血革命焉可也。②

虽然梁启超的立场有时会游离于改良与革命之间，然作为舆论的骄子，梁启超将辛亥革命成功视为墨水所呈现的黑血革命，可谓是言之有据。

2. 公众媒体对儒家知识传播体系的冲击

我们前面已经论述过，通过科举所建立的知识和权力之间的关联，由官学和私学所共同构成的以儒家经典和儒家观念为唯一学习内容的知识传播体系得以建立。张仲礼分析说：“皓首穷经和习八股文，使之充塞绅士的头脑，以致几无时间来独立思考和读书。……将他们的思想导入官方思想的渠道，这些官方思想所强调的正是儒学名教这些方面。君君臣臣这些儒学教义的基本内容不仅在考试中，而且在学校里一再强调，

---

① 转引自亓冰峰：《清末革命与君宪的论争》，244 页。

② 梁启超：《鄙人对于言论界之过去及将来》，见李华兴等编：《梁启超选集》，617 页，上海，上海人民出版社，1984。

这都是与科举制度攸关的。”① 这种知识传播系统由于受到权力机构的支持，因此同时会设立各种正式或非正式的制度安排来阻止不利于自身统治的合法性基础的知识生产和传播。如大清律例中虽无对于报纸的专门规定，但有“造妖书妖言”的条款，并在审判《苏报》案中加以引用。即使是 1914 年制定的民国《出版法》和《报纸条例》都规定有“一淆乱政体者，二妨碍治安者，三败坏风俗者”② 等八条要禁止，这就为控制言论自由提供了法律上的依据。

但是近代以来的社会变革，使这种舆论控制体制难以真正地落实。

首先，近代以来的国门开放和由租界所造成的治外法权地区的存在，使得清政府无法真正对报纸和出版物进行严密的控制，事实上，自《苏报》案之后，随着留学热潮的兴起，主要的反政府的报刊都是在境外主要是日本出版发行的，即使是对中国社会影响至巨的《民报》和《新民丛报》都是在日本出版的。蒋梦麟先生在回忆中说到了革命党的更加激烈的刊物在国内受欢迎的情况。他说：虽然许多主张革命的杂志被清政府禁止，但是日本政府却同情中国留学生的革命运动，因此这些被禁的杂志仍不断地从日本流入上海租界。

> 因此上海就成为革命思想的交易所，同情革命的人以及营求厚利的人再从上海把革命刊物走私到其他城市。
>
> 浙江高等学校本身就到处有宣传革命的小册子、杂志和书籍，有的描写清兵入关时的暴行，有的描写清廷的腐败，有的则描写清廷对满人和汉人的不平等待遇。学生们如饥似渴地读着这些书刊，几乎没有任何力量足以阻止他们。③

其次，传播内容的多元化。前面已经论述过思想的制度化过程就是一种压制异己思想的传播的过程，通过确定某种思想的真理性和自足性而排斥别的思想形态的存在，如汉武帝时期的“罢黜百家，独尊儒术”

---

① 张仲礼：《中国绅士——关于其在 19 世纪中国社会中作用的研究》，201 页。

② 张之华：《中国新闻事业史文选（724—1995）》，157 页，北京，中国人民大学出版社，1999。

③ 蒋梦麟：《西潮·新潮》，57 页。

的做法。因此，对于儒家制度化的解构，教育体制和教育内容的变化当是最主要的因素，但是在中国近代教育体制新旧交替的时候，媒体可以说是一种重要又特殊的知识传播渠道。比方说戊戌维新前中国人对于西方知识的了解主要就来自于《万国公报》等一些传教士办的报纸。当时《万国公报》的每一页上都有这样的一行说明："本刊是为推广与泰西各国有关的地理、历史、文明、政治、宗教、科学、艺术、工业及一般进步知识的期刊"。另一家影响巨大的报纸《申报》创刊号所表明的宗旨是："凡国家之政治、风俗之变迁，中外交涉之要务，商贾贸易之利弊，与夫一切可惊、可愕、可喜之事，足以新人听闻者，靡不毕载，务求其真实无妄，使观者明白易晓，不为浮夸之辞，不述荒唐之语。庶几留心时务者于此可以得其概，而出谋生理者于此亦不至受其欺。此新闻之作固有大益于天下也。"①

这里值得一提的是在晚清"开民智"的口号之下，大量的白话报刊开始出现，据统计在 1897 年，就出现了两份白话报刊。而在 1900 年以后，数量大增，从 1900 年到 1911 年间，共出版 111 种白话报。② 同时一些重要的报刊如天津《大公报》和北京的《顺天时报》都附设有白话的附页。当时知识者的一种通行的看法是，由于中国的文字古奥深涩，难以为下层的民众所了解，因此创办白话报刊，为的就是那些没有受过多少教育的人也有机会来接触新的思想和新的观念。当时白话报刊的内容主要是破除迷信和劝善惩恶，这些内容当然更容易为那些为生计而奔波的人所接受；间或有一些攻击旧的制度的文字。如陈独秀就将《安徽白话报》当作攻击传统婚姻制度，鼓吹妇女独立的阵地。这些都成为五四新文化运动思想启蒙的源头。

在日益被西方文明所折服的中国知识分子眼中，报纸的作用多少有些被夸大，当时有人甚至撰文指出："地球各国之衰旺强弱，恒以报纸之多少为准。其报纸愈多者国愈强，报纸愈少者国愈弱，理势之必然也。"③

---

① 《申报》，1872 年 4 月 20 日。

② 参见李孝悌：《清末的下层社会启蒙运动：1901—1911》，17 页，石家庄，河北教育出版社，2001。

③ 《论报章宜改用浅说》，载《警钟日报》，1904 年 4 月 25、26 日。

这多少有些本末倒置，但我认为当时的许多报人的确是本着“开通民智”、“浚导文明”、“改良风俗”的意图来办报的，他们相信报纸成为使国家强盛的重要工具。

在这样的社会氛围中，当时的报纸的确具有强烈的社会责任感。同时也的确为中国人了解世界，了解科学知识提供窗口。这样一方面使得知识阶层有了更多的接受知识的渠道，了解到除了儒家的经典之外，还有许多应该了解和值得了解的知识；另一方面，正是在这些偏离了主流意识形态的报纸的影响之下，一批新的具有开放视野的新的知识阶层逐渐成长。加上科举的废除，他们中的许多人逐渐成为儒家的批评者。毫无疑问，许多在民国以后对于中国发展影响巨大的人物，其成长的过程都能看到这些报纸的影响。如蒋梦麟回忆说：“梁启超在东京出版的《新民丛报》是份综合性的刊物，内容从短篇小说到形而上学，无所不包。其中有基本科学常识、有历史、有政治论著，有自传、有文学作品。梁氏简洁的文笔深入浅出，能使人了解任何新颖或困难的问题。当时正需要介绍西方观念到中国，梁氏深入浅出的才能尤其显得重要……我就是千千万万受其影响的学生之一。”①

应该说明的是，报纸由于提供知识的多样化，所以一方面它冲击了传统的知识转播体系的单一化倾向；但同时，报纸和别的宣传形式同样也可以吸引人们对于儒家知识表现出兴趣，培养儒家的维护者，梁漱溟就是以报纸为途径进入他的思想之途的。“我的自学，最得力于杂志报纸。许多专门书或重要典籍之阅读，常是从杂志报纸先引起兴趣和注意，然后方觅它来读底。即如中国的经书以至佛典，亦都是如此。他如社会科学各门的书，更不待言。”②

再次，就传播形式来说，以报纸和杂志为代表的新的媒介的出现，

---

①　蒋梦麟：《西潮·新潮》，57页。毛泽东显然也是深受《新民丛报》影响的人之一，据李锐的说法，1910年，毛泽东进入了一个新式学堂，“尤喜读《新民丛报》，深受《新民说》的影响，‘欲维新我国，当先维新我民’，这种必先‘变化民质’的思想，同五四时期的‘改造国民性’是一脉相通的。他还师法急切锐利，常带感情的梁氏新文体”。参见《毛泽东的早年与晚年》，3页，贵阳，贵州人民出版社，1992。

②　梁漱溟：《我的努力与反省》，14页，桂林，漓江出版社，1987。

不仅有了普适性的传播方式，而且媒介以读者需要为存在之本的特性使得它与传统意义上排他性和权威性的经典传播系统大异其趣。比如晚清的报纸也刊载科举的时文，但这并不能断定办刊人具有传播儒学的信念，他完全可能是因为这方面的内容能吸引那些谋取功名的人。“晚清之报纸适应读者需要，对于科考颇为重视，常刊载时文典范供士子揣摩。特别是改试策论后，因为‘主事者以报纸为蓝本，而命题不外乎是；应试者亦以报纸为兔园册子，而服习不外乎是’。所以士子‘虽在穷乡僻壤亦订，结数人合阅沪报一份’。”①

传统的儒家传播模式与一切具有统制性地位的知识传播模式一样，它所要传达的是一种已经证明或者说是已经无须证明的真理系统，而接受者不能对之作出否定性的评论。而报纸媒体作为一种公共的传播系统，它所提供的恰好是自由讨论的空间。这样就打破了国家通过其权力和利益的配置对于正当性知识的垄断。刘小枫说：“知识媒介的变化则是公共论域赖以为基础的知识生产样式的条件：新闻业、出版业的出现，才使公共论域的结构得以形成。其基本的性质是：论说者以私人或自愿团体的身份参与社会制度的正当性论证域的建构，而不是由国家统治者及其代言人垄断社会制度的正当性知识。”②

报纸为了吸引更多的读者首先要尽量使自己通俗化，这也是近代中国大量白话报刊出现的内在原因。因此需要将吸附于经典之上知识的神秘性和高尚感作一番“去魅”的工作。其次媒体因为吸引读者的内在需要，有时会以一种反正统的面目出现，经常甚至是故意的，这都从本性上构成了与儒家的精英主义路线和意识形态地位的矛盾，所以说近代媒介的出现对于儒家而言绝对不仅仅是知识内容的多元化所带来的边缘化，而是与儒家绵延已久的生存方式构成了天然的对立。

杨誉先生在讨论《申报》主编黄协埙的文章中对于随着大众传媒对于儒家精英文化体系的结构性悖论所作的分析，对于我们理解现代传播

① 罗志田：《权势转移：近代中国的思想、社会与学术》，173 页，武汉，湖北人民出版社，1999。

② 刘小枫：《现代性社会理论绪论》，294 页，上海，上海三联书店，1998。

方式和儒家传播体系之间的内在矛盾有很大启发。他说虽然传统的儒家知识对于进入报界是必需的知识背景，但是正是报纸确定了儒家的文化精英制度的终点。他说："在以后常被鄙弃的四书教育在当时的上海仍是文人赖以谋生的主要资本。文人由此得到的文学修养是办报纸的前提，而恰是报纸催化了基于此文化精英的制度的终结。报纸本质上是争取广泛读者的媒体，而正是报纸的此特点决定了文人从事报业的时间是有限的。文人对报纸的文化借用（culture appropriation）起了关键作用，而报纸对普及教育起了关键作用。文人很成功地借用了报纸，又往往因此而销蚀了自己享有特权的社会地位。同时，他们为'新式'知识分子铺设了一条道路。以后的知识分子对其社会责任的理解不再是扮演'上通下达'式的公众角色，而是扮演为某个社会团体的利益而服务的公众角色。"①

当然我们对于媒体的结构力量也应该有正确的反思，由于公共舆论必然会有一定数量的意见领袖（Opinion Leaders）出现，而且在舆论的影响下，容易诱发群体中的集体无意识行为，所以他往往会出现另一种形式的思想控制。

媒介所追求的是最有效的影响方式而不是最合理的影响方式，如近代对于立宪的追捧和以种族革命作为攻击清政府不合法性的致命武器，都体现了媒体由于对效用的追求而置恰当性于一边的特征。媒体的政治热情可以借用托克维尔的一句话来概括："每种公众的激情都乔装成哲学；政治生活被强烈地推入文学之中，作家控制了舆论的领导，一时间占据了在自由国家里通常由政党领袖占有的位置。"②

媒体的这种特性同样出现在我们在后文将要讨论的《新青年》对于儒家的攻击之中。由于他们的知识背景，由于他们急于寻找使中国富强的方法，由于他们对于现实的极度失望，由于他们中的许多人逐渐没有了他们的前辈身上的那种将儒家观念融入自己血液中的精神气质，因此

---

① 张仲礼主编：《中国近代城市企业·社会·空间》，274页，上海，上海社会科学院出版社，1998。

② ［法］托克维尔：《旧制度与大革命》，175页，北京，商务印书馆，1992。

他们的最后觉悟，便将儒家作为国家富强的障碍物，而必欲丢弃而后快。而《新青年》作为最具影响力的媒介，陈独秀作为极富魅力的“意见领袖”，在儒家失去了合法性的前提下，又失去了存在的合理性。儒家的现代命运，媒体的影响是绝对不能忽视的。

四、日常生活中的儒学危机：社会习俗和观念的变化对于制度化儒家的颠覆

社会习俗和正式制度之间是一种互为因果的复杂关系。一方面习俗作为一种规范是制度产生和运行的基础。一般而言，习俗是社会主体价值观的一种非正式的呈现，而习俗的形式化，也就转变为一种正式制度。这就是说，任何制度的产生和运行是基于当地的习俗，因为习俗总是文化和社会心理的一种体现。习俗对人的制约是软性的，大多通过群体关系的确立等方式来表现，并不具有正式制度那样的强制性的规约。反过来，习俗如果形式化为制度化的存在，则可以在更大的范围内产生影响，并使习俗作出适当的调整。

关于制度、规范和生活习俗之间的关系，体现在中国古代的语境之中，最集中的就是关于“礼”和“俗”之间的关系。学者们大体认定作为制度性存在条理清晰、责任鲜明的“礼”来源于界限不明、原生性的、一般地说对于人们生活起着“指导性”而非“指令性”作用的规范形态——习俗。马克斯·韦伯也是从习俗和法律之间的区别来看待制度和习俗的差异的。他说：“惯例应该称之为在一定范围内的人当中被作为‘适用’而赞同的、并且通过对它的偏离进行指责而得到保证的‘习俗’。与法相反，这里没有专门为了强制而设立的人的班子。”①

从上面的分析我们也可以了解到习俗和制度之间并不存在十分明确的界限。在中国传统社会中，由于乡村社会所特有的自治的特色，因此，许多习俗可能不具备法律上的明确性，但在实际生活中却具有法律性的意义。而且各个时期的儒生，特别热衷于在各地推广乡约，即根据各地

---

① ［德］马克斯·韦伯：《经济与社会》上卷，64页。

的习俗和儒家的礼仪制定出一套适用于当地社会的规则。

自雷菲尔德（Robert Redfield）的《乡民社会与文化》（*Peasant Society and Culture*，1956，Chicago University Press）一书出版以后，关于"大传统"和"小传统"的说法为我们理解制度性规范和习俗之间的关系提供了一种更为有效的框架。

在雷菲尔德看来，在较为复杂的文明之中，存在着两个不同层次的文化系统。所谓的大传统指的是社会上层和知识阶层所代表的文化，这些是由思想家或宗教家经过深思熟虑而提炼出来的文化样式。它的体现方式是体现精英意志的制度和被这种制度推崇的经典作品。而与之相对的小传统则指的是一般社会大众，特别是民间日常生活中所体现出来的习俗性的生活文化。① 这两个不同层次的文化之间虽然体现方式不同，而且文化的指向也有很多的不同，但却是互相影响的。

儒家传统是十分重视两种层次的传统的分别的，这虽然是基于儒家本身所具有的精英主义的观念，但是，换个角度看，儒家的确是关注到不同层次社会所应采取的区别性的策略。比如对于儒家最看重的祭祀活动，便有神道设教的十分理性化的设计，即"君子以为文，小人以为神"。这听上去是对一般民众的蔑视，然不同的人群有不同的文化需求却是习俗所以在民间社会发挥作用的重要原因。

民间的习俗具有不稳定性及所指模糊的特性，不如正式制度般有刚性，所以众多的社会变化往往从习俗的变革肇端。尤其是在专制的国度，制度变革的空间比较小，习俗变化往往成为大革命的前兆。"盖既专制矣，则其国本无法度。非无法度也，虽名有之，而实可以专制权力变之，犹无之也。然而，无法度矣，而其国有礼俗。礼俗者何？所习惯而公认为不可叛者也。苟一旦以为可叛，则其国乃无一存，而革命之运以至，此历史所累验者矣。"②

在传统中国社会，经过制度的儒家化和儒家的制度化，形成了一个坚固而复杂的正式制度体系。然后，儒家观念也不断地与社会生活相结

① 参见李亦园：《人类的视野》，143页，上海，上海文艺出版社，1996。

② ［法］孟德斯鸠：《法意》，404页，北京，商务印书馆，1981。

合，影响到百姓的实际生活状态。虽然在东汉之后，随着佛教的传入和道教的形成，中国人的生活世界构成了“儒治世、道治身、佛治心”这样一个心理的结构，不过就整体而言还是以儒家为主干、佛道为辅助的社会生活样态。

在近代中国，由于西方殖民者以“文明”和“野蛮”来区分西方文明和其他的文明，导致人们在日常生活中，不断地模仿和接受西方的生活方式，这样的习俗的变化，构成了对于正式制度的压力，也潜移默化地改变着中国人的价值观，而儒家的价值观则不断从中国人的日常生活中被离析出去。

在中国近代，习俗变化的最大动因来自于对于西方的模仿，而且这种对于西方的由模仿到崇拜的过程在 20 世纪初期达到了高峰。“在 1911 年以前约十年间的中国精神生活中，最突出的特点就是外国的影响。中国人对外国生活怀着好奇心理并且倾向于采用外国思想，这种情绪自从 1860 年前后已在慢慢地增长，到十九世纪九十年代以后又加速发展了。而在 1905 年以后达到了发狂的程度。”① 我觉得这个概括并无多大的夸张成分。在政治家和思想家们还在为华夷之辨争论不休的时候，西方的习俗则更为顺利地进入了中国平常百姓的生活中，并在潜移默化中改变着中国人的观念。

在鸦片战争之后，海禁初开，洋货就以其新奇、实用而吸引了中国人。特别是在一些通商口岸，形成了一批穿西装、吃西餐、信基督的人群，这样就在相对稳定的习俗中掺入了异己的成分。

问题在于，中国的传统生活方式是具有泛政治色彩的。由于儒家强调改正朔、易服色，以这样的方式来宣示政治上的变革，因此，生活方式上的许多改变自然可以引发政治上的联想。尤其是这样的方式被反对清政府的改革派、革命派人士所有意借用，因此，新习俗的流行可以称得上是制度性变迁的标志物，我们在本文中就是试图通过几个典型事件来分析近代的社会变革，并以此来窥探儒家观念在近代社会生活中隐退的轨迹。

---

① ［美］费正清编：《剑桥中国晚清史》下卷，568 页，北京，中国社会科学出版社，1985。

1. 剪发辫和合法性危机

在中国近代最具颠覆意义的习俗改变当数剪辫运动。中国古代素有身体发肤受之父母，不能轻易毁伤的说法。而剃（脑门上大部分）发留辫则是满族人的习俗。但随着满族势力不断向中原扩展，头发问题便成为服从与反抗的标志。1621 年，努尔哈赤在攻克辽沈之后，曾下令强迫汉族人剃发留辫。在 1645 年清廷入主中原之后，发辫问题就进一步成为一个至为关键的问题，剃发留辫成为是否认同满族贵族统治的重要符号，下令"叫官民尽皆剃头"，否则"杀无赦"，还有"一个不剃全家斩，一家不剃全村斩"这种连坐法令。① 汉族人面临着"留头不留发"和"留发不留头"这种非此即彼的生死抉择。发辫问题的产生具有强烈的符号色彩，有征服和被征服的含义。因此，晚清时期许多反对清政府和满族统治的行动都会将辫子问题作为一种诉求。比如，太平天国起义军的蓄发行为就是如此，在江浙一带往往称太平军为"长毛"。后来在日本等地出现的剪发辫的行为原因可能要复杂一些，既有与西方社会风俗靠拢的含义，也有表示与清政府决裂的颠覆性意义，总之，剪发辫成为近代习俗改革中最具革命性的行动。

最早的剪辫者是定居海外的中国人，原因是为了与当地的风俗靠拢或者是为了工作中的便利。而革命者剪掉辫子的寓意很明显，就是与清朝政府决裂。"兴中会"领袖人物孙中山和陈少白早在 1895 年就剪掉了发辫。变法运动的领导者康有为也专门将辫子问题作为改革的一部分。

1898 年 9 月，康有为专门向光绪皇帝进呈《请断发易服改元折》，认为辫子不适合现代的生产方式，并不卫生。但康有为的着力点还是希望光绪皇帝模仿赵武灵王胡服骑射的故事，通过断发易服来推进改革。他说：

> 皇上身先断发、易服，诏天下同时断发，与民更始，令百官易服而朝，其小民一听其变，则举国尚武之风，跃跃欲振，更新之气，光彻大新。虽守旧固蔽之夫，览镜顾影，亦不得不俯徇维新之

---

① 于墉：《金沙细唾》，见《清史资料》第 2 辑，158 页，北京，中华书局，1981。

令……其于推行维新之政，犹顺风而披偃草也。①

康有为这个建议其实是相当激进的，并没有被采纳。

庚子事变之后，清政府的合法性危机加深，辫子问题的寓意更为多样，1903 年上海出版的《黄帝魂》中有专文讨论《论发辫原由》，不但指出辫子在生活中的不便之处，也从文明和野蛮的角度视辫子为野蛮的标志，最终落笔于摆脱清明统治的羁绊。"中外之大，古今之久，先代之结发，满清之辫发，西人之短发，发凡三变，而世界之风潮，日新月异而岁不同，进化文明之程度，亦不知相去几千矣，欲脱满清之羁轭，而比肩世界之文明，以复我汉人之国土者，其知所择矣！"② 这段文字中融合了进化论、革命论等许多的信息，因此剪辫子已不复是一个简单的习俗问题。

随着海外留学生群体的急剧扩大，剪去发辫的行为日益成为激进的留学生表示反叛朝廷的举动，1905 年之后，新式的短发逐渐成为留学生的时尚并传入国内。

尤其是在江南这些留学生比较集中的地区，许多留学生回国后到各地的新式学堂去教书，所以，当地的青年人比较快地受到海外剪发风气的影响，青年学生中剪发已不乏其人，但官府似乎并不严加追究，这或许从一个侧面表示统治的衰弱。尽管如此，剪发辫还是一种不受保护的行为，如参加体制内的活动还需要发辫这一合法标志，青年学生要参加乡试就得弄个假辫子带上。而执法机构对于剪去发辫者还存有比对一般人更多的戒心，在处罚上会比一般人更严厉。

在全社会崇慕西方的倾向影响之下，剪辫之风在中心城市不断蔓延，甚至波及政府官员。据报载 1905 年出洋考察的政治大臣端方、戴鸿慈的 40 多名随员中，"剪辫者已居其半"，其中"有翰林、有道府、有教员、有武员，一切皆有职衔者"③。

---

① 康有为：《请断发易服改元折》，见《康有为全集》，第四集，432～433 页。

② 张枬、王忍之编：《辛亥革命前十年间时论选集》，第 1 卷下册，748 页，北京，三联书店，1960。

③ 《贺旅美同胞剪辫书》，转引自刘志琴主编：《近代中国社会文化变迁录》，第二卷，608 页，杭州，浙江人民出版社，1998。

当时剪辫之风比较盛行的还有军队，特别是在 1905 年 6 月，新编陆军实行改服制，一些官兵为了便于戴新式军帽，便将发辫剪去一部分，一些新式的警察也仿效。朝廷禁止军队剪辫，其中理由是认为后脑勺的辫子是“我朝制度所系”，关系重大。其禁止命令是这样说的：“新军改易服章，非关慕外，乃取其便于习操，足以振精神而壮形式。若发辫，乃我朝制度所系，倘并此亦并改革，将何以殊异外人。虽脑后拖垂，操时动多窒碍，而自来标兵防勇，莫不盘辫包头，新兵自当仿照变通，将发辫戴于帽内，不准擅自截割，违背定制，贻笑外人。”① 同样学部也发布了严厉的禁剪令，使得剪辫之风受到暂时的抑制。

随着 1908 年慈禧去世之后，清王朝的控制力进一步削弱，剪发之风又重新盛行。朝廷的高官包括军谘大臣载涛等也支持剪发。1910 年 10 月 3 日作为预备立宪成果的资政院召开第一届常会。会上即有两位议员提出准予剪辫的议案，得到了大多数议员的支持，大大地推动了民间的剪辫风潮。

其实，皇亲们敏锐地体察到了发辫和他们的统治格局之间的关联。某皇亲在听到资政院奏请剪发易服时，不无伤感地说：“发辫亡，中国虽不亡，大清国已亡。”② 在武昌起义之后，朝廷很快地批准了资政院的奏请：“资政院奏请降旨，即行剪发，以昭大同一折。凡我臣民，均准其自由剪发。”③

1911 年 12 月 13 日，当时身为内阁大臣的袁世凯剪掉了辫子，以此为倡导，京官陆续剪辫，并逐渐影响到地方官员。但是作为一种延续几百年的社会习俗，想要在短时间内取消，还是很困难的。正是因为辫子的特殊意义，它和民国及当时盛行的民族主义观念是如此格格不入，因此，在 1912 年 3 月当时的南京临时政府，虽然处于复杂的政治社会环境之中，但还是专门就“剪辫”下了一道命令，说：“兹查通都大邑，剪辫者已多。至偏乡僻壤，留辫者尚复不少。仰内务部通行各省都督，转谕

① 《饬禁兵士剪辫》，载《大公报》，1905 年 6 月 24 日。

② 《闲评》，载《大公报》，1911 年 11 月 28 日。

③ 《清实录》宣统三年十月下。

所属地方，一体知悉。凡未去辫者，于令到之日，限二十日一律剪除净尽。"① 当然民国毕竟已经不是专制的封建王朝，在许多人享受着没有辫子的自由自在之时，辜鸿铭依然可以托着他稀疏的发辫走上北京大学的讲台，王国维甚至在 1920 年代依然保留着辫子去做清华国学院的导师。只是他们头上的辫子并不一定代表对已经崩溃的王朝的依恋，更大程度上是对日渐失去根基的文化传统的怀念。

虽然说清政府的合法性并不系于一条小小的辫子，辫子事件与儒家制度化的解体不能说有直接关系，但习俗的变化是制度性变迁的前兆。而辫子事件所凸显的清政府的合法性危机典型地体现出制度规范能力的丧失，从而也表明作为制度之守护的儒家其规范力也不断地降低。可以这么说，制度的存在和作为制度存在合法性依据的观念体系是互相依存的，儒家地位的确立从来是思想本身的力量和权力体系交互作用的结果，儒家的发展同样与统治权力的保护和推行不可分。当统治权力受到冲击的时候，儒家同样会受到冲击。而对这种冲击最为敏感和丰富的是在习俗的改变上。

2. 洋货和洋学

进化论的传入，特别是在以社会达尔文主义为特色的社会进化思想的影响下，中西文化之间的差异被理解为文化的进步与落后、文明与野蛮的区分，并逐渐凝聚成当时中国人的大众心理和思维定式。凡西方的代表文明和进步，因此在社会习俗中尽量模仿和学习西方的习俗。我们可以从当时的"新式中秋月饼"广告中看出当时的社会心理。"本号不惜工本，置有外国机器，聘请旁通泰西化学饼师，选买上等洋面，精制各式面包、饼食、咸甜苏打、各样罐头、饼干，已蒙远近贵客光顾……今再改良，以西式饼之材料制造中秋月饼，不独适口，而且花样新奇，至于一切人物、花草，均用外国糖浆推凸，玲珑异常，食之既见爽心，观之更觉悦目。"②

---

① 《中华民国史档案资料汇编》，第 2 辑，32 页，南京，江苏人民出版社，1981。

② 《大公报》，1906 年 9 月 9 日。

以洋化为特征的习俗的改变不断地由沿海地区向内地扩展。当时山西的一个乡绅刘大鹏在日记中记载了这种变化："近年来为学之人，竞分两路，一曰守旧，一曰维新。守旧者惟恃孔孟之道，维新者独求西洋之法。守旧则违于时而为时人所恶，维新则合于时而为人所喜，所以维新者日益多，守旧者日渐少也。"① 而到1913年这种习俗变化更加深入。在1913年2月8日（正月初三）的日记中，他说：

> 自变乱以来，一切新党竞袭洋夷之皮毛，不但遵行外洋之政治，改阴历为阳历，即服色亦效洋式，而外洋各国之夷蚕食鲸吞，日甚一日。……新党虽推倒大清夺其政柄，号令天下，而对于外交，终无妙策足以控制洋夷……又况财政奇绌，内则剥削群民脂膏，敲骨吸髓，亦不足以供其用。日向洋商借款，经年未成，其将何以立国乎？
>
> 来拜年者五十余人，皆系便衣便帽，无一顶戴之人，间有洋帽之人，较上年之情形迥然不同。②

在晚清似乎所有的习俗都在发生着变化，比如反对缠足的"天足运动"兴起，白话文和外语热的兴起，特别是家庭、男女、婚姻观念的变化直接与制度化儒家的生存状态相关。这里特别要重点讨论服装与制度之间的关系。可以这么说，由层次分明的服装体系向中山装的转变，它所否定的是儒家所最为强调的建立在等级和服从之上的秩序体系。

服装的样式和颜色在中国文化观念中具有特殊的意义，比如有一种"明堂说"，认为天子应住在明堂里，明堂的结构是东南西北各有一正厅，每一正厅又各有两个厢房。天子每个月应住在不同的房间里，按某种秩序穿不同的衣服、吃不同的食物、办不同的事、祭不同的神。

我们现在无法确证这种制度真正被那个君主实施过或是如何实施的，但作为一种儒家的制度性设计的确是存在的③，从中可以了解儒家天人观

---

① 刘大鹏：《退想斋日记》，143页。

② 同上书，175页。

③ 《孟子·梁惠王下》有这样一段话："齐宣王问曰：'人皆谓我毁明堂，毁诸？已乎？'孟子对曰：'夫明堂者，王者之堂也。王欲行仁政，则勿毁之矣'"。

的核心内容。

儒家的服色和制度之间的关系主要体现在，根据中国古代的天人观，某一朝代的兴衰与某种颜色密切相关，而且这种颜色之间的变化是按照五行的相生相克的规律运行的，是上天的意志的体现。因此“王者易姓受命，必慎始初，改正朔，易服色，推本天元，顺承厥意”①。这种观念显然也是儒家的基本观念，如董仲舒说：“王者必受命而后王，王者必改正朔，易服色，制礼乐，一统于天下”②。

当时鼓吹这种观点最积极的是阴阳家，但显然这种观点是先秦和秦汉时期的共同信仰。汉儒所主张的“三统说”只不过是变种，基本理念并没有什么变化。一般认为《吕氏春秋·应同》的一段话最能体现这种信仰的内容。“凡帝王者之将兴也，天必先见祥乎下民。黄帝之时天先见大螾大蝼。黄帝曰：土气胜。土气胜故其色尚黄，其事则土。及禹之时，天先见草木秋冬不杀。禹曰：木气胜。木气胜故其色尚青，其事则木。及汤之时，天先见金，刃生于水。汤曰：金气胜。金气胜则其色尚白，其事则金。及文王之时，天先见火，赤乌衔丹书，集于周社。文王曰：火气胜。火气胜故其色尚赤，其事则火。代火者必将水，天且先见水气胜。水气胜则其色尚黑，其事则水。水气至而不知，数备将徙于土。”虽然汉代以后，由于儒家日趋理性化，那种天意和人情之间的直接对应关系似乎不再被强调，但是颜色的禁忌与服装和器物的使用限定依然存在，只是转变了方式，由世俗的法律和礼仪代替了“谴告”和“灾异”之类的特殊惩戒手段，成为儒家所强调的等级制度的符号。

与许多别的方面（比如饮食、房舍、舆马）的限制③一样，衣服的式样、颜色和装饰的限制是区别人的贵贱的重要标识，最初的理想状态是要“见其服而知贵贱”④。官服自不待言，依其级别有不同的式样和颜色、

---

① 《史记·历书》。

② 《春秋繁露·三代改制质文》。

③ 对此的详细讨论可见瞿同祖先生的《中国社会和中国法律》一书的第三章，在这里他描述了在中国古代的礼和法中对于不同等级的人所应遵循的不同生活方式的规定。参见《瞿同祖法学论著集》，152～217页。

④ 《新书》卷一，《服疑》。

装饰物的规定，让人一眼就能看得出。据瞿同祖先生的考察：虽然哪几种颜色被确定为上色要依那个朝代所尊崇的颜色的不同而有所变化，“但以颜色来指示衣着者的身份，其意义则一。有些上色是品官专用的，所以这几种颜色对于庶人便是禁忌，不许服用，他们只能穿用这些上色以外的颜色”①。

做衣服的材料也有限制。就拿清代的规定来说，官员五品以下就不能用蟒缎、妆缎；八品以下不得用大花缎纱。而一般老百姓做衣服，可以用丝、绫、罗、绸、绢、素纱，但不能用金绣。妇女也不能裁制花样金线装饰。② 同时帽子、鞋和其他的装饰品也都是有具体规定的。我们熟悉的清代的顶戴就只是品官和生员所专用，即使是雨帽也不能乱用。很显然对具体的社会行为作如此具体的规定，一方面表示秩序的观念深入到社会生活的每一个细节；而另一方面，之所以等级观念对中国人的日常生活能产生如此巨大的影响，是因为这种观念的推行是得到了社会力量和法律的保障的。

在儒家的观念中，社会规范和法律所要维护的就是“序上下、正人道也”③。因此说对于行为规范的具体而细致的规定正是以儒家观念规范社会生活的具体方式。这种儒家的观念和体现这种观念的行为方式是受到一种强制力量的保护的，“这些琐细的规定不仅规定于礼书中，且编入法典中。我们所以重视这些规定，便是因其不仅有社会制裁的支持，更重要的是还有法律制裁，决不仅是一些散漫的零乱的习惯风俗，而是制度化了的成文规范——礼与法”④。

尽管在每个时代都会有违背条例的行为，特别是宋明之后，商人因经济力量和社会地位之间的巨大反差，时常导致僭越行为的发生。北宋的苏洵曾说：“先王患贱之凌贵而下之僭上也，故冠服器皿皆以爵列为等差，长短大小，莫不有制。今也工商之家曳纨锦，服珠玉，一人之身循

① 《瞿同祖法学论著集》，156 页。

② 参见《钦定大清会典事例（嘉庆朝）》，卷 263，礼部 31，《冠服通例》。

③ 《白虎通义·礼乐》。

④ 《瞿同祖法学论著集》，176 页。

其首以至足，而犯法者什九。此又举天下皆知之而未尝怪者三也。”[1] 明清时代随着工商业的进一步发展，加上绅商的出现，这种现象应当不在少数。

古代的一些群体对于服制的僭越虽然对人们的观念也会造成巨大的影响，但还不能说是解构性的。首先是当时的法律对这些行为有着严厉而具体的惩罚措施，更为根本的是这种对于秩序的僭越所反对的不是秩序本身而是有钱的工商阶层对贵族地位的向往，并不具有革命性的意义。但是近代的服装的变化就不一样了。由于西方的服装是与西方的器物和其他文化样式同时传入的，其服装所体现的平等意味本身就是对于显彰差等的旧服装符号的消解，从而构成了对于儒家观念的颠覆，具有特殊的意味。

首先，在儒家看来，易服色是接受上天的意志，改朝换代的一种标志，所以服装的变化所具有的革命性意义是来自于传统的。近代以来，一些有志于改革的人也是从这种传统的理念出发来提倡变革的。如 1892 年宋恕便主张“易西服”是一切改革的基础。他说：“变法之说，更仆难终，请为相公先陈三始：盖欲化满汉文武之域，必自更官制始；欲通君臣官民之气，必自设议院始；欲兴兵农礼乐之学，必自改试令始。三始之前，尚有一始，则曰欲更官制、设议院、改试令，必自易西服始。”[2] 后来的康有为为他的变法寻找社会基础时，曾借助波兰改革图强的故事提醒光绪皇帝说：“守旧者固结甚深，非易其衣服，不能易人心、成风俗，新政亦不能行也。”[3] 这也反证了服装对造就中国人之社会心理之影响之深。近代中国的服装改革起自公共权力部门的服装，如军队和警察，主要是模仿西方和日本的制度样式。后来学生开始穿一些“洋服”。民国建立之后，随着旧的服装规定的废弃，中国人的服装穿着进入多元化时期，有的穿西服，有的穿长袍马褂，也有西服中服混穿的。这反映了当时新旧交替的社会情状。

---

① 《嘉祐集·申法》。

② 宋恕：《上合肥傅相书》，载《万国公报》，第 1—1 期。

③ 康有为：《波兰分灭记》卷六，见《康有为全集》，第四集，416 页。

其次，以往的改变服色只是儒家所坚持的天人观念的一种体现，从某种程度上说，所变化的只是形而下的层面，而儒家之道则是万世不易的，但是19世纪末的服装改变所意味的是对于儒家秩序本身的颠覆，就是对于“道”的消解，因此许多人在剪掉了辫子的同时，也改变了服装的式样。西装和其他新式服装所要破除的是原有在服装上体现的等级，所要体现的是人人平等的观念。

民国初年出现过一股强烈的服装崇西潮流，特别是在城市尤其突出。我觉得这与民国初的整个制度构想直接来源于西方有关。还有一点也不能忽视，当时的革命党人大都有在西方、东洋生活的经历，在生活方式包括服装特色上都比较西方化。民国后的社会舆论强调：“民国新建，亟应规定服制，以期整齐划一。今世界各国，趋用西式，自以从同为宜。”①但由于当时西式服装的主要原料是进口的，为了保护民族工业，因此民国政府在制定新的礼服式样时，保留了一款传统的中国服饰作为礼服。这样，传统帝国时期通过服装来区别身份的特征已经彻底没有了。1912年10月颁布的正式的男女礼服规定是这样的：

> 男子礼分为两种：大礼服和常礼服。大礼服即西方的礼服，有昼晚之分。昼服用长与膝齐，前对襟，后下端开衩，用黑色，穿黑色长过踝的靴。晚礼服似西式的燕尾服，而后摆呈圆形。裤，用西式长裤。穿大礼服要戴高而平顶的有檐帽子，晚礼服可穿露出袜子的矮筒靴。常礼服两种：一种为西式，其形制与大礼服类似，惟戴较低而有檐的圆顶帽，另一种为传统的长袍马褂，均黑色，料用丝、毛织品或棉、麻织品。
>
> 女子礼服用长与膝齐的对襟长衫，有领，左右及后下端开衩，周身得加以锦绣。下身着裙，前后中幅平，左右打裥，上缘两端用带。②

这种礼服的样式在民国初年颇为流行，而且完全是中国由专制社会

---

① 《申报》，1912年8月20日。

② 《政府公报》第157号，1912年10月。

走向民主社会的标志物。但这种服装在民间影响甚微，因为穿什么衣服虽有许多社会含义在，但对普通老百姓来说穿衣都是很勉强的事，礼服和平等在很多时候就是次要的事。

比较具有历史意义的服装应该说是中山装，就在民国初年多种服装混杂的情势下，中西合璧的中山装开始流行。中山装之得名当然是因为其创始人就是孙中山先生。这种直翻领的四贴袋服装，其五粒纽扣据说象征着五权宪法，很快在文官和学生中普及开来。据记载民国初年许多县城的公务人员多穿着西装短制中山装。① 到20世纪20年代末，当时的国民政府将中山装确定为正式礼服。

由等级分明的顶戴到中山装，体现在服装上的身份特征不再明显，说明平等的观念正在逐步地确立，习俗中的等级化色彩逐渐消失。

3. 新礼仪和新秩序

对于大变革时代的去儒家化的日常生活的建立，或许还有两件事值得一提，一是历法改革，一是礼节改变。

历法在中国人的思想观念中，特别是在儒家的观念中始终不只是一种计时的工具。李申的一段话可以说是正确地概括了历法在儒家学说中的意义。他说："改正朔，修订历法，并不是为了准确授时，而是为了表示受命于天，为了顺承天意。因为授时的时，就是天的安排，是天意。人的活动，必须准确地奉天时而行，才算顺承天意。要奉天时，就要明确天时，把天时定准确。"② 其实这个意思司马迁在两千多年前就已经有了明确的说明。司马迁在考察了传说中的黄帝以来修订历法的过程，对中国人对于历法的认识作了切中要害的说明。他说："神农以前尚矣。盖黄帝考定星历，建立五行，起消息，正闰余，于是有天地神祇物类之官，是谓五官。各司其序，不相乱也。民是以能有信，神是以能有明德。民神异业，敬而不渎，故神降之嘉生，民以物享，灾祸不生，所求不匮。"③

① 参见《新繁县志》卷4，《礼俗》。

② 李申：《中国儒教史》上卷，261页。

③ 《史记·历书》。

这一点又为《白虎通义》所强调。“王者受命必改朔何？明易姓，示不相袭也。明受之于天，不受之于人，所以变易民心，革其耳目，以助化也。”①

正因为如此，中国古代所采用的都是帝王纪年。不过在近代这种纪年的方式受到了普遍的怀疑，当时提出了许多新的纪年方案，如康有为的孔子纪年、章太炎提出的西周纪年、刘师培主张的黄帝纪年，还有一些人提出用耶稣纪年，这一切所要破除的就是统治者与天意之间的联系，也就是说将儒家学说中以天意作为现实政治合法性依据的观念进行消解。1912 年 1 月 2 日，在孙中山就任临时大总统的第二天，就正式通电改用阳历，即按照国际惯例以公元纪年。“各省都督鉴：中华民国改用阳历，以黄帝纪元四千六百九年十一月十三日，为中华民国元年元旦。经由各省代表团议决，由本总统颁行。订定于阳历正月十五日，补祝新年。请布告。孙文。”② 由于习俗的原因，在很长一段时间内阳历和阴历并存。但是皇帝的纪年已经不存在了，同时在日常生活中，星期也逐步推广，也可以说中国人从此失去了自己的节奏，而开始了按照西方人的节奏而生活的时代。

与历法的变革相比，礼制改革似乎更顺应人心。礼仪规范乃是儒家制度化的关键部分，依靠礼制所确立的等级秩序是维持社会平衡的一个最为有效的办法。但是，晚清之后，万事凋敝，礼制也就不再严密。甚至连宫廷礼制也日渐松弛，一些朝廷的仪式活动和祭祀活动参加者寥寥，有时连皇帝自己都不出席。如 1908 年（光绪三十四年）十月初一孟冬，朝廷祭享太庙，由恭亲王代替皇帝行礼。各衙门到班陪祀的人很多，但宗人府自镇国将军以下应到 29 人，实到仅一人；应呈递职名的学士、尚书侍郎、都察院御史均未按礼递职，可谓草草了事。③ 这种风气自然很快影响到地方官员、民众对于礼节的严肃性的重视。

礼仪作为辨别尊卑的标准，中国人的日常礼节也体现着明显的尊卑

---

① 《白虎通义·三正》。

② 《孙中山全集》第 2 卷，5 页，北京，中华书局，1981。

③ 《礼部会奏遵议御史贵秀等陪祀参差不齐请严定处分折》，见《大清宣统新法令》，第一册。

秩序。因此说礼仪规范是与原有的等级制度相一致的，但在预备立宪之后，一些地方官员开始了自发的礼仪改革，其核心是废除跪拜礼节，禁止用“卑职”的称呼。这场影响至远的改革始于两广总督岑春煊在 1906 年 1 月 24 日发布的一条措词委婉的示谕：

照得臣工之事，皇上属员之奉上官，在尽心不在屈膝。徒以文貌相承而情谊不通，必多壅塞之弊。况屈膝请安之礼，实钦定礼部则例百官接见礼仪条例所不载。司、道、府、厅、州、县佐杂，于督抚常见之礼与初见不同，止有三揖而无屈膝。无论婢膝奴颜，有伤气节，且钦定则例所不载者，而臣下贸贸然行之，延久不改，未免违犯王章，习非胜是。受此仪者，迹近矜高；而行此仪者，亦先卑屈；一举两失，甚为无谓，本部堂心窃非之。自明年正月为始，文武大小官员，入见概用长揖，普免屈膝请安俗仪，以符定制而挽颓风。锄除札行两司外，合行出示晓谕，一体遵行毋违。特示。

这一措施显然得到了社会舆论的支持，当时的《大公报》于 1906 年 2 月 18 日在《粤督文明之示谕》的标题下，全文刊载了这则示谕，并视之为“文明的气象”，而且得到了许多人的响应。据《大公报》的消息，湖北、江苏、河南、江西，均于当年废除了跪拜的礼节，而改为初见三揖，常见一揖。

民国成立之后，旧式的繁琐礼节进一步受到批评，当时政府首先采取的措施是用鞠躬代替原有的拜跪、拱手等礼节，在上海甚至审犯人都免去了跪。1912 年 8 月 17 日，袁世凯正式公布了民国《礼制》：

第一章　男子礼

第一条　男子礼为脱帽鞠躬。

第二条　庆典、祀典、婚礼、丧礼、聘问，用脱帽三鞠躬礼。

第三条　公宴、公礼及寻常庆吊、交际宴会用脱帽一鞠躬礼。

第四条　寻常相见，用脱帽礼。

第五条　军人警察有特别规定者，不适用本制。

第二章　女子礼

第六条　女子礼适用第二条、第三条之规定，但不脱帽。寻常相见，用一鞠躬礼。

第七条　本制自公布日施行。

显然，较之过去的礼节有了明显的不同。首先，在《礼制》中没有了上下级、长辈和晚辈之间的不同的礼节规定；其次，礼节大大地简化；再次，对于不执行礼制的并无明确的惩罚性规定。这就意味着模糊了几千年的礼和法之间的界限开始有了分野，也就是说人们开始有了更多的私人空间。

据当时的报纸报道，新的礼节很快在社会上流行。鉴于中国社会发展的不平衡性，我们不能特别详细地了解中国民间社会的礼节变化状况，但是可以明确的是这种附着在礼节上的等级观念开始剥离。

值得反思的是最早倡导断发易服、进行礼俗改革的康有为，在民国之后，却极力主张应该将政治变革和社会礼俗的变革分开，也就是说政治秩序可以变，但民间秩序不必变。他的出发点是认为无论是何种政治，必须以良好的社会风俗相配合，否则制度便可能无效。所以，他在民国成立之后撰写的许多反对民国政策的文章所强调的就是要保存国粹，其中当然也包括民俗。

> 夫政治非空言理想所能为也，以政治法律皆施于人民者，必与人民之性情习俗相洽相宜，乃可令下如流，施行无碍也。非可执欧美之成文，举而措之中国而即见效也。岂徒不效，其性情风俗不相宜者，且见害焉。①

如果说戊戌变法前，康有为主张改变习俗是为了提倡变革，而在民国后，他反对不以习俗和性情为基础的制度移植，目的是为了寻求一种更为合理的制度安排，从而也就自然走向民国政治的反对者的行列。

---

① 康有为：《中国颠危误在全法欧美而尽弃国粹说》，见《康有为全集》，第十集，130页，北京，中国人民大学出版社，2007。

第五章　清末新政和制度化儒家的解体

甲午兵败、庚子事变，中国危机日甚于一日，“物竞天择，适者生存”的口号激发出对民族生存问题的焦虑。民族的生存即保种问题已成为中国人关注的首要问题。这个危机感包括三个层次的问题，一是种族，二是国家，三是价值。对此，张之洞在《劝学篇》中，对这三个层次的危机做了一个优先顺序的排列，他认为：“保种必先保教，保教必先保国。”即国家的存亡是最为紧迫的问题，张之洞将“国家”与“清王朝”做了等同，所以他说：“今日时局，惟以激发忠爱，求富强、尊朝廷、卫社稷为第一义。”① 但是，在这一点上，张之洞和日益壮大的革命派之间有很大的差异。在革命派看来，中国的危机之源在于清王朝的腐朽的统治，因此，保国家、求富强，与尊朝廷、卫社稷是背道而驰的。

这种分途发展出晚清最后十年的两个主要思潮，即君主立宪和共和革命。康有为主张君主立宪，希望在保留皇权的前提下进行宪政政府的建构。而革命党则不再认可满族政权的合法性，主张推翻皇权建立共和民主国家。这两种立场各有其支持者，但就发展的势头而言，革命派的立场逐步占据了上风。

对于清政府的失望导致了民族主义的情绪日益高涨，在公共舆论的宣传之下，近代国家的概念开始被一些人所接受和推广，人们开始意识到国民并非皇帝的臣民、奴仆，而是国家之主人，国土也非皇帝之私产，而是国民之“公产”。梁启超说：要区分国家和朝廷的差别，爱国家并非等同于爱一姓之私业。“今夫国家者，全国人之公产也。朝廷者，一姓之私业也。国家之运祚甚长，而一姓之兴替甚短。国家之面积甚大，而一

---

① 张之洞：《劝学篇·同心》。

姓之位置甚微。"① 在理论上将忠君和忠于国家有效地区分开来。而这种思路的进一步发展就是激进主义者所持的种族主义立场，即以朝廷的非汉族身份作为颠覆其统治合法性的依据。在邹容的《革命军》之后，排满情绪在青年学生中迅速传播开来。对于建立在汉族中心基础上民族主义本身的合理性引发了康有为和章太炎之间的激烈争论。这种民族主义的观念进一步成为革命的重要理由，种族革命成为社会革命的最大的凝聚点。"1905 年，同盟会在东京正式成立，国民革命更进一步有了统一的中心组织，并于是年 11 月 26 日，发刊《民报》，作为同盟会的喉舌。中山先生在发刊词中正式揭载民族主义、民权主义与民生主义。② 这是三民主义见诸文字的开始。而且前此又有香港《中国日报》及上海《苏报》作革命排满的宣传，使革命的意识深入人心，海内外对革命党的看法，翻然改观。革命的风潮，真是一日千里。至此外国政府也对中国革命'刮目相看'。"③

"革命"一词，本为原始儒家之精神的凝聚，在一个讲究天命流行的时代，革命则意味着改朝换代，因此说汤武革命，属于应天顺人的合法举动。然公羊学易革命为改制，由此革命精神隐而不彰，谈革命往往被视为大逆不道。而晚清从日本传入的所谓"诗界革命"使"革命"一词

---

① 梁启超：《积弱溯源论》，见刘志琴主编：《近代中国社会文化变迁录》，第二卷，169～173 页。

② 事实上在很长的一段时间内，起码在 1911 年之前，三民主义往往被人简化为"民族主义"，如柳亚子回忆说："同盟会是提倡三民主义的，但是实际上不消说，大家对民主主义都是莫名其妙，连民权主义也不过是装装幌子而已。一班半新不旧的书生们，挟着赵宋、朱明的夙根，和满清好像不共戴天，所以最卖力的还是狭义的民族主义。"参见王人博：《宪政文化与近代中国》，288 页，北京，法律出版社，1997。

③ 参见亓冰峰：《清末革命与君宪的论争》。对于孙中山先生及革命党的看法的改变，可以参照吴敬恒先生的一段回忆："我知道中山先生的姓，是在戊戌以前，彼时我虽已自命为维新党，其实传统的腐头巾气习没有一毫变动。所以甚么《申报》等等，讲到孙文，都要把'文'字旁边加上三点水，作'汶'，形容他与强盗乱贼一样。我的意中，也就以为这位姓孙的，有甚么红毛绿眼睛，是最厉害的公道大王，想不到是美秀而文，真是不愧为文。于是再过了四五年，经过了孙文在惠州的起义，身份便大了，我的心中，就不当他是绿林豪杰。以为他确要成功洪秀全第二。但其时我虽然也进了一步，从温和的维新党，变成了剧烈的维新党，我始终还忘不了光绪皇帝（我却不是保皇党），觉得那种反叛的事业，做呢未尝不可，终不像正着。……我起初不满意孙文，就是因为他不是科第中人，不是经生文人，并且疑心他不识字。"吴敬恒：《我亦讲一讲中山先生》，见《中华民国开国五十年文献》，第一编，第九册，11～13 页，台北，正中书局，1965。

在近代的氛围中，不意成为推翻清政府的具有激进意义的名词，在某种意义上，却可以被看作是对于原始儒家中“革命”精神的一种回归。

晚清的革命与种族主义色彩甚浓的民族主义结合在一起，因此，在革命派眼中，保国和保种并非是一个能够统一的命题，反而是一个很具有对立性的议题。即使是康有为这样的改良主义者，也会发生“保中国”还是“保大清”式的疑问。而梁启超一度倾向革命，认为要保教就要通过排满来唤起民族主义。这也是孙中山、章太炎等革命人士的核心观点。革命意识的凝聚成为晚清政府的心腹大患，满族的统治者试图通过改革的方式来顺应民意，因此，实行新政成为一个无可奈何的选择。

一、新政：国家根本制度与儒家的分离

1900 年 8 月 14 日，八国联军占领北京，慈禧太后和光绪皇帝从京城出逃，开始了所谓的“西狩”。路上的仓皇和艰辛冲决了清王朝统治者最后的心理屏障。他们关注的重心已经不再是如何维护天下秩序，而是转移到能不能或如何能将清朝的统治维持下去。

面对这样的困境，朝廷重臣和社会舆论纷纷强烈呼吁“变法”。所以在 1900 年 7 月和 8 月连续发布诏书，提出要进行全面改革，希望社会各界踊跃提出建议。其中 1901 年 1 月 29 日发布的变法谕旨正式拉开了“新政”的序幕。

这道以光绪的名义发布的谕旨说：

> 世有万古不易之常经，无一成不变之治法。穷变通久见于大易，损益可知著于论语。盖不易者三纲五常，而可变者令甲令乙。伊古以来，代有兴革……自播迁以来，皇太后宵旰焦劳，朕尤痛自剖责，深念近数十年积习相仍，因循粉饰，以成此大衅。现今议和，一切政事尤须切实整理，以期渐图富强。懿训以为，取外国之长，乃可补中国之短；前事之长，乃可作后事之师。康逆之谈新法，乃乱法也，非变法也……今者恭承慈命，一意振兴。严禁新旧之名，浑融中外之迹。查中国之弊在于习气太深，文法太密；庸俗之吏多，豪

杰之士少；公事以文牍相往来，而毫无实际人才，以资格相限制，而日见消磨，误国家者在一私字，祸国家者在一例字。至近之人学西法者，语言文字、制造器械而已。此西艺之皮毛，而非西政之本原也。居上宽，临下简，言必信，行必果。我往圣之遗训，即西人富强之始基。中国不此之务，徒学其一言一行、一技一能，而佐以瞻徇情面，自私身家之积习；舍其本原而不学，学其皮毛而不精，天下安能富强？……总之，法令必更，锢习必破，欲议振作，当议更张。著军机大臣、大学士、六部九卿、出使各国大臣、各省督抚，各就现在情形，参酌中西政要，或取诸人，或求诸己，如何而国势始兴，如何而人才始出，如何而度支始裕，如何而武备始修，各举所知，各抒所见，通限两个月，祥悉奏议以闻。①

为了推行新政，光绪二十七年三月（公元 1901 年 4 月）清廷设立了专门的机构“督办政务处”来统筹安排有关新政的各项事宜。政务处由庆亲王奕劻、李鸿章、荣禄、王文韶、昆冈、鹿传霖等人组成。刘坤一、张之洞、袁世凯以地方总督的身份参与。在此后的五年中，政务处负责制定了新政的各项具体措施，掌管各处官员呈交的有关新政的奏章，并具体办理官制、科举等各种事务。

在改革诏书发布之后，清政府收到了许多各种各样的建议②，其中以张之洞最为活跃，在慈禧和光绪回到北京之前，他致电西安行营军机处，指出要救中国，只有变法一条路，而变法则只有“变西法”一条路。他说：

大抵今日环球各国大势，孤则亡，同则存。故欲救中国残局，惟有变西法一策……益必变西法，然后可令中国无仇视洋人之心；必变西法，然后可令各国无仇视朝廷之心；且必政事改用西法，教案乃能消弭，商约乃不受亏，使命条约乃能平恕，内地洋人乃不敢逞强生事；必改用西法，中国吏治、财政积弊乃能扫除，学校乃有

① 《光绪宣统两朝上谕档》，第 26 册，460～462 页。

② 许纪霖认为，在诏书发布后，各地官员反应冷淡。见许纪霖：《危机中的变革》，131 页，上海，上海三联书店，1998。

> 人才，练兵乃有实际，孔孟之道乃能久存，三皇五帝神明之胄乃能久延，且康党、国会之逆党乱民始能绝其煽惑之说，化其思乱之心……若不趁早大变西法，恐回銮后，事变离奇，或有不及料者。①

从后来的发展看，张之洞领衔的几位大臣连续递上的三份奏议，即通常所说的《江楚会奏变法三折》最受到朝廷的重视，因为这些奏议中的许多建议如改革教育、整顿吏治、振兴实业等都被接受了，并付诸实施。

《江楚会奏变法三折》的提出经过了仔细的准备，一方面，1901 年 3 月张之洞给各督抚发出了函电，提出了自己对变法的主张，算是征求他们的意见。另一方面，张謇、汤寿潜、沈增植、郑孝胥等绅商中的重要人物直接参与了奏议的起草，因此说他比较全面地代表了晚清社会中最具实力阶层的利益和要求，其最重要的特点是既主张全面改革，又希望循序渐进。

在熟悉近代文献的人看来，无论是谕旨还是张之洞奏折中的内容，这里并无多少新鲜之处。因为许多内容与戊戌变法中提出的主张并无明显的进展。我之所以在这里不厌其烦地引述这道“新政动员令”，原因在于这里提出的改革指导原则，与随后的儒家制度化的解体关系至为密切。第一，这是几千年来首次以皇帝的谕旨的形式提出要“取外国之长，乃可补中国之短”。这里蕴含着两方面的意思，其一是中国人的国家观念开始由以文化认同作为依据、以中国为中心的天下观转变为以地域和种族为基准的现代民族国家观念；其二是承认中国有许多需要向国外学习的地方。第二，认识到以洋务运动为代表的向西方学习，只是“皮毛”，而西方富强的根本在制度，所以必须要学习“西政”。因此“法令必更，锢习必破”。第三，因为清末新政的基本出发点就是如何修复和维护日益失去合法性依据的君主专制政体。这就决定了这只能是一次有限的变革，尽管新政开始涉及了体制层面的变革，但是对于制度的核心，即与儒家观念密切相关的以君权为核心的等级制度，清政府并无改变的愿望，“盖

① 《致西安鹿尚书》，见《张文襄公全集》，第 171 卷，电牍 50，23 页。

不易者三纲五常，而可变者令甲令乙”。①

不过在晚清特殊的社会环境和大众心理面前，新政的任何措施事实上都无法挽救清王朝覆灭的命运。“大变革的浪潮已经渗透到中国人的生活之中，作为异族势力的满清王朝企图竭尽全力左右这种变革，然而，反清的思潮、军队的涣散已在所难免。事实上，最后灭亡清朝的恰恰就是这些军队。政府在国外培训的留学生，国内训练的新军队，它所鼓励的从事国内经营的商人，各省组织的谘议局，所有这种种势力都或早或晚地掉转了矛头，直指清王朝。”② 比方说我们看到皇帝的谕旨中依然认定儒家的原则是万世不易的，却又强调了具体的行为原则上却需要作出根本性的变化，明确提出“祸国家者在一例字”，正是要破这一“例”，所以在实际运作中必然是挖空了儒家赖以存在的土壤，这使得儒学在“政制理念”上受到前所未有的冲击。而将西方模式和传统体制绝对对立起来的思维方式，导致了儒家未及作出合理的调整，便已无容身之所了。

本文当然无意对清末新政本身做过多的分析，而是试图结合具体的制度变革过程，来分析制度化的儒家是如何随着社会运行理念的变化和传统政体的解体而逐步崩塌的，以此来阐明已经制度化的儒家与传统制度之间一荣俱荣、一损俱损的互存关系。

1. 废除科举：制度化儒家之核心制度的解体

清末新政的开场戏就是以改革科举为核心的教育制度改革。1901 年 7 月 26 日，张之洞和刘坤一变法三折的第一折是：“筹议变通政治人才为先折”。其中提出了四条具体建议：（1）“设文武学堂”，具体内容是建立由小学、中学、大学构成的现代教育体系，毕业后授予相应的功名。（2）“酌改文科”，其内容是改革考试的内容，主要内容是实用性的科目，大

---

① 有论者认为从中可看出改革“不再局限于‘体’‘用’之间的种种争论，而是进行文化、教育和政治的全面改革”显然是过于乐观的比喻。虽然我们可以看到“严禁新旧之名”的说法，但其实这只是晚清体用之辨的一种变体，因为对于“不变之常道”的确信，即告诉我们晚清统治者只是将“用”的范围扩展了一些而已。参见吴春梅：《一次失控的近代化改革》，30～31 页，合肥，安徽大学出版社，1998。

② ［美］费正清：《东亚文明：传统与变革》，741 页，天津，天津人民出版社，1992。

大减少了四书五经的比重。同时更为关键的是逐年减少科举取士名额，扩大学生出身名额，将科举和学堂合流，以十年为期废除科举制。[①] 目标是“生员、举人、进士皆出于学堂矣”[②]。(3)“停罢武科”，改变军事人才的培养模式。(4)“奖励游学”。

这些建议在同年就得到落实，清廷于1901年8月28日发布诏书，提出自1902年开始，“嗣后乡会试，头场试中国政治史事论五篇，二场试各国政治艺学策五道，三场试四书义二篇，五经义一篇”。并特别指出，凡四书五经义一律不准用八股文。1901年清廷又下诏，一是永远停开武举，二是重开经济特科，三是要求“各省所有书院于省城均改设大学堂，各府及直隶州均设中学堂，各州县均改设小学堂，并多设蒙养学堂”[③]。

尽管动机各不相同，在江浙一带，办学堂已经成了名流绅士们最热心的事，“仕宦中人，竞言开学堂，不知学堂为何事也；地方绅士，竞言开学堂，则以学堂为利薮也；士林中人，竞言开学堂，只以学堂为糊口也”[④]。在这股兴学之风的影响下，各种学堂纷纷建立起来。但是由于科举不废，学堂的发展还是受到种种制约，如每遇科举之年，官立学堂便全都停课，教育秩序难以保证。[⑤] 有些学堂则因为学生因科举中试退学而致使学生流失严重。如山西大学堂中斋于1902年开办时共招生200人，经壬寅、癸卯两届科举考试，中举共70余人，均退学入仕，加上留学、

---

① 在这之前袁世凯就上奏提出，科举不必尽废，只要增设“实科”，逐年减少传统科举方式的取中人数，增加实科取中人数，最终转变到实科取士。这与张之洞提出的方案本质上是一致的。见王德昭：《清代科举制度研究》，237页。

② 朱寿朋编：《光绪朝东华录》，4728页。

③ 同上书，4719页。

④ 侯生：《哀江南》，载《江苏》(1903年4月)，见张枬、王忍之编：《辛亥革命前十年间时论选集》，第1卷下册，537页。类似的说法还有：“庚子重创而后，上下震动，于是朝廷下维新之诏，以图自强。士大夫惶恐奔走，欲副朝廷需才孔亟之意，莫不曰新学新学。虽然，甲以问诸乙，乙以问诸甲，相顾错愕，皆不知新学之实，于意云何。于是联袂城市，徜徉以求其苟合，见夫大夫特书曰‘时务新书’者，即麇集蚁聚，争购如恐不及。而多财善贾之流，翻刻旧籍以立新名，编纂陈见以树诡号。学人昧然，得鱼目以为骊珠也，朝披夕哦，手指口述，喜相告语：新学在是矣，新学在是矣。”见冯自由：《政治学序言》，见《政治学》前附，上海，广智书局，1902。

⑤ 蒋梦麟的传记中讲到他在浙江高等学堂读书期间，回绍兴参加乡试，乡试结束之后，“马上又埋头读书，整天为代数、物理、动物学和历史等课而忙碌，又如饥似渴地阅读革命书刊，并与同学讨论当时的政治问题”。一边参加科举考试，一边读革命书，也称得上是晚清学堂的一大奇观。见蒋梦麟：《西潮·新潮》，61～63页。

生病等原因而退学，已经所剩无几。① 即使是京师大学堂，已经明确地规定学生预科毕业奖举人，正科毕业奖进士，学生们依然难以抗拒科举的吸引。“（1903 年）三月为癸卯会师，先期乞假者十之一二。至四月间乡试渐近，乞假去者盖十之八九焉。暑假后人数寥落如晨星。迨九月中，各省次第放榜，获隽者利速化，视讲舍如籧庐，其失意者则气甚馁，多无志于学，胶胶扰扰者先后殆九十，阅月而一星终矣。竭管学大臣、中外教习、管理诸员之心思才力，一岁之春秋两试堕之于无形，顾谓学堂能与科举两存耶?”② 科举和学堂之间的矛盾越发受到关注。

1903 年 3 月袁世凯和张之洞再度上奏强调要逐年递减科举中额的办法。奏折说：

> （今日各省于设立学校一事），大率观望迁延，否则敷衍塞责。……其患之深切著明，足以为学校之敌而阻碍之也，实莫甚于科举。盖学校所以培才，科举所以抡才，使科举与学校一贯，则学校不劝自进；使学校与科举分途，则学校终于有名无实。何者？利禄之途，众所争趋；繁重之业，人所畏阻。学校之程期有定，必累年而后成材；科举之诡弊相仍，可侥幸而期获售。虽废去八股、试帖，改试策论、经义，然文字终凭一日之长，空言究非实谊可比。……人见其得之易也，群相率而为剽窃抄袭之学，而不肯身入学堂，备历艰苦。盖谓入学堂亦不过为得科举地耳。今不入学堂而能得科举……又孰肯舍近而图远，避易而求难。……请侍万寿恩科（为纪念慈禧七十寿辰而特别举行的考试，作者注）举行后，将各项考试取中之额……按年递减。学政岁、科试，分两科减尽；乡会试分三科减尽。即以科场递减之额，酌量移作学堂取中之额，俾天下士才，舍学堂一途，别无晋身之阶，则学堂指顾而可以普兴，人才接踵而不可胜用。③

---

① 参见桑兵：《晚清学堂学生与社会变迁》，140 页，上海，学林出版社，1995。

② 王仪通：《京师大学堂同学录》序，转引自刘海峰：《科举考试的教育视角》，185 页，武汉，湖北教育出版社，1995。

③ 朱寿朋编：《光绪朝东华录》，4997～4998 页。这段话至少有两点特别值得我们注意，一是他们对于科举的描述，已然明确地将之视为“利禄之途”，从而认同了士人投身科举是希望“侥幸”“获售”，而非对于儒家理念的认同。二是既然指出了“利禄之途”的负面效应，但依然希望将学校变成新的“晋身之阶”。这里面的逻辑矛盾是十分明显的。

科举制度所构建的知识和权力之间的联结已成为士子们的追求目标，新学堂如果不能对学生的出路有所交代，则难以有很强的吸引力。从教育目标和教育内容来看，科举和学堂也存在着根本不同，势难并行不悖。于是，1904 年 1 月，张之洞、荣庆、张百熙等乘重新修订学堂章程的时候，再度联名上奏，要求递减科举和推广学堂。1905 年日俄战争以日本的胜利而告终，引起了中国人的震动，改革派从日本的成功中进一步感受到新式教育对于培养人才的重要性和紧迫性。光绪三十一年（公元 1905 年）八月，袁世凯会同张之洞、岑春煊、端方等人上奏指出：国家的形势，比以前更为紧急，如果不停止科举，那么士人的侥幸心理就不会改变。他们指出，人才的培养是个过程。“就目前而论，纵使科举立停，学堂遍设，亦必须十数年之后，人才始盛；如再迟至十年甫停科举，学堂有迁延之势，人才非急切可求，又必须二十余年后，始得多士之用。”① 因此应该立即停止科举，他们对于学堂和科举的差别有了更为明确的认识。

> 且设立学堂者，并非专为储才，乃以开通民智为主，使人人获有普及之教育，具有普通之智能，上知效忠于国，下得自谋其生也。其才高者，固足以佐治理；次者，亦不失为合格之国民。兵、农、工、商，各完备其义务，而分任其事业；妇人、孺子，亦不使闲处，而兴教于家庭。无地不学，无人不学。以此致富奚不富？以此致强奚不强？……故欲补救时艰，必自推广学校始；而欲推广学校，必先自停科举始。②

这个奏章并不如以前的奏章那样突出以科举的功名来诱使士子们进入新学堂，而是从培养国民素质的角度出发来证明学堂教育对于中国发展的重要意义。

在内外危机的双重影响之下，光绪三十一年八月初四（公元 1905 年 9 月 2 日）清廷接受袁世凯等人的奏请，正式下令，立即停止科举。这样

---

① 舒新城：《中国近代教育史资料》上册，63 页。

② 朱寿朋编：《光绪朝东华录》，5392 页。

延续一千多年的以儒家为标准的选官制度就此走向了末路，同时也意味着，儒家和权力的联系的中断。我们先来看一下，具有革命性意义的诏文是怎么说的：

> 方今时局多艰，储才为急。朝廷以近日科举每习空文，屡降明诏，饬令各省督抚，广设学堂，将俾全国之人，咸趋实学，以备任使，用意至为深厚。前因管学大臣等议奏，已准将乡、会试中额分三科递减。兹据该督等奏称：科举不停，民间相率观望，欲推广学堂，必先停科举等语，所陈不为无见。著即自丙午科（1906 年）为始，所有乡、会试，一律停止；各省岁、科考试，亦即停止。其以前举、贡、生员，分别量予出路，及其余各条，均照著所请办理。①

在废除科举的同时，新的教学行政机构——学部和新的学堂管理办法相继推出。传统的政治架构中，主管教育是礼部，教育的目的是“兴行教化”和选拔官员。新式学堂其目的是开通民智和教育普及，因此需要有新的机构来管理。在中央设立学部，各省裁撤儒家色彩浓厚的学政，改以提学使，统辖学务。对于府、州、县学则形同废置。而儒学教习，有的转任学堂教师，有的充任蒙学教师，如果空缺也不再补充，任其自生自灭。

教育宗旨和教育体系也发生了变化，1904 年颁布的《奏定学堂章程》，即《癸卯学制》，提出了普及教育为目的的新教育观，制定了从蒙养院、初等小学、高等小学、中学堂、高等学堂、大学堂直至通儒院的普通教育体系；从初级师范学堂到优级师范学堂的师范教育体系；从初等农工商实业学堂、中等农工商实业学堂到高等农工商实业学堂的实业教育体系。

这套体系几乎完全是照搬日本的模式，在教育宗旨方面，特别强调了忠君、尊孔、尚公、尚武、尚实五个方面。并要求：“所有京师及各省学堂师长生徒，尤宜正本清源，辨明义利，不视为功名利禄之路，而以为修齐治平之规，于国家劝学育才之意方为无负。”②

---

① 《停科举上谕》，见《清德宗实录》，卷 548，光绪三十一年（公元 1905 年）八月，谕内阁。

② 学部：《奏陈教育宗旨折》，见陈元晖主编：《中国近代教育史资料汇编：学制演变》，547～548 页。

废除科举兴学堂，这是制度化儒家解体的开端，因为科举制度乃是制度化儒家之枢纽。正如前文已经说明的，一方面，因为进入权力阶层的科举考试以儒家为基本内容，所以儒家和权力的关联是通过科举来实现的；科举对于从事儒业的人来说是一条“利禄之途”，废除了科举，也就是切断了儒家和权力之间的内在联系。那么，儒业之乏人问津也就自然而然了。另一方面，在传统中国，由于教育制度以科举为目的而开展，所以书院和官学系统其实就是儒家的传播体系。那么，科举一旦被废除，代之以科技教育为主要内容的现代学堂教育，使得儒家失去了制度性的传播途径。因此虽然科举改革的主导者张之洞等人强调新式教育中必须有经学的内容，但实际上“学堂……所学皆洋夷之学，孔孟之学俱弃之而不一讲求”①。科举的废除实际上宣告了儒家正统地位的崩溃，按罗兹曼的说法：“科举制度曾经是联系中国传统的社会动力和政治动力的纽带，是维护儒家学说在中国的正统地位的有效手段……它构成了中国社会思想的模式。由于它被废除，整个社会丧失了它特有的制度体系。”②

2. 从书院到新学堂：儒家传播系统的中断

科举废除与新的教育管理机构和规则出台之后，由于规定学堂毕业特别的留学归国人员可以获得相应的功名，所以学堂和留学已经成为新的上升性社会流动的主要途径，在新的官员选拔制度没有制定出来之前，的确如张之洞等人在要求废除科举的奏议中所希望的“俾天下士才，舍学堂一途，别无晋身之阶”。在这样的形式下，兴学和出洋留学成为一时之趋，这使得中国的近代学堂数量和入学人数有了迅速的增长③，当时的学部总务司编定的教育统计表可让我们知道当时学堂飞速发

① 刘大鹏：《退想斋日记》，148 页。

② ［美］罗兹曼主编：《中国的现代化》，338 页。

③ 就整体而言当时的入学率还是很低的。就以教育比较发达的直隶为例，“1903 年新学堂的学生数 6 000，就学率为 0.104 3%。1904 年为 36 344，就学率为 0.632 0%。1905 年为 68 000，就学率为 1.182 6%”。而且有人认为中国的新式教育导致了文盲率的上升。见杨齐福：《近代科举制度的衰亡和近代文化》，123 页，北京师范大学博士论文，1999。

展的状况。

表 5—1

时间	学堂数	在校学生数	毕业学生数	教师数
1902		6 912		
1903	769	31 428		
1904	4 476	69 475	2 167	
1905	8 277	258 873	2 303	
1906	23 862	545 338	8 064	
1907	37 888	1 024 988	19 508	63 556
1908	47 995	1 300 739	14 846	73 703
1909	59 117	1 639 641	23 361	90 095
1910	42 696	1 284 965		
1911	52 500	1 600 000(约)		

资料来源：沈云龙：《近代中国史料丛刊》之《第一二三次教育统计图表》。

我们知道在清末新政之前，中国并没有完整的公共教育体系，初级教育的功能主要由家庭（家族）负责。从礼部到学政和教谕①（儒学教官），教育机构的设置其主要功能就是组织科举考试、举行祭孔仪式来推行儒家教化。② 与现代学校比较接近的书院，是讲学问礼的重要场所，但更多的书院基本上是科举的预备学校，其训练内容主要是如何应付科举考试，这在清代尤为明显。③

从张之洞等人的初衷而言，他们对新学堂的期许是中西兼备的，希望既能学习工商科技等新知识，又能兼通经典大义。在 1903 年的《重订学堂章程折》中，张之洞等人提出“至于立学宗旨，无论何等学堂，均

---

① 蒋梦麟的说法可以让我们了解传统教育机构的运作状况。一般乡试成功之后，便成为最初级的绅士，但这并不表明他进入了高一级的学校。“所谓‘县学’只有一所空无所有的孔庙，由一位‘教谕’主持。事实上这位‘教谕’并不设帐讲学。所谓‘县学’是有名无实的。按照我们家庭经济状况，我须呈缴一百元的贽敬，拜见老师。不过经过讨价还价，只缴了一半。也并没有和老师见过面。”见蒋梦麟：《西潮·新潮》，63 页。太学虽是比较正式的教育机构，但其学生人数一般在 300 人左右。

② 《清史稿·职官志》规定，有关学校贡举之事，由仪制清吏寺负责，他们“掌嘉礼、军礼。稽彝章，辨名教，颁式诸司。三岁大比，司其名籍。四方忠孝贞义，访懋旌闾”。

③ 近代以来书院改革一直是教育改革的先行者，著名的粤海堂、万木草堂和湖南的时务学堂均产生过重要影响。参见谢国桢：《清代书院学校制变迁考》，台北，文海出版社，1972。

以忠孝为本，以中国经史之学为基础。俾学生心术壹归于纯正，而后以西学瀹其智识，练其艺能，务期他日成材，各适实用，以仰副国家造就通才，慎防流弊之意”[①]。1906年学部又制订了“忠君、尊孔、尚公、尚武、尚实”的教育宗旨。但张之洞很快发现新旧教育之间的根本差异所导致的培养方向的根本差异，即学堂所教授的科举知识，是培养一种客观性的态度，并不必然导向忠君等价值目标。关键是学堂一般设在城市和集镇，改变了原先私塾等家族化的教育方式，容易使血气方刚的青年学子产生一种集体性的亢奋，养成反抗权威的精神气质。他说：“近数年来，各省学堂建设日多，风气嚣张日甚。大率以不守圣教礼法为通才，以不遵朝廷制度为志士。即冠服一端，不论文武各学，皆仿效西式，短衣皮鞋，扬扬自诩……至于学堂以内，多藏非圣无法之书，公然演说，于读经讲经功课钟点，擅自删减。以及剪发胶须诸弊层出，实为隐忧”[②]。

作为一种补救性的措施，张之洞在制定新学制的时候，提出了保存古学的主张，并在湖北将经心书院改为存古学堂，并在光绪三十三年上奏申明理由。他说以前的学堂奏议所强调的是开通普通知识，而设立存古学堂主要是为通儒院提供人才，为国家储备文学之士。奏议说：“夫明伦必以忠孝为归，正学必以圣经贤传为本。崇正学，明人伦，舍此奚由？乃近来学堂新进之士，蔑先正而喜新奇，急功利而忘道谊，种种怪风恶俗，令人不忍睹闻。至有议请废罢《四书》、《五经》者，有中小学堂并无读经、讲经功课者，甚至有师范学堂改订章程，声明不列读经专科者，人心如是，习尚如是。循此以往，各项学堂于经学一科，虽列其目亦止视为具文，有名无实。”[③] 张之洞不无担忧地说：这样的数典忘祖之事，必然导致人伦废绝、世道混乱。

但是张之洞创办存古学堂的设想甚至没有得到儒学人士的支持，孙诒让、曹元弼、王先谦、叶德辉、梁鼎芬这些湖北的硕儒都坚辞不就学堂的总监和教习。他们的理由很简单也很直接，即学生愿意学习西方的

---

① 舒新城：《中国近代教育史资料》上册，195页。

② 朱寿朋编：《光绪朝东华录》，5676页。

③ 张之洞：《创立存古学堂折》，见《张之洞全集》，第三册，1766页，石家庄，河北人民出版社，1998。

科学知识，所以，存古学堂恐难有所作为。

他们的担心并非是没有道理的，经由康有为的《新学伪经考》洗礼的人们，深受疑古思想的影响，所以，对经典的看法已经有很大的变化，有人将经典看作是史料、是一个知识体系，而不复是价值观的基础。在京师大学堂中，虽设有专门的经学科，但当经学与医学、法政、哲学这样的学科并列的时候，经学已然成为现代学科体系中的一个奇怪的部分。

而更有一些持激进立场的人，将经学看作是统治者所利用的工具，是一些复古人士虚妄自大的借口而已。

> 今之读经者则以其经也，死守其说而不变，于是有自大之病。白种当途，周孔却步。彼之所言，非我六经所能言也。彼之所行，非我古圣人所能行也。而自大者则亦其非经也，用夏变夷，喃喃满口，半部《论语》，坐致太平。以迂远不切事情之旧说，日出其所谖习所依傍者，悍然与欧美诸巨子相抗衡于学术大竞争之世。①

在他们看来，经学已经无益于解决中国当下的困境，反足以成为阻碍中国发展之羁绊，因此烧经可以看作是变法的奇想。

视经典为敝屣的观点后来成为新文化运动时期反孔思潮的核心诉求。然后，即使是试图在现代学校体系里保存经学的做法，也没有为延续经典的意义起到正面的作用。在经典被纳入到现代教育体系的同时，经典就被视为是客观化知识的研究对象，因而经典的意义系统已经被从经典的内容中剥离出去了。

我们将以 1903 年到 1912 年前后的教育宗旨的变化和课程安排为素材，来系统考察现代教育是如何将以经学为基础的儒家经典纳入现代的教育系统，从而将孔子改造成为一个教育家、哲学家或文学家的。正是因为儒家和新教育系统之间的断裂造成了儒家经典在现代中国人知识体系中的地位日益降低，最终使儒家失去了它的基本信仰的群体。

在光绪二十七年（公元 1901 年），清廷颁布了“兴学诏书”，提出“兴学育才，实为当务之急”，并要求“除京师已设大学堂应切实整顿外，

---

① 陈黻宸：《经术大同说》，见《陈黻宸集》，上册，549 页，北京，中华书局，1995。

着各省所有书院，于省城均改设大学堂，各府厅直隶州均设中学堂，各州县均设小学堂，并多设蒙养学堂”①。1902 年颁布了《钦定学堂章程》，建立学堂和国民通识教育体系。清末的教育改革显然并不只是单纯地将书院改为学堂，而是从教育宗旨到教育内容都发生了极其重大的变化，虽然一直要到 1905 年废除科举，这种变化才有了质变。

在 1902 年，具有近代意义的《钦定学堂章程》颁布。当时科举虽有所改革，但并没有被废除，所以对于儒家经典的传播还是主要的教育内容。《钦定蒙学堂章程》第一章第一节规定：蒙学堂之宗旨，在培养儿童使有浅近之知识，并调护其身体。直接与儒学有关的课程有修身和读经。如规定的修身内容是：教以孝弟忠信、礼义廉耻、敬长尊师、忠君爱国。

而从必须阅读的儒家经典来说，第一年是《孝经》和《论语》，第二年是《论语》和《孟子》，第三年是《孟子》，第四年是《大学》和《中庸》。当时每周按 12 天计算。修身和读经时间为所有课时的 1/3 弱。（第三、第四年每周的修身课由每天一小时减为隔天一小时。）

《钦定小学堂章程》的第一章第一节规定：小学堂之宗旨，在授以道德知识及一切有益身体之事。小学也设修身和读经课程，时间也大体占所有课时的 1/3。其中修身课以《曲礼》和朱子《小学》为依据。读经则是第一年读《诗经》，第二年读《诗经》和《礼记》，第三年是《礼记》。高等小学堂的读经和修身时间有所减少。课程安排上，每周（12 天）每三天中有一天是两小时修身和读经课程，其他每天有一小时的读经课。课时占总课时的由蒙学堂的 1/3 减少至 2/9。读经的内容则进一步深化，第一年是《尔雅》、《春秋》之左传，第二年是《春秋》之左传，第三年是《春秋》之《左传》、《公羊传》、《穀梁传》。

而在 1904 年颁布的《奏定初等小学章程》和《奏定高等小学章程》中，对于课程安排和读经的内容有了进一步的具体说明，所占课时也有所提高。

当时的初等小学课程设立有：修身（2）、读经讲经（12）、中国文字（4）、算术（6）、历史（1）、地理（1）、格致（1）、体操（3）。每周共 30

---

① 朱寿朋编：《光绪朝东华录》，4719 页。

小时，其中修身和读经占 14 小时。并规定：

> 现在定以《孝经》《四书》《礼记》节本为初等小学必读之经，总共五年，每年除假期外，以二百四十日计算。
>
> 第一年，每日约读四十字，共读九千六百字；
>
> 第二年，每日约读六十字，共读一万四千四百字；
>
> 第三、四年，每日约读一百字，共读四万八千字；
>
> 第五年，每日约读一百二十字，共读二万八千八百字。
>
> 总共五年，应读十万零一千八百字；除《孝经》（二千零十三字）、《四书》（五万九千六百十七字）全读外（共六万一千六百字），《礼记》最切于伦常日用，亟宜先读。惟全经过于繁重，天资聪颖学生可读江永《礼记约编》（约七万八千字），其或资性平常，或以谋生为急，将来仅志于农工商各项实业，无仕宦科名之望者，宜就《礼记约编》择初学易解而人道所必应知者，节存四万字以内，俾得粗通礼意而仍易于毕业。①

高等小学的课程有：修身（2）、读经讲经（12）、中国文学（8）、算术（3）、中国历史（2）、地理（2）、格致（2）、图画（2）、体操（3）。每周 36 小时。并规定："现在定以《诗经》《书经》《易经》及《仪礼》之一篇为高等小学必读之经。总共四年。每年除假期外以二百四十日计算，每日约读一百二十字，每年应读二万八千八百字，四年应共读十一万五千二百字。除《诗》（四万零八百四十八字）《书》（二万七千一百三十四字）《易》（二万四千四百三十七字）全读外（共九万二千四百十七字），合《诗》《书》《易》共九万六千八百五十四字，余暇甚多，易于毕业"②。还规定《诗经》用朱子的集传，《周易》用程氏易传等注本。

《钦定中学堂章程》的第一章第一节规定：中学堂之设，使诸生于高等小学卒业后而加深其程度，增添其科目，俾肄力于普通学之高深者，

---

① 《奏定初等小学章程》（1904），见陈元晖主编：《中国近代教育史资料汇编：学制演变》，303～304 页。

② 《奏定高等小学章程》（1904），见陈元晖主编：《中国近代教育史资料汇编：学制演变》，318 页。

为高等专门之始基。中学的课程设置有：修身、读经、算学、词章、中外史学、中外地理、外国文、图画、博物、物理、化学、体操。但修身和读经所占的课时较之小学大大减少。中学分四年，头两年每周 37 小时，后两年每周 38 小时。修身和读经的课时均为每周 5 小时，而外国文则占每周 9 小时。

次年颁布的《奏定中学堂章程》中对修身和读经有更具体的说明。读经时间也略有不同。

> 现在所定的读经讲经钟点，计每星期读经六点钟，挑背及讲解三点钟（间日背讲一次），合计九点钟；另有温经钟点，每日半点钟，在自习时督课，不在表内。
>
> 因学生皆系高等小学毕业生，故应读《春秋左传》及《周礼》两部，每日读二百字，每年除假期外，以二百四十日计算，应读四万八千字，五年共读二十四万字。计《春秋左传》（十九万八千九百四十五字）、《周礼》全本（四万九千五百一十六字），合共二十四万八千四百六十一字。若用黄叔琳《周礼节训本》（约二万五千字）则合计不过二十二万三千余字，尚有余力温习。①

《钦定高等学堂章程》第一章第一节规定：高等学堂之设，使学生于中学卒业后欲入大学分科者，先于高等学堂修业三年，再行送入大学肄业。

在 1904 年颁布的《奏定高等学堂章程》中，将高等学堂的学科分为三类："第一类学科为豫备入经学科、政法科、文学科、商科等大学者治之；第二类学科为豫备入格致科大学、工科大学、农科大学者治之；第三类学科为豫备入医科者治之。"②

这三类学科中，人伦道德和经学大义这两门与儒家思想直接相关的课程作为公共课在每周 36 小时中占 3 小时，均低于外语课的课时量。

---

① 《奏定高等小学章程》（1904），见陈元晖主编：《中国近代教育史资料汇编：学制演变》，328～329 页。

② 《奏定高等学堂章程》（1904），见陈元晖主编：《中国近代教育史资料汇编：学制演变》，338 页。

人伦道德课主要内容是“摘讲宋元明国朝诸儒学案”。经学大义则第一年讲《钦定诗义折中》、《书经传说汇纂》、《周易折中》，第二年讲《钦定春秋传说汇纂》，第三年讲《钦定周礼义疏》、《仪礼义疏》、《礼记义疏》。

在1904年颁布的《奏定大学堂章程》中规定大学设有经学科。其中经学分十一门：周易学门、尚书学门、毛诗学门、春秋左传学门、春秋三传学门、周礼学门、仪礼学门、礼记学门、论语学门、孟子学门、理学门。但考量其他七科的课程安排，我们并不能发现有专门的涉及儒家思想的训练课程。即使是文学科中的中国文学门中，所关注的也是经典的文法而非义理。

学生毕业之后的安排直接关系到教育体制是否由传统的以培养官员为目的转变为职业培训和科学、人文教育。1902年颁布的《钦定京师大学堂章程》第四章《学生出身》专门就由科举向学堂转变之后的学生学成之后的安排做了说明。“恭绎历次谕旨，均有学生学成后赏给生员、举人、进士明文。此次由臣奏准，大学堂豫备速成两科学生卒业后，分别赏给举人进士。”而小学毕业则给予附生文凭，中学堂毕业给予贡生文凭，高等学堂毕业给予举人，大学堂毕业生则“候旨赏给”进士。

而已经是进士的人员，则可以去京师大学堂的“仕学馆”，三年毕业后“有教习考验后，管学大臣复考如格，择尤保奖，予以应升之阶，或给予虚衔加级，或咨送京外各局所当差，统俟临时量才酌议”。

师范生由给予奖励，师范四年毕业后，经考核“如原系生员者准作贡生，原系贡生者准作举人，原系举人者准作进士”①。

1906年废除科举之后，新的学部成立，对教育宗旨做了重新的界定，这个新的教育宗旨分为两类五条，第一类是“忠君”、“尊孔”；第二类是“尚公”、“尚武”和“尚实”。而从《奏请宣示教育宗旨折》中对于这些条文的解释中，可以看出明显的时代特征和中体西用的色彩。如对于“忠君”就是要“使全国学生每饭不忘忠义，仰先烈而思天地高厚之恩，

---

① 《钦定京师大学堂章程》(1902)，见陈元晖主编：《中国近代教育史资料汇编：学制演变》，246页。

睹时局而涤风雨飘摇之惧”。这样就会使在当时已经不可收拾的“一切犯名干义之邪说皆无自而萌”。所谓“尊孔”则是要让学生在儒学的熏陶之中，“以使国教愈崇，斯民心愈固”①。但是从尚公和尚武等条文虽然其解释的依据依然是从儒家的经典出发，但已经明显与传统的儒家教育观有一定的距离，而是更有着时代性，并带有明显的西方教育观的影子。

1911 年辛亥革命之后，儒家已经不再作为统治合法性的依据，随之，教育的目的发生了根本的变化，连带着教育的制度和课程的设置也发生了根本性的变化。比如 1912 年蔡元培任教育总长发表了《对于教育方针之意见》就明显是针对 1906 年的教育宗旨而发的。他说专制时代的教育隶属于政治，共和时代的教育则是超越政治的。因此，将忠君和尊孔作为教育宗旨是不合适的。“忠君与共和政体不合，尊孔与信教自由相违。”② 而尚武、尚公和尚实则可以同意。1912 年 7 月召开的临时教育会议通过了新的教育宗旨是：“注重道德教育，以实利教育、军国民教育辅之，更以美感教育完成其道德”。很显然，新教育观体现了蔡元培先生的教育思想。

1912 年 1 月，教育部公布普通教育暂行办法，改称学堂为学校，令上海各书局将旧存教科图书暂行修改应用，并令废止读经，并禁各校用《大清会典律例》等。当年 5 月，又由教育部宣布普通教育暂行办法，条文很多，对于学校和教科书特别提出：各项学堂改称学校；各种教科书务合共和民国宗旨。前清学部颁布的教科书，一律禁用；民间通行的教科书，其中有崇清及旧时官制、军制、避讳、抬头字样，应逐一更改。教员遇有书中有不合共和宗旨者，可随时删改，并指报教育司，或教育会，通知书局更正；小学读经科一律废止。③

1912 年 9 月颁布的《教育部公布小学校令》，在第一章《总纲》的第一条中指出：“小学校教育以留意儿童身心之发育，培养国民道德之基

---

① 舒新城：《中国近代教育史资料》上册，221 页。

② 蔡元培：《对于教育方针之意见》，见陈元晖主编：《中国近代教育史资料汇编：学制演变》，623 页。

③ 参见《普通教育暂行办法》，见陈元晖主编：《中国近代教育史资料汇编：学制演变》，605～606 页。

础，并授以生活所必需之知识技能为宗旨。”① 在11月颁布的《教育部订定小学校教则及课程表》中，与儒家有关联的是修身、国文和历史。在《教则》中对这几门课的教育目的做了说明。

> 第二条：修身要旨在涵养儿童之德性，导以实践。初等小学校，宜就孝悌、亲爱、信实、义勇、恭敬、勤俭、清洁诸德，择其切近易行者授之；渐及于对社会对国家之责任，以激发进取之志气，养成爱群爱国之精神。
>
> 高等小学校宜就前项扩充之。
>
> 对于女生尤须注意于贞淑之德，并使知自立之道。
>
> 教授修身，宜以嘉言懿行及谚辞等指导儿童，使知戒勉，兼演习礼仪；又宜授以民国法制大意，俾具有国家观念。②

1912年9月，国民政府的教育部公布了中学校令，明确指出：“中学校以完足普通教育、造成健全国民为宗旨”。而在同年12月公布的施行规则中，对于传统意义上与儒家有关的课程“修身”课做了如下规定：“修身要旨在养成道德上之思想情操，并勉以躬行实践，完具国民之品格。修身宜授以道德要领，渐及对国家社会家族之责务，兼授伦理学大要，尤宜注意本国道德之特色。”③ 其课时均为每周1小时，在1913年教育部公布的中学校课程标准中，对四年中的修身课内容做了更具体的说明。第一学年，讲授：“持躬处世，待人之道”。第二学年：“对国家之责务，对社会之责务”。第三学年：“对家族及自己之责务，对人类及万有之责务”。第四学年：“伦理学大要，本国道德之特色”④。虽然很多内容与儒家思想关系密切，但是可以明确看出，避免使用儒家的核心概念。但对于外语课则是一如既往的重视，中学四年，外语课除第一学年为每

---

① 《教育部公布小学校令》，见陈元晖主编：《中国近代教育史资料汇编：学制演变》，663页。

② 《教育部订定小学校教则及课程表》，见陈元晖主编：《中国近代教育史资料汇编：学制演变》，701～702页。

③ 《教育部公布中学校令施行规则》，见陈元晖主编：《中国近代教育史资料汇编：学制演变》，680页。

④ 《教育部公布中学校课程标准》，见陈元晖主编：《中国近代教育史资料汇编：学制演变》，729页。

周 7 小时，后三学年均为每周 8 小时。

下列表为 1902 年（光绪二十八年）《钦定中学堂章程》和 1912 年《教育部公布中学校令施行规则》所规定的中学课程课时比较。

表 5—2　　1902 年公布的中学课程表

第一年		第二年		第三年		第四年	
修身	2	修身	2	修身	2	修身	2
读经	3	读经	3	读经	3	读经	3
算学	6	算学	6	算学	6	算学	6
词章	3	词章	3	词章	3	词章	3
中外史学	3	中外史学	3	中外史学	3	中外史学	3
中外地理	3	中外地理	3	中外地理	3	中外地理	3
外国文	9	外国文	9	外国文	9	外国文	9
图画	2	图画	2	图画	2	图画	2
博物	2	博物	2	博物	2	博物	2
物理	2	物理	2	物理		物理	
化学		化学		化学	3	化学	3
体操	2	体操	2	体操	2	体操	2
共计	37		37		38		38

资料来源：舒新城：《中国近代教育史资料》下册，494 页。

表 5—3　　1912 年公布的中学课程表

学科/学年	第一学年	第二学年	第三学年	第四学年
修身	1	1	1	1
国文	7	7	5	5
外国语	7	8	8	8
历史	2	2	2	2
地理	2	2	2	2
数学	5	5	5	4
博物	3	3	2	
物理化学			4	4
法制经济				2
图画	1	1	1	2
手工	1	1	1	1
乐歌	1	1	1	1
体操	3	3	3	3
总计	33	34	35	35

资料来源：舒新城：《中国近代教育史资料》下册，523 页。

虽然当时另公布了针对女生的时刻表，但只是有一些小的差别，并不影响本文所要推导的结论。

1912 年教育部公布了大学令，指出："大学以教授高深学术、养成硕学闳才，应国家需要为宗旨。" 1913 年教育部公布了大学规程。规定大学分文科、理科、法科、商科、医科、农科、工科。原有的经学科没有了。有关儒家思想的研究和传播我们可以在哲学门中的中国哲学类、国文类和中国史类中找到。当时列入课程表的儒家经典有：列入中国哲学类中的《周易》、《毛诗》、《仪礼》、《春秋》之《公羊传》和《穀梁传》、《论语》、《孟子》；列入国文类的有尔雅学等；列入中国史类的有《尚书》、《春秋左传》等。原来将大学毕业后继续深造的机构称为"通儒院"，这时也已经改为"大学院"。学生从高等学校毕业授予相应的学位。

民国的教育制度以自由、民主为尚，所以读经和尊孔问题成为教育改革的重要内容，尤其是学校停止祭奠孔子的活动，并将孔庙学田充公改作教学经费之事，社会各界反应强烈。康有为就专门致书教育部，认为教育部"只能恪守数千年之旧章，无更革祀典之权，更无收孔庙祭田之权"①。

从上述教育宗旨和课时变化的情况，我们可以看出废除科举之后，儒家的价值观和儒家经典在现代教育体系中越来越找不着自己的位置，最终随着民国建立——儒家制度的合法性的消失而失去了其存在的空间，当时主持北京大学的蔡元培明确表示取消"经科"势在必行，他说："我以为十四经中，如《易》、《论语》、《孟子》等，已入哲学系；《诗》、《尔雅》，已入文学系；《尚书》、三《礼》、《大戴记》、《春秋》三传已入史学系；无再设经科的必要，废止之。"② 就此，大学以下的各级学校取消读经课，虽然大学里还存在着有关儒家经典的内容，但已经是作为中国文学和中国历史学的文献，已经完全"非经学化"了，只是作为众多知识

---

① 康有为：《覆教育部书》，见《康有为全集》，第十集，118 页。

② 蔡元培：《我在教育界的经验》，见《蔡元培全集》，第八卷，509 页，杭州，浙江教育出版社，1998。

中的一部分，众多课程中的一门。[①] 由此，运行了一千多年以察举、科举等选举制度为依托建立起来的儒家传播体系，也终于因选官制度的废除和新式教育的建立而宣告结束。

这期间，儒家的教育也因袁世凯的复辟活动而有所反复。1914 年以后，袁世凯对民国初年的教育制度开始做很大的改变，其中最为醒目者就是对读经课的恢复。

1915 年起，启蒙教育又分为国民学校和高等小学校。但在教育宗旨和课程设置上并无大的变化，国民学校和高等小学校的修身课的内容与 1912 年的基本一致。唯一值得指出的是在 1915 年的课程设置中，均加上了“读经”课。规定初等小学读《孟子》，高等小学读《论语》，中学校读《礼记》节选等。如 1916 年 1 月颁布的《国民学校令施行细则》中指出：国民学校学生的“读经要旨，在遵照教育纲要，使儿童熏陶于圣贤之正理，兼以振发人民爱国之精神。宜按照学年、程度讲授孟子大义，务期平正明显，切于实用，勿令儿童苦其繁难”[②]。同时颁布的《高等小学校令实施细则》，指出“读经宜照教育纲要讲授《论语》”。而在同年 10 月颁布的修正稿中，均删除了有关读经的条目。

但是，这次恢复的后果是将儒学与专制统治做了一个勾连，使之在民国的教育中更走向边缘化和学术化。

《剑桥中国晚清史》对于废除科举之后的教育内容是否有实际的变化持怀疑态度。[③] 它所依据的理由主要是：(1) 由于难以找到合格的老师，如 1909 年，在教初等小学的教师中，有 84%的人有传统功名，他们难免会按传统的旧课程上课。(2) 几乎所有私立学校均由绅士开办。(3) 制度中保留了尽量多的旧东西。如学堂毕业授予相应的功名和对于留学生的奖励办法都能明显看到这种连续性。

---

① 1901 年，蔡元培就曾主张：“是故《书》为历史学，《春秋》为政治学，《礼》为伦理学，《乐》为美术学，《诗》亦美术学。而兴观群怨，事父事君，以至多识鸟兽草木之名，则赅心理、伦理及理学，皆道学专科也。《易》如今之纯正哲学，则通科也。”《学科教科论》，见《蔡元培全集》，第一卷，337～338 页。

② 《教育部公布国民学校令施行细则》，见陈元晖主编：《中国近代教育史资料汇编：学制演变》，800 页。

③ 参见［美］费正清编：《剑桥中国晚清史》下卷，440～441 页。

我们不能否认这些理由的重要性，例如前面所列举的新学堂的课程设置和课程内容，由于教师和资金的问题在具体的操作中可能出现的变样。同样，我们也必须正视习惯的力量，因为很多人依然是以科举的心态来对待新教育的。这可以从众多的学生钟情于法政科得到证明。① 而且学校的课程设置也并不能适应社会的需要，以至于社会上更欢迎那些学徒而非学生。范源廉抱怨说："近时内外交通，渐知凡百事物，莫不有学；而振兴实业，提倡教育之声，亦常闻于远迩。然按诸社会之实际，则似学术知能之需要，仍未见其殷切也。中小学校之毕业者，其受工场商店之信任，常逊于寻常之学徒。专门学科之毕业者，即学行优长，而在社会中每苦无可就之职业。其足以容纳群材，而又为世俗欣慕者，厥惟官吏之一途。以是学子之志于为官，几同于流水之归壑。"② 但我们不能否认废除科举和建立新学堂所造就的是一种全新的教育体系。③

随着模仿西方的教育制度的建立，从西方传入的科学知识逐渐变成教育的核心内容，并形成了对中国近代思想影响巨大的"唯科学主义"，这使得以儒家为核心的人文知识被日益挤到边缘性的位置。其实，当西学被冠之以"新学"的时候，我们已经能隐约感觉到在新式知识分子那里，儒学已经被视为"旧学"，已经不适应时代的需要，因而难以承担保

---

① 因为法政学堂更容易入仕，所以当时的学生更多选择上法政科，1907 年法政学堂的学生人数占新学堂总数的 44%，次年升至 56%，1909 年高达 63%。参见陈剑华：《清末民初法政学堂之研究》，载《教育史研究》，1993（1）。在 1911 年之前不断有人提出恢复科举的奏议。一直到 1919 年后，为了平息五四以后学生的情绪，当时的安徽省主席吕调元提议应该立刻举行一项特别的文官考试，公开让所有的学生参加。很显然，"这项建议的目的是要争取一些有才干和有抱负的学生到政府部门去。这样可以达到软化减弱学生运动的目的。……这计划反映了当时已被人感觉到的社会问题。自从科举制度废除之后，却没有建立新的人事铨叙制度来取代，十多年过去了，新的知识分子还是找不到正式的途径——通过它，可以进入政府部门工作，而进入政府部门服务，正如社会传统所鼓励的，仍然是他们的生活的理想"。如果认为学生运动的目的就是要进入政府部门工作，当然是不正确的，但是某种情绪上的触发则是安全可能的。参见周策纵：《五四运动史》，218 页，长沙，岳麓书店，1999。

② 《中华教育界》民国三年（公元 1914 年）十一月第二十三号。

③ 刘大鹏在 1906 年 9 月 13 日的日记中说："学堂之害，良非浅鲜，自学堂设立以来，不但老师宿儒坐困家乡，仰屋而叹，即聪慧弟子，亦多弃儒而就商。凡入学堂肄业者，莫不染乖戾之习气，动辄言平等自由，父子之亲，师长之尊，均置不问，为父兄者知其悖谬，不愿子弟入学堂，遂使子弟学商贾。"见《退想斋日记》，162～163 页。

国保种的任务。[①] 而作为新学之代表的科学，已经获得了“无上的尊严”。胡适说：“这三十年来，有一个名词在国内几乎做到了无上尊严的地位，无论懂与不懂的人，无论守旧和维新的人，都不敢公然对他表示轻视或戏侮的态度。那个名词就是‘科学’。这样几乎全国一致的崇信，究竟有无价值，那是另一问题。我们至少可以说，自从中国讲变法维新以来，没有一个自命为新人物的人敢公然毁谤‘科学’的。”[②]

在这种气氛的影响之下，新学堂所采用的教材基本上都是外国教材的翻译和改编[③]，而当时的教员也请的是外国人，以日本人居多。西方的自然科学和人文社会科学知识便是随着这些新的教科书的使用而流传的，当然西方的地理概念、男女平等思想、进化论观念、民主观念也随之而深入到新学生的内心世界，而中国本土的知识似乎是无关紧要的。[④] 如胡适回忆他小时候的学习生活时说：

> 二十五六年前，当我在上海做中学生的时代，中学堂的博物，用器画，三角，解析几何，高等代数，往往都是请日本教员来教的。北京，天津，南京，苏州，上海，武昌，成都，广州，各地的官立中学师范的理科工课，甚至于图画手工，都是请日本人教的。外国文与外国地理历史也都是请青年会或圣约翰出身的教员来教的。我记得我们学堂里的西洋历史课本是美国十九世纪前期一个托

---

① 熊月之考察了近代中国人对外国人和外国文明由“夷”向“洋”到“西”的用词变化，指出这蕴含了中国人对于外国文明由鄙视到崇拜的转变。“如果说‘夷学’带有强烈的贬义，‘西学’基本上是中性，那么，‘新学’则带有明显的褒扬之义，有赞赏、效法的意味。”参见熊月之：《西学东渐与晚清社会》，730页，上海，上海人民出版社，1994。

② 胡适：《科学与人生观》序，上海，亚东图书馆，1923。这种社会氛围的变化也体现在像俞樾这样的旧学大师对孩子的教育上。1907年俞樾的临终遗言中写道：“吾家自南庄公以来，世守儒业，然至今日，国家既崇尚西学，则我子孙读书之外，自宜习西人语言文字，苟有能精通声光化电者亦佳子弟也。”见俞润民等：《德清俞氏》，99页，北京，中国人民大学出版社，1999。

③ 对于教科书的有关内容可参考《西学东渐与晚清社会》中的“教科书新貌”一节，见该书663～672页。实藤惠秀的《中国人留学日本史》中有留学生翻译日本教科书的详细材料，也可参看。

④ 有人评论说，新知识者是用旧知识者崇拜尧舜禹的态度来对待西方的知识的。参见Yi C. Wang, *Chinese Intellectuals and the West*（*1872—1949*），p. 371，The University of North Carolina Press，1966。

名“Peter Parley”的《世界通史》，开卷就说上帝七日创造世界，接着就说“洪水”，卷末有两页说中国，插了半页的图，刻着孔夫子戴着红缨大帽，拖着一条辫子！这是二十五年前的中国学堂的现状。①

即使在农村和集镇的初级学校，教师的状况由于不断有新学生的毕业充任而有所改变，同时生活在乡村的旧绅士经过适当的培训也逐渐改变了他们的观念，或者说他们开始接受新的观念。因此，乡村教育也以新的知识为主。杨懋春的回忆可以作为佐证。他说：

当时（1915年）县政府在其辖境内每一较重要或中级以上的集镇上设一公立模范小学。校舍多是镇上的庙宇、祠堂，或其他不被使用的公私宅院。管理员（或校长）是由地方人士公推的绅董。教员是县政府聘请或委派者。教员的资格多数是由省立师范学校毕业，年龄在廿五到卅五岁之间。也有不少是清末科举制度下的秀才，后在县立或省立师范讲习所进修两年者。这类教员的年龄多在五十岁左右。模范小学的课程都是新的，包括国文、算术、博物（或常识?）、修身、劳作、音乐及体操。国文与算术两科分量最重，教学时数也最多。其次是修身。年轻的老师也会注重音乐。爱国情操浓的老师也多用体操课培养学生的尚武精神，要学生练习军操，一备长大后，从军保卫国家。因为那时候以日本为首的列强正想瓜分中国。

在各农村中，那些传统式的村塾或族塾，大多自行改造，成为半新半旧的村小学。说它半新半旧，是因为其中多数是原来的塾师，到县城去接受半年到一年的师范教育讲习，能使用阿拉伯数字，教极简单的算术，又能使用《国文教学准备》教初级的国文课本，就可获得县教育认可，回到本村原来的学校，作唯一的老师，做原有的教书工作。这些村教员中也有不少是中年人。他们在县城接受师范讲习所教育时，吸收了一些新思想、新知识、国家观念与国家现

① 胡适：《悲观声浪里的乐观》(1924)，见《胡适论学近著》，389页。

势等。回到本村后，也会反复思想。①

而在公费教育力所不及的地方，教会学校开始发挥它们的作用。林耀华是这样来描述那时候遍布全国的教会学校的教育方式的："学校由传教士和教师来规划，在组织者颂南和教师的领导下，选择了一整套现代课程，然而家庭和乡村学校的老传统还多少存在着。有一次成清背诵文章，他像旧式学生那样背过脸朝着老师。他背到一半时停了下来，那一半记不起来了。坐在旁边的小哥就小声告诉他，没想让老师听见了，立即用白粉笔在地上划了两个圈儿，成清和小哥各站到一个圈中，罚站是在孔夫子圣龛前'跪香'的变更形式。孔夫子没有了，因为在教会学校中，除了耶稣基督之外禁止崇拜其他神。"②

而从实际的情况来看，新教育培养的就是旧制度的敌人和旧传统的解构者，就在科举废除后的五年，清政府便在一次失败的炸弹试验事件后崩溃。十年后，以彻底清除中国人观念中的儒家遗存而为西方的观念腾出空间为主要目的的新文化运动爆发，彻底改变了中国历史的走向。也正因为如此，有人直接将废除科举作为中国现代化的真正起源，代表着中国与过去的断绝。

> (1) 它把中国人探索社会问题的答案的方向转到向国外寻求知识，致使大批学生出国留学，这批人对辛亥革命和五四运动的发生十分重要；(2) 它割断了已经被削弱的地方与中央政权之间的联系（通过在官和在野的精英），从而使国家行政管理进一步腐败，军阀随之蜂起；(3) 它导致了地方资源的再分配，原来掌握地方资源的

---

① 杨懋春：《中国乡村社会》，89～90 页。这种新学堂在农村被接受的程度一直是一个值得探讨的问题，特别是完全西化的教学模式和教学内容，始终有些水土不服。这种现象即使到 1920 年代还存在。毛泽东说："'洋学堂'，农民是一向看不惯的。我从前做学生时，回乡看见农民反对'洋学堂'，也和一般'洋学生'、'洋教习'一鼻孔出气，站在洋学堂的利益上面，总觉得农民未免有些不对。民国十四年在乡下住了半年，这时我是一个共产党员，有了马克思主义的观点，方才明白我是错了，农民的道理是对的。乡村小学校的教材，完全说些城里的东西，不合农村的需要。小学教师对待农民的态度又非常之不好，不但不是农民的帮助者，反而变成了农民所讨厌的人。故农民宁欢迎私塾（他们叫'汉学'），不欢迎学校（他们叫'洋学'），宁欢迎私塾老师，不欢迎小学教员。"《毛泽东选集》，2 版，第一卷，39～40 页，北京，人民出版社，1991。

② 林耀华：《金翼——中国家族制度的社会学研究》，49～50 页，北京，三联书店，1989。

是具有责任感和公益心的人士，他们有切身利害去寻求外来帮助以造福乡里，现在掌握资源的是一批只有个人和局部利益之徒，科举的废除还鼓励许多人去寻找与国家利益无关的职业；(4) 它摧毁了现存的社会等级制度，使城市和乡村之间的界限更加固定，对城市和农村的整合能力造成了长期的消极影响；(5) 它大大地改变了教育在中国发展过程中的地位，形成了明显的文化中断。引起人们就究竟哪种教育形式更适合新时代需要这一问题进行了长期的争论。就其现实和象征性意义而言，科举制度的改革代表着中国已与过去一刀两断。①

二、立宪和新法律：儒家观念在新制度中的退场

如果说科举的废除瓦解了儒家与权力、文化资本之间的内在联系的话，那么由“新政”开始的行政和法律系统的西方化则标志着儒家观念在现实的政治制度中逐渐退出。如果说汉代以来所开始的是制度的儒家化过程，那么清末的改革则可以称之为制度的“去儒家化”的过程。

在很大程度上，制度的去儒家化是一个外力作用的结果。西方如八国联军攻占北京后，在议和的大纲中就明确规定：“总理各国事务衙门必须革故更新，及诸国钦差大臣觐见中国皇帝礼节，亦至一体更新。其如何变通之处，由诸国酌定，中国照允施行。”② 清政府被迫接受，并于1901年将总理各国事务衙门扩充为外务部，专门办理中外交涉的事务。有些制度改革是为了争取平等的权利，如改革传统法律的很大一部分动机是为了取消西方列强借口中国法制未备而要求的“治外法权”③。制度变革最根本的原因则在于随着中国由传统社会走向现代社会，需要有一套相应的社会制度来适应之。无论是出于何种原因，从清末新政的种种

① ［美］罗兹曼主编：《中国的现代化》，634～635页。

② 转引自吴春梅：《一次失控的近代化改革》，61页。

③ 1902年，清政府在与英国商约大臣马凯订立的《通商行船条约十六款》中，第十二款规定：“中国深欲整顿本国律例，以期与各西国律例情形及其审断办法，及一切相关事宜皆臻妥善，英国即允弃其治外法权。”见朱寿朋编：《光绪朝东华录》，光绪二十八年八月。

具体措施和所带来的后果看，儒家的一些核心原则上下尊卑、重农抑商、礼治等等逐渐被平等和法治等现代的观念所取代。这就是说儒家从政治法律制度中“退场”了。

1. 仿行宪政和儒家与中国政治制度的分离

在刘坤一、张之洞领衔提出的《江楚会奏变法三折》中，除了改革科举制度的提议外，还对发展工商业、整顿吏治、建立新的法律制度和改善满汉关系等提出了具体的操作性建议。这些措施与改革教育制度的措施一样，逐渐得到推行和实施。

在行政制度和法律制度上，在 1901 年将总理各国事务衙门改为外务部之后，又在 1903 年设立商部，并在 1906 年将之扩充为农工商部，全面负责推动国家经济的发展。针对西方列强对于中国法律的批评和新的社会变化对于法律的需求①，1902 年设立了修律馆。1906 年撤销国子监，设立学部，并在军事体制和警察制度等方面进行了一系列的改革。

然而这些改革措施都毫无例外地在损害着儒家价值观在制度结构中的意义，从最初的理藩院到总理各国事务衙门再到外务部，建立在儒家夷夏观念之上的处理国家间事务的原则失去了效用。而商部的成立，则是为了推动商业和实业的发展，连皇上都说：“自积习相沿，视工商为末务。国计民生，日益贫弱，未始不因乎此。”② 这等于是对儒家重本抑末政策的否定，并彻底改变了商人在社会群体中的地位。

任何新的政治、经济改革措施的推出，都意味着儒家在制度体系中的重要性的降低。1905 年日俄战争的结果和以同盟会为代表的越来越大的革命势力，迫使清政府加大制度改革的力度，患有深度生存焦虑的中

---

① 在光绪二十八年（公元 1902 年）二月初二所下的诏书中是这样陈述修订法律的必要性的：“中国律例，自汉唐以来，代有增改。我朝《大清律例》一书，折衷至当，备极精详。惟是为治之道，尤贵因时制宜。今昔情势不同，非参酌适中，不能推行尽善。况近来地利日兴，商务日广，如矿律、路律、商律等类，皆应妥议专条。”因此要“慎选熟悉中西律例者……开馆纂修……总期切实平允，中外通行，用示通变宜民之至意”。见《清德宗实录》，卷 495。

② 朱寿朋编：《光绪朝东华录》，光绪二十七年三月，27 页。

国人迷恋上了"立宪"，并在"制度决定论"① 的幻影之下，将立宪视为解决中国问题的灵丹妙药。

1905 年在中国土地上进行的日俄战争，小小的日本居然打败了国土数十倍于自己的俄国。对于这一事件，中国人在惊叹之余，舆论界很快将之阐释成立宪与专制之战。日本被理解成因立宪而强大，而俄国则被理解成因专制而落后的范型。当时的《东方杂志》称："甲辰日俄战起，识者咸为之说曰：此非日俄之战，而立宪专制二政体之战也。"自日本"以小克大，以亚挫欧，赫然违历史之公例，非以立宪不立宪之义解释之，殆为无因之果"②。

在这种观点的影响下，人们便逐渐将中国改革之种种挫折归因于没有实行立宪，也就是说认识到制度已经成为改革的瓶颈，并真诚地认为如果能像日本那样实行立宪政体，那么中国的问题便可迎刃而解。当时发表在《南方报》后被当时的主流媒体《东方杂志》转载的一篇文章的标题就是"论立宪为万事之根本"。文章说：

> 甲午以近，士大夫之言变法者，其肩背相望也。然其立论至易，大抵胪举故实，取泰西各国现行之制度，杂然而陈之……已而更历渐广，学说亦渐近，微有鉴于欧美诸国治法之源，其精神固不尽此也……手足而教育之说兴，一切行政之事，亦稍稍有所建革。一切

---

① 按萧功秦的说法："制度决定论"，其基本特征是"在肯定异质文化中的某一种制度的功效的同时，却忽视了该种制度得以实现其效能的历史、文化、经济和社会诸方面的前提和条件。换言之，'制度决定论'仅仅抽象地关注制度的'功效'与选择该制度的'必要性'之间关联，而没有或忽视了'功效'与实现该功效的种种条件的关联。一种制度实施的可行性与实效性，又恰恰不能脱离这些条件。"见《危机中的变革》，156 页。当时一个日本人也很形象地描述了中国人的这种情绪。"至于立宪派政党，他们之中的绝大多数人则胡乱相信，只要有了一个立宪国会，一切都是可能办得到的：宪法一经制定，国会一经成立，失政误国的岁月就将立刻一扫而光，财政竭蹶可以补救，国债可以偿还，军备可以扩充，国力将进而充沛，人民权利将被恢复。而多年来中国所蒙受的民族耻辱将被扫除，国家的威信将广被全世界。"见远藤久吉对日本外务部的报告，转引自周锡瑞：《改良与革命——辛亥革命在两湖》，115 页，北京，中华书局，1982。

② 《东方杂志》第三年临时增刊。这种说法在当时有很普遍的代表性。如《中外日报》也有相似的评论。"甲辰日俄之战，知微之士闻之曰：此非俄日之战也，乃立宪专制二治术之战也。自海陆交绥以来，日无不胜，俄无不败，至于今，不独俄民群起而为立宪之争也，即吾国士人，亦知其事之不容已，是以立宪之议，主者愈多。"见《中外日报》，光绪三十一年（公元 1905 年）八月二十二日。

行政之事，亦稍稍有所建革，固自以为治其本矣。然而数年以来，群治之不进也如故，民智之不开也如故。求之政界，则疲玩愈甚，而蒙蔽日深。征诸社会，则奸蠹滋多，而公德益坏……其弊之所至，乃至凡百措施，创之于列邦而为善治者，及其行之中国，几无不与初意相左，而利害适相反焉……其故何在？一言以断之曰：政体不立之害。欲救其弊，固非改定政体不可，则立宪之说是已。治国者如操舟然，必先定其向之方，而后有达陆岸之日，故立宪政体之于国，犹舟之有指北针也，否则迷阴而丧其行矣。①

就连张謇也主动给绝交 20 年的袁世凯写信，希望他能推动立宪进程。他在信中说："日俄之胜负，立宪专制之胜负也。今全球完全专制之国谁乎？一专制当众立宪，尚可幸乎？日本伊藤、板垣诸人，共成宪法，巍然成尊主庇民之大绩，特命好耳。论公之才，岂必在彼诸人之下？"② 在这样的社会气氛之下，1905 年朝廷派出以载泽为首的五大臣出洋考察，同时又设立专门的"考察政治馆"，选择各国法制中与中国国情相适宜者供朝廷参考。

载泽在 1905 年，提出了"以五年为期改行立宪政体"的奏折，认为立宪政体乃是世界之大势，并提出了"宣示宗旨"、"地方自治"、"集会、言论、出版自由"三大措施，认为这"实宪政只津髓，而富强之纲纽"③。1906 年，载泽又给慈禧上了一道密折，以日本的宪法为例，提出立宪并不会损害君主的地位，只会对官员不利，而立宪有三大好处："皇位永固"、"外患渐轻"、"内乱可弭"④，这使朝廷下定了立宪的决心，1906 年

① 《南方报》，光绪三十一年（公元 1905 年）七月二十三日，载《东方杂志》第二年第十期。

② 《张季直传记资料》，5 页，台北，天一出版社，1985。

③ 载泽：《出使各国考察政治大臣载泽等奏请以五年为期改行立宪政体折》，见夏新华等整理：《近代中国宪政历程：史料荟萃》，39 页，北京，中国政法大学出版社，2004。

④ 这道使慈禧痛下决心的密折是这样的："以今日之时势言之，立宪之利有最重要者三端：一曰皇位永固。立宪之国，君主，神圣不可侵犯，故于行政不负责任，由大臣代负之，即偶有行政失宜或议会与之反对，或经议院弹劾，不过政府各大臣辞职别立一新政府而已。故相位旦夕可迁，君位万世不改。大利一。一曰外患渐轻。今日外人之侮我，虽由我国势之弱，亦由我政体之殊，故谓之专制，谓之半开化，而不以同等之国相待。一旦改行宪政，则鄙我者转而敬我，将变其侵略政策为和平之邦交。大利二。一曰内乱可弭。海滨洋界，会党纵横，甚者倡为革命之说。顾其所以煽惑人心者，则曰政体专务压制。官皆民贼，吏尽贪人，民为鱼肉，无以聊生，故从之者众。今改行宪政，则世界所称公平之正理，文明之极轨，彼虽欲造言，而无词可籍；欲倡乱，则人不肯从。无事缉捕搜拿，自然冰消瓦解。大利三。"见《清末筹备立宪档案史料》，174 页。

9 月 1 日发布了《预备仿行宪政》的谕令，立宪从此成为新政的核心内容。

谕令说："各国之所以富强者，实由于实行宪法，取决公论，君民一体，呼吸相通，博采众长，明定权限。……时处今日，惟有及时详晰甄核，仿行宪政，大权统于朝廷，庶政公诸舆论，以立国家万年有道之基。"① 同时指出由于民智未开，之能先做一些预备，待条件成熟而推行之。② 并进一步提出了改革官制、修订法律等一系列措施。

在新政初期，官制改革就是重要的内容。而这次的官制改革则是更彻底模仿了西方的政治制度，其核心内容是仿行三权分立和设立责任内阁。根据三权分立的原则，要改变原先以行政权兼有立法权和司法权所导致的不平等和权职不分的状况。因此提出，立法权在议院，在议院设立之前，由资政院代行职能。行政权归内阁和各部大臣。司法权属于大理院，不受行政节制。地方政权也以此为模式，以省议会为立法机关，以总督、巡抚为地方行政机关，以高等审判厅为最高审判机关。在省议会成立之前由谘议局代行职能。省以下各级政府也以此为模式进行改革。

仿行宪政是清政府试图在重大的社会变革和皇权的合法性受到普遍怀疑的时候作出的试图重建其权威性的努力，其核心目标是重新使"大权统于朝廷"，因此在有关议院职责的说明中明确指出："夫议院乃民权所在，然其所谓民权者，不过言之权，而非行之权也。议政之权虽在议院，而行政之权仍在政府。"③

虽然，清政府对于议院做了各种限制，而且，特别在以"地方自治"为基础的地方政治架构中，新政设置和传统绅士的权力之间有着连续性，因为谘议局的资格要求就意味着只有绅士才有可能入选。但这些限制并

---

① 《清末筹备立宪档案史料》，43 页。

② 1906 年端方《请定国是以安大计折》说："中国数千年来，一切制度文物虽有深固之基础，然求其与各国立宪相合之制度可以取而用之者，实不甚多，苟不与以若干之预备（指三权分立体制，推行义务教育以启蒙西学。——引者注），而即贸然从事仿各国宪法而颁布之，而上无此制度，下无此习惯，仍不知宪法为何物，而举国上下无奉行宪法之能力，一旦得此，则举国上下扰乱无章，如群儿之戏舞，国事紊乱不治且有甚于今日，是立宪不足以得安，而或反以得危矣。"见故宫博物院明清档案部（藏）《端忠敏公奏稿》，卷六。

③ 《清末筹备立宪档案史料》，668 页。

不能保证这些新政机构和中央政府之间的一致性。其实清政府试图借助立宪来达到“上下同心”“皇位永固”的目标恰如缘木求鱼，因为支撑皇权合法性的资源是以君臣纲常为核心的儒家意识形态，而立宪制度则是以契约和法制为基础的政治制度，其统治原则是权力制衡。因此，资政院特别是谘议局对于原先的权力体制的制约作用立即显示出来了。“代议机构的建立为各省精英提供了对中央政府表示久已有之的怀疑的渠道，结果，旨在为中央政府提供支持和建立更强大共识的机构，反而导致地方对朝廷的集权动机表示疑虑。贯穿上述一切的是，不断扩大的参与规模和对于敌视性国际环境更强烈的意识，促使危机加剧起来。”① 最典型的事件如 1909 年起由谘议局组织的几次速开国会的请愿活动和 1911 年由四川等省的谘议局领导的保路运动，这都极大地冲击着清政府的权威性。问题在于传统统治的合法性是建立在权威性之上的，权威资源的丧失必然导致统治的瓦解，这是专制统治的必然逻辑。

更为现实的困境是，新政的推行很大程度上已经超越了本来已经不堪重负的中央财政的承受力，解决的问题只有两个，进一步增加税收品种和数量并借外债。增加税收造成了民众对于新政的敌视②，而借外债则增加了学生群体的反抗性，这些因素都促进了更为广泛的抗议和对于革命的认同。

对于整个政治制度而言，新政的最重要的成果是制定和颁布了两个“宪法性文件”③，即《钦定宪法大纲》和《重大信条十九条》。

1908 年《钦定宪法大纲》颁布并提出了九年实行的期限。毫无疑问《大纲》是以维护皇权的至高性为其基础的。其对于皇帝的权力是这样规

---

① ［美］罗兹曼主编：《中国的现代化》，296 页。

② 当时汉口的报纸的评论反映了这种情绪。“命令下来，征集印花税和军需开支，不考虑人民的负担能力。所有这些都是在无人敢于反对的一片改良声的喧哗声浪中进行的。……但是，绝大部分的新政仅是赝品，我们尽其所有的千百万钱财花掉了，却没有得到一点实际报偿。这样的新政，仅仅是一个蒙蔽我们的弥天大谎，以此作为由头来经常榨取我们的财富而已。”见《公论新报》，1910 年 1 月 9 日。

③ 已有学者指出，《钦定宪法大纲》并非真正意义上的宪法，而只是一个纲领性的文件，作为将来编纂正式宪法的依据。见殷啸虎：《近代中国宪政史》，90 页，上海，上海人民出版社，1997。

定的：

——大清皇帝统治大清帝国，万世一系，永永尊戴。

君上神圣尊严不可侵犯。

君上有钦定颁行法律及发交议院之权。（凡法律虽经议员议决而未经诏令批准颁布者不得施行。）

——君上有召集、关闭、停展及解散议院之权。

——君上有设官制禄及黜陟百司之权。（用人之权，君上握之，大臣辅弼之，议院不得干预。）

——君上有统帅海陆军及编定军制之权。（调遣全国军队，制定常备兵额，得以全权执行之；凡一切军事，皆非议院所得干预。）

——君上有宣战、媾和、订立条约、遣派使臣及认受使臣之权。（国交之事由君上亲裁之，不俟议院议决。）

——君上有宣告戒严之权，当紧急时得以诏令限制臣民之自由。

——君上有爵赏及恩赦之权。（典恩自君上出之，非臣下所得擅专。）

——君上有总揽司法权；惟委任审判衙门遵钦定法律行之，不以诏令随时即改。

（司法之权操诸君上，审判官由君上委任，代行司法；不以诏令随时更改者，案件关系至重，故必以已经钦定之法律为准，免涉纷歧。）

——君上有发命令及使发命令之权，惟已定之法律，不以命令更改或废止。

——在议院闭会时，遇有紧急之事，得发代法律之诏令，并得以诏令筹措必需之财用，惟至次年会期须交议院协议。

——皇室经费，应由君上制定常额，自国库提支，议院不得置议。

——皇室大典，应由君上督率皇族及特派大臣议定，议院不得干预。

《大纲》对于臣民权利义务作了如下的规定：

——臣民中有合于法律命令所定资格者，得为文武官吏及议员。

——臣民于法律范围内，所有言论、著作、出版及集会、结社，均准其自由。

——臣民非据法律，不得逮捕监禁处罚。

——臣民得请司法官审判其呈诉案件。

——臣民应专受法律所定审判衙门之审判。

——臣民之财产及居住无故不加侵害。

——臣民按照法律所定，有纳税、当兵之义务。

——臣民现纳之赋税，不以新定之法律变更时，悉照从前之数纳付。

——臣民皆有遵守国家法律之义务。

对于这部大纲的性质和意义现在多有不同见解，但对于儒家意识形态在政治统治原则中的地位的打击是前所未有的。

我们知道儒家虽然一直致力于构造出一套理想的治理国家模式作为对皇权的制约，但是在儒家被作为统治合法性的依据之后，儒家更多的时候则在论证在位皇上与儒家的圣王理想之间的一致性。① 而在更多的时候，皇权的合法性和神圣性是不容讨论的。因此说《大纲》虽依然规定皇权至上，但这种至上性一旦需要文字的规定，其符号的神圣性便已经受到了巨大的损害，附着于皇帝身上的神秘魅力便被消解。换句话说，在传统政治符号体系中，皇帝是介于神圣和人之间的中介，而一旦落入于现实的法律之中，无论其权力如何被规定，他就已经被认同于一般的人，最多只是现实中的最高统治者，而非“奉天承运”的天人合一体。

况且说，《大纲》对于皇权还做了一些限制，如“惟已定之法律，不以命令更改或废止”。更进一步的是臣民的权力有了明确的规定。在纲常体系中，由于国家是皇帝的私有物②，所以个人的权力本身就是一个不存在的概念。而《大纲》中甚至有了私有财产不可侵犯、非依据法律不能

① 即使是被称为较有独立性的宋儒，其言论中也经常称君王“道同尧舜”，尽管他们称之人明显是昏君。见刘泽华：《中国王权主义》，448 页，上海，上海人民出版社，2000。

② 按韦伯的说法就是“家产制社会”，参见［德］韦伯：《儒教与道教》，120 页。

拘禁等条文。这是对差等观念的根本否定。因此巴斯蒂说："1908 年的《宪法大纲》就为皇帝权力提供了一个法律基础。……尽管没有特别规定对违宪的处罚，但规定了政府必须遵守宪法的安排，这样法律实际被置于皇权之上，从而导致政府性质的变化。"①

即便如此，《大纲》还是受到了广泛的批评，该《大纲》公布之后，宪法编定者由于受"巩固君权"的既定方针的制约，未能满足全国人民对于立宪的期望，因此舆论对之深感失望，并对以杨度等人为代表的留学生提出了尖锐的批评。

> 该馆（指宪政编查馆）人才，号称济济，凡东西洋留学生，平日热心宪政，而又廷试及第者，莫不投身其内。谫陋无识，以夤缘进者，或亦间有其人，然多数人中又率皆为法政出身人员，秀杰之士当亦不乏其选。况宪政一科又为彼辈夙日留心之件，盍此宪法之编纂，竟荒谬若此极！平日逢人立宪之口头禅，果安在耶？且立宪政治，固以打破专制为要素目的，彼辈悉政治中人，宁不知之，盍拥护专制之毒，尤竭忱不遗力！②

特别是漫长的期限和"皇族内阁"的出台，更使社会对于新政完全绝望，立宪派进而与革命派结合。在武昌起义之后，全国响应，面对危局，摄政载沣只能让渡部分权力来试图维护统治权。因此在 1911 年 10 月 30 日下令，取消当时的内阁章程，改组内阁，并命令资政院立即起草宪法，解除党禁，认革命党为正式党，并下"罪己诏"。到了 11 月 1 日，庆亲王奕劻组成的内阁就被解散，11 月 2 日便任命袁世凯为内阁总理大臣，11 月 3 日资政院便将宪法的重要信条十九条议决呈上，这次朝廷十分爽快，马上就宣布了。

与《大纲》相比，《重大信条十九条》对于皇帝的权力做了进一步的限制。

---

① ［法］巴斯蒂：《晚清官方的皇权观念》，载《开放时代》，2001（1），65 页。

② 苏楼：《宪法大纲刍议》，见张枬、王忍之编：《辛亥革命前十年间时论选集》，第 3 卷，690～691 页。

第一条　大清帝国之皇统万世不易。

第二条　皇帝神圣不可侵犯。

第三条　皇帝之权，以宪法所规定者为限。

第四条　皇帝继承之顺序以宪法规定之。

第五条　宪法由资政院起草议决，由皇帝颁布之。

第六条　宪法改正提案之权属于国会。

第七条　上院议员，由国民于法定特别资格中公选之。

第八条　总理大臣，由国会公选，皇帝任命之；其他国务大臣，由总理大臣推举，皇帝任命之；皇族不得为总理大臣、其他国务大臣并各省行政长官。

第九条　总理大臣受国会之弹劾，非解散国会即内阁总理辞职，但一次内阁不得为两次国会之解散。

第十条　皇帝直接统率海陆军，但对内使用时，须依国会议决之特别条件。

第十一条　不得以命令代法律，除紧急命令之外，以执行法律及法律所委任者为限。

第十二条　国际条约，非经国会之议决，不得缔结；但宣战、媾和不在国会开会期内者，由国会追认之。

第十三条　官制、官规，以法律定之。

第十四条　本年度之预算，未经国会议决，不得适用前年度预算；又预算案内规定之岁出，预算案所无者，不得为非常财政之处分。

第十五条　皇室经费之制定及增减，依国会之议决。

第十六条　皇室大典不得与宪法相抵触。

第十七条　国务裁判机关，由两院组织之。

第十八条　国会之议决事项，皇帝颁布之。

第十九条　以上第八、第九、第十、第十一、第十二、第十三、第十四、第十五及第十八各条，国会未开以前，资政院适用之。

从条文中我们可以看到，皇帝的权力必须“以宪法所规定者为限”，重大的决策必须由国会作出，皇帝只是象征性的发布，甚至连皇室的经费和典礼都需国会讨论并不得与宪法相抵触，这样皇权的神秘感被彻底消除。虽然，还未等老百姓明白这中间的差异，清王朝就已经寿终正寝了。但是皇权的合法性基础已经被摧毁了，这也就决定了民国成立之后，统治者试图重新依靠传统资源复辟帝制的行为，只能以失败告终。

2. 礼法分离：新法律对儒家秩序体系的颠覆

儒家虽然认为秩序的维护需要礼乐刑政等多重要素的综合，但其核心精神是要维护礼制社会，也就是通过对建立在血缘自然关系之上的等级人伦秩序的强调，而达到一种和谐稳定的社会秩序。而惩罚性的刑只是作为礼教的补充，只有在“礼”不及之处，才看得到刑罚的作用。如果说礼是从规劝的角度让人来遵循儒家的价值观的话，那么刑罚就是以强制的方式来惩罚对于儒家秩序的破坏。而在规则面前，不同的社会角色的人所获得的权利和承担的义务是不同的，黄静嘉说：“我国传统旧律，系以道德人伦主义为标榜，此之道德人伦之具体化，即君臣、父子、夫妇之三纲，以及义慈友恭孝之五常。且以父子、兄弟之伦理，推及于夫妻、君臣，并扩大于整个国家社会。旧律之基本理想，即在充分体现这些当时流行的道德观念，从而建立起一以封建身份伦理支配的法秩序。此在唐律的体制下，即已‘灿然大备’，我国明清旧律，则系因袭承继唐律而来。”①

但是，这个绵延已久的法律体系却遭受到前所未有的挑战，法律观念和法律体系均难以适应海禁大开之后的情形。而现实的起因则是西方国家在一系列谈判中，将中国整顿本国法律和取消“治外法权”相联系，这极大地刺激了清政府的修律热情。

1902年，清廷下诏提出：“中国律例，自汉唐以来，代有增改。我朝《大清律例》一书，折衷至当，备极精详。惟是为治之道，尤贵因时制宜。今昔情势不同，非参酌适中，不能推行尽善。况近来地利日兴，商务日广，如矿律、路律、商律等类，皆应妥议专条。著名出使大臣，查

---

① 黄静嘉：《中国法制史论述丛稿》，102页，北京，清华大学出版社，2006。

取各国通行律例，咨送外务部。并著责成袁世凯、刘坤一、张之洞，慎选熟悉中西律例者，保送数员来京，听候简派，开馆纂修，请旨审定颁行。总期切实平允，中外通行，用示通变宜民之至意。”① 1903 年修订法律馆成立，并任命沈家本和伍廷芳为修订法律大臣，中国的法律改革才算真正开始。基于当时的经费和人才结构，一系列的新法律的制定主要是在日本专家的指导下，移植经日本改造的西方法律体系。② 在短短的几年中制定了《商律》、《刑事民事诉讼法草案》、《法院编制法》、《违警律》、《大清新刑律》、《国籍法》、《大清刑事诉讼律草案》、《大清民事诉讼律草案》、《大清民律草案》、《大清现行刑律》等法律，这种以救亡图存为目的，大规模将西方的法律及与之相应的观念移植到依然以农业社会为主导地位的中国社会和被儒家的礼治观念熏染了几千年的中国人心里，其所带来的不适应是自然的。因此围绕礼教准则和新法律的关系在坚持礼教派和新的法律修订人士之间展开了礼教和法律关系的争论。

这场持续了近 10 年的争论的核心即围绕着具体的法律条文的争论，其背后所显现的是两种完全不同的法律观念和社会控制理念之间的争论，说到底就是如何看待儒家礼教制度与现代法律精神之间的冲突。

我猜想沈家本等人在将根据“中外通行”的原则制定的新法律交由大臣们讨论的时候，其所产生的反应想必已在他们的预料之中，因为这的确关系到“万古不移”的儒家之道的命运。

鉴于中国传统法律体系，实体法与程序法不加分别，司法制度与行政制度在地方行政机构中混合在一起的状况，1906 年沈家本等人编就的《刑事民事诉讼法》草案，在说明为何要率先颁布诉讼法的理由时，他说：“中国旧制，刑部专理刑名，户部专理钱债、田产，微有分析刑事、

---

① 《清德宗实录》，卷 495。

② 傅秉常说：“修订法律馆所需的一切，主要是从日本借来的，这样做的原因也很明显……成千上万追求现代知识的中国人进了日本大学，主要是法政学校。两国语言极其相似，也便于他们学习。当时日本已经以德国法律为主要样本，写成了自己的民法和商法，创造了日本的法律术语、词汇，翻译了大量欧洲一流的法律学教材，出版了大量日文的法律文献，中国人可以在日本找到适合远东思想、又代表当时西方科学的法律科学最先进的东西，而在语言上又是密切相连的。”见中国立法院编纂委员会编：《中华民国民法》（上海，1930），转引自任达：《新政革命与日本——中国，1898—1912》，202～203 页，南京，江苏人民出版社，1998。

民事之意，若外省州县，俱系以一身兼行政司法之权，管制攸关，未能骤改。”① 但因为民事和刑事案件，区别巨大，所以制定一个简明的诉讼法，来分别民事和刑事，期以与各国通例接轨。然而，这个法律草案在下发给大臣讨论的时候，张之洞便作出了措辞严厉的批评，首当其冲的理由就是说这部法律采用西法，与中国的固有法律相抵触。他说：

> 盖法律之设，所以纳民于轨物之中，而法律本原，实与经术相表里，其最著者为亲亲之义，男女之别，天经地义，万古不刊。乃阅本法所纂，父子必异财，兄弟必析产，夫妇必分资。甚至妇人女子，责令到堂作证。袭西俗财产之制，坏中国名教之防，启男女平等之风，悖圣贤修齐之教，纲沦法斁，隐患实深。②

在张之洞等人看来，新修的法律不能违背儒家的伦常，法律所要维护无非就是儒家的亲亲、尊尊的社会秩序，因此，法律就应遵循儒家经典的原则。他说：“今日修订法律，自应博采东西诸国律法，详加参酌，从速厘订，而仍求合于国家政教大纲，方为妥善办法。”张之洞很清楚西方法律制度和儒家基本原则之间的内在冲突。他充分意识到了以西方为摹本的新法律对于制度化儒家的基础的颠覆性，同时也意识到西方法律背后的精神对于儒学原则的冲击性。

在遭受如此严厉的攻击之后，《刑事民事诉讼法》很快便销声匿迹了。但是，随着越来越多的新的法律的出台，对于法律和礼教之间的争论也随着修法活动的深入而更为激烈。

为了给实现立宪之后的清朝提供新的法律，沈家本着手编制《大清新刑律》，原则是按照日本的新刑律，修订章程、厘正刑名、节取新章、删并例文，以使修正之后的法律与新的官制和国际惯例相衔接。

1908 年，在《大清新刑律》草案分发给部院督抚大臣核议之后，许多人表示反对，其核心是新刑律与纲常礼教的冲突。邮传部的李稷勋在

---

① 沈家本：《进呈诉讼法拟请先行试办法》，见沈国华、李贵连：《沈家本年谱初编》，111 页，北京，北京大学出版社，1989。

② 张之洞：《遵旨核议新编刑事民事诉讼法折》，见沈国华、李贵连：《沈家本年谱初编》，116～117 页。

批评了新刑律与中国的礼教的不合之处之外，尤其指出，不应期望通过与国外法律的接轨收回治外法权，他说：

> 如谓改订新律，意在收回治外法权，不宜绳以旧律。臣愚以为法权外失，诚足碍我统治，然一时能否收回，固赖有开明之法律，尤恃有强实之国力，万一空文无效，不独无补外交，徒先乱我内治，甚非计也。①

最为严厉的反击由张之洞领导的学部所作出，据当时参与修订法律的董康等人回忆，因为新刑法中内乱罪不处死刑，张之洞借以构陷沈家本庇护革命党，要置沈家本以死地。被阻止后，又以败坏礼教来批评新法律。②

学部的立论从礼为刑之本这个基本原则出发，切中新旧法律的根本差异。奏议说：

> 窃维古昔圣王，因伦制礼，准礼制刑。凡伦之轻重等差，一本乎伦之秩序，礼之节文，而合乎天理人情之至者也。……我国以立纲为教，故无礼于君父者，罪罚至重。西国以平等立教，故父子可以同罪，叛逆可以不死。此各因其政教习俗而异，万不能以强合者也。今将新定刑律草案与现行律例大相刺谬者，条举于左：
>
> ——中国即制刑于明君臣之伦。故旧律于谋反大逆者，不问首从，凌迟处死。新律草案则于颠覆政府僭窃土地者，虽为首魁，或不处以死刑；凡侵入太庙宫殿等处射箭放弹者，或科以一百元以上之罚金。此皆罪重法轻，与君为臣纲之义大相刺谬者也。
>
> ——中国即制刑以明父子之伦。故旧律凡殴祖父母父母者死，殴杀子孙者杖。新律草案则伤害尊亲属，因而致死或笃疾者，或不科以死刑，是视父母与路人无异。与父为子纲之义大相刺谬者也。
>
> ——中国即制刑以明夫妇之伦。故旧律妻殴夫者杖，夫殴妻者

---

① 《署邮传部右丞李稷勋奏新纂刑律草案流弊滋大应详加厘订折》，见《清末筹备立宪档案史料》，855页。

② 参见张之洞：《遵旨核议新编刑事民事诉讼法折》，见沈国华、李贵连：《沈家本年谱初编》，119页。

非折伤勿论。妻殴杀夫者斩，夫殴杀妻者绞。而条例中妇人有犯罪坐夫男者独多，是责备男子之意，尤重于妇人。……新律草案则并无妻妾殴夫之条，等之于凡人之例。是与夫为妻纲之例大相刺谬者也。

——中国即制刑以明男女之别。故旧律犯奸者杖，行强者死。新律草案则亲属相奸，与平人无别。对于未满十二岁以下之男女为猥亵之行为者或处以三十元以上之罚金；行强者或处以二等以下有期徒刑。且曰犯奸之罪，与泥饮惰眠同例，非刑罚所能为力，即无刑罚制裁，此种非行，亦未必因是增加。是足以破坏男女之别而有余也。

——中国即制刑以明尊卑长幼之序。故旧律凡殴尊长者，加凡人一等或数等。殴杀卑幼者，减凡人一等或数等。干名犯义诸条，立法尤为严密。新律草案则并无尊长殴杀卑幼之条，等之于凡人之例。是足以破坏尊卑长幼之序而有余也。①

此外，学部还对新刑律中更定刑名、删除比附、惩治教育等具有西方法律特征的改革设想进行了批评。要求沈家本等人将新刑律与旧有的律例进行比照，如果无伤礼教的，可以择善而从，而有关伦纪的地方，则必须全行改正。然后，再交宪政编查馆审议。

这个奏折递上不久，清廷就下令沈家本等人对照张之洞所批评的内容进行修改删并。1909 年初，清政府对刑法修正的指导思想进行了明确的要求。

刑法之源，本乎礼教。中外各国礼教不同，故刑法亦因之而异。中国素重纲常，故于干犯名义之条，立法特为严重。良以三纲五常，阐自唐虞，圣帝明王兢兢保守，实为数千年相传之国粹，立国之大本。今寰海大通，国际每多交涉，固不宜墨守故常，致失通变宜民之意，但只可采彼所长，益我所短。凡我旧律义关伦常诸条，不可

① 李贵连：《沈家本年谱长编》，272～276 页，台北，成文出版社，1992。

> 率行变革。庶以维天理民彝于不敝。①

很显然，礼教派的主张成为修正刑律乃至整个法律改革的原则，不过沈家本等人虽然只能接受礼教派取得胜利的事实，但依然上奏说明平等乃天赋人权，为现代国家的基本立国原则，与礼教派的主张针锋相对。他在进呈根据张之洞等人的意见而作出修改的《修正刑律草案》时所上的奏折中说：

> 立宪之国，专以保护臣民权利为主。现行律中，以阶级之间，如品官制使良贱奴仆区判最深，殊不知富贵贫贱，品类不能强之使齐，第同隶帲幪，权由天畀，于法律实不应有厚薄之殊。②

由此可见，礼教派与沈家本等人的根本矛盾并没有因为皇帝的上谕而消除，因此，当新刑律交付宪政编查馆核议的时候，矛盾再度爆发。只是主角略有变化，因为此时张之洞已经去世，而礼教派的代言人改由劳乃宣继之。而法律编制一方，新锐杨度的宏论引人瞩目。

劳乃宣在攻击《修正刑律草案》向宪政编查馆所上的《修正刑律草案说帖》（1910年）也是从维护礼教伦常的高度来提出他对相关法律的反对意见的。“且夫国之有刑所以弼教，一国之民有不遵礼教者，以刑齐之，然后民不敢越。所谓礼防未然，刑禁已然。”而新的刑律“其立论在离法律与道德教化而二之，视法律为全无关于道德教化之事。惟其视法律为全无关于道德教化之事，故一味摹仿外国，而于旧律义关伦常诸条弃之如遗”③。劳乃宣所指的离道德与法律为二的关键在于《修正刑律草案》中关于亲属之间的罪行是否应加重惩罚和家长是否有权利处置犯有过错的孩子。

沈家本认为，无夫之妇女有奸情，在欧洲法律中并无治罪之文，且属于风化，可以通过教育处理。但劳乃宣认为，中国风俗对于孀妇和处女犯奸，尤为看重，如果不以此为罪，将怂恿人犯罪。

---

① 《大清法规大全·法律部》，卷首，2页。

② 《钦定大清刑律·奏疏》。

③ 劳乃宣：《桐乡劳先生（乃宣）遗稿》，901～902页，见沈云龙主编：《近代中国史料丛刊》，357册，台北，文海出版社，1969。

对于子孙违反教令这个传统中国法律中所允许的父母管教、惩戒的权利，沈家本也认为属于教育范围内的事，无关于刑事。但劳乃宣认为如果子孙忤逆长辈，官府没有惩治的办法的话，也将使社会风气难以维持。

劳乃宣还提出了其他的一些修改的意见，但并未成为争论的热点。争论的结果是《修正刑律草案》后增加了一个《附则五条》，主要内容是恢复了对无夫奸的行为进行处罚。对于尊亲，不适用正当防卫之例。实际上就是承认了长辈的处置权。其他还对一些处罚的力度进行了调整。

黄静嘉认为劳乃宣所强调要恢复的条款，“在一定程度上，或可认之为系为清律所承续之，自唐律以来历代法典中为落实‘儒家化’，而陆续纳入之典型化条款”。而这些条款被废弃的事件，“略可看出传统之‘儒家化’法制，如何因遭受法律及法制的现代化之冲击，而陷于途穷之境”①。

劳乃宣的观点代表了一批当时注重礼教的人士的立场，他们认为，法律必须照顾一个国家的道德观念和行为习惯，虽然废除“治外法权”是维护国家主权的一个重要步骤，但毕竟法律的制订主要是要维护中国的秩序，应以中国人的价值观为准。② 这的确道出了近代制度移植过程中的一个关键问题，即一个西方的有效的制度或法律，移植到中国未必依然有效。③

因此，劳乃宣的意见得到了很多人的公开支持，大学堂总监刘廷琛

---

① 黄静嘉：《中国法制史论述丛稿》，80页。

② 如何处理收回治外法权和维护中国的礼教，是礼教派和法理派争议的一个重点。光绪三十四年九月杨士骧在奏折中说：“中国治民之道，断不能离伦常而更言文明，舍礼制而别求教化。今徒骛一时之风尚，袭他国之名词，强令全数国民以就性质不定之法律。在执笔者以为时令既趋于大同，法典宜取乎公共，不知师长去短则可，削足适履则不可。若以中国数千年尊君亲上之大防，制民遏俗之精意，翻然废弃而不顾，恐法权未收，防闲已溃，必致奸慝（心）放恣，不可收拾。”见朱寿朋编：《光绪朝东华录》，6010页。

③ 杨贞德在比较张之洞和劳乃宣与沈家本的辩论时，指出其论说方式已有很大的转变：张之洞深信礼教是人之为人的必需，而劳乃宣却是从法律要符合人心民情的角度，其实已经是将礼教由普遍主义下降为一种特殊主义的论说。参见杨贞德：《中体西用——晚清朝中礼法争议及其意涵》，见林维杰、邱黄海编：《理解、诠释与儒家传统》，348～349页，台北，“中央研究院”中国文哲研究所，2010。

就明确要求将新法律中与礼教不合的内容尽行删除。相比之下，刘的立场更为明晰，所凸显的问题也就更集中。他说：

> 乃查法律馆所修新刑律，其不合吾国礼俗者，不胜枚举，而最悖谬者，莫如子孙违犯教令及无夫奸不加罪数条，去年资政院议员彼此争持，即以其不合人心天理之公，稍明大义者，皆未肯随声附和也。今年为议民律之期，臣见该馆传钞稿本，其亲属法中有云，子成年能自立者，则亲权丧失，父母或滥用亲权及管理失当，危及子之财产，审判庭得宣告其亲权之丧失。又有云，定婚需经父母之允许，但男逾三十，女逾二十五岁者，不在此限等各语，皆显违父子之名分，溃男女之大防。管子曰：礼义廉耻，国之四维；四维不张，国乃灭亡。此等法律使果得请施行，窃恐行之未久，天理民彝澌灭寖尽，乱臣贼子接踵而起，而国家随之矣。盖天下之大，所恃以保治安者，全赖纲常隐相维系。今父纲、夫纲全行废弃，则人不知伦理为何物，君纲岂能独立，朝廷岂能独尊。理有固然，势所必至。伏惟皇上孝治天下，而新律导人不孝；皇上旌表节烈，而新律导人败节。该法律大臣受恩之深重，曾习诗书，亦何至畔道离经若此。臣反覆推求其故，则仍以所恃宗旨不同也。外国风教攸殊，法律宗旨亦异，欧美宗耶教，故重平等，我国宗孔孟，故重纲常。法律馆专意摹仿外人，值本国风俗于不问，既取平等，自不复顾纲常，毫厘千里之差，其源实由于此……
>
> 臣今请定国是者，不论新律之可行不可行，先论礼教可废不可废，礼教可废则新律可行，礼教不可废则新律必不可尽行，兴废之理一言可决。①

新法律和礼教之间，并不仅仅是社会控制和社会治理方式的不同，更实质的是价值观的不同，刘廷琛将礼教和新法律之间的关系看作是中国存亡之关键，如站在维护清王朝统治的角度看，绝对是先知先觉之语。

---

① 《大学堂总监刘廷琛奏新刑律不合礼教条文请严饬删尽折》（宣统三年二月二十三日），见《清末筹备立宪档案史料》，888～889 页。

新法律和礼教之间的争论，还延伸出一个新的问题，即关于家族主义和国家主义的争论。新法律的支持者认为礼教派是站在家族主义的立场，而这样的立场导致了国人对于国家利益的忽视，因此应该提倡以个人独立为前提的国家主义立场。而礼教派则认为家族主义和国家主义之间并没有根本冲突。西方人也重视家庭，说明家和国之间可以协调一致。

这一争议的关键人物是杨度和劳乃宣。1910 年底杨度代表宪政编查馆来说明《大清新刑律》取代旧律的理由，他指出新刑律的制订符合对内立宪和对外争取收回治外法权的目的，然后在理论层面他开始提出国家主义和家族主义的观念性争议。杨度承认各国法律和各国礼教之间自有其内在联系，但是中国之礼教其基础是家族主义，是一种进化程度较低的社会阶段，而只有上升到国家主义，则中国才能真正建立法制之国，进而否定了家族主义和国家主义并行的可能，事实上也就是否定了张之洞和劳乃宣等人所一贯坚持的伦常作为法律的前提的可能性。“若以为家族主义不可废，国家主义不可行，则宁废新律而用旧律，且不惟新律当废，宪政中所应废者甚多也。若以为应采国家主义，则家族主义决无并行之道。”① 杨度这样不仅将礼法之争纳入是否肯定社会进化之理的轨道，同时将反对新刑律和反对晚清立宪国策联系起来，可谓借“意识形态”攻击论敌之高策。对于这个攻击，劳乃宣有一些退却，即表示他并不反对新刑律，只是希望新刑律中保留部分符合家族伦理的内容。

在一种折中的状态下，《大清新刑律》终于在 1910 年获得通过。吊诡的是这个法律还未能实行，清政府却先行倒台了。

礼教传统和新法律之间不仅是一个理论问题，它凸显了在现代社会中传统的礼教秩序所面临的“失范”。与礼教更多的呈现为习俗不同的是，法律所要求的是没有列入法条的行为不受处罚，这样，礼教便失去了以强力惩处过失行为的正当性。因此，新的刑律的颁布，表明法律地位的提升和礼教地位的下降。

在清代的现实生活中，建立在家族主义基础之上的传统法律规范逐

---

① 杨度：《论国家主义与家族主义的区别》，见刘晴波主编：《杨度集》，532 页。

渐在操作程序中实质上有所调整。以伤害尊长案件为例，旧的刑律体系中对子孙对于长辈的犯罪，总是从重从快从严，即使是无心的误伤也必须处斩，但在具体的操作中，可以通过情理关系来作出权变式的处理。

乾隆二十八年（公元 1763 年）曾发生一起一人拿猎枪打贼，误伤继母致死的案例，地方官拟按过失处置，但乾隆则认为这件案子与伦纪孝道相关，虽属无意，但子孙对长辈应十分小心，不应至于过失，这与臣子于君父不得而知称误一样，所以今后碰上这类事件一律“拟绞立决”①。而同样的案件如果发生在清末，所受的惩罚则完全不同。“祁门县民许纪发和许连才口角揪扭，经其父许大有喝阻不即放手，以至许大有走进拉劝，被许连才误行踢跌毙命。虽非该犯意料所及，究由其与人争扭所致，例无如何治罪专条，自应比附酌加问拟。许纪发比依子孙违犯教令杖一百。律拟杖一百，再酌枷号两个月。恭逢恩旨，照章准予减免。”② 这种变通同样体现在诸多涉及伦纪的案件之中。

这种变化或许可以被看作是儒家观念本身所做的调整，但是也可以说是儒家化法律体系对于社会生活规范力的降低。杨贞德总结晚清礼法争论的时候指出，张之洞等人的援礼入法的做法，无意中助长了法律的权威性，却使礼教特殊主义化。而劳乃宣的论述中，礼教“先被特殊主义化为人类社会中特定民族（社群）的生活方式，成为中国特有的民情、风俗；再被历史阶段化转成人类社会中因应特定环境的有效方式，转成相应于家族制度（人类共有的社会形态之一）的主义”③。这样，礼教派逐渐被视为社会进化中的落后阶段的文化遗存。

任何制度的设计都必然会体现出某种利益关系，即它确保一些人占用社会稀缺资源，从而获得权力或利益。其次任何制度化的设计还必然会有一种惩治机制，以保证对违犯者以惩罚。对于儒家制度而言，科举制度可以说是儒家化制度的利益机制，而儒家化法律则是一种惩戒机制，它以强制的手段制裁那些违背儒家价值规范的行为。由此，如果说废除

① 《王录》，见《驳案新编》，卷二十五。

② 《新增刑案汇览》，卷十二，《刑律・诉讼・子孙违犯教令》。

③ 杨贞德：《中体西用——晚清朝中礼法争议及其意涵》，见林维杰、邱黄海编：《理解、诠释与儒家传统》，365 页。

科举是瓦解了制度化儒家的利益机制的话，那么新法律的出台则是瓦解了儒家化法律的惩戒机制，从而使儒家制度彻底失去其有效地规范社会行为的效能。因而也就意味着制度化儒家的解体。梁治平说："法律的西方化，却始于清末的法律改革，这个事实是不容否认的。……如果说，鸦片战争以后，中国人迫于西方列强的压力所进行的改革一般只具有'器'或'用'的意义的话，那么，法律的改革意味着中国开始在'道'或'体'的根本的问题上动摇了。"①

① 梁治平：《寻求自然秩序中的和谐》，357 页。

第六章　儒家承载群体的丧失：绅士的分化和转型

正如前文所述，在面临保国保种的危机时刻和日本明治维新成功的示范效应下，清末新政的大多数制度性设计完全是西方化的，或者说是日本模式的西方化的，这些制度内在的价值基础与儒家思想有很大的不同。比如，建立在个人权利基础上的，以平等为旨归的新的法律观念和以个人的参与权为核心的立宪运动都对儒家作为国家意识形态的正当性提出了尖锐的挑战。

儒家观念的维护需要相应的制度，更需要大批价值再生产者。但随着科举制度的废除，代之以新式的学堂，那么社会生活中的儒家群体面临着不再有新的血液输入的局面。

废除科举几乎被一致认定为培养国家需要的人才的重要步骤，但我们已经了解，在中国传统的制度体系中，科举制并非只是一项教育制度，而是整个儒家化的政治体制的联结点，刘小枫指出："在分析这一统治精英的构成机制时，值得充分注意的是其意识形态化的政治权威身份，即政治权威的正当性来源以及获得这一精英资格的意识形态化条件。……儒教国家意识形态通过科举制实际上强化了精英构成的儒家伦理特殊主义原则。统治阶层的官僚所需具备的知识必须是儒家意识形态。'修身'不仅是获取精英成员资格的条件，亦是精英成员自身责任伦理（修身方能治国、平天下）。'明（儒）理'可谓精英资格的首要条件，这个'理'恰是国家统治正当性的基础。"① 因此，儒家制度体系是一个整体性的设计，否定一点，必然会旁及其余。比如，张之洞等人在提出废科举兴学堂的主张时，其出发点本是为了维护儒家化的制度体系，但是历史的进

① 刘小枫：《现代性社会理论绪论》，408～409页。

程表明这或许是更快地导致了这一制度体系的崩溃，1905 年废除科举，1911 年清政府便宣告倒台，其间虽无直接的对应关系，但谁也不能否认这两个事件之间的内在联系。

清政府之所以如此不堪一击，原因当然很多，如果从国家儒家体制来说，重要的原因在于清末的社会变化和以西方制度为蓦本的制度改造，导致了作为儒家制度基本维护力量的绅士群体的逐渐消失，确切地说，就是以绅士为核心的儒家精英群体逐渐分化瓦解，使清政府失去了基本的支持群体。而新式学堂的学生群体，基本上成为了帝制秩序的最大的反对群体。

近代以来社会强势群体以军人和商人的崛起最值得关注，因为新兴的强势群体的出现，使得传统由绅士所垄断的对价值和统治合理性的解释被更多的群体分享，因而多元化和权力分散的局面便出现了。国门开放的一个重要的后果是新的生产方式和新的价值观念的引入，其直接后果是原有的“士农工商”的社会秩序被打乱。如近代工商业的发展使得一大批儒门中人投身于此，状元张謇弃官从商是极具象征性的事件。而抵抗外力和镇压国内动乱的需要使军人由传统社会的边缘性人物走向了近代历史舞台的中心。这两个群体的崛起也可以说是在儒家和权力之间的连接途径被堵塞后出现的新的上升流动途径。

而另一个群体则是随着新的教育体系的建立而出现的学生群体和知识分子群体，与传统的中国以弘道和辅佐君王为己任的士相比，现代知识分子是一些专业性的人士，他们从事的也是新型的职业，如大学教授、编辑、作家和研究者，他们与权力之间的联系方式并非是制度性的。[①] 就整体而言，在军商群体进入中心的过程，就是知识群体边缘化的过程。罗志田说：“四民社会的解体使一些原处边缘的社群（如商人和军人）逐渐进据中心，更可见边缘知识分子这一特殊社群在政治上的明显兴起，

---

① 当时张之洞所提出的授予新式学堂和留学回国人员以功名的奏议被采纳，同时也有材料显示国民党政府时期的官员有 70%以上有留学背景。从中可以看到新教育和权力之间的新的联系，但这种联系并非如科举那样是制度性的。而且大多数的知识分子从事的是自由的职业，他们与秩序之间甚至是一种批评者。这需要作专门的讨论。其理论上的阐述可参阅［英］鲍曼：《立法者与阐释者：论现代性、后现代性与知识分子》，上海，上海人民出版社，2000。

而知识分子在中国社会中则处于一种日益边缘化的境地。"① 这种社会精英群体的权势转移的一个共同的轨迹就是儒学修养越来越不成为社会流动的主要依据，这样一来，儒家逐渐失去了它的以信念和利益而组合起来的承载系统。皮之不存，毛将焉附，我们不难想象以儒家作为合法性依据的制度体系，在失去其核心的支持群体时必然难以持久。

"一批批发挥新的社会作用的人是变革的先驱者，但是他们只是在晚清才逐渐出现。在传统的士、农、工、商四种社会集团以外，这时还要加上形形色色的成分。受过训练的军官集团产生了学者—军人。外国大学送回了一批学者—知识分子，其中许多人被排斥在官方机构之外。科学训练造就了学者—工匠这种技术人员。同时，商人不但继续捐官，有些官员也变成了商人—企业家。与新闻工作者和现代类型的从政者一样，革命者也作为一个独立的职业集团崛起。总之，现代生活的专业化，拆散了旧的社会结构，专业化使得靠经典学识而团结起来的精英集团的儒家理想成为不可信。"② 费正清的话道出了新的社会群体的出现对于儒家价值体系的冲击，而正是在这些因素的冲击下，制度化儒家解体成为不可逆转的大趋势。

一、从士到知识分子

汪一驹说：对于儒家而言，"应该将人、观念和制度作为一个整体来考量"③。这也是考察科举废除对于制度化儒家影响的正确的立场。④ 我

---

① 罗志田：《思想观念与社会角色的错位：戊戌前后湖南的新旧之争》，见罗志田：《权势转移：近代中国的思想、社会与学术》，193 页。

② ［美］费正清等编：《剑桥中华民国史》，上卷，7 页，北京，中国社会科学出版社，1994。

③ Yi C. Wang, *Chinese Intellectuals and the West*（*1872—1949*），p. 3，The University of North Carolina Press，1966.

④ 杜维明对于儒家的定位是过于抽象的，这可能会影响我们对儒家真正存在状况的错觉。他描述的儒家学者的公众形象显然有着过多的"包装"。他说："儒家学者在公众形象和自我定位上兼具教士功能和哲学家的作用，迫使我们认为他们不仅是文人，而且还是知识分子。儒家知识分子是行动主义者，讲究实效的考虑使其正视现实政治的世界，并且从内部着手改变它。他相信，通过自我努力人性可得以完善，固有的美德存在于人类社会之中，天人有可能合一，使他能够对握有权力、拥有影响的人保持批评态度"（《道·学·政》，11 页）。我们必须对儒家理想对现实政治的影响的限度有足够的认识，否则便会将主要是秩序维护者的角色改造成批评者。

们知道，主要以科举为纽带而建立起来的儒家绅士集团随着晚清以来中国社会矛盾的激化一直处于不断的分化过程中。正如上文已经说到，由于通过纳捐而获得功名和通过军功而上升的人越来越多，正途出身的人并不容易获得职位，而且有时还不如那些有经济实力的捐得功名的人更容易获得“补缺”的机会，所以人们发现儒家和权力利益关系的日益疏远，通向权力之途呈现多元化倾向。原本只能通过科举才能实现的流动，现在无论是通过经商、从军还是新学堂，均可实现，经常性的现象是经商或从军反而是获得功名的捷径。“当此之时，四民失业者多，士为四民之首，现在穷困者十之七八。故凡聪慧子弟悉为商贾，不令读书。古今来读书为人生第一要务，乃视为畏途，人情风俗，不知迁流伊与胡底耳。”①传统功名日趋困穷的现实境况的一个直接后果是参加科举考试的童生数量的减少，这在有商业传统的地区如山西表现得更为明显。对此罗志田根据山西乡绅刘大鹏的《退想斋日记》作了统计。“从 1898 年起，‘应考之童不敷额数之县，晋省居多’（清代科举是预定各地录取人数，然后据此扩大数十倍为考生数额）。以太原县为例，光绪三年（1877 年）应童生试者百数十人，次年则八十余人，‘自是而后，屡年递减’，光绪二十二年 45 人，比上年少十余人。40 人左右的数目保持到光绪二十五年（1900 年），光绪二十六年则只有 20 人，光绪二十八年 23 人，到废除科举的前一年即光绪三十年，考童生者 18 人。”② 这种情况在当时已有一定的普遍性，据 1905 年 4 月 19 日《中外日报》报道：“自遍设学堂以来，往时热心功名者，已知科举无益，往往趋重学堂，讲求实学。本届科试，广府所属各县循例考试，而应考者无不因之大减。其中人数之最减少者，以番禺为最。昨该县初复时，与考者不过八百余人，以视往岁人数众多，殆有天壤之别。其余如南海、顺德、香山、东莞各处，人数亦较前略减。”越来越少的人专心于功名则应该是事实，更多的情况是既上新式学堂，又参加科举，这也是袁世凯等奏议提前废除科举的主要原因。

---

① 刘大鹏：《退想斋日记》（1904 年 1 月 8 日），131～132 页。

② 罗志田：《科举制的废除与四民社会的解体》，见罗志田：《权势转移：近代中国的思想、社会与学术》，169 页。

但不论科举的吸引力是如何减弱，真正导致绅士群体分崩离析而最终消亡的则是因为科举的废除，也就是说，由于废除科举，使得绅士的形成机制已经不复存在，那么就像一个失去造血机能的生命体一样，其结局就是死亡。

绅士群体分化瓦解的主要形式是身份转换。

最初的措施是为了鼓励那些热衷于科举功名的人转入新学堂学习，比如京师大学堂就制定了相关的学习经历转换为科举功名的办法。1904年，随着新学堂的发展，张百熙、荣庆、张之洞等制定了《学务纲要》，将科名奖励制度具体化和可操作化。这个措施虽为适应当时的社会心理而作出，其缺点即延续了读书与做官的科举思维，与新学堂培养新国民的初衷相违背。比如陈曾佑说：

> 国家最利之事，在人人皆知求学；国家最不利之事，在人人皆思做官。人人皆知求学，则各谋本业，而天下以安；人人皆思做官，则各忘本分，而侥幸奔竞之风作矣。①

囿于认识的水平，这个批评还是比较表面的，而王国维则从以做官为志业的士和以学术为志业的知识分子的分别来批评清政府推行的功名奖励政策。他认为以官位奖励学问，是剿灭学问，并诱导学子舍官之外别无他好。他说：

> 表面之嗜好，集中于官之一途，而其里面之意义，则今日道德、学问、实业等皆无价值之证据也。夫至道德、学问、实业等皆无价值，而惟官有价值，则国势之危险何如矣。②

王国维十分反对以功名来奖励学生的做法，他认为社会的进步在于要使学术有独立之价值，而不应该从功用角度去考虑。这其实就是知识分子与传统之士相区分的核心之所在。

士和知识分子有其根本的差别在于由官学一体转变为职业性的教育，

---

① 《御史陈曾佑奏请变通学堂毕业奖励出身事宜》，见《光绪政要》（五），卷三十一。

② 王国维：《教育小言十三则》，见干春松、孟彦弘编：《王国维学术经典集》上册，170页，南昌，江西人民出版社，1997。

因此，科举废除之后，对于千万士子的前途作出适当的安排也是社会变革的一个需要考量的因素。也有人说中国废除科举的政策之所以并没有引发巨大的社会骚乱，主要是因为这个制度出台前后，已经有一系列化解矛盾的措施的出现，以使绅士阶层对自己的未来有一个比较明确的期待。

袁世凯等人在奏议中对于科举废除后，绅士阶层的出路有了安排，“至旧日举贡生员，三十岁以下者……可令入学堂。三十至五十，可入仕学、师范速成两途。其五十至六十于三十以上不能入速成科者，应为宽筹出路。”① 当时绅士阶层转换其身份主要途径是新式教育。“据计，湖北地区在清末 20 年间的四万多名绅士中，至少有两万余人是通过新式教育参与社会流动的，约占全部绅士人数的 43%。”② 由于新教育的职能是作为传授知识的场所而非传统教育的官员培训所，因此，经由这个途径参与社会流动的绅士的职业选择方向也呈多元化倾向，即使是已经获得功名的上层绅士也不例外。应星先生以清末湖南 40 名上层绅士为例，发现始终坚持走科试道路或在书院执教等传统文人方式的只有 5 人，而其他 35 人，有 13 人赴日留学或考察，18 人在新式学堂或学务处任职，7 人曾参与公司创办，2 人致力于新军或警务，还有 7 人投身革命。③

这样在当时的社会中形成了既有功名又有新学历的“新绅士”④ 阶层。新绅士不论在地位上还是在影响上都远远超过旧绅士。

清末新政起码有两项制度设计直接与绅权的扩大有关。一是设立谘

---

① 朱寿朋编：《光绪朝东华录》，4998 页。

② 王先明：《近代绅士——一个封建阶层的历史命运》，173 页，天津，天津人民出版社，1997。

③ 参见应星：《社会支配关系与科场场域的变迁——1895 年至 1913 年的湖南社会》，载《中国社会科学季刊》，1997 年春夏季卷。

④ 从群体构成来说，新绅士是一个相对宽泛的说法。它包括由传统绅士转化而来的新的知识群体、绅商和军人。他们大多有儒家教育的背景，但因为已经受新的思想的洗礼，“精英们对于一个削弱了的朝廷已经不太理睬，对于自己所受的儒家教育中所包含的利他主义动机已经感到淡漠，对于自己通过高尚行为而艰苦赢得的精英地位也感到没有什么庆幸的必要。……在精英自己和社会看来，他们的地位变得更加稳定了，合法性下降了，而剥削性却加重了”（[美] 罗兹曼主编：《中国的现代化》，381 页）。他们与中国社会的传统价值的距离使得在新的意识形态中，他们成为“劣绅”和“卖国者”。

议局作为建言机构，二是筹备“以专办地方公益事宜，辅佐官治为主”的地方自治。这两项制度设计为新绅士群体更大范围地参与政治活动确立了制度上和法律上的根据。因为如果要投票或被选为谘议局的成员除了年龄的限制以外，必须具备以下条件：一，曾在本省办理学务及其他公益事务满三年以上著有成绩者；二，曾在本国或外国中学及与中学同等或中学以上之学堂毕业得有文凭者；三，有举贡生员以上之出身者；四，曾任实缺职官文七品武五品以上未被参革者；五，在本省地方有五千元以上之营业资本或不动产者。① 所以被选入的谘议局成员大部分是绅士。各省绅士在谘议局中所占席位，最保守的估计也有 90%以上。② 对于地方自治，由于规定“由地方公选合格绅民，受地方官监督办理”。这样绅士在地方的权威也被合法化了。谘议局距真正的议会还有很远的距离，但却在晚清的政治舞台上有着巨大的影响，如国会请愿运动等等。许多人在辛亥革命之后成为各地领导阶层的重要人物。

值得我们关注的是新绅士和原先的绅士虽然分享“绅士”之名，但是这批新的绅士是否还依然是一个典型意义的儒学“群体”呢？“清末新政中绅士的各种活动和各种组织，虽然也以振兴经济、办新式教育为主，但这些活动依据的理论和内容，与传统绅士的公共活动已有本质的差别。这种差别不仅是政治、经济、教育等活动内容以西学为主，更重要的，判定其合法性的是西学，而不再是儒家伦理的礼教。清廷甚至颁布条例，奖励兴办新式教育和民营企业的绅士，根据他们投资多少授与相应的功名，这是传统儒学不能想象的。”③ 因此，当一个替代原来绅士群体的新的社会群体形成之后，这个新绅士群体已经不再以儒学作为他们获得社会地位的基础。当然，他们的活动方式也不再是如传统绅士那样主要关注地方秩序，他们的政治实践，甚至主要是西方式的议会、宪政的实践。

那么，依然生活在乡土社会的传统绅士阶层又面临着怎么样的处境呢？

---

① 参见《清朝续文献通考》，宪政，二。

② 参见王先明：《近代绅士——一个封建阶层的历史命运》，299～301 页。

③ 金观涛、刘青峰：《试论儒学式公共空间——中国社会现代转型的思想史研究》，见黄俊杰主编：《台湾东亚文明研究学刊》，第 2 卷第 2 期，196 页，2005 年 12 月。

由体制转轨所带来的利益转移所造成的具体问题是不可能一一安排妥当的。但在大规模的制度变革面前，能由旧的既得利益者转换到新的既得利益者的往往是上层绅士。但更多则是向下流动，由于新教育相对集中于城市，以及由于较高的教育费用和较长的教育时间所带来的诸多后续的难题，使得下层子弟上升的可能性反而降低了。周锡瑞说：科举制度的废除，截断了原有的社会流动机制，看上去新学堂的开设可以为更多的人提供上升的通道，但是由于财政上的问题，新学堂的数量还是很少的。以学堂建设比较完备的湖北而言，在 1908 年只有 1 200 所初等小学，这样算起来，每 24 000 人当中，还不到一所配备两名教员的学堂。因此在新的教育机制之下，"进入上流阶层地位的机缘，只对这样的人是适用的：他们的家庭，有能力把他们输送到城市里面去，供他们食物、衣服和住宿津贴，并交付学费、书费和学校补给费用。经常有意见反映出来，新的教育制度降低了社会的阶级流动性，和旧式的科举制度比较，甚至更加有利于富人"①。这种说法同样见之于何炳棣对于相关问题的评论之中，他认为废除科举之后，传统的教育体系急剧衰落，但因为种种原因，现代教育并没有相应发展，也就是说更多的人并没有享受到现代教育所带来的机会，这样的结果是使人才的上升途径越来越被上层社会的子弟所占据。他说："虽然还缺乏中华民国初期和国民党时期的系统的精英流动资料，但《中国名人录》和其他散见于各种索引文献中的资料表明，在中华民国初期和国民党时期，很少有杰出人物是来自于下层社会的家庭中，只有少数出身于下层社会的军人例外。"②

受教育体制改革冲击最大的是大量从事儒家教育的塾师，他们所面临的直接后果就是"失馆"。刘大鹏的日记明显地呈现出底层的以儒为业者所面临的窘境。他在 1905 年 10 月 23 日的日记中说：

> 昨日在县，同人皆言科考一废，吾辈生路已绝，欲图他业以谋生，则又无业可托，将之如何？
>
> 吾邑学堂业立三年，而诸生月课尚未曾废，乃于本月停止，而

① 周锡瑞：《改良与革命——辛亥革命在两湖》，178 页。

② 转引自孙立平：《传统与变迁》，121 页，哈尔滨，黑龙江人民出版社，1992。

寒峻无生路矣。事已至此，无可挽回。[①]

同年 11 月 3 日他又叹息道："科考一停，同人之失馆者纷如，谋生无路，奈之何者!"

12 月 25 日的日记写道："顷闻同人失馆者多，家有恒产者尚不至于冻馁，若藉舌耕度岁者，处此变法之时，其将何以谋生乎?"[②]

1906 年 3 月 19 日日记写道："去日，在东阳镇遇诸旧友藉舌根为生者，因新政之行，多致失馆无他业可为，竟有仰屋而叹无米为炊者，嗟乎！士为四民之首，坐失其业，谋生无术，生当此时，将之如何?"[③]

因为科举的废除，塾师已经成为一个没有前途的职业；而学堂的建立，则使塾师的工作机会大大减少。这样塾师群体便日益萎缩，直至消失。[④]

同时由于财政和师资上的问题，许多地方无力支撑一个新学堂或者说有了新学堂因缺乏教师而有名无实，这样便使许多人成为既无法进入新学堂又不能走传统功名的边缘人。这些人中的许多人直接参加了会党等秘密的社会组织，成为社会的颠覆性力量，对此也引起了统治阶层的担心。"前闻举贡生监，以考试既停无所希冀，诗书废弃，失业者多，大半流入会党。"[⑤] 这绝非空穴来风。

但如果我们从更高的层次来看，科举废除对于中国知识阶层的最关键的影响在于它完成了由传统的士向现代意义上的知识分子的转换。

近代中国所经历的是由传统社会向现代社会转化的过程，许多人都将自洋务运动以来的社会变革作为中国进入现代化探索的过程。作为一个后发型的现代化国家，这种变革说到底就是中国人不断地接受西方近代以来的理想主义价值观的过程。在这种转换中知识形态和知识分子定位的转变是极其重要的环节。因为传统社会和现代社会之间无论在其统

---

① 刘大鹏：《退想斋日记》，147 页。

② 同上书，147～148 页。

③ 同上书，149 页。

④ 关于塾师的命运可参见蒋纯焦：《一个阶层的消失：晚清以降塾师研究》，上海，上海书店出版社，2007。

⑤ 《清末筹备立宪档案史料》，995 页。

治合法性的依据或是社会控制手段方面都发生了根本性的转变。因此就知识阶层本身来说其存在的状态、角色定位和社会功能有着很大的变化。① 如果说儒家是倾向于非专业性的、维护性的，那么现代知识分子则更倾向于专业性的和批评性的。

儒家基于其独特的对于自然和社会的理解方式，将自己关注的重点集中于生命的意义和人格的完满，对自己的角色期待是成为“君子”，因此，从总体上看儒家鄙视一切具体的技术和知识，这决定了儒家的教育的整体特征。“传统社会里知识阶级是一个没有技术知识的阶级，可是他们独占着社会规范决定者的威权。他们在文字上费工夫，在艺技上求表现，但是和技术无关，中国文字是最不适宜于表达技术知识的文字；这也是一个传统社会中经济上既得利益的阶级，他们的兴趣不是在提高生产，而是在巩固既得的特权，因之，他们着眼的是规范的维持，是卫道的。”② 固然，儒家群体中一直存在着一批以道统的力量与现实政治权力进行抗争的人，然而，大多数儒家出身的官员和地方绅士，却成为一个秩序的参与者和配合者。儒生作为现存秩序的维护者，在塑造皇权的神圣性的时候自己也分享着某种神性的魅力。③ 对此，胡庆均的分析是十分明晰的。由于儒生几乎可以说是传统社会中唯一识文断字的人，而当时的书主要讲述的就是儒家的道理，因此对于文字的崇拜便转移到了儒家那里，在民间社会儒家的权威性或许正是这么建立起来的。他说：

> 在传统社会里，教育的性质和现代社会很不同。教育或者知识的传授是以文字作工具的。现代社会里面的文字是用来传达意见，

---

① 康德对于启蒙的解释，依然可以成为这种转化的理解途径。康德将启蒙看成是一种出口，即人类由“未成年”走向“成年”的通道。康德认为“当书本代替我们的知性时，当某个精神首领代替我们的意识时，当医生为我们决定我们的特定食谱时”，我们就在未成年状态，我们就此很容易看出人类的成年状态是什么。在此福柯的观念应当被强调，他愿意将启蒙看作是一种状态，一种过程。这对于中国的现代化的历程来说有更重要的意义。参见杜小真编选：《福柯集》，530～543 页。

② 费孝通：《论“知识阶级”》，见吴晗、费孝通等：《皇权与绅权》，19 页。

③ 这种观念即使在现在也不能说完全绝迹。我至今还清楚地记得，我小的时候，我奶奶依然不允许我们随便丢弃上面已经写上了字的纸片。在鼓励我们学习的时候，讲的还是天上的文曲星，以至于我会经常坐在河边，望着夏日的星空，寻找属于自己的那一颗星星。

> 或者解释和分析意见科学的事实，教育的普及使文字不再成为一件希罕的东西，它本身也不再具备神秘的魔力。可是在传统社会里，只有少数绅士地主稳拿着地租，他们的弟子就获得了充分的受教育机会。大多数农民的子弟没有这种福分，文字知识几乎变成了绅士的独占品。对于一个大字不识的农民，文字是具有神秘性的。"敬悉字纸，功德无量!"对于文字的敬重就附会在这种神秘性上面。文字是教条，绅士的话成为金科玉律，权力也从这种神秘性里面出来。①

因此我们看出：独占了文字知识的绅士在任何场面下扮演了一个重要角色，能力也从这里面训练出来。因为只有绅士才知书识礼，懂得地方上的一切规矩。这种社会角色和附着在他们身上的"魅力"决定了儒生作为四民之首的地位。而近代中国新的教育体制的建立，其核心是"开民智"，因此，人们所获得的是谋生的技能和具体的科学知识，新知识群体所获得的更多的是专业化职业。由于教育过程和官员选拔制度的相对分离，新知识群体与统治权力之间并不具有直接的依存关系，因此他们并不天然就是现存秩序的维护力量。最主要的是现代教育以西方近代理想主义的价值观和科学主义的思想方法为主要内容，造成了新的知识阶层与传统价值和知识之间的距离。这种距离随着现实社会矛盾的激化而不断扩大，最终造成了新文化运动对于文化传统的全面否定。"新旧知识分子集团与中国文化传统的关系，也是大异其趣的。中国士大夫对自己的文化传统感到自满。对他们来说，这种传统是天地间知识的唯一源泉，它能提供指导人类心灵和社会活动的智慧和准则。因此，他们对自己的文化遗产十分自豪，对从过去延续下来的思想源流有一种特别强烈的意识。如果士大夫有时为自己和秉政当局之间的关系感到烦恼的话，那么，他们之间的文化一体感是不太会出现问题的。然而，当维新时代开始时，和西方文化的五十年接触已经大大开拓了许多受过教育的中国人的文化视野，同时使他们与自己的传统出现了疏远感。由于各种各样的文化信仰从外部纷纷涌进中国，中国知识分子在现代世界中迷失了他

---

① 胡庆均：《论绅权》，见吴晗、费孝通等：《皇权与绅权》，120页。

们的精神方向。因此，在产生中国知识阶层的同时，其成员不但有了开拓的文化视野，而且还经常受着怎样与自己文化打成一片这一深深令人苦恼的问题，而这个问题是过去士大夫几乎是闻所未闻的。”① 这种“迷失”是后发国家知识阶层的常态，按吉登斯的说法，这种与传统的“断裂”是“现代性的后果”。② 我们可以这么说，整个 20 世纪中国知识分子的主要关注点一直在于如何将现代性与中国的思想资源对接上，然而身处 21 世纪的我们依然能明显地体会到中国的知识分子依然在为如何与自己的文化打成一片而苦恼。

二、学生和留学生

本文所讨论的学生群体指的是近代中国通过兴办现代教育和留学而出现的新兴社会群体。虽然早在 19 世纪初，就有基督教的传教士在中国沿海地区设立学校，但真正意义上的现代教育的开端是 1862 年北京同文馆和上海广方言馆的成立。但在科举一枝独秀的时代，以西方语言和知识为主要教学内容的学校依然只能作为一种体制外的存在，因此发展很慢。因此 20 世纪初张之洞等人提议废除科举的一个重要理由就是科举阻碍学校的发展。

1905 年科举退出历史舞台之后，新式学校得到了迅速的发展，这可以以学生人数的猛增来说明。1902 年学生人数是 6 912 人，到 1909 年则达到 1 638 884 人，1912 年更达到 2 933 387 人，“加上未计算在内的教会学堂、军事学堂，日、德等国所办非教会学堂及未经申报的公私立学堂学生，总数超过 300 万人，成为一股重要的社会力量。……据 1916 年教育部刊布的统计，不包括川、黔、桂三省和未立案的私立学校，学生已达 3 974 454 人。1912—1922 年‘中华基督教教育调查团’的报告表明，五四前夕中国学生总数为 570 424 人”③。

---

① ［美］费正清编：《剑桥中国晚清史》下卷，391～392 页。

② 参见［英］吉登斯：《现代性的后果》，4 页，南京，译林出版社，2000。

③ 转引自桑兵：《晚清学堂学生与社会变迁》，2 页。

这个规模巨大的新学生群体的出现，引起了中国社会各阶层的结构变化。虽然学生群体消化了科举时代正在奔向正途的士人的相当部分，同时又吸纳了科举的后备力量，使绅士群体成为无源之水。但是新的教育体制和理念所造就的学生群体与传统的士群体已经有了很大的变化。

首先，他们虽然也学习儒家的经典，但他们的知识主体已经是生光电化这些西方传入的知识内容。他们以现代的科学知识作为追求目标，他们的生活目标也不再一定是为官当权，而是将知识学习看作是一种将来从事职业的训练。蒋梦麟在 1917 年从美国回来，回乡探亲，其中谈到他的大伯母对学堂学生的看法，有某种代表性："但是她发现进过学校的青年男女有些事实实在要不得。他们说拜菩萨是迷信，又说向祖先烧纸钱是愚蠢的事。他们认为根本没有灶神。庙宇里的菩萨塑像在他们看来不过是泥塑木雕。他们认为应该把这些佛像一齐丢到河里，以便破除迷信。他们说男女应该平等。女孩子说他们有权自行选择丈夫、离婚或者丈夫死后有权再嫁。又说旧日缠足是残酷而不人道的办法。说外国药丸比中国草药好得多。他们说根本没有鬼，也没有灵魂轮回这回事。人死了之后除了留下一堆化学元素的化合物之外什么也没有了。他们说唯一不朽的东西就是为人民、为国家服务。"① 这些大约可以看作是新式知识分子的画像了。

其次，虽然这些新学堂的学生还保留着许多科举时代的思维定式②，但与传统的儒生相比，他们的价值理想已经发生了很大的变化。"虽然仍是士的以天下为己任的传统精神，却并不认同于传统的士；既不以士自居，也不自诩为道统的载体。"③ 比如在民族国家观念的影响之下，学生们已经将对于国家的爱和对于某一姓的皇帝和以皇权为核心的旧权威秩序分开。

---

① 蒋梦麟：《现代世界中的中国》，51 页，上海，学林出版社，1997。

② "在清末民初时代，人们还是把学校教育当成为变相的科举。哪一级的学校毕业，等于哪一级的科举功名，人们都有一个算盘。上学校是为了得文凭。得了哪一级学校的文凭，就等于得了哪一级的科举功名。学术成了一种做官向上爬的梯子。"参见冯友兰：《三松堂自序》，323 页，北京，三联书店，1984。

③ 罗志田：《近代中国社会权势的转移：知识分子的边缘化和边缘知识分子的兴起》，见罗志田：《权势转移：近代中国的思想、社会与学术》，218 页。

放在中国现代化的特殊历史背景下，作为最先系统接受西方文化体系的学生群体，在中国由传统社会走向现代社会的过程中的作用显得尤其重要。对于这一点，学生群体也有着强烈的角色认同和自我期待。他们将自己设置于与官僚阶层所代表的“上等社会”和以农工为主体的“下层社会”之间的“中等社会”的地位，其使命是改造日趋萎靡的“上层社会”，提升下层社会的自主性。对此李书城所撰的《学生之竞争》一文，颇具代表性。他说：“上等社会既误于前，崩溃决裂，俱待继起者收拾之。为今日之学生者，当豫勉为革新之健将，使异日放一大光彩，以照耀于亚洲大陆之上，毋使一误再误，终罹亡国之祸，以为历史羞。前途茫茫排山倒海之伟业，俱担荷于今日学生之七尺躯，则对上等社会所负之责任重也。下等社会为一国之主人，如何使完其人格，如何使尽其天职，必养其独立自营之精神，而后能为世界之大国民，以立于万马奔腾潮声汹涌之竞争场而不踣。今日之学生，即下等社会之指向针也，则对下层社会所负之责任重也。”①

与晚清别的制度改革一样，新的教育制度的建立，本意是为了造就新一代维护社会秩序的人，但很快统治者发现学生们是整个社会中最不安分的一个群体。

学生群体成为近代社会变革的重要力量其实是一种必然的结果，学生群体作为社会最敏感、最富热情和幻想的群体，满怀着改造社会的理想，集中到政治活动最为活跃的城市。这样一来，便将学生们从具体的充满家族、血缘色彩的社会环境中离析出来，而与此同时，在各种报刊和宣传品的影响下，城市已然变成讨论政治其实也就是批评政治的中心。在这样的环境影响下，学生便容易将由于对自己的前途不确定所带来的不安和对于国家的现状的不满通过学潮和其他反政府的行为表现出来。刘大鹏在 1906 年 4 月 14 日的日记中是这样看待这些学生的：“昨日午后谢凌云来……又言：省城学堂林立，其中学生服色以洋式为重，凡为古貌者辄屏逐之，议论毫无忌讳，指斥时政得失，此犹小焉者。竟敢显言‘排满’二字，叛逆情形业已呈露矣。数年来学堂中所培植之学生，此类

---

① 李书城：《学生之竞争》，载《湖北学生界》，1903（2）。

固多，闻之寒心。”[①]

对于清王朝更为不利的是学生的流动性使得他们有着更多的机会与别的群体沟通，并通过种种机会宣传他们的颠覆现有秩序的主张，他们和新军、秘密会党和革命党之间都有着深入的接触，这使得反清的各种力量在晚清能够有机地结合。艾恺说：“这类学校的新奇不仅在于它采取了西方的组织形式，设置了科学、数学和外语等课程，还在于它把各地的中国青年长期聚集在一起。当时，中国很早便有学校了，但传统的学校是在家族关系和地区关系的基础上组织起来的。新式学校的学生有着一种新的、前所未有的身份——‘中国人’。他们建立的学生组织也在另一种前所未有的运动——群众性民族主义浪潮——的兴起中起到了极其重要的作用。在清末第一次大规模的民族主义运动中，新生的学生阶层超越其他阶层之上成为运动的中坚。”[②]

由于学生是一个相对独立于社会环境和具体利益关系之外的群体，因此，相比于别的社会群体，学生显然更容易接受更为激进和理想化的制度设计。自由、平等的观念很早就成为学生界流行的一种时髦用语和用以反对各种形式的压制的武器。他们对于西方文明的接触和信奉促使他们越来越多地认同于外来的文明，并越来越远地离开自己的文化传统。蒋梦麟说：“到了 1902 年，胃口最佳的学生已为时代精神所沾染，革命成为新生一代的口头禅。他们革命的对象包括教育上的、政治上的、道德上的，以及知识上的各种传统观念和制度，过去遗留下来的一切，在这班青年人看起来不过是旧日文化的骸骨，毫无值得迷恋之处。他们如饥如渴地追求西方观念，想藉此抵消传统的各种影响。”[③] 他们所想抵消的说到底主要的就是儒家的影响。

因此说：无论是 1903 年所颁布的“以忠孝为本，以中国经史为基”的教育宗旨，还是 1906 年以“忠君、尊孔、尚公、尚武、尚实”的教育宗旨，都没有改变儒家秩序被新的学生群体所抛弃的结局，即如刘大鹏

① 刘大鹏：《退想斋日记》，150 页。

② ［美］艾恺：《最后的儒家——梁漱溟与中国现代化的两难》，29 页，南京，江苏人民出版社，1996。

③ 蒋梦麟：《现代世界中的中国》，142 页。

所叹息的，“今之学堂，所教者以西学为要，能语外国语言文字者，即为上等人才，至四书五经并置不讲，则人心何以正，天下何以安，而大局将有不堪设想者矣”①。而衡量一个知识者的标准，不再是以道德、知识和人品，而是接受西学的多少，并以出国留学为最高标准。

因此我们在讨论学生群体的时候，不能不提到学生群体中的特殊组成部分——留学生群体。

留学生在中国近代社会变革中的地位极为特殊，最初，出洋留学并不被有地位的家庭所接受，在中国人日益失去对自己的文明的信心时，留学生的身份在一段时间内几乎被赋予神话色彩，人们认为：“中国人如果想要保全自己的国家，唯一的道路就是学习西方的知识，而谁能完成这个重任，只有那些在西方受过教育的人。”② 从张朋园对于戊戌之后几代知识分子的比较中可以明显地看到这一点。他说：

> 戊戌变法（1898）是西洋思潮影响下的改革运动，推动此一运动的人物几为清一色的士绅阶层。据估计，领导人物有传可考者四十八人，其中进士二十八人，举人八人，贡生三人，生员二人。无功名而有捐纳官位者四人。他们的西方知识得自一些翻译作品，或因于西方人士的接触，或游历西人的殖民地和通商口岸，得到一些一鳞半爪的印象。可说所知有限，甚而一知半解。真正到过西方的（五人曾游欧美，一人游日本），又因语言文字的隔阂，未必能有深入的观察。能提出变法观念的不过二三人，但并不在变法运动的中心（如马建忠、严复）或因本身已进入统治阶级，缺乏积极进取的观念，虽有所知，亦保留而不敢流露。如黄遵宪，尝谓太平世在民主，但不敢明言。
>
> 戊戌之后，接着有立宪运动（1906—1911）。立宪派人的背景，以谘议局（1909 年成立）和资政院（1910 年成立）的一千六百余名议员为例，出身亦大多来自士绅阶级。百名议员中九十一名具有传统的功名，其中进士占 4.7%，举人 19.1%，贡生 43.1%，生员

① 刘大鹏：《退想斋日记》，140 页。

② Yi C. Wang, *Chinese Intellectuals and the West (1872—1949)*, p. 93, The University of North Carolina Press, 1966.

> 24%。留日或受过新式教育者约当 20%。
>
> 与立宪运动同时的革命党，亦多由知识分子组成。以同盟会为例，该会成立时（1905）基本会员七十人，一年之后发展为六千余人，辛亥年已超过二万人。其中的领导人物大多数为留日学生，具有传统功名者比例甚微。有传可考之革命党人 328 人，其中有传统功名者，进士二人，举人六人，贡生二人，生员三十三人。
>
> 五四时代（1916—1921）的知识分子与辛亥前的知识分子有了实质性上的不同，传统的士绅已渐渐失势，代之而起的是新生的一代。这一代的特色，由于留学日本和欧美人数相等，发生巨大影响力量的是这一批留学生。①

就 20 世纪初来说，对中国影响最大的当数留学日本的学生，"中国从古典思想向现代思想转变，从传统的标准和注重传统向西方的标准和注重西方转变，在这些方面，日本起了关键的作用"②。经过不成功的洋务运动特别是甲午战争的失败，许多人感觉到日本在明治维新之后的迅速发展得益于他们善于吸收西方文化，因此，日本的经验对于改变中国的积弱面貌意义重大。再加上文化和地理距离上的优势，更有政府的组织③，即便是世界留学史上也极为罕见的留学日本狂潮便由此翻卷。留日人数 1896 年为 13 人，到 1899 年增加到 200 名，1902 年达四五百人，1903 年一千人，到 1906 年最高峰达一二万人。④ 青柳笃恒对此的描述极

---

① 张朋园：《清末民初的知识分子（1898—1921）》，见《知识分子与中国》，331～332 页，台北，时报出版公司，1980。

② ［美］费正清编：《剑桥中国晚清史》下卷，403～404 页。

③ 当时张之洞的一段话被称为是留日的宣言书，他在《劝学篇·游学》中说："出洋一年，胜于读西书五年……入外国学堂一年，胜于中国学堂三年……日本小国也，何兴之暴也。伊藤、山县、榎本、陆奥诸人，皆二十年前出洋之学生也。愤其国为西洋所胁，率其徒百余人，分诣德、法、英诸国，或学政治工商，或学水陆兵法。学成而归，用为将相。政事一变，雄视东方……至游学之国，西洋不如东洋。一、路近费省，可多遣。一、去华近，易考察。一、东文近于中文，易通晓。一、西书甚繁，凡西学不切要者，东人已删节而酌改之。中东情势风俗相近，易仿行，事半功倍，无过于此。"

④ ［日］实藤惠秀：《中国人留学日本史》，1 页，北京，三联书店，1983。该书仔细考察了当时的各种记录，最高有说两万的，也有说六千的。作者得出的结论是，1905 年和 1906 年是留日学生最多的两年，确切的数字我们现在已经不好了解，但每年"八千人左右大概是不会错的"。见前引书 39 页。

为形象："学堂虽得开设，代替昔时科举，惟门户狭隘，路径险阻，攀登甚难，学子往往不得其门而入，伫立风雨之中；惟舍此途而外，何能跃等龙门，一身荣誉何处而求，又何能讲挽回国运之策？于是，学子互相约集，一声'向右转'，齐步辞别国内学堂，买舟东去，不远千里，北自天津，南自上海，如潮涌来。每遇赴日便船，必制先机抢搭，船船满座。中国留学生东渡心情既急，至于东京各校学期或学年进度实况，则不暇计也，即被拒以中途入学之理由，亦不暇顾也。总之分秒必争，务求早日抵达东京，此乃热中留学之实情也。"①

作为新政重要产物留学生群体，从许多方面冲击着制度化儒家体制。

第一，随着科举的衰落和废除，留学成为最为直接的上升性途径，不仅是因为他们能获得许多新兴行业的就业机会，同时因为他们分享着原先只有通过科举才能获得的功名。

1901 年清政府便决定对留学生进行考察，对优秀者给予进士、举人出身。1903 年 10 月 6 日，张之洞奉旨拟定的《奖励游学毕业生章程》，由于当时的留学生主要的目的地是日本，所以奖励办法主要是针对留日学生的，奖励的核心原则是以科举的功名来比照相应的国外文凭。其要点是：其一，"在文部省直辖高等各学堂暨程度相等之各项实业学堂三年毕业得有优等文凭者（在学前后通计八年），给以举人出身，分别录用"。其二，"在日本国家大学堂暨程度相当之官设学堂，三年毕业，得有学士文凭者（在学前后通计十年，较选科学问尤为全备），给以翰林出身"。其三，"在日本国家大学院五年毕业，得有博士文凭者（前后在学通计十六年），除给以翰林出身外，并予以翰林升阶"②。虽然因为种种原因，这个措施并没有立即实施，但是，1905 年 6 月 4 日，清政府 14 名毕业归国的留学生进行考试，并授予进士、举人出身，分配给各衙门任用。到 1911 年，清政府共进行此类考试 7 次，合格者共 1 388 人，其中留日学生 1 252 人，留学欧美的 136 人。

当时政府不仅让有功名的人短期出国考察，同时也特设速成班，梁

① 转引自［日］实藤惠秀：《中国人留学日本史》，37 页。

② 张之洞：《筹议约束鼓励游学生章程折》，见《张文襄公全集》，第 61 卷，奏议 61。

启超说：

> 同时还应注意的一件事，是范（静生）源廉所倡的“速成师范”“速成法政”。他是为新思想普及起见，要想不必学外国语言文字而得有相当的学识。于是在日本特开师范法政两种速成班，最长者两年，最短者六个月毕业，当时趋者若鹜，前后人数以万计。这些人多半年已长大，而且旧学略有根柢，所以毕业后最形活动。
>
> 辛亥革命成功之速，这些人与有力焉。而近十来年教育界政治界的权力，实大半在这班人手里，成绩如何不用我说了。①

由此可见，向来由儒家所独占的权力资源，在新政之后便开始由军人、商人和新式知识者所分享，反倒原来的“正途”已经不再成为权力的主要来源了。

处于社会变革边缘地带的山西乡绅刘大鹏也感受到了留学生势力对于儒家权威的侵蚀。他在 1905 年 9 月 11 日的日记中说：“现在出洋游学者纷纷，毕业而归即授职为官，其学孔孟之道并一切词章家，俱指为顽固党，屏之黜之。”②

朝廷希望通过以权力来吸纳新的知识群体，希望借此化解留学生中越来越严重的离心倾向。而反过来，对于广大的学生来说，也意识到留学是达到权力的重要途径。“到科举改革时，留学已渐成学子的众矢之的。严复在 1902 年观察到‘近今海内，年在三十上下，于旧学根柢磐深，文才茂美，而有愤悱之意，欲考西国新学者，其人甚多。上自词林部曹，下逮举贡，往往而遇’。胡适自己在 1910 年赴京考试前给母亲的信中就曾说，‘现在时势，科举既停，上进之阶惟有出洋留学一途’。这种心态到民国后已成普遍现象，民国‘以官费留学为赏功之具’（许多人愿领此赏，就最说明问题）。胡适在美国读书时‘留学界官费者居十之六七’。他注意到：今日‘国内学生，心目中惟以留学为最高目的’。他们

① 梁启超：《中国近三百年学术史》，30～31 页，北京，中国书店，1985。

② 刘大鹏：《退想斋日记》，145 页。

‘以为科举已废，进取仕禄之阶，惟留学为最捷’。那时一旦得一本科学位归，即被‘尊之如帝天’。世风的转变是极为明显的。”①

第二，留学生对改变中国人的思想观念和知识结构，起到了特殊的中介作用。在这中间留学生最为直接的工作就是通过翻译和编写教科书来介绍西方的思想。

在洋务运动时期，曾国藩等人就在制造局和同文馆设立了专门的译书机构，但由于当时的图书侧重于技术，同时国人对于西学仍存有偏见，所以销量很小。在甲午失败之后，中国人认识到了制度改变的重要性，同时对于西学的态度也有了根本性的改变。在这样的背景下，孙家鼐和李端棻都提出开设翻译局的奏议。“今请于京师大学堂设大译书馆，广集中西书之言政治者、论时局者、言学校、农、商、工矿者，及新法学近年所增者，分类译出，不厌详博，随时刻布，廉值发售，则可以增益见闻开广才智。”②

康有为说“近世译才数严林”，说到翻译，我们当然会想起严复翻译的西方学术名著和林纾“翻译”的西方小说。如果说林纾的翻译满足了中国人对于西方社会风俗的了解的愿望的话，那么，严复的翻译则是对中国人的思维方式和政治秩序有一种巨大的冲击。特别是《天演论》的翻译，唤起了中国人的危机意识，中国人对于生物领域的进化论并不一定十分感兴趣，而是从物种的淘汰规律中体会到亡国灭种的危险。胡适在他的《四十自述》中说：“《天演论》出版之后，不上几年，便风行到全国，竟做了中学生的读物了。读这书的人，很少能了解赫胥黎在科学史和思想史上的贡献。他们能了解的只是那‘优胜劣败’的公式在国际政治上的意义。在中国累次战败之后，在庚子辛丑的大耻辱之后，这个‘优胜劣败、适者生存’的公式确是一种当头棒喝，给了无数人一种绝大的刺激。”③

① 罗志田：《近代中国社会权势的转移：知识分子的边缘化和边缘知识分子的兴起》，见罗志田：《权势转移：近代中国的思想、社会与学术》，202页。

② 《中国近代出版史料二编》，7页，转引自［日］实藤惠秀：《中国人留学日本史》，209页。

③ 胡适：《四十自述》，见《胡适全集》，第18卷，58页，合肥，安徽教育出版社，2003。

由于20世纪初留学生的群体构成主要是留日出身，这造成了近代中国人接受西方文化的一个重要的特色，即大量的关于西方文化的书主要是转译自日本。[①] 梁启超说："壬寅癸卯（1902—1903年）间，译述之业特盛，定期出版之杂志不下数十种。日本每一新书出，译者动辄数家，新思想输入，如火如荼矣。然皆所谓'梁启超式'的输入，无组织、无选择，本末不具，派别不明，惟以多为贵，而社会亦欢迎之。"[②]在当时所用的教科书大多也是译自日文。

无论是费尽周折翻译的西方词汇，还是生吞活剥而生造的新词，这些词背后都携带着大量的西方的价值观和体现这些价值的秩序意识。因为日本明治维新之后，正经历着"脱儒"、"脱亚"到"入欧"的过程，比如福泽谕吉撰写了《劝学篇》、《文明论概略》等，宣传自由、平等和天赋人权的思想。中江兆民则因翻译《民约论》而被视为"东洋卢梭"。日本的改变深刻地影响着中国人，自然从日本传译过来的文字和思想也会改变中国人的思维方式。在这个过程中，日本的"脱儒"对中国的影响必然很大。对此，孔教人士对新传入的学说对于儒家信仰的冲击感受很深。"乃自吾国媚外轻中之留学生，学得一二不该备之科学名词，大张其虚骄浮薄之气，盛倡推倒孔教之论。夫我国本孔教宗邦，其教化所涵濡、礼乐之所渐被、赐福于吾民者，已非一日，乃欲一举而破坏之乎？近日西洋留学之士，见彼中保存国粹，深有慨乎我国废弃旧学，必与忘国灭种为媒介，乃提倡孔教不遗余力，如高要陈焕章者，亦其一也。然世风既坏，保存者之谨守常不敌破坏者之粗暴。一二新进时髦，又鼓其似是而非之言论，以煽惑乎其间。呜乎，学得外人物质文明而废弃本国道德，尚不足以立国于世，而况学其皮毛，遗其精髓，仅取得他人之三数口头之名词，以髦弁唾弃本国数千年之道德信条，吾有以知其必亡也。"[③] 西学的传入本为救国，然却成为解构旧观念的利器。

---

① 当时对于西方思想文化的吸收，已经有点病急乱投医的意思，这不仅体现在译者那里，同样也体现在政策制定者那里。如张之洞在他那本影响很大的《劝学篇·外篇》中就明确地说："若学东洋文、译东洋书，则速而又速者也。是故从洋师，不如通洋文，译西书不如译东书。"

② 梁启超：《清代学术概论》，218页。

③ 尘厂：《孔教救亡议》，见柯璜辑：《孔教十年大事》，金册，29页。

第三，留学生和新制度。

许多人指出，清末新政的许多制度性设计主要是模仿日本，因为朝廷推行新政的目的就是试图在风雨飘摇中保存皇权，而驻日公使杨枢和宪政考察团的报告（由留日学生杨度起草）都指出，只有日本的宪法中明确地规定了皇帝的特权。同时“中国与日本地属同洲，政体、民情最为相近，若议变法之大纲，似宜仿效日本。盖法、美等国皆以共和民主为政体，中国断不能仿效。而日本立国之极，实遵夫中国先圣之道，因见列强逼处，非变法无以自存”①。在保存皇权和根源于中国先圣之道心理安慰之下，清政府开始了新政之路。

由于大量的留学人员逐渐进入政府，所以建立新制度的工作主要是由留学生完成的，在当时为“仿行宪政”所设立的考察政治馆、官制编制馆、宪政编查馆和修订法律馆，其主要的成员就是留学生（主要是留日学生）。在随后出现的谘议局和资政院中，一方面是留学生大量地进入这两个机构，同时由于他们具有相关的知识，因此一直是主要的参与力量。

当然留学生与新制度之间的关系不仅仅是因为清末新政的许多具体的制度设计都是由留学生来完成的，更重要的在于留学生是旧制度退出历史舞台的重要推动力量。②

留学生由于能够深切地感受到西方文明的力量和清王朝之软弱所带来的屈辱，所以容易激发出激进的民族主义的情感，因此有着强烈的推翻传统秩序的决心。尤其是日本，由于留学人数众多的特殊机缘也使之成为中国近代革命舆论的发源地，邹鲁在《中国同盟会》中说：“时（1905年）各省学生皆有学生会，会中多办一机关报，报以不言革命为耻。”③ 同时，日本还是革命情绪的培育地和革命人才的训练基地，“无论维新党也好，革命党也好，一旦失败，则逃亡日本，这似成为当时的公式。这固然是基于地理的缘故；不过，他们对日本有所信赖也是一个原因。亡命客周围常有留日学生相从，有如众星捧月，为了追随亡命客而

---

① 故宫博物院编：《清光绪朝中日交涉史料》卷68，34页，北京，故宫博物院，1932。

② 详细的讨论可参见尚小明：《留日学生和清末宪政改革》，见王晓秋主编：《戊戌维新与清末新政》，143～168页，北京，北京大学出版社，1998。

③ 转引自［日］实藤惠秀：《中国人留学日本史》，345页。

赴日留学的人，更如铁之为磁石所吸引，尤其是那批政治犯，他们亡命日本之后，多真正成为留日学生，他们也可以说是追随大亡命客的小亡命客”①。国内的一些舆论也逐渐认识到留学和革命之间的内在联系。刘大鹏在其 1907 年 9 月 1 日的日记中记载了当时《晋报》的一篇文章的内容，其颇具代表性：“阅本月初六（8 月 14 日）晋报：东洋游学毕业生，多系革命党，装束皆为洋式，私运军火回华，专与国家为仇，各省学堂之学生入其党者亦众。该党渠魁孙文，广东人，出游日本，遂昌革命，现在声势甚大，行踪诡秘，封疆大吏饬各属文武，一体严密防范，认真搜捕，凡获该党，即行正法。”②

不过无论进入清政府成为新政体制的设计者，还是成为革命党以推翻封建秩序为己任，对于制度化的儒家而言，其区别只在于是逐渐让渡还是“突然死亡”。在“只许全变”的社会潮流面前，所有的制度设计都已经西方化，儒家越来越失去它在整个中国社会秩序中的位置。其价值理念也由于缺乏制度的支撑而越发的“虚拟”化。地处内地山西的乡绅刘大鹏站在儒家的立场上，对于留学和儒学之间此消彼长的趋势有着其洞察。他在 1916 年 3 月 17 日的日记中写道：

> 自光绪庚子以后，改设学堂，不数年停止科考，并派学生出洋留学以学洋夷之学，留学日本者至数万人之多，赴西洋各国之学生数亦不少，均系官费，其自费者不过百分之一。洋学既盛，孔孟之学遂无人讲，中国人士均尚西学，则父子之亲、君臣之义、夫妇之别、长幼之序、朋友之信皆置诸如何有之乡，遂养成许多叛逆，未越十年，占据要津，至宣统三年，突然蜂起，革我清之命，改称民国，号曰共和，而乱臣贼子乘势行其素志，窃据神器，号令天下，暴敛横征，民不堪命。民国四年，改民主为君主，此举一行，而乱党又藉口弄兵，宣告独立，扰民不安，则是以贼攻贼，以暴易暴，民不聊生，无治安之日，岂非孔孟之学不行而洋学是尚之所致乎？③

① ［日］实藤惠秀：《中国人留学日本史》，342 页。

② 刘大鹏：《退想斋日记》，162 页。

③ 同上书，227 页。

这些话虽然充满着失望的情绪，但是所描述的历史却也是符合实际的。

三、绅士阶层的分化和军人势力的中心化

以湘军为代表的地方军事势力，在镇压太平天国起义中获得成功，其结果是出现了一大批以军功入仕的官僚群体，这可以说是近代以来军人势力崛起的开端。而随着以“船坚炮利”为特征的西方文明对于中国的尊严和主权的践踏，国民对于军人的社会角色的定位有了很大的变化。特别是甲午中日战争的失败，以梁启超为代表的舆论界指出，仅仅依靠购买先进的武器装备，并不能使缺乏灵魂的军队担负起保卫国家的责任。因此重塑国魂和构筑现代军魂是当务之急。日本之成功，在于有以武士道为核心的日本魂的支撑，因此，“今日之最要者，则制造中国魂是也。中国魂者何？兵魂是也。有有魂之兵，斯为有魂之国，夫所谓爱国心与自爱心，则兵之魂也”①。

不仅如此，这种观点被直接运用到学校教育中。1904 年 1 月，张百煦、荣庆、张之洞等人在《奏定学堂章程·学务纲要》中便提出“各堂兼习兵学”。而 1906 年 3 月，学部在《奏请宣示教育宗旨折》中又规定：“凡中小学堂各种教科书，必富于军国民主义，俾儿童熟见而习闻之。国文、历史、地理等科，宜详述海陆战争之事迹，绘画炮台、兵舰、旗帜之图形，叙列戍穷边、使绝域之勋业。”② 而且在音乐和体操课程中大量的是有关军队的内容，如此等等的宣传使得朝野上下以习武之风为尚，极大地改变了普通民众对于军人的看法。

因此在国难面前，在中国民间的社会观念中，也逐渐抛弃了“好铁不打钉，好男不当兵”的心理，蒋梦麟的一段描述体现了当时中国人在国难面前对军人看法转变的心理基础。“最要紧的是救中国——北方有陆路来的和东南由海道来的强敌都得应付。那么，怎么办？赶快建立一支

---

① 梁启超：《中国魂安在乎？》，载《清议报》，1899 年 12 月 23 日。

② 陈学恂主编：《中国近代教育史教学参考资料》，上册，567 页，上海，华东师范大学出版社，1988。

装备现代武器的现代化军队吧！士兵必须训练有素，而且精忠报国。我们怎么可以瞧不起军人呢？他们是报国卫土的英雄，是中国的救星，有了他们，中国才可以免受西方列强的分割。鄙视他们，千万不可以——我们必须提高军人的地位，尊敬他们，甚至崇拜他们，不然谁肯当兵？”①

中国真正意义上的现代军队——新军的操练开始于甲午战争之后。

> 1895 年的失败和耻辱，终于使清朝下决心对军队进行一次彻底改革。战争之后不久，两江总督张之洞提倡训练一支新式军队，并组成了大约 3 000 人的“自强军”。……1895 年 10 日，清政府正式宣布开始按计划训练军队。天津东南的小站，被选为训练基地。②

在 1905 年到 1907 年之间中国主要有两支新军，即中央政府委任袁世凯编练的北洋军和张之洞在湖北编练的自强军。这些军队的训练均由德国人当教官。

与此同时，作为清代军队主体的八旗兵和绿营兵被大幅度地裁减和改编。作为清末新政的一个措施，科举中的旧式武举在 1901 年被废除，建立起新式的武备学堂，作为培养新式军官的机构。

与湘军、淮军这些过渡阶段的以“团练”为特色的军事组织相比，近代的新军无论是操练形式和组织方式上都有了很大的变化。与此同时，从军者本人的观念也在发生着变化，湘军中的许多绅士虽然身在军营，但依然将士人的名望作为追求的终极目标，而近代的军人则直接就从军事行为中寻求到意义。苏云峰的相关研究表明，新军中的知识阶层虽依然崇尚儒家的伦理思想，但其行为方式已经十分的职业化。他指出，从 19 世纪末到 20 世纪初，有 1 500 名士人经过严格的军事教育和军事训练，转化为新军的军官，但“他们现在已经是十足的军人，不许穿长袍、坐轿子、抽鸦片，并得亲自练兵，指挥演习。校阅演习时，不许坐着，这种生活，‘旧士绅’在办理团练时偶或尝过，但一般而言是被视为畏途的。这种军人性格——军人生活的特质——是与‘旧士绅’的生活形态

---

① 蒋梦麟：《西潮·新潮》，111 页。

② ［美］齐锡生：《中国的军阀政治（1916—1928）》，12 页，北京，中国人民大学出版社，2010。

迥异的"[①]。他们同时也失去了传统的儒生的许多特征和价值观念，这种区别或许我们可以从曾国藩和袁世凯之间的不同看出来。曾国藩依然是儒臣，而袁世凯则已经是职业政客和军阀。

晚清时期有大量已经具有儒家功名的人和下层民众选择从军，其主要原因是科举制的废除和近代教育的高成本。

1905 年科举制度的废除，断绝了通过获得儒家功名而上升的途径，这导致原先的绅士群体的大规模分流。而日益改善的军人形象和军队快速的升迁都使得绅士将流向军队作为重要的选择。周锡瑞分析说："在此时期，军事职业的地位是被自觉地、实质性地提高了。报纸提倡尊崇军事。立宪派政党都有'提倡尚武教育'的纲领。新军的军官，特别是那些在日本高级的士官学校受过训练的军官，被大规模地从保有功名的绅士家庭征集。湖南和湖北有若干例子，新的上流阶层文官的儿子，成了新军中的军官，及至成为军事上流阶层的一员。这样，和新的教育政策一样，征集上流阶层的方式改换了，并且出现了多样化：军官的职业，正好和在官僚政权服务的文官一样值得尊敬。身着西方型军装的自尊的青年，取代了受人轻视的头戴草帽、脚穿芒鞋的'油渣'军人。"[②] 也就是说，传统的兵的来源如果是家族式的，而新军则成为一个自觉的选择。

许多绅士进入新军固然是因为新军作为一个新的机构，有着许多空缺的因素，但关键还在于军人地位的实际提高。

清朝实行的一直是"以文制武"[③] 的策略，但自湘军开始这种制度便不断被破坏。后来张之洞又提倡"寓功名于行伍"，因此军人的实际地位与太平天国前相比已经不可同日而语。而到 1909 年 11 月颁布的文武官职对照表显示，武官的地位已经明显优于文官。

---

① 张玉法：《中国现代化的区域研究（1860—1916）：湖北省》，473 页，台北，"中央研究院"近代史研究所，1983。

② 周锡瑞：《改良与革命——辛亥革命在两湖》，129 页。

③ 科举时代武举的地位明显地要低于生员。这既有政策上的原因，也有参加武举者的社会背景的原因。马彝初在《清代试士琐记》中说："武生率为工农子弟，无力攻读，乃以力自奋，学艺既成，遂得请试。以其家贫，故率衣冠如敝，不成威仪。前代又重文轻武，武者亦不敢与文者比伍。虽同年为一学部弟子，不相通谒也。余尝至学堂，观文武生员行初谒礼，文者蔑视武者若恐浼焉。"转引自陈从周：《梓室余墨》，253 页，北京，三联书店，1999。

表 6—1　　武官与文官品秩对照表

武职		文职	
官衔	品秩	官衔	品秩
大将军（元帅）	正一品	太师、太傅、太保、殿阁大学士	正一品
正都统（上将）	从一品	总督兼兵部尚书	从一品
副都统（中将）	正二品	总督或巡抚兼兵部侍郎衔	正二品
协都统（少将）	从二品	巡抚或布政使	从二品
正参领（上校）	正三品	按察使	正三品
副参领（中校）	从三品	都转盐运使司运使	从三品
协参领（少校）	正四品	道员（守道、巡道）	正四品
正军校（上尉）	正五品	同知、直隶州知州	正五品
副军校（中尉）	正六品	京府通判、京县知县	正六品
协军校（少尉）	正七品	知县、县丞	正七品
正目（军士长）	正八品	州学正、教谕	正八品
副目（上士）	从八品	知事、训导	从八品

资料来源：《光绪政要》，卷三十。

重新确定后官职对照使得一个堂堂的道员只能与一个少校营长平行，而知县只相当于一个连长，教谕这样的意识形态官员的地位与班长相类似。通过正途获得的地位与从军获得的地位相比不断下降是一方面，同时收入状况也呈同样的趋势。

表 6—2　　清末绿营、新军与文职官员实际法定收入比较（单位：两）

绿营	实际法定年均收入	新军	实际法定年均收入	文职官员	实际法定年均收入
提督	2 605.68	镇统（师长）	4 800	按察使	3 800
总兵	2 011.65	协统（旅长）	2 400	道员	2 242
副将	1 177.44	标统（团长）	2 400	知府	1 531
参将	743.28	管带（营长）	1 200	知州	773
游击	631.32	队官（连长）	600	知县	740

资料来源：熊志勇：《从边缘走向中心——晚清社会变迁中的军人集团》，62 页，天津，天津人民出版社，1998。

由此我们可以看到一个州县的父母官，在法定的收入上和队官（连长）差不多，远低于管带（营长）。造成军官收入迅速增长的主要原因是国家的军费开支在 20 世纪初有了飞速的提高，而同时期教育开支和其他行政事业的开支则增长缓慢。“以 1911 年为例，当年政府财政收入约为 2.6 亿多两白银，全部军费则 1 亿两左右，其中新军、新军学堂和海军就占 7 千 2 百多万两。”从这组数字我们可以看到，军费开支已经占到全部财政支出的三分之一，其中新军的支出又占到军费支出的 70%，而在晚清近 100 万的军队人员中，新军的人数才占到 15 万人。① 这样庞大的军费开支，在民国建立之后并没削减，而是不断扩大，1913 年是 1.2 亿元，1918 年为 2.03 亿元，1925 年达到 2.61 亿元，如果以占财政支出的比例来看，1923 年军费开支占中央政府财政支出的 64%，而当年湖北省的军费开支竟占财政总支出的 94%。与此相比，教育支出就显得十分的可怜。晚清的时候，虽然种种建立学堂的谕令一道接着一道，但是学部获得的教育经费只有 200 余万两（当时的年财政收入约 2 亿两）。民国初期，教育经费也只有三四千万两。② 在这样的社会背景之下，我们不难理解一批已经获得绅士头衔的人为何纷纷投入军营。据陈孝分的回忆：“1905 年和他一起在黄陂应募入伍的 96 人中，有 36 人是廪生或秀才。”③

从军所能获得的较高的社会评介和实际的好处，使得入军校成为当时的学生的首选。熊秉坤说：“南皮张之洞督鄂时，兴学练兵，同时并举，其学务之规程，军队之编制，多效法如欧美，致引起莘莘学子之兴趣，莫不负籍来省，期以有所造就。惟读书固可致其显贵，究不如从戎来得捷径。如是，以无用之秀才、贡廪诸生，今日入营，不出三月，而升调之令获矣。厚其禄而宠其身，较之于六年小学、六年中学，然后始获得一教职员清职，自不啻万万倍耳。”④

因为师资和经费的问题，新式教育并没有如新政设计那样完美，而学堂相对集中于城市的特点，导致实际能够通过教育而改变自己处境的机会减少。这样使得许多人，尤其是乡村和中小城镇的青年把寻找出路

---

① 参见熊志勇：《从边缘走向中心——晚清社会变迁中的军人集团》，165～166 页。

② 以上的数据是据熊志勇《从边缘走向中心》第 232～234 页的论述综合而得。

③ 中国人民政治协商会议湖北省委员会编：《辛亥首义会议录》，第一辑，68 页，武汉，湖北人民出版社，1957。

④ 丘权政、杜春和等选编：《辛亥革命史料选辑》，383～384 页，长沙，湖南人民出版社，1981。

的希望寄托在当兵这条路上。

在旧式教育体制下，因为教学的形式比较简单，而且地方学校甚至村学都可以使有志的人通过科举考试而获得上升途径。“但在模仿西方的教育制度下，读到大学毕业，需要十六年时间；而对于有志青年来说最要紧的还是必须离开家乡到大城市才能接受高等教育。这个变迁不仅需要学习新的生活方式，而且花钱也要多得多，因此就连许多小康人家也无力送儿子进大学接受高等教育，把他培养成新中国最受欢迎的人。”因此，“就在这一时期，农村和小城镇的大部分壮丁外流了；据人口迁徙的登记，这些迁出的壮丁中大约有 73%是外出服兵役的。军官和士兵的出身往往不同，前者来自中上级士绅家庭，后者来自农民家庭。两者的主要动机都是为了经济利益。军队中晋升快也容易，速成的功绩常常紧接着就使一个人变成了军官和士绅，军校免费，许多人就走这条路”①。

由上面的分析我们可以看到，晚清以来的军人势力的中心化从两个方面对制度化的儒家起到了瓦解作用：

第一，军阀势力的崛起，社会权力阶层逐渐由儒家精英阶层过渡到军功集团，到辛亥革命之后形成了“军绅政权”。②

我们可以分析一下武昌起义后各地新都督的人员构成，从中我们便可以了解到军人势力在新政权中的比重。在不到一个月的时间内，各省的新旧军阀首领纷纷挂上革命的招牌，加入革命和独立的一方。当时占三分之二的新都督是由军人所担任。

表 6—3

	日期（农历）	都督
长沙	九月初一	焦达峰（会党首领）
九江	初二	马毓宝（新军标统）
西安	初四	马凤翔（新军管带）
太原	初九	阎锡山（新军协统）

---

① 周德荣：《中国社会的阶层与流动》，上海，学林出版社，2000。

② “军绅政权”是陈志让先生所使用的概念，他以此来概括 1912 年之后的中国政治秩序。他说：“1912 年以后，军人的势力壮大，中国的行政机构从上到下，却变成了军人领导绅士的政权。北京的总统、总理、国务院、国会受军人操纵，各地方的县长、乡长也受军人的操纵。这种政权我们叫做军—绅政权。”见陈志让：《军绅政权》，4 页，北京，三联书店，1980。

续前表

	日期（农历）	都督
云南	初九	蔡锷（新军协统）
南昌	初十	吴介璋（新军协统）
上海	十三	陈其美（民党）
苏州		
杭州	十四	程德全（江苏巡抚）
广西	十四	汤寿潜
安庆	十六	沈秉坤（广西巡抚）
福建	十八	朱家宝（安徽巡抚）
广州	十八	孙道仁（新军统领）
山东	十九	胡汉民（民党）
四川	廿三	孙宝琦（山东巡抚）
甘肃	十月初七	蒲殿俊（谘议局长）
	十一月十八	

资料来源：周谷城：《中国近代经济史论》，132页，上海，复旦大学出版社，1987。

军人占据中国的领导阶层的局面延续了很长的一段时间，“甚至在军阀时期之后的1927—1937年，省级领导仍然绝大多数是军人。这10年当中的省督有63%受过军事教育，多达84%的人经历过戎马生涯，只有13%的人受到普通大学教育，18%的人担任过文职。在此之前的正常时期，中国大部分领导人终身只从事一种职业，或从政，或治军，而现在，其进身的职业只有治军一途”①。

虽然军功集团许多人是绅士群体中分化出来的，他们中的许多人也标榜儒学，提倡儒家的价值②，但他们与传统绅士在价值观和行为方式上已经产生了很大的变化。如他们也强调忠诚，但这与儒家所看重的家庭、

① ［美］罗兹曼主编：《中国的现代化》，338页。

② “吴佩孚认为‘民国成立首废礼教’是大乱的根源，1924年他和市村瓒次郎谈话时说，礼教是‘天之四柱，孝弟忠信；地之四维，礼义廉耻’。要恢复这八德，五伦，三纲，中国才能到‘升平之世’。礼教要保存的是传统的道德，社会的结构，中国的旧秩序。吴佩孚把旧秩序叫作‘分’，每个人的‘本分’。他的一部书题名是《循分新书》。凡是想改变旧秩序的学说都是造成混乱的学说，应该打倒。因此吴佩孚反对孙中山的三民主义，认为孙文‘祖述太西’，过分注重权利而忽略了义务。他这种反西方的态度在段祺瑞的《内感篇》里可以找到，也在张宗昌重印《十三经》的序文里可以找到。”见陈志让：《军绅政权》，144页。阎锡山也特别重视儒学在山西地方秩序建设中的作用。

宗族和乡土情谊无关，而只是一种建立在下级对上级的服从和以派系为核心的忠诚。这都将儒家的理念恶俗化。

在军阀势力的影响之下，即使是许多有儒家背景的官员继续担任官职，但他们不再以儒家的价值观来约束自己的行为，尽管儒家语录有时依然被引用。地方社会的控制也逐渐以一种新的规则进行，尽管新规则是如此的不确定。H. M. 田说："在帝制统治时期，县令通过竞争性的科试获得自己的地位。1905 年的科举制的废除和 1911 年帝国秩序本身的垮台震撼了县令的官位基础，并铲除了他们的权威和权力的来源。尽管县官在许多省份仍然继续任职，但他们现在必须按照一套不同的规则行事，这些规则归根到底只是地方军阀个人定出来的。县令们已不再有任何确定的程序或行为规范可以遵循。"①

第二，军人的新形象和新教育体系的高成本使得许多人转而投向成本较小的军校，事实证明清政府在维护现有秩序的意图下建立起来的新军，走向了它的本意的反面。因为受到民族主义和种种新的思想教育的新军特别是南方的新军，对于建立在儒家观念之上的旧秩序的认同感并不强，他们和革命党、学生运动之间的互动，成为颠覆现有秩序的主要力量。

四、绅商：新的社会势力

作为典型的农业社会的中国，据认为在商代，人们已经对士、农、工、商的社会阶层定位比较习以为常了。在《国语·齐语》记载的齐桓公和管仲的对话中，就谈到对于农、工、商如何各安其业的问题。在追求稳定的农业社会中，商人的流动性、追求利润的动机而对于惯常的人情的拒斥，被认为是社会秩序和良好风俗的破坏者。所以几千年来中国的基本国策一直是"重本抑末"，也就是重视农业、抑制工商业特别是商业。

在儒家制度化确立的汉代，"商人的权利和社会地位在社会流动性、

① 转引自［美］罗兹曼主编：《中国的现代化》，384 页。

生活方式等方面，被法律严厉地限制。他们缴纳重税，不能穿丝绸，不能拥有土地。甚至他们的后代也禁止进入官场”①。其理由是商人脱离土地会导致国家税收的减小。而商业的高利润也会导致人们放弃更为辛苦的农业劳动，而转向商业。同时，商人伦理与儒家伦理存在着根本性的矛盾。在等级分明的政治秩序中，商人依靠其财富而出现的僭越其地位的物质享受一直是儒生和官员们猛烈抨击的对象。②

虽然，商人所受种种限制依然，但其社会地位从宋代开始就发生了悄然的变化。清代学者沈垚在他的《费席山先生七十周年双寿序》中对这种变化的原因及其社会结构的深远影响做了分析。“宋太祖乃尽收天下之利权归于官，于是士大夫始必兼农桑之业，方得赡家，一切与古异矣。仕者既与小民争利，未仕者又必先有农桑之业方得给朝夕，以专事进取，于是货殖之事益急，商贾之势益重。非父兄先营事业于前，子弟则无由读书以致身通显。是故古者四民分，后世四民不分。古者士之子恒为士，后世商之子方能为士。此宋元明以来变迁之大较也。天下之士多出于商，则纤啬之风益甚。然而睦姻任卹之风往往难见于士大夫，而转见于商贾，何也？则以天下之势偏重在商，凡豪杰有智略之人多出焉。其业则商贾也，其人则豪杰也。为豪杰则洞悉天下之物情，故能为人所不为，不忍人所忍。是故为士者转益纤啬，为商者转敦古谊。此又世道风俗之大较也。”③ 沈垚认为宋代的统治者的财政政策导致士人需要兼营商业才能保持其生活品质，因此，商人群体成为社会群体中最有能力的一个。

虽然我们不太能同意沈垚“古者士之子恒为士，后世商之子方能为士”这种过于理想性的论断，但结合中国商业在宋代开始蓬勃发展的历史背景，我们大概可以相信沈垚对于商人地位变化的大势的判断。即在宋代之后，许多商界子弟由于有雄厚的财力支持，有更多的机会获得功名。同时由于有许多才智之人从商，导致商人群体的素质发生根本性转变。

---

① 陈锦江：《清末现代企业与官商关系》，20～21页，北京，中国社会科学出版社，1997。

② 对此瞿同祖先生的《中国法律和中国社会》中有详细的例证，可参见《瞿同祖法学论著集》，180～184页。

③ 沈垚：《落帆楼文集》，卷二十四。

这种新的社会分层和儒家的社会结构之间的错位，随着中国商业的进一步扩大而加剧，其结合的典型形态便是“绅商家族”的形成。即在家族内的职业多样化，比如，家族内有读书潜力的人去争取功名，而有经商才能的人则继续经商。这种分化至少在宋代就有了记载，到明清时代有了更大的发展。典型的如徽商，一方面他们利用宗族组织来增强资金实力和建立员工体系，以确保在商业竞争中的优势地位；另一方面他们也深刻地体会到政治势力对于商业发展的意义，为此，不断投资办学，推动宗族的子弟考试求官，以成为商业活动的政治资源。因此，官商之间通过家族血缘得到互动：官员可以为家族的商业发展提供必要的保护，而作为商人则可以为家族成员中的官员保住位置和获得提升提供经济上的支持。

到了 19 世纪，虽然主流的观念依然以读书入仕为首务，但是儒家体制内的士绅的生存环境进一步恶化。首先，越来越多的花钱买功名者和“捐官”者进入为绅士所珍视的特殊阶层，这使得传统以儒家思想作为“单一性”的晋身之阶的社会流动途径被破坏，从而使得儒家与权力之间的联结出现障碍。其次，即使是已经通过这一选举体制而进入上层绅士行列的儒生，其生存境况也十分困难。由于清代以薄俸养官，因此官员如果只是依赖俸禄，将难以维持开支，这就导致了地方官员“私征浮收”，一方面采取各种手段截留捐税，另一方面滥用名目增加税捐种类。而京官则因缺少如此这般的生财之道而生计困顿。如曾国藩虽然官至翰林院检讨，但在道光二十一年（公元 1841 年）八月却是这么向家里禀告的：“男目下光景渐窘，恰有俸银接续，冬下又望外官例寄炭资，今年尚可勉强支持。至明年则更难筹划。借钱之难，京城与家乡相仿，但不勒追强逼耳。”① 正是由于地方官和京官之间的这种落差，以至于在晚清，京官巴结地方官成了官场一景。

以开馆授徒为业的下层绅士其生计更是艰难，当时社会上已经流传着这样的谚语“家有三石粮，不做孩子王”。常年以坐馆为业的山西乡绅刘大鹏对此深有体会。他在 1896 年 12 月 28 日的日记中说：“近来教书之

① 《曾国藩全集·家书》一，10 页，长沙，岳麓书社，1985。

人，往往被人轻视，甚且被东家欺侮，而犹坐馆而不去，作东家者遂以欺侮西席为应分。"[①] 以至于常年充当乡村学究而饱受困苦的人认定古代圣贤所讲的那些安贫乐道的道理都是些饱汉不知饿汉饥的空谈。

与从事儒业的人日渐潦倒的生活相反，商人们尤其是江淮一带的盐商们则极尽奢华，"衣物屋宇，穷极华靡；饮食器具，备求工巧。俳优伎乐，恒舞酣歌；宴会嬉游，殆无虚日；金钱珠贝，视为泥沙。甚至悍仆家奴，服食起居，同于仕宦，越礼犯分，罔知自检；骄奢淫佚，相习成风。各处盐商皆然，而淮扬尤甚"[②]。这段话出自一份诏书，应该说情况已经非常严重，但是在严峻的财政形势下，朝廷不但容忍了富商"越礼犯分，罔知自检"的不合规矩的行为，反而容许或者说是鼓励商人们用钱来获得为儒家所强调的朝廷名器。中央政府的控制能力在这种以金钱购买"神圣"的"捐纳"的过程中被日益削弱，因为原有的依赖于儒学和权力之间的稳定性结构由于商人的介入而被打乱，虽然我们不能说绅士的力量被商人所取代了，但是商人在社会控制的力量构成中开始占据重要的地位这个趋势是毫无疑义的。

这样，商人的金钱、绅士的地位和商业社会的发展，使这两个原本分属社会结构两端的群体，在近代的社会背景中得到了充分的结合，从而促成了绅商[③]群体的形成。当时的绅商群体可以据其从业背景分为士人型绅商，比如张謇这样的状元背景的商人；买办型绅商，即通过给外国的工商企业做代理的方式获得财富，这些人中的一部分也捐得科举功名；官僚型绅商，这类人借助其地位和行政资源，以重商为借口，经商谋利。1883 年 11 月 3 日的《申报》上有《再论保护商局》的文章，对这种现象的描述颇为传神：

---

① 刘大鹏：《退想斋日记》，65～66 页。

② 《清朝文献通考》卷 28。

③ 对于"绅商"这个词的含义，李恩涵先生的描述有代表性。"所谓绅商，即士绅与股商的合称。各省绅权，存在已久，咸同以后，士绅在地方上的地位愈为提高，原有的特权也更为扩张。商权则自五口通商后，发展至为迅速，尤上海广东为盛，沿海沿江诸通商大埠次之。'绅'与'商'之间，并无严格的界限，或以钜绅而兼营商务，或以富商藉捐纳膺获翎监道卿等衔，因而荣耀乡里，跻登缙绅之列。"见《晚清的收回利权运动》，158 页，转引自王先明：《近代绅士——一个封建阶层的历史命运》，242 页。

> 且有在官而商者，通爵显佚，岁俸万金，头衔一、二品，包苴贿赂，坐而受之。其子弟挟资经商，附本店号，所在皆是。此亦重商之意，故衮衮诸公皆屑为之，似乎风气一转，官商俨然齐体矣。

虽有数千年之重农抑商政策，但在现代性的挑战面前，在现实的利益面前，风气所转，尤其激烈。按杨国强的分析："他们用民族主义把读书人心目中原本形象猥琐的商人们热心扶起来，然后在这些读书人的肩头放上救国重任。从那个时候起，岌岌乎向西方追求真理的人们怀着一片苦心，比照彼国商人的模样，总想在中国塑造出一个同样的商人群体来。于是借助于西潮的涌荡冲刷，士与商之间板结的社会界限一点一点变得模糊漫漶。当其潮头高高扬起之时，连状元张謇也半路出家，入市做了'绅商'。这是一个通达之士普遍崇商的时代。"①

或许不乏以商战洗刷民族耻辱的民族主义者，但是，更为现实的动机来自于人们通过商业活动可以获得原先只有通过科举渠道才能获得的地位、权力，当然还有更多的财富，因此从19世纪70年代开始，许多人虽然依旧是官员，但他们的兴趣已经转移到了经营企业上了，有些人甚至正式退出官场全力经商。"同光以来，人心好利益甚，有在官而经营商业者，有罢官而改营商业者。"②

这种绅士、官僚、商人的综合体的形成与当时的社会、政治环境有关。因为洋务运动中产生的中国近代工商业最初是以军火工业为主的政府行为，在进入民用产品的制造时，当时最普遍的做法是"官督商办"以及换汤不换药的"官商合办"。与西方的以自由主义为信条的工商业原则不同的是，由于国家的富强是中国当时发展工商业的主要推动力，因此，像李鸿章、张之洞这样的开明官员，都认定若没有政府的支持和保护，现代企业的发展是不可能的。与此相关的是国家对企业的利润具有优先权。

这些工商业发展的动机和相关的制度设计，对于现代企业发展的损害是显而易见的。政府对于利润的优先权会极大地挫伤人们的投资欲望。

---

① 杨国强：《百年嬗蜕——中国近代的士与社会》，264页。

② 徐珂：《清稗类钞》第四册，1672页，北京，中华书局，1984。

当时企业的招股困难的事实也证明了这一点。当身为总督的刘坤一被要求对采用官督商办方式修铁路发表意见时，他便说："若狃于官督商办之说，无事不由官总其成，官有权，商无权，势不至本集自商、利散于官不止。招股之事叠出，从未取信于人。即招商、织布等局，成效可观，究之经理归官，利又无几，于商情总形隔膜。"① 国家对于企业利润的垄断，使经营人员对于相关事务没有热情。

官员对于官督商办的执著还在于深受传统观念影响的官员从内心深处对于商人能力的轻视，甚至是对商人的人格的怀疑。如张之洞在1895年曾说过："商人不顾大局。或知洋务而不明中国政体，或易为洋人所欺，或任事锐而鲜阅历。或敢为欺谩但图包揽而不能践言。皆不足任事。"② 张之洞甚至不信任他自己任命的督办。因此很奇特、很有趣的是他把他的炼铁厂开办在紧挨他衙门的地方，即使那里既不靠近煤矿，也不靠近铁矿，会大大增加运行成本。他后来对盛宣怀道出其原委，说这么做是为了保持紧密的监视，他担心别人用工厂来谋私利。

其实，无论从商业观念还是商业规模来说，直到19世纪末中国的整个经济环境还是非商业环境。"在各级市场上出售的商品主要是一些日常消费品、生产工具与生产原料。据记载，当时交易的主要是粮食、棉花、棉布、丝、丝织品、茶、盐、铁、瓷器、铜等商品。前7种每年的商品值都在1 000万两以上，后3种的商品值在100万两以上。城乡的商品交流基本上是由乡到城的单项交流，整个市场还是一种以粮食、布、盐为主的小生产者之间的交流的市场模式。"③ 因此，确切地说，现代意义上的商人群体是在19世纪之后才产生的。

到19世纪，中国商人的社会环境有了好转，只不过这一次的好转与洋务运动的出现一样，依旧是出于对外侮的反应。由于甲午战争的失败，在《马关条约》中有允许日本在中国设厂的条款，为了防止日本及其他列强对中国进一步的经济侵略，社会上出现了一个"设厂自救"、"实业

---

① 转引自李国祁：《中国早期的铁路经营》，131页，台北，"中央研究院"近代史研究所，1961。

② 转引自盛宣怀：《愚斋存稿》，第24卷，24页，台北，文海出版社，1975。

③ 许纪霖等主编：《中国现代化史》（1800—1949），第一卷，37页。

救国”的近代工业化运动。而八国联军在北京的劫掠使清政府已经到了难以自保的程度。面对难以维持的旧秩序，慈禧太后在 1901 年的逃亡途中宣布要“刷新政事”，实际上是开始实施康梁在百日维新中提出的一些纲领。如在法律上公开承认私营工商企业、设立工商行政管理机构、颁布工商法规。

由于不平等条约需要支付大量的赔款，因此，要求进一步提高商人的地位，发展工商业的呼声越发高涨。1901 年 7 月两江总督刘坤一、两湖总督张之洞奏议应“修农政”、“劝工艺”、“讲求农工商”。1902 年 1 月，山西巡抚岑春煊也奏请“振兴农工商业以保利权”。依据这些建议和现实的形势，清廷在 1902 年向各地委派大臣专办商务，并责成各省督抚认真兴办农工要务，并命令袁世凯为督办商务大臣。1902 年载振提出设立商部，1903 年 4 月，清廷命载振制订商律。1903 年 9 月 7 日，正式设立商部，其地位仅次于外务部而列于其他各部之前，并将路矿总局并入。

由此而来的是对于商人地位的重新确立，并力图消除商人和官员之间的距离。如 1903 年，在批示设立商部的有关提案时，皇帝颁布了这样的谕令：“通商惠工，为古今经国之要政。自积习相沿，视工商为末务。国计民生，日益贫弱，未始不因乎此。……总期扫除官习，联络一气，不得有丝毫隔阂，致启弊端。保护维持，尤应不遗余力。庶几商务振兴，蒸蒸日上，阜民财而培邦本，有厚望焉。”① 这道谕令其实是推翻了传统的视商业为末业、视商人为末等公民的传统格局，同时，商人乘势也凭借其经济实力和倚仗日益提高的社会地位不断地扩大自己在整个社会生活中的话语权力，这样，商人便与绅士分享了社会权威，这无形之中削弱了绅士的社会形象。而商部颁布的以官衔来鼓励投资的策略，则进一步将商人和权力资本联系起来，大大稀释了儒家的文化资源与权力之间的关联度，从而降低了青年人对于读书应试体制的兴趣。尽管这种影响在城市表现得比农村要严重一些，但也绝不仅仅限于城市。刘大鹏在日记中是这样描述当地的青年人的选择的。“近来吾乡风气大坏，视读书甚轻，视为商甚重。才华秀美之子弟，率皆出门为商，而读书者寥寥无几。

① 朱寿朋编：《光绪朝东华录》，27～28 页。

甚且有既游庠序，竟弃儒就商者。——当此之时，为商者十八九，读书者十一二。”①

商部建立之后，便宣布了一个以官衔和地位来鼓励资本投入现代企业的章程。该章程规定：“向来官场出资经商者颇不乏人，唯狃于积习，耻言贸易，或改姓换名，或寄托他人经理，以致官商终多隔离。现在朝廷重视商政，亟宜破除成见，使官商不分畛域，合力讲求，庶可广开风气。如有世家巨族出资凑集公司，办有成效者，亦准按照以上章程给奖；其或已有官阶，职分较崇者，分由臣部随时酌量情形，奏明请旨给奖，以示优异。”② 而朝廷在1903年和1907年多次颁布了对倡办企业者和投资者的具体奖励办法，其核心的原则就是“以权势换投资”。这从下列表格中可以明显地看到。

表 6—4　　对倡办者的奖励（1903，1907）

奖励	倡办者已集资本的最小额（美元）	
	1903	1907
农工商部头等顾问加头品顶戴双龙金牌世袭四等顾问官至三代止	50 000 000	20 000 000
头等顾问官加头品顶戴世袭头等议员至三代止	40 000 000	15 000 000
头等顾问官加头品顶戴世袭二等议员至三代止	30 000 000	10 000 000
二等顾问官加二品顶戴	10 000 000	8 000 000
三等顾问官加三品顶戴	8 000 000	4 000 000
四等顾问官加四品顶戴	5 000 000	2 000 000
头等议员加五品衔	3 000 000	1 000 000
二等议员加五品衔（1903），加五品顶戴	2 000 000	800 000
三等议员加六品衔	1 000 000	600 000
四等议员加六品衔（1903），加六品顶戴	800 000	400 000
五等议员加七品顶戴	500 000	200 000

资料来源：汪敬虞编：《中国近代工业史料》，第2辑，上册，640～646页，北京，科学出版社，1957；《东方杂志》，1907（11），“商务”，117～120页。

① 刘大鹏：《退想斋日记》，17页。

② 《奖励华商公司章程》，1903年批准。

表 6—5　　对投资者的奖励（1907）

奖励	最小投资数（美元）	最少雇工数（人）
一等子爵	20 000 000	1 000
二等子爵	18 000 000	1 000
三等子爵	16 000 000	1 000
一等男爵	14 000 000	1 000
一等男爵	12 000 000	1 000
一等男爵	10 000 000	1 000
三品卿并赏花翎	8 000 000	500
三品卿	7 000 000	500
四品卿并赏花翎	6 000 000	500
四品卿	5 000 000	500
五品卿加二品衔	4 000 000	500
五品卿	3 000 000	
四品卿衔加二品顶戴	2 000 000	
四品卿衔	1 000 000	
二品衔	800 000	
三品衔	500 000	
四品衔	300 000	
五品衔	100 000	
七至九等大奖章#	10 000	

资料来源：《东方杂志》，1907（12）（1907—1908），“实业”，175～178 页；《华字日报》，1907 年 9 月 8 日。

#该项是 1907 年 9 月 20 日的谕令单独增加的，因为意识到对许多中国投资者来说，可能很难有更大的投资。

另外，在 1906 年还颁布了对于创造发明和工艺改进的奖励措施，不过由于当时中国商人中的重要人物几乎都已经拥有某种官衔，所以这些奖励措施在实际运作中并没有取得预想的效果，但是，应该承认这样做的结果进一步提高了商人的社会地位。1905 年前后随着商会组织的建立和扩展，“一批现代或半现代的实业家、商人、金融家和大工业家，他们被物质利益、共同的政治要求、集体命运感、共同的理想和与众不同的日常习惯等联系在一起”①。这也标志着资产阶级②作为一种新兴的社会力量的产生。在 20 世纪初新兴的城市精英阶层中，这个群体无论是其经济实力还是人数都远远超过别的新兴群体。③ 无论我们将 20 世纪的中国商人群体称为资产阶级还是别的名称，反正这个群体的存在和壮大极大地解构着儒家的权力体系。

首先，城市规模的扩大和人口的增长，特别是东南沿海条约口岸的迅速发展，一种不同于传统农耕社会的新的社会形态出现。在这个以市场和竞争为导向的新形态中，新的价值观念和秩序观念不断地冲击着旧的价值观和秩序观，并形成着带有中国色彩的现代性。这里是各种新观点的主要传播中心，并通过城市特有的示范效应逐步向广大的内地和农村辐射。

其次，资产阶级通过种种手段不断加强他们对于社会生活的影响力，并逐渐分享原先由绅士集团所垄断的社会权威。在 19 世纪末 20 世纪初，最受人关注的事件是收回利权运动，而商人正是在这个运动中显示出了他们的力量。城市工商群体的出现，使得传统的以行业和同乡为基础建立起来的行会必须转变自己的章程以便在新的社会政治和经济活动中拥有更大的发言权。而朝廷似乎也有意利用商人这股新兴的力量来支持自己，特别是按刚刚成立的商部的想法，商会是作为控制地方商业团体的一个行政和政治机构，以阻碍日益脱离中央控制的地方势力，于是 1904 年 1 月 11 日，半官方的商会在朝廷的授意下成立。但是由于商人和地方

---

① ［美］费正清编：《剑桥中国晚清史》下卷，639 页。

② 由于中国资产阶级在发展本国经济这一点上，并无突出的成绩，因此许多人并不同意将这一群体称为“资产阶级”，其代表人物如陈锦江和周锡瑞。周锡瑞甚至提出用“城市改良派上流社会”来命名这个群体。他说：“我们应该抛弃‘绅士’这个术语来描述这个新的阶层。通过参与兴办工业企业，新的上流阶层中的某些成员已经变为‘资产阶级’。但是，为了把绅士阶层转化为资产阶级，当时的工业化确是过于软弱无力了，结果，就整体而言，新的上流阶层没有充分地和绅士渊源决裂，没有充分地承担起发展工业、兴办自由企业以及实现经济的合理性这些资产阶级的意图。这样我们就不能采用‘资产阶级’这个术语来描述它。”按他的说法应用“城市改良派上流社会”。参见周锡瑞：《改良与革命——辛亥革命在两湖》，80～81 页。

③ 据统计，到 1912 年，当时的商人群体约为 150 万～200 万人，占全国人口总数的 0.5%，而军官是 17 000 人，学生 30 000 人，留学生 35 000 人，官员 50 000 人。参见［美］费正清等编：《剑桥中华民国史》，上卷，820 页。

政府显然有着更多的共同利益，因此这样做的结果是使地方政府更加脱离中央的控制。按陈锦江的分析，商人势力的增强使“各省之上的中央权力进一步退化了。通过允许经由正在组成的各省表达民意，皇上希望促使更多的地方绅士和绅商支持中央。但结果是使绅士精英和由督抚们统率的正式官僚之间已经脆弱的关系进一步失去了平衡。省政府的权势和权限受到如此削弱以致当 1911 年革命发生时，大多数巡抚简直只得遵从绅士的领导支持革命党或各自逃生。通过使民权合法化，也否认北京对合法权力的垄断”①。对于商人而言，由于商会这一合法组织的成立，这样进一步造就了商人的独立力量。商人便有了更多的合法途径来参与社会事务。他们“以各级商会为纽带，形成了一个由大中城市直到乡镇的巨大网络，将力量集合起来。不仅如此，商会总理、协理和会董均由民主选举产生，议事采取少数服从多数的原则，具有一定的民主性。通过商会，资本家们受到了民主训练，增强了组织观念”②。这样商人群体在社会生活中的地位得到了迅速的提高，此消彼长，商人的势力的发展，自然影响到了绅士的社会影响力，有人认为商人已经逐渐成为四民之首。“迄于末造，经所谓维新变法及预备立宪，乃始承认商会、教育会为合法团体。通都大邑贸易繁盛，商人渐有势力，而绅士渐退。商与官近至以‘官商’并称，通常言保护商民，殆渐已打破从来之习惯，而以商居四民之首。”③

商界依靠自己的经济实力，不断对现实的政治产生影响，无论是康有为的保皇活动还是孙中山的革命都不断从商人那里获得财政上的支持，这种支持甚至延续到整个民国时期。而在国内政治方面无论是立宪运动还是 1910 年争取召开国会的活动中，商人始终是积极的参与者。在经历了中国资产阶级的“黄金时代”（1917—1923 年）④ 之后，商人至少在城

① 陈锦江：《清末现代企业与官商关系》，226 页。

② 侯宜杰：《二十世纪初中国政治改革风潮：清末立宪运动史》，115 页，北京，人民出版社，1993。

③ 胡汉民：《广东之光复与出任都督》，见《孙中山与辛亥革命史料专辑》，712 页，广州，广东文史出版社，1981。

④ 在第一次世界大战前后，由于西方列强无暇他顾，使中国的经济发展有了一个良好的环境，在这一阶段，中国的资产阶级无论经济实力还是数量都有了巨大的发展，故称“黄金时代”，详细的论述可参见［美］费正清等编：《剑桥中华民国史》，上卷，836～854 页。

市中完全取代了儒家绅士在社会生活中的地位。以浙江省为例，在 1918 年到 1921 年的省议会中，有功名的人已不超过 6%。① 而在 1911 年前后这曾经是传统绅士们的天地。商人们在议会中处于支配地位，在许多地方议长有时是由商会会长兼任的。这样一来，儒家的势力便逐渐从新的统治结构中淡出了。

随着城市的发展，中国的社会精英越来越集中在城市，城市的资产阶级逐渐成为社会的主导力量。或许有人会因为中国社会的城乡二元化结构和城市相对孤立的状态，来说明新的城市精英对于占中国大部分的农村地区影响甚微，但城市毕竟代表着中国现代化的趋势，而农村由于知识精英流向城市而导致的“空洞化”进一步增强了城市的示范作用，因此既然儒家在城市失去了权威，那么在农村其制约力自然会减弱。况且在民国之后农村的社会控制手段也发生了疏离于儒家的变革，加上大传统在转化为小传统的过程中所出现的信息递减作用，儒家在乡村权威中的含量也逐渐减退。

五、乡村秩序中儒家的危机

通过科举制度的纽带，儒家观念对于乡村社会的影响是具体和全面的，如前面所说因为家族的荣誉和发展均系于家族子弟获得功名，所以以家族制为特征的乡村社会中，对于教育的重视自然就形成了千千万万的“耕读世家”，儒家的理念自然就通过这种教育模式得以传导。

同时，由于宗法制度和专制统治制度的一致性，所以虽然当时的乡里制度，政府对村落和乡村社会实施的是间接控制，乡约和族规获得了与法律一样的地位，就其根本而言，乡约和族规的制定者也是儒生，儒生实际上也担负着地方的领袖的责任。乡村中“掌握最高权力者是最有社会与经济影响力的族长、或乡绅、或族长兼乡绅。……村中的领导系统是与其权力架构相符合的。盖有权力者往往就是公事上的领袖。在传统农村社会中，其有资格或品德被地方人士拥戴为社会的、道德的或学

① 参见［美］费正清等编：《剑桥中华民国史》，上卷，846 页。

问上的领袖者，迟早也会被推举为地方公事上的领袖"①。虽然，中国的地方秩序也存在着多元化的价值结构，也有一些宗教团体有一定的影响力和组织力，但儒家的观念占主导地位是不容置疑的。

然儒家秩序的运转必须以建立在传统礼俗制度可以有效应付社会变革为前提。如果社会环境发生了变化，那么乡村秩序也必然随之而变。近代的政治和社会变化必然导致儒家秩序在乡村社会的变化。

首先，科举制度的废除，使农村的士绅失去了来源，最终导致了儒家承载群体在乡村社会的式微。② 在科举体制下，在乡村的绅士是依据科举来获得其精英身份的，而且由于农业社会的自足性，这些农村精英承担着国家观念和主流意识的沟通者的角色。

然而，中国在近代社会形成了城乡二元格局，使得科举废除后产生的新知识阶层越来越集中于中心城市，这就导致了传统社会中依赖科举体制而将儒家的观念传播到民间社会的中介的中断。而地方的领袖也不再由儒家式的乡绅所担任，而代之以"赢利型经纪人"。③ 按史靖的说法："自从千年不变的科举被正式废除之后，新的制度自西方搬来，学校教育代替了科举教育。虽然这个改变并没有妨碍既得阶层的优势，但这个改变却有了如下重要的表现：（1）把从前分散在城乡村镇的教育方式改变成集中于城市，特别是集中于大都会的学校。（2）把过去的八股经义一类的教学科目改变为近代学校中的许多社会科学及自然科学的学程。（3）这些新的学程都是近代西洋工业社会的产物，却被移植在仍然停留在农业（而且是落后的农业）和手工业生产的中国，在缺乏有计划的全盘改造适应之前，无疑地要和中国实际的情形脱节。"

---

① 杨懋春：《近代中国农村社会之演变》，45～46页，台北，巨流图书公司，1980。

② 王先明认为新学堂的建立导致了"士绅离乡"，他说："作为一种正式的社会化空间，'新学'教育以一种完全不同于旧学教育制度下旧式私塾、书院的新文化品格，大大扩展了普通民众的教育机会。新式学校的迅猛增加和'新学'教育机会的拓宽，无疑为士绅阶层提供了社会流动资源。与此同时，'新学'教育也失去了往日旧学教育制度的社会整合机制，成为士绅离乡的一种强大的推动力。"见王先明：《变动时代的乡绅——乡绅与乡村社会结构变迁（1901—1945）》，48页，北京，人民出版社，2009。

③ 这个概念来自于杜赞奇，他指出："到了本世纪二三十年代，村政权落入另一类型的人物之手。他们大多希望从政治和村公职中捞到物质利益，村公职不再是赢得公众尊敬的场所而为人所追求。"见［美］杜赞奇：《文化、权力与国家——1900—1942年的华北农村》，149页。

但城乡之间的许多差异使得新出现的知识精英留在城市，而同时乡村的教育体系并没有有效地建立起来，导致了农村精英的缺乏。其原因是多种多样的。首先，城市和农村的生活方式的差异使得在城市受教育的人并不像他们的祖辈一样有叶落归根的情结和需要。其次，过去的教育内容全国一律，并无城乡差别。这些科目虽和农业生产没有什么直接的关系，但是分散于各个地方，因此单从教育内容上不足以造成城乡地域上的脱节，所学的都是为了应付考试。但学校制度出现之后，由于中国社会的实际情况还停留在农业生产的阶段上，而学校里所灌输的大部分都是适应工业文明的观念意识和技术。新式教育之所得，除了在城市还能有所得之外，在乡村了无用处。再则，当都市成为主流的选择的时候，知识者从城市回到乡村会被认为是被淘汰的，因此宁愿在城市艰苦地生活，也不愿意回去。

中国的基层管理一向依赖绅士阶层，由于绅士的继承替换法则在新体制下发生了变化，导致了绅士人选品质随之降低，昔日的神圣威望便降低。①

科举制度的变迁固然是乡村儒家势力危机的重要原因，但另一个值得注意的原因则是乡村控制模式的变化。

对于乡村政权的改革最为重要的措施是光绪末年和宣统初年清政府“新政”中所提倡的乡镇自治。② 光绪三十四年（公元 1908 年），宪政编查馆提奏“城镇乡地方自治章程”，共 9 章 112 条。该章程对自治的含义、范围、自治经费、选举人和被选举人资格、自治职员的任期都作了规定，并决定逐年在中国推行。

根据《城镇乡地方自治章程》规定，镇乡为地方自治的最基层单位，地方人口 5 万以上设“镇”，5 万以下设“乡”，并建立“议事会”和“董事会”等机构。虽然这个制度本身因为社会的变乱不可能得到真正的实施，但是这种模仿现代国家控制机制的新的控制方式，可以说为中华民国和中华人民共和国的乡村政权建设提供了基础。这种建立在“现代民

① 参见史靖：《绅权的继替》，见吴晗、费孝通等：《皇权与绅权》，142～146 页。

② 这部分内容参考了赵秀玲：《中国乡里制度》，62～63 页。

族国家”建构基础上的新的社会控制方式对于中国乡村社会秩序的变化有很重要的意义。[①]“其原因在于，正式的村政与权力的创立，使得政府在地方社会有直接的代机构和代理人。……近代以来中国乡土社会的变迁，首先源自于西方文化对中国的全面冲击。在这一冲击下，中国于世纪初成立了现代型的民族—国家。这个新的国家一方面试图保持民族的传统与认同感，另一方面企求现代化的转变。自本世纪初以来，为了实现民族—国家的现代化，中国对基层社会的政权进行逐步改造，并试图通过新的基层政权对社会—文化的变迁作出规划。这一系列的运动导致了全国性的社会变动。”[②] 这种变动持续了整整一个世纪，这当然超出了本文讨论的范围。不过起初的地方自治运动的开展，的确使曾经作为地方权威的绅士进入诸如镇董事会或担任“乡董”。但由于在新的教育体系之下，传统的绅士已经是无源之水，他们的象征性已经大大减弱。而新的基层政权建设，其目的也是为了加强政府对于地方财政的控制，这样其职能便与原先与家族制度合流的“乡里”制度有很大的差别，加上清末民初种种公共事业的发展需要摊派许多新的费用，致使乡民和新基层政权之间的矛盾日益加剧，乡村的恶势力和恶霸豪绅的暴力统治加强。因此，一方面一些洁身自好的地方乡绅逐渐从新的政权体系中引退[③]，而

① 根据胡宗泽的概括：“对于中国的‘国家政权建设’的努力，据我所知，有两位学者曾做了精辟的论述，一个是杜赞奇，另一个是王铭铭。前者的主要理论资源是查尔斯·蒂利，后者主要参考吉登斯。他们一致认为，本世纪中国正在致力于建设现代民族国家，国家政权的向下渗透基本上没有中断过。这主要表现在三个方面：政府致力于改造传统社会经济并直接干预村落财政制度以创造国民经济；社会文化控制和警察的出现以造成全民性文化的标准化；‘新学’对传统文化的取代。”但他们两人得出的结论是不同的，杜赞奇认为国家政权的下行侵蚀了“地方权威的基础；国家政权抛开、甚至毁坏文化网络的行径导致了深入乡村社会企图的失败”。王铭铭则强调了由于社会环境的复杂性所导致的乡土传统的延续性。《华北地方权力的变迁》，见王铭铭等主编：《乡土社会的秩序、公正与权威》，158～159 页，北京，中国政法大学出版社，1997。

② 王铭铭：《村落视野中的家族、国家与社会》，见王铭铭等主编：《乡土社会的秩序、公正与权威》，62 页。

③ 杜赞奇说：“到了二三十年代，由于国家和军阀对乡村的勒索加剧，那种保护人类型的村庄领袖纷纷‘引退’，村政权落入另一类型的人物之手，尽管这类人有着不同的社会来源，但他们大多希望从政治和村公职中捞到物质利益。村公职不再是炫耀领导才华和赢得公众尊敬的场所而为人追求，相反，村公职被视为同衙役胥吏、包税人、赢利经纪一样，充任公职是为了追求实利，甚至不惜牺牲村庄利益。”见［美］杜赞奇：《文化、权力与国家——1900—1942 年的华北农村》，149 页。

另一些人则与豪绅合流，刘大鹏在 1926 年的一篇日记中说："民国之绅士所系钻营奔竞之绅士，非是劣衿、土棍，即为败商、村蠹。够绅士之资格者，各县皆寥寥无几。"①

可以说，恶霸势力和新基层政权对于农民的盘剥，导致了农民和新政权之间矛盾的激化，这很大程度上埋下了随后中国革命的种子，这不是本文的重点，但客观上说，民国之后的乡村秩序改造对儒家在中国乡村秩序的影响是负面的。后来阎锡山的"新村"建设和梁漱溟等人的乡村试验，都是看到了乡村社会的凋敝，而试图重建儒家对于乡村秩序的影响力，可终究以失败结束。

我们不能说在民国之后儒家对于中国的乡村社会已经没有影响，儒家的观念在乡村社会中依旧有很强的影响力。但是，从乡村的行政秩序层面看，新秩序和儒家之间的关联则是值得怀疑的。王尔敏精辟地指出："儒学衰，不在于圣人不出、硕学鸿儒之稀见，而在于村里师儒早已绝迹于天壤之间。村夫子绝迹，乃真正儒学命尽运绝之时。今人或谓儒学未亡，非断然斩绝之谓，其要害实在于社会不需遵从其礼，不需参考其说，不需仰重其人。往时天下，知书之士，无不自命为儒。而今即在口倡儒说心摹手追之学者，亦不自承为儒。何况反孔排儒思潮风浪，此起彼落。儒学消亡之事实，岂不令人触目惊心。"② 可以说乡绅秩序的消失，使制度化的儒家失去了最后庇护所。

---

① 刘大鹏：《退想斋日记》，336 页。

② 王尔敏：《近代文化生态及其变迁》，59～60 页。

第七章　后制度化时期儒家的命运

即使对于西方的社会来说，现代性的过程也可以被看作是一种“断裂”。那么对于中国来说，作为一种后发的、外缘性的现代化过程，其与文化和制度的裂痕势必会更大、更宽。吉登斯说：“现代性以前所未有的方式，把我们抛离了所有类型的社会秩序的轨道，从而形成了其生活形态。在外延和内涵两方面，现代性卷入的变革比以往时代的绝大多数变迁特性都更加意义深远。在外延方面，它们确立了跨越全球的社会联系方式；在内涵方面，它们正在改变我们日常生活中最熟悉和最带个人色彩的领域。”① 虽然很多人并不同意海外一些学者所提出的“文化断裂”说，但是，如果单就制度本身来说，从晚清的“新政”开始，这种断裂是最明显不过的了。对于中国人来说最熟悉的和最带有民族色彩的领域就是儒家和深受儒家价值观影响的制度构成，而所谓的“断裂”就是与浸透着儒家观念的传统政治体系的断裂。

儒家的观念如血液贯通在传统中国的整个制度设置中，因此任何的涉及制度层面的变革同时也构成对于儒家观念本身的冲击，并最终摧毁儒家作为国家意识形态的合法性。这既是现代性向传统发出的挑战，也是依托经济和军事强势而确立的西方强势文化与已沦为“地方性知识”的儒家文化之间的冲突。在应对这双重挑战时，儒家处于绝对的不利局面。其一，由于与现实的制度结合得过于紧密，因此在遭受到西方的持续不断的打击后，制度的有效性便受到质疑。而儒家与传统制度的同源性使得制度的缺陷被等同于儒家思想体系的缺陷，统治者的错误也被等同于儒家观念的错误。其二，受到社会达尔文主义的影响，在西方的“船坚炮利”面前束手无策的中国人毫不怀疑地开始用西方标准作为评判

① ［英］吉登斯：《现代性的后果》，4页。

标准，由鄙夷洋人到唯西方是从，这个转变也就 20 来年。①

在这个过程中，儒家面临着由危机到被否定的过程，它几乎独自承受现代化过程中所需要的埋怨和罪责。作为改革成果的中国的新兴知识阶层以一种怨恨和反叛的心态来对待儒家。儒家的价值被视为“保守、落后”，被认为是社会发展和追求富强过程中所必须清除的障碍物。

中国现代化的历史已经证明，制度变革与文化传统之间的深层矛盾一直是后发国家所必须面临的挑战。制度移植容易实现，但新制度和文化传统之间的关系却不容易合理安顿。儒家化的制度虽然解体，但无形的儒家价值观却时时显现在中国人的行为之中。这样的冲突造成了晚清和民国时期中国的社会混乱和道德危机。因此，保守者从中看到了儒家的意义，试图通过“国教”化对儒家进行重新的制度化。而激进者要彻底根除儒家存在的土壤，要“打倒孔家店”。儒家便是在这种背景下，开始了它的新的充满着矛盾的生存方式。

一、“新”制度与“旧”儒家

1911 年武昌起义之后，各省纷纷宣布脱离清政府而独立，并着手模仿美国建国时的邦联制建立新的国家。同时袁世凯则凭着其老到的政治手腕和拥有的军事实力，使辛亥革命以一种特殊的和平方式②完成了“民

---

① “光绪初年，故侍郎郭嵩焘尝言西法，人所骇怪，知为中国所固有则无所惊疑。今则不然，告以尧舜汤文武周孔子之道，汉唐宋明贤君哲相之治，则皆以为不足法，或竟不知有其人。近日南中刊布立宪，立宪颂词，至有四千年史扫空之语。惟告以英德法美之制度，拿破仑华盛顿所创造，卢梭边沁孟德斯鸠之论说，而日本之模仿，伊藤青木诸人访求而得者，则心悦诚服，以为当行，前后二十余年，风气之殊如此。”见于式枚：《出使德国考察宪政大臣于式枚奏考察宪政谨议办法宗旨折》，载《政治官报》，第三十七号（1907 年 12 月 1 日）。

② 辛亥革命以清廷和革命军的“议和”为结局。结果是清廷宣布退位，袁世凯为新政权的大总统。这显然是各方妥协的结果。袁世凯可以说是特殊时代的特殊人物，他成功地利用了清末民初的复杂的社会背景，而使自己成为中国由专制社会走向现代社会的关键性人物之一。同时缺乏军事力量和政治组织经验的革命党也要利用袁氏的实力。这也表明了在经历了漫长的封建专制之后，中国走向民主政治的道路的复杂性。对于袁氏和革命党之间的关系有许多专门的分析，荆知仁先生的叙述可窥其大略。袁世凯“虽然集军政大权于一身，玩清廷孤儿寡母于股掌之上。但就当时的情形言，袁氏既没有消灭革命军的信心，革命军也没有击败清军的把握。不过袁氏所处地位比较有利，他既可以制造紧张，又可以静观待变。而革命军方面，除了对倾覆清廷，满怀早观厥成的热望外，既缺乏统一的指挥，又没有必胜的把握。在心理上实认为革命的最大障碍，并非清廷而实为袁氏。……而议和的目的，民军在于使清廷早日退位；清廷则犹为最后之挣扎，希望实行君宪，保持帝位。而袁世凯则以取得政权为得志”。见荆知仁：《中国立宪史》，161 页，台北，联经出版事业公司，1984。

族革命”的使命。1911 年 12 月 2 日，由独立各省的都督府代表会通过了《中华民国临时政府组织大纲》，确立了新成立的国家的政体为共和政体，其政府的组织模式则是模仿西方民主国家的三权分立的组织原则。① 1911 年 12 月 29 日，孙中山当选为中华民国临时大总统。1912 年 2 月 12 日，清帝宣布退位，根据已经达成的协议，13 日孙中山便向参议院辞去临时大总统职，14 日，参议院选举袁世凯为第二任临时大总统。经过种种的制约和反制约，三个多月之后新的国民政府便在北京开始行使职权。

由大清帝国到中华民国显然不是传统意义上的改朝换代，而是从根本上改变了我国传统政治形态的基本精神，要以西方的民主政治原则来取代专制和不平等的封建政治原则。而这种取代最根本的标志就是新宪法的制定。

受法国革命和美国独立运动的影响，多数国家在其革故鼎新之际，往往以制定宪法作为重要标志，中国亦不例外，因此南京临时政府甫经成立，便立即开始依据西方民主政治的原则制定《中华民国临时约法》。

《临时约法》的第一条：“中华民国由中华人民组织之”。第二条：“中华民国之主权属于国民全体”。第五条：“中华民国人民一律平等无种族阶级宗教之区别”。这就以根本法的形式确立了“主权在民”的原则，从而否定了主权在君主，国家乃一姓之私产的封建帝制。第六条第七款规定：“人民有信教的自由”，这就否定了儒家的独尊地位。同时《临时约法》第四条说：“中华民国以参议院临时大总统、国务员、法院行使其统治权”。这样便以三权分立的原则，确定了以参议院为立法机构，以临时大总统、副总统及国务员组成的行政机构和以法院为司法机构的政治组织架构。

与这种政治理念的根本变革相一致，民国初年彻底抛弃了儒家与权力之间的制度性关联，最为明显的是民初国会议员的资格要求已经不再将通过儒家教育获得的身份作为前提性的条件。

尽管近代以来，绅士的社会角色正在发生着日益明显的变化，但是在晚清的权力结构中，儒家的教育背景依然是社会身份的重要基础，这也就是为什么当时的商人或其他成功人士会很在意于购买一种绅士头衔的重要原因。这也就是说，儒学作为一种政治招牌依然在发挥着作用。

---

① 同一天通过的另一项决议是“如袁世凯反正，当公举为临时大总统”。当然这个决议本身就显得十分不民主，但这在当时却是最能为人所接受的方案了。

在现实的权力构成中，儒家的基本成员依然是权力的核心部分。据《宣统三年冬季职官录》统计，中央官员的出身背景是：

表 7—1

旧功名	百分比	新学历及其他	百分比
进士	35.7%	新学堂毕业	4.1%
举人	13.7%	其他	7.5%
贡监生	33.2%		
生员	5.8%		
总计	88.4%	总计	11.6%

资料来源：内阁编：《宣统三年冬季职官录》，转引自王先明：《近代绅士——一个封建阶层的历史命运》，181 页。

民国建立以后，具有传统功名身份的绅士对于现实政治的影响越来越小，这一方面因为许多传统绅士已经顺利地进行了角色转换①，其次是进入统治阶层的初始条件发生了原则性的变化。比如在清末预备立宪阶段相当于议会的“谘议局”中，绅士出身的议员占 90.9%，各省议长 21 名，绅士出身者占 20 名。1910 年清朝设立资政院，各省互选议员 98 人，其中有各类功名的达 93 位。而民国初年的国会议员候选人的资格规定已经有很大的不同。根据张朋园先生对于民初议员和谘议局任职资格的归纳可明显地看出其中的不同之处。

表 7—2

民初议员资格	谘议局议员资格
1. 本省居住二年以上	1. 在本省办理学务或公益事业满三年以上
2. 小学以上毕业程度	2. 中学以上毕业程度
3. 功名身份不是条件	3. 有举贡生以上功名
4. 无品级规定	4. 文官五品、武官七品以上未被参革者
5. 有五百元不动产	5. 有五千元以上不动产

资料来源：张朋园：《清末民初的两次议会选举》，见《中国近代史论集》(19)。

---

① 我们必须注意“角色转换”的意义，因为在清末民初有“官不如绅”的说法，比如“咸同时办团练是一个‘上进’的捷径，而团练是地方性的，只能由在籍的绅士办理。在教育方面，书院虽由地方官控制，但山长却必须由士绅担任。从社会层言，后者所得是实利。到清季实行新政时，更常常是任用绅士多于任用官员。……所以当时不少的官，跑到日本住几个月就转为绅了”（罗志田：《乱世潜流：民族主义与民国政治》，9～10 页，上海，上海古籍出版社，2001）。的确由于清末的社会状况，当时的绅士阶层与传统意义上的绅士阶层已经不是同一群人。

因此，在民国初年的国会参众两院议员中，绅士出身者仅占 34.4%，就是在这些人中许多人也是同时接受了新式的教育，而在已知背景的 489 名议员中，有新式教育背景或留学归国者，占 78%。①

虽然，由于特殊的社会历史条件和思想文化上的原因，《临时约法》的产生过程本身就存有许多“非民主性”的因素②，而且对于现实政治和社会生活的约束力和影响也值得怀疑。③ 但是可以确定的是国民政府的合法性依据已经不再是儒家思想或体现着儒家精神的传统政治资源，即使是袁世凯、曹锟还是别的军阀，在制定或修订宪法时，虽然在表述和次序上略有不同，但大致都没有脱离《临时约法》的基本精神。④ 由此我们可以得出结论，新政权已经不再视儒家的思想资源为天道和真理的化身，并以之作为自己统治的合法性依据。因此自汉代以来，儒家再一次回复为“诸子”之一。虽然 20 世纪中国形形色色的独裁者一直试图利用儒家思想在中国人心中所造成的心理定式，而使之重新作为重要的政治支持

---

① 上述的分析和引用数据参考了王先明：《近代绅士——一个封建阶层的历史命运》，272～275 页。

② 由于特殊的时代背景，《临时约法》本身并不是民意机关的代表制定的，而主要是由地方实力派和革命党的代表制定的，因而说它缺乏广泛的民众基础。而且《临时约法》将《临时组织原则》中的总统制改为内阁制，试图以此来约束袁世凯的活动，本身就具有“因人设法”的随意性。这些都可以看到《临时约法》的局限性和民主探索者本人的时代局限性。有关讨论可参见荆知仁：《中国立宪史》，215～224 页。由于许多政治设计都是从西方来的，离中国的传统太远，所以，在实践中难免有所走形。例如虽然政党林立，但主张却相差不多。而议员则成了人们收买的对象。如蒋梦麟说：“民国初年，国会议员受贿舞弊，弄得声名狼藉，普受鄙视，许多人就骂他们是‘猪仔议员’，因为他们只看谁出价高，就把自己卖给谁。当然绝大多数的议员是正直无私的，但是这些人毫无组织，因此也就无法制止其中的败类。”见蒋梦麟：《西潮 · 新潮》，139 页。

③ 胡汉民的回忆说：“民众以为清室退位，即天下事大定，所谓‘民国共和’则取得从来未有之名义而已。至其实质如何，都非所问。”《胡汉民自传》，见《近代史资料》1981/2，北京，中国社会科学出版社，1981。陈独秀说：“旧人骂约法，是骂它束缚政府太过；新人骂约法，是骂它束缚人民太过。但照事实上看起来，违法的违法，贪赃的贪赃，做皇帝的做皇帝，复辟的复辟，解散国会的解散国会。约法不曾把它们束缚得住，倒是人民底出版自由，都被约法束缚得十分可怜。”见《独秀文存》，第三册，85 页，上海，亚东图书馆，1926。

④ 如 1914 年颁布的《中华民国约法》（当时人称袁氏约法或新约法）第一条：“中华民国由中华人民组织之”。第二条：“中华民国之主权属于国民全体”。第四条：“中华民国人民，无种族、阶级、宗教之区别，法律上均为平等”。即使是曹锟利用贿选组织的政府制定的《中华民国宪法》，如第二条：“中华民国之主权属于国民全体”，第五条：“中华民国人民于法律上无种族阶级宗教之别均为平等”；而且政府的组织形式一直也坚持三权分立的原则。

力量。文化守成主义者也以“同情”加“敬意”的心态来嫁接儒家价值观和民主政治。但儒家始终没有再度成为“正式”的意识形态。

新的政治原则必然需要新的政治实践与之相适应。孙中山在《临时大总统就职宣言》中指出：新政府的职责是“尽扫专制之流毒，确定共和，普利民主，以达革命之宗旨”。因此民国政府开始了一系列的新政纲领，包括新的礼制的制作。

在民国新体制中众多对于制度化儒家的摧毁性的新的制度设计中，与儒家的命运关系最为密切的则是教育改革。教育宗旨中取消“忠君”和“尊孔”，确立了“注重道德教育，以实利教育、军国民教育辅之，更以美德教育完成其道德”的体现了蔡元培教育思想的新的教育宗旨。同时颁布了新的学制，称之为“壬子癸丑学制”。这个新学制与清末新政时期的壬寅癸卯学制相比，又有了重大的改进。主要有：其一，废除了读经课程，因此使学制大大缩短。其二，取消了毕业生奖励出身的制度。小学男女同校，所有中学、师范和实业学校均可设立女校。在一定程度上体现了男女平等的原则。其三，将大学转变为真正的教育和研究机构。显然在现代教育体系中，儒家已经失去了它固有的地位。更为严重的是，辛亥革命之后，由于教育管理体制也发生了相应的变化，各地的儒学教官已经被裁汰，而且，在发展教育的呼声和教育经费短缺的双重压力之下，原先用作维持文庙（孔庙）经费之用的学田，其收入便改为专充小学之用。[①] 与此同时，在一些较为激进的省份还有改造宗教庙宇以充校舍的法令。可以理解，这些措施在当时都引发了激烈的社会风波。

政治制度和经济秩序的全方位的变革，使得儒家的价值理念难以找寻到现实的支点，失去了对于社会的规范力。余英时说：“无论儒家建制在传统社会具有多大的合理性，自辛亥革命以来，这个建制开始全面地解体了。儒家思想被迫从各个层次的建制中撤退，包括国家组织、教育系统以至家族制度等。其中教育系统尤为关键。儒家与有组织的宗教不

---

① 当时的教育部向内务部提出，“由主管官厅将各处学田确实清查，交由地方自治机关管理，按年征收田租，专充地方补助小学经费之用。应责成县知事认真清理，作为县教育之基本财产，每年征租济用，无任不肖之徒侵吞隐没，庶于教育前途裨益匪浅”。1913 年 1 月 19 日，内务部批准了教育的请示。见《政府公报》，第 254 号，1913 年 1 月 20 日。

同，它的思想传播中心不是教会组织而是各级的公私学校，而中国传统的教育直接与科举制度连成一体。1905 年科举的废止是儒家建制解体的一个最早的信号，其事尚在辛亥革命之前。”① 儒家的权威性在于在具体的行为中体现它的规范力，一旦这些制度化的设置被废弃，那么儒家便开始成为无所依靠的“孤魂”。同时，近代以来疯狂地涌入中国的民族主义、国家主义和个人主义、无政府主义都以自己的方式争夺政治制度和社会伦理的价值基础。

制度变革不仅有社会的原因，更有文化和心理的原因。在以西方的现代化模式作为榜样的后发式的现代化国家中，新的适应于现代化发展的制度设计和文化传统、民族心理和具体的生产力发展水平之间的巨大差异，往往会导致巨大的文化冲突和由于种种大不适应所带来的社会危机。

就中国近代来说，民国初年所面临的最主要的矛盾可概括为：新政权和旧传统之间的矛盾；现代化所需要的统一和强力政府与由晚清政治社会变革所造成的地方权力膨胀之间的矛盾。前一种矛盾是价值观上的，旧的价值观已经消失，而新的价值观并没有建立起来。② 其实，在文化转变的过程中，所有的非西方文化区域的国家都会遇到这种文化观念上的分化。正如艾森斯塔德所说：“这些精英的取向可能依循两个不同的方向发展：一为纯粹传统主义的保守方向或原教旨主义的方向，其试图通过寻求能够维护非传统文化取向的新精英群体来对抗大众文化所具有的更为侵蚀性的机械趋向。另一种极端类型的文化取向始终是平民主义的，其特征是强调对文化创造中大众文化形式和水准，几乎加以全部的认同和发展，以及文化的中心与边缘的同一。”③ 如果将康有为等人建立孔教会的努力看成“保守方向或原教旨主义”倾向的话，由《新青年》所代表的便是“文化创造中大众文化形式和水准”，其新文化和白话文运动都是直接针对儒家的精英主义倾向的。由于近代半殖民地的政治格局所进一步加大的城乡二元结构使得这种新旧价值之间的冲突空前的激烈。第

① 余英时：《现代儒学论》，242 页。

② 如鲁迅笔下《阿 Q 正传》中未庄的老百姓就将“自由党”视为“柿油党”。

③ ［以色列］艾森斯塔德：《现代化：抗拒与变迁》，39 页，北京，中国人民大学出版社，1988。

二种则是机制上的。中国近代所追求富强和独立的目标，需要有强有力的政府的推动，但是地方自治的格局，使得中央政府并没有足够的能力统摄全局，其恶果是军阀割据局面的形成。民主的体制需要有新的价值观。

在制度化儒家被解构之后，统治的合法性由权威性和神秘性转向理性化，在这种转化过程中，民众对新的社会控制方式的敬畏和信任减弱了，进而新的政权缺乏其本该具有的权威性。"旧有的权力灵活运用它们的'权威'，以弥补技术手段和管理机构的不足；这些权力由受保护者、效忠义务、'合法性'等制度构成。不过，这些权力通过理性化的手段，即对一定的空间范围进行控制与组织，来寻求使自己更不容易受忠诚变化的影响。这一努力所导致的结果就是，发达社会的权力统治，形成了一套程序更精巧、组织更严密的对一切社会关系进行控制的方法，分别为警察机构、学校、健康服务、安全等行政的、'全景式'的体系。但这些权力系统慢慢丧失了所有可信性。它们的权力在增大，它们的权威在减弱。"① 民国的共和政体就是在这样一种既无文化的基础，又缺乏严密的社会控制手段的方式下混乱地运行着。

主张改良反对革命的康有为看到民国之后的混乱，认为这是因为不顾时势的后果，他认为共和制必然导致中国的混乱甚至分裂，并在 1913 年写下《呜呼噫嘻吾不幸而言中》来表达忧虑。

> 吾国今日，礼教扫地，人心隳坏，暴民满野。所日奔走者，于乱之途；所日登陟者，于乱之峰。所行所望在乱，而望其治也，犹欲之安南而北走蒙古也，必不可得矣。然则吾四万万同胞乎，由今之道，顺今之俗，吾民只有日看兵燹而待死，吾国只有日听鼙鼓以待亡而已。②

在民国建立初期，袁世凯其实有开创事业的雄心，但是他认为国会的存在会限制他的权力，所以解散国会、修订宪法，非国务院，设政事

---

① Michel de Certeau, *The Practice of Everyday Life*, *p*. 149, trans. by Steven F. Rendell, University of California Press, 1984. 转引自［英］鲍曼：《立法者与阐释者：论现代性、后现代性与知识分子》，163 页。

② 《康有为全集》，第十集，148 页。

堂，目的是希望独揽统治大权。然后，承认日本的二十一条和试图复辟帝制，导致他身败名裂。袁世凯死后，更无威权式的人物来控制局面，议会政治依然难以落实，所以，张勋又有复辟之举。如此这般，民国初年的政治和社会陷入空前的混乱之中，宪法的权威无法确立、国会徒具虚文。军阀和军阀之间，革命势力和复辟势力之间不断以局部战争的方式来表达自己的政治理念。即使是孙中山也承认，民国建立之后，在许多方面情况不但没有好转反而更糟了。他在 1919 年的一次演讲中说："现在国内的政治，比较满清的政治，没有两样，依兄弟看，满清政治，犹稍愈于今日，一般人民，在满清政府下，比今日尚觉自由。如现政府滥捕滥杀良民，在满清政治专制时代，还没有发现，如现在武人官僚的贪婪，亦较满清时代为甚。兄弟记得清代某粤督于一年内，搜刮得一百多万，人已诧为奇事；由今日看来，像督军师长等，有一年发财到数百万的，有数年发财到千余万的，方今贪婪的风气，比前清倍蓰了。"①

这种混乱成为众多的军阀和康有为等人主张恢复儒家价值观的主要根据。许多人包括原先坚定的改革者或改革的倡导者，在迅猛的思想观念和社会秩序的变化中，开始讨论共和制是否适合中国的国情。严复说他自己晚年的想法有大多数与康有为相同，"鄙人年将七十，暮年观道，十八九殆与南海相同，以为吾国旧法短短不可厚非"。他所谓的旧法，主要是君主制度。"共和国体即在欧美诸邦，亦成于不得已，必因无地求君，乃行此制，而行之亦乱弱其常，治强其偶，墨西哥、南美诸邦，可以鉴矣。至于中国，地大民众，尤所不宜，现在一线生机，存于复辟，然其事又极危险，使此而败，后来只有内讧瓜分，为必至之结果，大抵历史极重大事，其为此为彼，皆有天意存焉，诚非吾辈所能预论者耳。"②

---

① 孙中山：《改造中国之第一步只有革命》（1919 年 10 月在上海青年会的演说），见《孙中山选集》，上卷，423～424 页，北京，人民出版社，1956。

② 严复：《与熊纯如四十八》，见王栻编：《严复集》，第 3 册，661～662 页。其实，即使是梁启超，后来也对他曾积极宣传的自由思想在中国的实际效果做了一些反省，这客观上也影响到他们的政治立场，如梁启超说："自由之说入，不以之增幸福，而以之破坏秩序；平等之说入，不以之荷义务，而以之蔑制裁；竞争之说入，不以之敌外界，而以之散内团；权利之说入，不以之图公益，而以之文私见；破坏之说入，不以之箴膏肓，而以之灭国粹。"（《新民说》，见李华兴等编：《梁启超选集》，257 页。）对此，严复后来说，之所以应梁启超之约写《自由平议》，目的就是为了破除对于自由的迷信。

二、儒家命运的转折：后合法性时代的儒家制度化重建

吉登斯说过："传统是惯例，它内在地充满了意义，不仅仅是为习惯而习惯的空壳。时间和空间不是随着现代性的发展而来的空洞无物的维度，而是脉络相连地存在于活生生的行动本身之中。惯例性活动的意义既体现在一般意义上对传统的尊重乃至内心对传统的崇敬上，也体现在传统与仪式的紧密联系上。仪式对传统常常是强制性的，但它又是令人深感安慰的，因为它注入的是一整套具有圣典性质的实践。总的说来，就其维系了过去、现在与将来的连续性并连结了信任与惯例性的社会实践而言，传统提供了本体性安全的基本方式。"① 这段话如果用来描述儒家传统对于中国人生活的意义十分贴切。的确，经过一千多年的陶冶，儒家的价值观在许多方面已经转化为中国人的社会习俗和生活方式。由于人们习惯于将儒家的价值观作为无须证明的真理（天理），因此以儒家的观念来判断是非已经成为中国人的集体无意识。这种感觉提供给中国人以稳定和安全的感受。

而在制度决定论心态下建立起来的以《临时约法》为代表的新的制度体系，并不是儒家理念的一种新的发展，而是建立在一种与儒家价值观有相当距离的西方现代政治原则之上。由于中国近代的特殊历史背景，对于这种政治原则的接受是建立在一种急于洗刷民族耻辱的焦虑心态之上的，所以当民国的建立并没有立即带来民族独立和富强的效果的时候，人们期待中的新的稳定和安全感并没有实现，因此，对于这种新制度体系的排拒性便大大加强。

从另一个角度看，辛亥革命的胜利是一种充满着妥协性的胜利，一方面，虽然辛亥革命所摧毁的是整个传统的政治体系，但在大多数中国人的意识里，依然将之视为传统意义上的改朝换代；另一方面，新的政治体制必须承受晚清政治腐败的恶果，以军阀为主体的地方权威阶层在

① ［英］吉登斯：《现代性的后果》，92页。

革命之后依然占据着大多数地区的实际控制权。虽然儒家已经不再是新的政治体系的合法性依据，但是军阀们显然还是更愿意从儒家那里寻找其存在的理由。

在这诸多因素的影响下，或许可以这么说，在儒家传统所形成的惯性作用之下，当新制度体系彻底抛弃儒家的政治和价值观念开始建立其新的合法性依据的时候，试图在新的价值背景下使儒家重新制度化的努力也在积极地开展。

1. 军阀和尊孔：民国初年政治风潮中的儒学

前文我们已经说过，地方军事势力的增长是对于儒家“君权至上”理念的打击。事实上当原先的社会政治体制和价值观体系被破坏之后，社会权力的产生方式也发生了根本性的变化，而急剧膨胀的军事权威成为无序化社会的主导者。毛泽东在《战争和战略问题》中说：“外国的资产阶级政党不需要各自直接管领一部分军队。中国则不同，由于封建的分割，地主或资产阶级的集团或政党，谁有枪谁就有势，谁枪多谁就势大。”① 虽然不能将外国资产阶级政党和中国的地主或资产阶级政党进行简单的类比②，但是“谁有枪谁就有势，谁枪多谁就势大”的确是对近代中国权力生成方式的最为简洁的表述。

任何权力的确立都需要寻找其拥有权力的合法性依据，即使以武力获得政权的军阀们也不会将暴力作为依据。他们会努力按自己是“民意”的代表的模式去包装自己。③ 很显然，作为真正“民意”的体现的直接选举和议会制度并不适合军阀们的“本性”，按袁世凯的说法就是议会制度太麻烦。就在1912年7月18日，临时参议院否决他所提出的国务员的名单时，他就已经很不耐烦了，马上通令各省，认为议会“乃自党见既兴，

① 《毛泽东选集》，2版，第二卷，546页，北京，人民出版社，1991。

② 中国属于典型的后发型的现代化国家，它对于西方政治体制的学习完全是建立在没有社会基础的模仿之上的。因此中国的资产阶级政党并不具备西方资产阶级的“政治觉悟”和运作民主的现实条件。况且，从世界历史的发展看，由专制社会向现代民主社会的转换过程中，一般而言都会经历一个军阀势力独尊的“寡头政治”过程。

③ 传统的儒生一直在“民意”和“天意”之间实行巧妙的互换，因此这种理论具有最为广泛的适用性。它既可以作为旧的统治灭亡的依据，同时也可以作为任何新的统治成立的理由。

意存掣肘，提出否认，至再至三。……一度政府成立，疏通动须数月。求才则几熏丹穴，共事则若抚娇儿，稍相责难，动言引退，别提以图补缺，通过难于登天。……而国会纷争，议案众脞，累日不能决一条，经月不能颁一律”①。这就为后来袁世凯解散国会，解散最大的反对党国民党埋下了伏笔。确切地说袁世凯完全是以传统的政治价值观来理解他的政治权力的，因此任何的反对和不同意见都被视为是对他的政治权威的否定。这从他对“民主”、“自由”、“共和”这三个词的解释中可以得到印证。他在 1913 年 12 月 15 日发表演讲说：

> 今天人人嘴上都谈“平等”一词，而平等只是在法律面前人人平等，并不意指等级之分应予取消，各人皆可否定法律，自立准绳……“自由”是另一华丽的现代词，但它是限制在法律范围之内的，在此范围内人是自由的，不受限制的自由，这个东西是不存在的。那些主张平等、自由，而又不问对不顾法律的放肆是否要给予制裁的人，清清楚楚地知道这个东西是没有的：他们把堂皇的口号当作推动叛乱的号召而加以利用……再者，“共和”也是一个雅致的词，但外国人对这个术语的理解，只是在国内有普遍的发言权，而不是全民都必须干涉政府的行动，这种干涉除了造成混乱之外，还可能造成什么结果呢？至于“民权”这个术语，除了选举总统的最高特权外，它还包括代议权、选举权，它切不可理解为包括处理行政。②

的确，民主、共和、民权这些词汇在进入中国的时候，都经历了观念的旅行，期间含义多变。比如严复就曾经为翻译“自由”一次颇费脑筋，最后确定“群己权界”作为 liberty 的对应词，主要就是要强调民主制度中个人意识和群体利益之间的关系。但是，我们从袁世凯的解释中，所能看到的却都是对于拥有民主、自由这些权利者的“告诫”，而不是自我反省。所以，尽管辛亥革命已经胜利了，但辛亥革命的目标并没有实

---

① 《袁大总统书牍汇编》，卷二，转引自荆知仁：《中国立宪史》，275 页。

② 《总统在政治会议上发表的演说》，英国外交部档案，转引自［美］费正清等编：《剑桥中华民国史》，上卷，271 页。

现。我们或许可以同意这样的说法：辛亥革命是一场目标未明的革命。

在这样的思想背景下，军阀们自然更愿意从传统的政治观念中也就是儒家的政治价值观中寻求意义支持和“民意”的基础。陈志让说：“从袁世凯就任总统到张作霖任大元帅（1912—1927），这十几年中军阀因袭了清末保守派的文化传统。他们表现的第一个特点就是几乎全部尊孔。1913 年袁世凯下令尊孔；1927 年张作霖下令制定礼制，次年祀孔。在这两个年代之间，许多军阀公开扬言要以孔教为国教，在他们统治下各省下令读儒家的经典，特别办学校来发扬儒家传统。在他们的幕府、政府之中雇佣了许多做过传统教育的官僚学者，帮他们对国家大政发表意见，发表通电。通电中振振有辞的都是以儒家道德标准为根据的理论。例如 1917 年张勋拥溥仪复辟，理由是维护儒家的纲纪；段祺瑞打败了张勋挽救了民国，理由也是儒家的纲纪。”①

由此，我们可以看出在新的意识形态话语还没有形成的时候，儒家的意义系统依然在发挥作用。

在这个过程中，尊孔以对传统复归的方式进行着。如重新厘定祭孔的仪式，对孔门后裔进行册封。1913 年 6 月 22 日袁世凯发布“尊崇孔圣令”。

> 近自国体改革，缔造共和，或谓孔子言制大一统，而辨等威，疑其说与今之平等自由不合。浅妄者流，至悍然倡为废祀之说，此不独无以识孔学之精微，即于平等自由之真相亦未有当也。……天生孔子为万世师表，既结皇煌帝谛之终，亦开选贤与能之始，所谓反之人心既安，放之四海而准者。……值此被邪充塞，法荡然，以不服从为平等，以无忌惮为自由，民德如斯，国何以立。……根据古义，将祀孔典礼，折衷至当，详细规定，以表尊崇，而垂久远。②

虽然罗永绍等议员以“违反约法信仰自由”对这项命令提出质疑，但是 1914 年 2 月 7 日袁世凯和民国政府依然发布“规复祭孔令”，规定

① 陈志让：《军绅政权》，140～141 页。

② 《大总统发布尊崇孔圣令》，见《中华民国史档案资料汇编》，第 3 辑，1～2 页。

"因袭历代之旧典，议以夏时春秋两丁为祭孔之日，仍从大祭，其礼节服制祭品，当与祭天一律。京师文庙应由大总统主祭，各地方文庙应由长官主祭。……其他开学首日，孔子生日，仍听各从习惯，自由致祭"①。同年 2 月 20 日又发布了"崇圣典例令"，其中第一条规定："衍圣公膺前代荣典，均仍其旧。其公爵按旧制有宗子世袭，报经地方行政长官由内务部核请承袭。"第四条规定："圣贤后裔，旧有五经博士等世职，兹均改为奉祀官，世袭主祀。"并每年可从国家获得固定的祭祀费用和设立专门的"圣庙执事官"②。

儒家重新制度化的努力最为突出的方式是康有为、陈焕章等人试图在宪法中将孔教定为国教，这是一种在现代宪法的框架下将儒家制度化的方式。与传统的将儒家独尊方式不同之处在于，它必须解决现代宪法中的信仰自由原则和将儒家定于一尊之间的矛盾。提倡者和反对者之间的争议主要也集中于此。

受全社会尊孔思潮的影响，将孔教定为国教最初是在起草宪法草案（即 1913 年的《天坛宪草》）时候，由以梁启超为首的进步党议员所提出的，理由是规定国教并不与信教自由的原则相违背。"信教自由之规定，列国皆所从同，我国之尊孔教，久成事实，许信教之自由，亦久成事实。……然比年以来，国人多误解信教自由之义，反成为毁教自由，孔教屡蒙污蔑，国人固有之信仰中坚，日以动摇削弱，其影响及于国本者非鲜，故以为既将许信教自由之事实，列入宪法，同时也亦宜将崇仰孔教之事实，一并列入。"③ 而以国民党为代表的许多议员反对这一提案。如何雯等认为孔教不应定为国教，理由是："（一）中国非宗教国；（二）孔子非宗教家；（三）信教自由宪法之通例，如定孔教为国教，与宪法抵触；（四）五族共和，孔教之外仍有喇嘛教、回教等种种，如定孔教为国教，易启蒙藏二心。"④ 最后形成的妥协方案是在宪法草案中加上"国民教育以孔子之道为修身大本"。这一条文的出台，则是对蔡元培所制定的

① 《大总统发布规复祭孔令》，见《中华民国史档案资料汇编》，第 3 辑，6 页。

② 《大总统发布崇圣典例令》，见《中华民国史档案资料汇编》，第 3 辑，8～9 页。

③ 《宪法新闻》，第 18 册，1913 年 9 月 8 日。

④ 《宪法规定国教问题之舌战》，载《申报》，1913 年 10 月 3 日。

教育方针中废除尊孔读经原则的修正。在这个原则的影响下，各地尊孔读经之风复燃，并被认为是解决日趋活跃的学生运动的手段。在许多呼吁恢复读经的请示之中汤化龙的《上大总统言教育书》(1914 年) 最具代表性。他说："化龙洞观世变，默察民情，知非明定教育指针，昌明道德，不足以正人心而固国本。深维孔子之道，最切于伦常日用，为举国所敬仰，其言行多散见于群经。历代本其训诂、词章、性理、制艺之说以诠孔学，名为尊孔，而实则乖。兹拟宣明宗旨于中、小学校修身或就国文课程中采取经训，一以孔子之言为旨归；其有不足者，兼采与孔子同源之说为辅。一面厘定教育要目，自初等小学以迄中学，其间教材之分配，条目之编列，均按儿童程度，循序引伸。揆之教育原理，既获以善诱之法，树厥初基，按之全国人心，亦克衷至圣之言，范其趋步，崇经学孔，两利俱存。庶几救经学设科之偏，复不蹈以孔为教之隘。"① 同年六月，教育部便发布指令，要求京内外各学校中小学修身及国文教科书采取经训务以孔子之言为旨归文。1914 年 12 月，教育部提出要对民国初年的教育体制进行改革，核心也就是恢复读经。"中小学校修身国文教科书，采取经训，以保存固有之道德；大学添设经学院，以发挥先哲之学说。"② 而 1915 年，袁世凯政府又出台了《特定教育纲要》，提出了"爱国、尚武、崇实、法孔孟、重自治、戒贪争、戒躁进"的办学宗旨，这样学校尊孔读经又得到了制度上的保证。

但这一措施很快随着袁世凯的死去而被取消，1916 年，当时的教育总长范源濂表示，要确实执行民国元年的教育方针，同时撤销了袁氏政府颁布的《教育纲要》和《特定教育纲要》，再度废除小学读经。

在宪法制定方面，袁世凯死后，旧的国会又恢复了，宪法的修订继续进行，而《天坛宪草》中关于"国民教育以孔子之道为修身大本"这一条的存废问题再度引发争议。张鲁泉等人建议从宪法中删除这一条，理由是孔子的思想主要是作为君主专制的思想资源，与民国的国体不符

① 《教育汤济武总长崇经尊孔上大总统呈及批》，见柯璜辑：《孔教十年大事》，革册，76～77 页。

② 舒新城：《中国近代教育史资料》上册，232 页。

合；与信教自由的宗旨不符合；国民教育是强迫教育，如果将孔子之道列入宪法，那么别的宗教信徒的信仰就会被视为非法。而汤松年等人主张维持原草案中的规定，他们认为不能将孔子之道视为宗教，因而与信教自由无关；全国人民依然信仰孔子，而孔子之道是培养社会道德的基础，并以外国教堂中读四书五经等作为证明。

对于是否定孔教为国教的问题也继续展开争论，双方的理由基本上与前述相同，经过投票双方的提案均没有达到三分之二多数，最后双方作出让步，达成如下妥协：删除草案中“国民教育以孔子之道为修身大本”的规定，但在原十一条“宗教信仰自由”条款改为“中华民国人民有尊崇孔子及信仰宗教之自由，非依法律不受限制”①。

1913 年和 1916 年两次关于是否在宪法中规定以孔教为国教的争论，并非是一股空穴来风，这说明制度性的儒家虽然已经不复存在，但儒家价值观在中国人的思维深处依然发挥着十分明显的作用。正因为存在着这种社会心理基础，所以军阀们有意地利用这种心理作为自己合法性的基础。作为民国首任总统的袁世凯在他的总统就职宣言中，便将传统的纲常礼教归纳为“忠”、“信”、“笃”、“敬”，并根据严复的提议，在 1914 年 11 月 3 日颁布的《箴规世道人心》的告令中宣布“忠孝节义中华民国的立国之精神”。在利用社会舆论对“君主立宪”和“共和”制进行对比之后，鼓励筹安会对于“国体”问题的所谓“自由”进行研究。② 最终袁世凯还是走向了对帝制的复辟。

在袁世凯可耻地结束了 83 天的复辟的实验之后，对于帝制的怀念并没有结束，1917 年 6 月 8 日，张勋带着辫子军进京，胁迫黎元洪③解散了国会，在康有为参与下，7 月 1 日，张勋正式拥戴溥仪复辟。不过这次所

---

① 有关民国初年修订宪法期间关于“定孔教为国教”争论的具体描述，可参见殷啸虎：《近代中国宪政史》，188～194 页“孔教与宪法”一节。

② 当时袁世凯的美籍顾问古德诺提出“中国如用君主制，较共和制为宜”，随即严复等人组织筹安会，以讨论君主制和共和制何者适用于中国的问题。而当各地要求取缔筹安会的时候，袁的回答极具政治智慧。“筹安会乃积学之士所组织，所研究君主制与民主制之优劣，不涉政治，苟不扰乱国家治安，则政府未便干涉。”见荆知仁：《中国立宪史》，294～295 页。

③ 吴佩孚也坚定地认为民国以来的社会危机源于对于礼教的否定。他认为每个人应坚持自己的“本分”，孙中山“祖述太西”。参见陈志让：《军绅政权》，144 页。

坚持的时间只有 12 天。无论是袁世凯、张勋等人利用儒家来为自己复辟帝制服务，还是儒家的惯性使得袁世凯、张勋等人依然醉心于无所制约的帝王的权威，有一点是确定的，即他们的复辟过程进一步强化了激进知识阶层对于儒家的攻击，同时也自觉不自觉地将自己置身于社会进步的对立面。① 复辟之不得人心、孔教立为国教的失败，意味着尽管儒家依然存有很大的影响力，但在当时的社会情形下，将儒家重新制度化已经十分困难了。

鲁迅说过："孔子这人，其实是自从死了以后，也总是当着'敲门砖'的差使的。一看最近的例子，就更加明白。自 20 世纪的开始以来，孔夫子的运气是很坏的，但到袁世凯时代，却又被重新记得，不但恢复了祭典，还做了古怪的祭服，使奉祀的人们穿起来。跟着这事而出现的便是帝制。然而那一道门终于没有敲开，袁氏在门外死掉了。余剩的是北洋军阀，当觉得渐近末路时，也用它来敲过另外的幸福之门。盘踞着江苏和浙江，在路上随便砍杀百姓的孙传芳将军，一面复兴了投壶之礼；钻进山东，连自己也数不清金钱和兵丁和姨太太的数目的张宗昌将军，则重刻了《十三经》，而且把圣道看作可以由肉体关系来传染的花柳病一样的东西，拿一个孔子后裔的谁来做了自己的女婿。然而幸福之门，却仍然对谁也没有开。这三个人，都把孔夫子当作砖头用，但是时代不同了，所以都明明白白的失败了。"② 很显然，孔子难以再度成为国民意识的核心了。

2. 康有为、陈焕章和孔教会：儒家重建制度化的路径探索

1912 年 3 月，《临时约法》颁布，此后，蔡元培宣布了在公共教育体系中废除读经的决定，儒家体制便宣告最终解体。但是，许多人从民国初年政治的乱象中，体察到脱离中国的伦理习惯和道德风俗的制度移植，并不能真正改变中国的面貌，因此，激进者寻求更为彻底的观念革命，

---

① 杜维明说："对儒学公共形象的最严重损害，并非来自自由主义者、无政府主义者、社会主义者或其他西化论者所组织的正面攻击，而是来自极右翼，尤其是利用儒家伦理巩固统治的军阀以及同流合污的传统主义者。"见杜维明：《道·学·政》，158 页。

② 《鲁迅全集》，第 6 卷，252～253 页。

而守成者则寻求新制度和旧价值之间的新的综合。在这个过程中，康有为试图将儒家知识化、宗教化分途的实验是最值得关注的。

梁启超曾做过这样的一个判断，他认为康有为将作为宗教家而被人记住。康并非不知道在中国的宗教谱系中，佛教和道教甚至许多民间宗教，才是中国宗教文化的主体。但是，康充分了解，在儒家与政治权力分离之后，其价值合法性地位将遭遇空前的挑战，所以他要通过改造儒家，也就是建立制度性宗教的方式来为儒家在未来中国的社会中"设计"一种新的存在方式，因此，梁启超说康有为力图成为儒教的"马丁·路德"。但是，不同的是马丁·路德获得了巨大的成功，而康有为则是彻底失败了。

在康有为思想的早期，他所谈到"教"的时候，主要是从"教化"的意义上来使用的。他认为，儒家思想正是通过教化的作用，来建立社会秩序（"人道"）的。在写于1885年的《教学通义》中，他说："礼教伦理立，事物制作备，二者人道所由立也。礼教伦理，德行也；事物制作，道艺也。后圣所谓教，教此也；所谓学，学此也。"他又将"教"分为"崇行之教"和"德艺之教"。"舜命契为司徒，敬敷五教，使民父子有亲，君臣有义，夫妇有别，长幼有序，朋友有信，是为崇行之教。孟子曰：学者三代共之，皆所以明人伦也。又曰：谨庠序之教，申以孝弟之义。由此出也。命夔典乐，教胄子直而温，宽而栗，刚而无虐，简而无傲，诗言志，歌咏言，八音克谐，无相夺伦，神人以和。所谓乐德乐语，是为德艺之教。"①

而随着他对西方的信仰体系和现代科学的发展了解的增多，他对于"教"的理解，也有一个逐渐扩展和具体化的过程。如果说前面所说的教化是以儒家经典为依据的话，那么，这个时期则试图容纳西方的知识内容，如"五洲众人所发明之精理"。如在1888年撰写的《实理公法全书》中，关于"教"他解释说："教之实理有二：一则即其人之智与才力而增长之，且使其能增长爱性及保守信性也；一则以五洲众人所发明之精理及有益之制度与其人，使其人享受利益而有以化其恶性，去其习染而得

① 康有为：《教学通义》，见《康有为全集》，第一集，20页。

之诈术，然后智与才力不致误用也。”① 但是在公法中，康有为强调的是教权和治权的“各不相涉”。这里的教权和西方文化中的教会权力并不是一回事。

综合其他的文本，我们可以看到这样的轨迹，最初，康有为是从教化即改恶从善来理解西方宗教特性的，这可以看作是“以中解西”，而1890年之后，他更多地倾向于从西方的宗教范型来规范儒教，这可以看作是“以西解中”，在他的反对者那里就是“用夷变夏”。

康有为对于基督教和佛教等宗教的“传教”行动很感兴趣，他相信，儒家在失去科举这样的依托之后，传教成为必需，1891年他在与朱一新的系列讨论中，他就提到传教的想法。

他认为，孔子大道是否能被人所接受，主要在于两点：一是发挥光大，一是宣扬布护。

康说，为什么佛教能传入中国，而孔子之教不入印度，不是因为孔子之教不及佛教，关键是传教与不传教的差别，而当今世界除亚洲还有孔子与佛、回之外，世界各国基本上都崇信基督教，主要是因为欧洲“器艺早精，舟车能驰于域外”，这样的物质条件导致基督教得到了广泛的传播。②

甲午战争后，康有为开始系统提出他的变革设想，并通过替别人写奏折和委托别人递奏折的方式，向光绪皇帝陈述他的改变中国落后现状、增强国际竞争力的主张，而如何维护儒家思想的地位是所有设计中的关键点。

1895年5月2日所上之《上清帝第二书》和同年5月29日所作之《上清帝第三书》中，都明确地提出设立“道学科”的问题。这个道学科的主要功能，就是通过宣讲孔子“教义”改变风俗人心日渐衰败的状况，并提出了赴海外传布孔教的设想。③

儒家的传统讲究“只闻来学，不闻往教”，即让那些仰慕儒家思想的

① 康有为：《实理公法全书》，见《康有为全集》，第一集，156页。

② 参见康有为：《与朱一新论学书牍》，见《康有为全集》，第一集，325页。

③ 参见康有为：《上清帝第二书》，见《康有为全集》，第二集，43页。

人主动来学，而康有为发挥的则是“人能弘道，而非道弘人”，主张要主动、积极宣讲儒教，其根本的忧虑还在于唯恐在基督教的传教活动面前，儒家失去其基本阵地。

戊戌变法前夕，康有为的设想越来越具体。在（光绪二十四年五月，公元 1898 年）《请商定教案法律，厘正科举文体，听天下乡邑增设文庙，并呈〈孔子改制考〉，以尊圣师保大教绝祸萌折》中，康有为的思路有两条：其一，康有为是想通过建立孔教会来处理与教案有关的令朝廷感到相当棘手的问题，并把衍圣公改造成类似于基督教系统中的主教。他说：“教会之名，略如外国教部之例，其于礼部则如军机处之与内阁，总署之如理藩院，虽稍听民举，仍总于衍圣公，则亦如官书局之领，以大臣亦何嫌何疑焉？虽然，外侮之来，亦有所自。”① 康有为以及以后很长的一段时间，中国的一些知识精英经常错把西方列强的一些侵略借口当作真实的想法，而事实上教案问题的关键，并不在于传教本身，而是作为西方入侵者获取中国利益的一个手段，断非建立一个宗教事务部就可以解决的。

其二，康有为认定国家衰败的原因是科举，“而弱国之故，民愚俗坏，亦由圣教坠于选举，四书亡于八股为之。故国亡于无教，教亡于八股，故八股之文，实为亡国、亡教之大者也”②。在康有为看来，要恢复儒家的传统，关键是要回到儒家的原典，康有为所谓的原典指的是《春秋》，在他看来，《春秋》以外的经书都是孔子加工的，《论语》是其学生整理的，只有《春秋》可作为代表孔子为万世作法，成为教主的真正文本。

> 臣考孔子制作六经，集前圣大成，为中国教主，为神明圣王，凡中国制度义理皆出焉。故孟子称《春秋》为天子之事。董仲舒为汉代纯儒，称孔子为改制新王，周汉之世，传说无异，故后世祀孔子皆用天子礼乐。唐宋以前，上尊号为文宣王。臣谨从孟子、董仲舒之义，纂周汉人之说，成《孔子改制考》一书，谨写进呈，敬备

---

① 《康有为全集》，第四集，93 页。

② 同上书，94 页。

乙览。伏惟皇上典学传心，上接孔子之传，以明孔子之道。伏惟皇上举行临雍之礼，令礼官议尊崇之典，特下明诏，令天下淫词皆改为孔庙，令士庶男女咸许膜拜祭祀，令孔教会中选生员为各乡县孔子庙祀生，专司讲学，日夜宣演孔子忠爱仁恕之道。其有讲学之士，行高道者，赏给清秩。而下手之始，抽薪之法，莫先于厘正科举及岁科试。四书文体，以发明大道为主，必须贯串后世，及大地万国掌故，以印证之。……停八股一事，必皇上明降谕旨，乃足以风厉天下。此制一变，则士民靡然向风，人才辈出。①

这里，康有为的改革蓝图越来越明晰，即将宗教事务和知识传播分开。他认为要适应国家富强和万国竞争的大形势，一是建立信仰，二是改变教育体制。然而，这两者在康有为这里是统一的。建立信仰是出于建立国家认同、增强国民凝聚力的考虑。而改革教育制度，目的是培育人才，增强国民的素质。最终的目的是保国、保种与保教。

康有为对于儒家进行重新制度化的努力，招致了各方面的批评，首先是来自儒家内部，比如古文经学系统，肯定不能接受康有为今文的“改制”、“教主”的说法。而康有为在另外一部重要的著作《新学伪经考》中，将大量的古文经学经典判为伪经的做法，也导致了人们的恐慌。

在戊戌前一段时间，湖南的谭嗣同和唐才常等人在陈宝箴、江标等人的支持下，创办《湘报》和《湘学报》等，大力推行变法，而梁启超主持的时务学堂则在孔教改制的基础上，宣讲民权、平等和公法，这引起了以叶德辉为代表的一批人的反对，这些言论集中在苏舆编辑的《翼教丛编》中，他们以护卫正统儒家的姿态，对于康、梁等人的思想特别是孔教思想作了激烈的攻击，尤其反对康、梁以平等的观念来摧毁上下等级，用孔子纪年来否定本朝的正统，以及以西方宗教的范型来改造儒家传统等方面。叶德辉说：“康有为隐以改复原教之路德自命，欲删定六经，而先作《伪经考》，欲搅乱朝政，而又作《改制考》。其貌则孔也，其心则夷也。……康有为之公车上书，诋西人以耶稣纪年为无正统，而

---

① 《康有为全集》，第四集，94页。

其徒众又欲废大清统号，以孔子纪年。无论其言行之不相顾也，即言与言亦不相顾。”①

对于康有为等人的孔教设想，叶德辉在给皮锡瑞的信中指出这只是“藉保护圣教为名，以合外教者，巧言也”②。根本用不着为孔教的前景表示忧虑，他坚信即使基督教等传入中国，其命运也不过就是佛、老在中国的命运。原因在于儒家之基于人情，而宗教只能起辅助作用。他说：“中国服圣人之泽久矣，虽不识字之农夫牧竖、妇人幼子，无不有‘孔子’二字横于胸臆间。盖圣人之教先之以人伦，而以神道辅其不及。耶稣之教先慑之以鬼神，而又专主一祀，抑伦理于后。其间次第、浅深，地球开通之时自有定论。……礼者，圣人之教，人心之所同也，孔教何患不行于西国哉?”③ 叶德辉重申了儒教与基督教的不同，即人道与神道的不同向度差别。因此，认为无须采用基督教的形式。叶德辉认为康有为的书，判定六经是伪书，这样反而是使中国人的精神无所依托，异教乘虚而入，反而成为儒家的祸害。

朝廷官员也看到了孔教的危害，孙协揆的说帖中指出康有为抑君权扬教权所能带来的问题，用现代人的语言来说就是：“在尊孔子为教主的同时，悄悄地抹去了孔子作为圣王的地位，从而为政教分离和以皇权为中心推进制度改革提供了理论空间。……对于康有为而言，这是皇权与孔教、国家与大同之间的辩证法，也是在列国竞争之世以君主立宪为中心实行变法的理论基础。君主或皇权只是一个过渡、一个方式，孔教及其制度才是最为根本的普遍法则。”④

康有为建立孔教的设想，即使在康、梁阵营也存在分歧，这也是民国建立之后，康有为将孔教事业托付给陈焕章的原因。值得注意的是梁启超反对孔教为国教的想法，可能给后来的反孔教者提供了很多的启发。到19世纪末20世纪初，可能是受到了严复和黄遵宪等人的影响，梁启超开始怀疑建立孔教与政治改良之间的一致性，也怀疑将儒家教会化对社

① 叶德辉：《叶吏部与刘先端黄郁文两生书》，见《翼教丛编》，165页。

②③ 叶德辉：《叶吏部与南学会皮鹿门孝廉书》，见《翼教丛编》，168页。

④ 汪晖：《帝国的自我转化与儒学的普遍主义——论康有为》，见赵汀阳：《论证》(3)，267页，桂林，广西师范大学出版社，2003。

会道德建设所能产生的影响。

从 1902 年之后，梁启超在孔教问题上完全和康有为分道扬镳，“启超自三十（1902 年）以后，已绝口不谈伪经，亦不甚谈改制。而其师康有为大倡设孔教会定国教祀天配孔诸义，国中附和不乏。启超不谓然，屡起而驳之”①。

从 1902 年他还写了著名的长文《保教非所以尊孔论》，首先强调该文的观点与自己以前的观点相反，所以要进行自我批判，对自己的立场做了系统的分析。“至倡保教之议者，其所蔽有数端：一曰不知孔子之真相，二曰不知宗教之界说，三曰不知今后宗教势力之迁移，四曰不知列国政治与宗教之关系。今试一一条论之。”

他认为孔子是哲学家、教育家、政治家，而不是宗教家，所以保孔教则成其无目标的运动。孔子的思想，与西方教主不同，所以孔子不能称之为宗教家。中国的历史人物中，创立道教的张道陵等人才可以与宗教家视之。

“持保教论者，辄欲设教会，立教堂，定礼拜之仪式，著信仰之规条，事事摹仿佛、耶，惟恐不肖。此靡论其不能成也，即使能之，而诬孔子不已甚耶！孔子未尝如耶稣之自号化身帝子，孔子未尝如佛之自称统属天龙，孔子未尝使人于吾言之外皆不可信，于吾教之外皆不可从。孔子，人也，先圣也，先师也，非天也，非鬼也，非神也。强孔子以学佛、耶，以是云保，则所保者必非孔教矣。无他，误解宗教之界说，而艳羡人以忘我本来也。”②

梁启超运用当时流行的进化论观点认为宗教是一种趋于衰落的文化，因此效仿西方宗教模式来建立孔教，是一种东施效颦的行为。况且，宗教之传入，均会像佛教和其他宗教一样，被容纳进中国文化中。而近代教案的产生，完全是基于侵略，不是建立孔教会所能解决的。

1905 年，科举制度被最终废除，这样儒家失去了其最主要的制度支

① 丁文江、赵丰田：《梁启超年谱长编》，279 页。

② 梁启超：《保教非所以尊孔论》，见干春松等编：《儒家哲学》，307 页，上海，上海世纪出版集团、上海人民出版社，2009。

持，而辛亥革命的爆发和随之成立的中华民国，中国建立起亚洲第一个共和国。在这个新的制度体系里面，儒家全面失去了它在政治合法性、价值根源的地位，那些曾经被视为对于皇权威胁的平等、自由观念成为新的政治原则。

在新式的学堂里，清末新政时期颇为纠葛的西学和中学问题，也因为废除读经而尘埃落定。曾经作为中国价值观基础的儒家经典被分别纳入到现代的学科体系中，成为众多“知识”之一，而不再是统领知识的“道统”的载体。

在戊戌变法失败后长期流亡而回国的康有为并不认为这是一种好的现象，他从民国成立之后的政治混乱中，认定政治的危机来自于价值危机，而解决这些价值危机的办法就是将孔教定为国教。

民国初年，康有为在给陈焕章的信（1912 年 7 月 30 日）中说：“今为政党极难，数党相忌……昔弟在美，以行孔教为任，研讲深明。今若以传教自任，因议废孔之事，激导人心，应者必易，又不为政党所忌，推行尤易。”从这封信中，我们可以了解孔教会并非单纯是为了建立宗教，而是要以通过教会式的力量来发挥它对于现实政治的影响力。康有为觉得，在民国初年的政治形势下，建立政党不如立孔教会更为有效。

让康有为得出孔教会更容易推行的原因，除了比政党相对安全之外，主要是要利用那些被新的社会所边缘化的传统士绅群体。“趁方今旧学士夫诸生遍于全国，及今令人人入会，计必景从。”康有为考虑到再鼓吹君臣之义，不能适应新的政治局面，因此，孔教会的宣传内容要有所改变：“吾注有《礼运》、《中庸》、《四书》、《春秋》及《礼记》选，可以宣讲，发明升平、太平、大同之义，令人不以君臣道息而疑孔教之不可行。”①康有为有其理想主义的一面，他认为先在各省会推行，不出半年，各郡县就会遍及孔教会了。

1912 年 9 月和 10 月，康有为写了两篇《孔教会序》，开始建构他的孔教理论。

在《孔教会序》中，康有为主要还是从教化的角度来看待孔教的建

① 康有为：《与陈焕章书》，见《康有为全集》，第九集，337 页。

立的。他说现在中国社会普遍羡慕欧美，但不知道欧美的发展是政治、物质和教化的并立，而政治与教化，则是互相依赖的。

康有为对孔教的意义和内容的陈述从下列几方面展开：

首先，宗教和国家认同的关系，比如犹太人，国灭而教未亡，所以可以复兴，而墨西哥，因文化沦亡，所以，只认为自己是西班牙人的后代。所以教育部废弃孔教的做法，则是要让中国失去国家认同的基础。

其次，世界上的一切宗教之所以扩展，在于传教活动，因此，孔教也要实行传教活动。

再次，孔教和共和政体的关系。针对一部分人认为孔教与主张平等共和政体的矛盾，康有为一方面认为君臣关系，其实是一种上下级的关系，更为关键的是孔教有天下为公、选贤与能的思想，则是与当今政治理念一致，甚至要更为先进。

最后，还对 religion 与"教"的关系做了辨析，他说有人因为孔子不谈论神而否认孔子是教主，则主要是日本人不了解儒教而造成的。①

从这篇孔教的论纲中，我们可以看到康有为对于"教"的认识，保持着他一贯的"犹豫"，既想让儒教维护其价值高地，又想弥合儒教与共和政治和现代科学的"断裂"。康有为认为政治的清明，需要改良政党政治，而改良的办法包括输入新的知识和崇尚道德。对于崇尚道德，康认为："欲重道德之俗，起敬畏之心，舍教何依焉？逸居无教则近禽兽，今是野蛮之国，犹有教以训其俗，岂可以五千年文明之中国，经无量数圣哲之化导，而等于无教乎？今以中国之贫弱，及前清之失道，人民慕欧思美，发愤革而易其政可也，然岂可并数千年之教化而尽弃之？"康有为觉得当时的中国人，一方面没有法制观念，类似于无政府状态；另一方面，又缺乏道德意识，类似于无教养之人。西方的社会秩序并不是仅仅依靠法律，而是有道德作为依托。"盖所以大畏民志者，在其宗教，有以治于冥冥之中也。夫岂无弊，然上哲学者少，而中人警祸福者多，上帝临汝，无贰尔中，作善降祥，不善降殃，有以深入民心者，此其为风俗

① 参见康有为：《孔教会序》，见《康有为全集》，第九集，345～346 页。

之本，人心之原也。”①

在新的政治形态下，康有为试图谋求在新的法律体制内为儒家寻求制度性保护，希望通过立法途径将孔教定为国教。

1913年在国会讨论制订宪法的时候，陈焕章、梁启超、严复等人便向参议院和众议院提交了《孔教会请愿书》，指出：“周、秦之际，儒学大行，至汉武罢黜百家，孔教遂成一统。自时厥后，庙祀遍于全国，教职定为专司，经传立于学官，敬礼隆于群校。凡国家有大事则昭告于孔子，有大疑则折衷于孔子。一切典章制度、政治法律，皆以孔子之经义为根据。一切义理学术、礼俗习惯，皆以孔子之教化为依归。此孔子为国教教主之由来也。”② 他们以现代民主政治的“民意”的方式来为孔教的法律地位作证明：“今日国体共和，以民为主，更不容违反民意，而为专制帝王之所不敢为。且共和国以道德为精神，而中国之道德，源本孔教，尤不容有拔本塞源之事。故中国当仍奉孔教为国教，有必然者。或疑明定国教，与约法所谓信教自由，似有抵触，而不知非也。吾国自古奉孔教为国教，亦自古许人信教自由，二者皆不成文之宪法，行之数千年，何尝互相抵触乎？今日著于宪法，不过以久成之事实，见诸条文耳。信教自由者，消极政策也，特立国教者，积极政策也。二者并行不悖，相资为用。……适当新定宪法之时，则不得不明著条文，定孔教为国教，然后世道人心方有所维系，政治法律方有可施行。”于是要求“于宪法上明定孔教为国教”③。孔教会的请愿文发出之后，获得了全国范围的回响。黎元洪和浙、鲁、鄂、豫等10余省的都督或民政长官都先后通电表示支持，声势浩大。当时的教育总长汤化龙对此的设计显然更为详细。他说：“比年以来，我国教育界所最滋物议者，靡不曰道德堕落，少年徒逞意气，无以为之准绳。忧时之士，思而不得其故，爰倡二说以图补救：（一）中小学校课读全经。俾圣贤之微言大义浸渍渐深，少成若性。此厚

① 康有为：《中华救国论》，见《康有为全集》，第九集，325页。

② 中国社会科学院近代史研究所：《孔教会资料》，33页，北京，中华书局，1974。前文所述，梁启超和严复反对将建立孔教作为保教的措施，但是，梁启超立场多变，严复的立场则与康有为日趋接近，因此，他们参与了请愿的行为。

③ 同上书，33～34页。

根柢之说也。（二）以孔子为国教，一切均以宗教仪式行之，俾国民居于教徒之列，守孔子之言行如守教诫，此崇信仰之说也。”① 这段话可以被看作蔡元培所作出的将孔子思想完全排斥出国民教育体系中的一种批评。②

在社会上积极响应孔教会的请愿书的同时，反对的声音也很多，不仅有政界和知识界的，也有宗教界的，其中马相伯对孔教会的“交会费”和试图通过主持结婚仪式收取费用的办法称之为将孔夫子当成“财神爷”。而议员何雯等认为孔教不应定为国教，理由是：“（一）中国非宗教国；（二）孔子非宗教家；（三）信教自由宪法之通例，如定孔教为国教，与宪法抵触；（四）五族共和，孔教之外仍有喇嘛教、回教等种种，如定孔教为国教，易启蒙藏二心。”③

这种争议很快就呈现在具体的宪法操作之中。民国二年（公元 1913 年）九月二十三日，赵炳麟议员提议立孔教为国教，表决之后列入议题。二十七日继续讨论，陈铭鉴、汪荣宝等人表示赞成，而何雯和伍朝枢等人表示反对。

就在双方争执不下的时候，有人提出了“以孔子之道为风化之大本”的提案。

1913 年十月十三日，议案付诸表决，出席者有四十人，首先表决“宪法中应规定孔教为国教”，赞成者八人。其次表决“中华民国以孔教为人伦风化之大本”，赞成者十五人。第三次表决“中华民国以孔教为人伦风化之大本，但其他宗教不害公安，人民得自由信仰”，赞成者十一人。因议案需三分之二以上的人赞成才能成立，因此这三个议案全部被取消。

十月二十八日，宪法草案即《天坛宪草》二读已过，汪荣宝又提出

---

① 汤化龙：《教育汤济武总长崇经尊孔上大总统呈及批》，见柯璜辑：《孔教十年大事》，革册，76 页。

② 1911 年蔡元培任教育总长发表了《对于教育方针之意见》就明显是针对 1906 年的教育宗旨而发的。他说：“忠君与共和政体不合，尊孔与信教自由相违。”1912 年 7 月召开的临时教育会议通过了新的教育宗旨是：“注重道德教育，以实利教育、军国民教育辅之，更以美感教育完成其道德”。

③ 《宪法规定国教问题之舌战》，载《申报》，1913 年 10 月 3 日。

在十九条后加上“国民教育以孔子之道为伦理之大本”，引起争议，后改为“国民教育以孔子之道为修身大本”，三十一人表示赞成，获得通过。①这个结果与康有为、陈焕章的期待还是有很大距离的。

由于袁世凯的复辟而导致的政治混乱，新的共和国的议会被解散，宪法的制定也暂停。袁世凯死后，旧的国会又恢复了，1916 年宪法的修订继续进行，这时陈焕章再度提交了一份《孔教会上参众两院请定国教书》，理由基本上与前一请愿书一致，不过这一请愿书认为那些反对立孔教为国教的议员们还不如“袁（世凯）氏之真能代表民意于万一”，并将那些建议取消祭天祭孔的议员称为“败类之议员”。“夫以中国最可宝贵之孔教，为全球所仰望，而吾国所恃以自豪世界者，而竟不甚爱惜，不定为国教，则其所爱者，果安在哉？想亦不外其个人之生命财产耳，其有丝毫国家之观念存乎？若是者诚可谓无教之禽兽矣。”② 陈焕章特别强调孔教的存亡与国家存亡的关系，将孔教视为保存“国性”的重要指针。“焕章等敢大声以告国人曰：中国若果不亡，则孔教必为国教；孔教若不为国教，则中国必亡。……故吾民之请定国教也，非独尽忠于孔教也，其尽忠于中国尤挚。盖孔教虽不立为国教，孔教未必遂亡，虽立为国教，孔教亦非独占。若专就孔教言之，固无大加损也。然而其影响之及于吾民吾国者，则大莫与京矣。是故苟不定孔教为国教，则吾民不得复为华民，吾国不得复为中国，只合为隶属国而已。”③

他们在给议会的请愿书中，要解决的主要是信仰自由和国教之间的矛盾。在列举了世界有国教的国家并不排斥国民信仰其他宗教的事例之后，他们的重点依然在保持国家的特性上。他们说：“中国今日若仅言信教自由，并不规定国教，则人将疑立法者有破坏国教之意，而假言信教自由之号以行之，其祸必至于国粹沦亡，国基颠覆，国性消灭，国俗乖，而国且不保矣。在立法者，或别有牵制不能不周旋信奉别教之少数人，其实于信奉别教者，有损无益，盖其所得之自繇，无以复加于昔日。”④

---

① 参见黄克武：《民国初年孔教问题之争论》，载《国立台湾师范大学历史学报》，第十二期。

②③ 中国社会科学院近代史研究所编：《孔教会资料》，38 页。

④ 陈焕章等：《孔教会请愿书》，见沈云龙编：《民国经世文编（交通、宗教、道德）》，5126 页，台北，文海出版社，1970。

但是，反对的声音也很强，在一份反对立孔教为国教的请愿书中认为，孔教国教化，可能有如下恶果：

（甲）激起宗教之纷争；

（乙）破坏五族之共和；

（丙）违背民国之约法；

（丁）阻碍政治之统一。

> 总之，中国本不以宗教为重轻，则国教可不必立，而一言五族共和，则国教尤不可立。况孔子为教育家、为政治家、非宗教家。东西学者，言之凿凿，吾国博学通儒，亦咸奉孔子为教育政治大家，而为开国古今之冠，亦安用强名为教。以乱其实哉。夫请立孔教为国教，非惟昧乎今之大局。抑不知孔之所以为孔，且并不知教之所以为教也。[①]

对康有为和陈焕章而言，这次修宪结果似乎离他们的目标更远了。不用说立孔教为国教，就是《天坛宪草》中关于“国民教育以孔子之道为修身大本”这一妥协性条款的存废问题也引发争议。

张鲁泉、何雯等人建议从宪法中删除这一条，理由是孔子的思想主要是作为君主专制的思想资源，与民国的国体不符合；与信教自由的宗旨不符合；国民教育问题属于行政范围，不应由宪法来规定；修身属于道德领域，与宪法的性质不合，而且国民教育是强迫教育，如果将孔子之道列入宪法，那么别的宗教信徒的信仰就会被视为非法。国家如要尊重孔子可通过别的途径，而不必争此一条文。而汤松年等人主张维持原草案中的规定，他们认为不能将孔子之道视为宗教，因而与信教自由无关。全国人民依然信仰孔子，而孔子之道是培养社会道德的基础。原先的宪法中已经有这一条，随意删去恐给人以别的联想，而且在别的宪法中也有类似的做法。他们还以外国教堂中读四书五经等来证明孔教并不会导致与别的宗教之间的争端。

---

① 艾知命：《上国务院暨参众两院信教自由不立国教请愿书》，见沈云龙编：《民国经世文编（交通、宗教、道德）》，5144页。

这里，我们可以看到也有人试图回避儒教是否可以等同于现代宗教的“难题”，而将之重新回到混合信仰与知识的“教化”中，来保持儒家在教育体系中的位置。

1913年和1916年两次关于是否在宪法中规定以孔教为国教的争论，并非是一股空穴来风，这里面所包含的问题很多，首先是儒家伦理是否依然成为国家认同的基础。按金观涛等人的研究，认为在近代国家观念传入之后，中国人认识到“国家为一道德共同体观念是可以和儒家伦理分离的”①。因此，将孔教与国家特性联系起来的做法，既不符合共和政体，也不符合当时新式知识阶层的观念形态。而黄进兴先生对孔教活动的失败归结为两股主要的势力，一是越发盛行的科学主义，二是诸如复辟等偶发的政治事件。② 与民国前反对孔教运动的对手和理论相比，民国之后，康有为所要面对的是被科学主义影响的新式学堂培养出来的一代知识群体。③ 他们对儒家的敬意已经消退，他们将宗教视为科学的对立面。同时一系列并非偶发的政治事件，特别是袁世凯和张勋的复辟，在陈独秀和李大钊这样的启蒙运动者眼里，将孔子与专制、等级制度，甚至所有的不符合现代政治原则的现象联系起来，从而得出了不打倒孔家店，新的制度和价值就无法建立起来的非此即彼的结论。这样，孔教会的失败似乎是一个不可避免的结局。

但是，即使失败也不能简单否定其探索性的意义，列文森说：“康有为比那些仅仅只注意到儒教与中国之间的政治和历史关系的人，更深刻地意识到了二者之间的这种思想和文化的关系。由于他相信法律和哲学不足以约束那些任性的民众，因此，他真正地希望通过定国教来增进人们的美德。”孔教会的人认为：“儒教是中国的特有国性，剥夺了它，国家将会灭亡，民族也不会继续存在。”④ 其实，这样的说法，今天依然有

---

① 金观涛等：《观念史研究：中国现代重要政治术语的形成》，243页。

② 参见黄进兴：《圣贤与圣徒》，54页。

③ 据统计，到1909年，中国的新式学堂的学生数量已经超过了传统绅士的数量，1919年受过新式教育的人达1 000万。所以在观念结构上发生了根本性的转变。见金观涛等：《观念史研究：中国现代重要政治术语的形成》，349页。

④ ［美］列文森：《儒教中国及其现代命运》，162、163页。

很多的回应者。

但康有为对儒家的宗教性设计的效果也未见明显，说到底，孔教会所作的将儒学宗教化的努力，并不是要像启蒙时期的教会一样，将世俗权利和教会权力划界。虽然他们一直期待马丁·路德式的人物的出现，来对儒家进行转换，然而，儒家在客观上并不具备这样的可能性，康有为也没有成为马丁·路德式的人物。这中间原因复杂，然而，儒家的过分世俗化特性和几千年作为现实政权的象征体系的形象，使得儒家一旦与现实的政治相分离其宗教性的特征也难以凸显。因此曾经是儒家被权力所接受的特性同样也成为儒家之现代转换的制约。萧公权说："帝国时期中国儒学的独尊地位，得之于政府之力多，得之于其本身之力少。孔子及其门徒，不论如何聪明而努力，并未能使儒学在帝国勃兴之前得势。孔圣本人几乎处处遭到挫折、嘲笑和迫害。……当帝国崩溃，儒学自亦失败。康氏挽救努力无效，也正因一切可能尊崇孔子的因素已经消失。他之不能使儒学于帝国倒后显扬，正如孔子本人不能于帝国勃兴之前成功一样。"①

或许，康有为并不愿意将儒学与政治分离，这导致孔教会以宗教方式重建儒家制度化的努力与军阀政权寻求合法性的活动一直脱不开干系，如袁世凯、张勋复辟，一直能看到孔教会和康有为的身形。这一切反而使得在激进的知识阶层眼里，儒家日益与专制和愚昧结合在一起，成为中国进步的主要障碍物。萧公权说康有为"在19世纪走在知识界之前，而在20世纪时远落后于当时的知识界"，"康氏自已或许在不知不觉中，不断地造成儒学的式微。在戊戌前夕，他勇敢地将儒学与专制分离；然而在政变之后，他以保皇会首领自居，自戊戌至辛亥，反对共和而主君主立宪；复于民国六年（1917年）以及十二年（1923年）两度参与复辟，使他的形象与帝制认同，因而被许多人视为民国之敌。同时，他首倡儒教运动无意间使儒术复与王政结合，而有碍于此一运动，因此在主张共和者的眼里，儒学的信誉全失。我们可以理解到，何以儒学被斥为

---

① 萧公权：《近代中国与新世界——康有为变法与大同思想研究》，115～116页，南京，江苏人民出版社，1997。

政治民主与社会进步的障碍”①。

因此说民国初年儒家重新制度化的努力，对于儒家本身而言所招致的是更为激烈的攻击，整个新文化运动，其启蒙的核心便是要彻底解决儒家在中国人心底的观念性留存。儒家在失去了制度性的支持之后，其观念性存在面临着有史以来最为激烈的攻击。

3. 陈焕章的孔教理论构想与实践

康有为的孔教主张，最主要的落实者是他在万木草堂时期的学生陈焕章。可能是后来长期在美国学习的经历所致，陈焕章是最积极倡导采用基督教的教会化的方式来推行孔教的人。早在1907年，刚刚进入哥伦比亚大学学习不久的陈焕章就认为政界革命必须和宗教革命同时进行，他在给梁启超的一封信中，提到了他在纽约组织“昌教会”，并希望在梁主持的《新民丛报》中予以宣传。他在信中说：“弟子于本年（1907年）二月初九入纽约之哥仑比亚大学，暑假时，复入其夏学，幸能考试及格，来年拟习公法、宪法、计学、哲学四科，将于八月十八日开学矣。前日先生在纽约时屡与弟商及，或专言政，抑专言教，弟谓不若兼言之。先生又谓不能兼，顷在英伦犹有书来，言不能定此公案，然弟则确欲兼之，因中国政界固当革命，而教界亦当革命也。现弟在此间实有不能不言教之势。一则愤于吾国人之无耻而自贱，二则愤于外人之肆口讥评，三则遇外人之细心考问，不能不答之，四则寻常论辨之中，已亦不自安缄默，故不揣冒昧，发起一昌教会，以为基础，将来拟辑一《孔教约编》，以英文译之，不知能成否。乞足下有以教之。兹谨将序文付上，伏乞鉴登于《新民丛报》中，以广其传，以引起同胞言教之兴味，即以为将伯之呼也。”②

陈焕章回国之后，特别主张学习西方的教会体制来使儒家重新获得制度依托。

如果说在民国成立之后，康有为是从孔教与保持民族认同和文化认

① 萧公权：《近代中国与新世界——康有为变法与大同思想研究》，108～109页。

② 陈焕章：《致饮冰学长书》，见丁文江、赵丰田：《梁启超年谱长编》，388～389页。

同的角度，对孔教的合法性进行证明，而陈焕章除了操持孔教会的具体会务之外，着重对儒家的宗教性进行论证，并以坚定的卫教态度，反击民国初年基于科学主义、信仰自由对于儒家教会化的批评，并提出了一系列旨在以基督教的教义和仪式为基准的，并强调儒家特殊性的儒家宗教化的证明。

在《论孔教是一宗教》一书中，陈焕章指出，宗教有“人道之教”和“神道之教”的差别，“人道之教”主要着眼于人伦，而“神道之教”则主要着眼于对于神灵的信仰。“孔教兼明人道与神道，故《乐记》曰：‘明则有礼乐，幽则有鬼神’。是孔教之为宗教，毫无疑义。特孔教平易近人，而切实可行，乃偏重人道耳。”① 陈焕章认为英文的 religion，虽然可以有多种多样的解释，但基本上偏重于“神道”，因此与中文中的“礼”的意思接近。② 礼起源于原始人的祭祀活动，也就是西方人所说的宗教，而中国人则有自己的名词叫“礼教”，因此既然中国人早就有“教”这种称呼，因此将儒家说成“孔教”则是天经地义的。所以他反对那些只将“迷信”的思想称之为教，或者认为将“教”看作是对儒家和孔子的诋毁的说法。他指出：“教也者，乃中国一至美至善神圣不可侵犯之名词。敬教劝学，自古有明训矣。乃近人不识教字之义，竟以为惟尚迷信者始得为教，不尚迷信者即不得为教。于是视教字如蛇蝎，以教字为不美不洁之名词，遂谬曰中国乃无宗教之国，孔子非宗教家。以宗教家尊孔子实是亵渎孔子。又曰，孔教不是教，此等谬论，直是狂吠。呜呼，其亦不思之甚矣。”③

陈焕章进一步从教义、经典、庙堂等具体的方面分析儒家是一种宗教。

首先，他说儒教本来是一个教派的名字，所以中国历史上也是“儒释道”三教并称，然而“自汉武帝以儒为国教，举国皆儒，后人乃缩小其字义而狭用之。只称士大夫为儒，其实，凡奉孔子教者，皆当名之曰

① 陈焕章：《论孔教是一宗教》，见《孔教论》，2 页，上海，商务印书馆，1912。

② 陈焕章引用的是《说文解字》中对“礼”的解释，“礼，履也，所以事神致福也”。

③ 陈焕章：《论孔教是一宗教》，见《孔教论》，3 页。

儒也”①。

孔教徒有自己的装束，他说“孔子衣逢掖之衣，冠章甫之冠，此所谓儒服也”。孔教也有自己的经典系统，也就是六经。而且他援引纬书的解释，将六经看作是与天意有密切的关系。与别的宗教一样，孔教也有自己的戒律，他称之为“孔教之信条”。“既服儒之服而诵儒之言矣，则行儒之行尚焉。《儒行》者，孔教之信条也。”② 同样孔教也有一套独特的仪式，最详备的记述在《礼经》中。而且儒家也有自己的神谱，虽然许多人都引用“子不语怪力乱神”来说明孔子是“敬鬼神而远之”的，但陈焕章的解释认为这并非表明孔教之不信鬼神，而是认为人鬼一源，所以只要知道如何处理人的事务，自然也就了解了事鬼的原则。他还认为上帝和《创世记》并非是基督教所专有，孔教也尊奉上帝，他说儒家经典中的“元”字就是上帝的代名词，“天”则不是指上帝，而是指有形之天。“惟上帝故能统天御天而造起天。此孔教中之创世记也。”③ 但孔教与别的宗教的最大区别是“上帝与祖宗并重”。

除了与基督教寻找相似之处之外，陈焕章还着力发掘孔教和佛教之间的共同点，毕竟佛教的教义为大多数的中国人所熟悉。所以他提出“孔教之魂学”和“孔教之报应”。他认为孔教有许多词来指称灵魂，如“明德”、“天命之性”等等，而且同样主张灵魂不灭，而灵魂不灭是报应的重要基础。他还将儒家的孝道观念和报应思想结合起来。④

陈焕章还将儒家的博士制度看作是选择传教者的重要途径，其统系分为大同、小康两大派，分别由不同的弟子传播。他还将孔庙视为“孔教之庙堂”，曲阜视为“孔教之圣地”。他说：“凡宗教必有教堂。孔教之教堂则学校是矣。或曰文庙，或曰圣庙，或曰学宫。要而言之，则孔教之教堂而已。不能谓惟佛寺道院清真寺福音堂等始可谓之教堂，而夫子

---

① 陈焕章：《论孔教是一宗教》，见《孔教论》，16 页。

② 同上书，19 页。

③ 同上书，20～21 页。

④ 将孝道和报应相结合可能是比较不符合儒家的基本理念的，因为儒家并不强调通过外在的制约而是侧重于从内心的体验来证明孝的必要性。这也是仁学的基本原则。陈焕章为证明孔教之宗教性，所采取的方法基本上是比附式的，即以基督教和佛教的基本形式来规范儒家，所以其中不合原意之处甚多。读者需明辨之。

之庙堂独不可谓之教堂也。”“耶教之耶路撒冷、回教之麦加、孔教之孔林，皆教主之圣地。”①

针对一些人认为儒家虽然已经宗教化，但孔子并非是宗教家的说法，陈焕章也进行了反驳。他说：孔子就是一个教主。理由是：首先，孔子活着的时候，就一直以教主自待。“孔子以前，中国政教合一，凡为开创之君主，即为教主。包牺、神农、黄帝、尧、舜、禹、汤、文王是也。自孔子以匹夫创教，继衰周而为素王，政教分离，实自此始。盖至是而宗教始能独立，为教主者不必兼为君主，教统乃立于政统之外矣。”② 虽然孔子并不像别的宗教教主一样有神异的表现，但是这完全是因为中国进化早，所以孔子可以被称为“文明教主”，而孔教则是“文明之宗教”。我们更不能因为孔子身兼为教育家、哲学家、政治家而剥夺其作为宗教家的资格。

其次，孔子之所以成为孔教的教主还因为他的弟子和后学，同时代的人和后世都视孔子为教主。除此而外，陈焕章还举出一个对当时而言或许是十分重要的证据，就是“外国人以孔子为教主”。“凡西人所著之书，一言及中国之教主，必首举孔子；一言及中国之宗教，必首举孔教。一比较世界各教及其教主，必举孔教及孔子。盖孔子之为教主，久成事实。”③

显而易见，陈焕章虽然是从对于“宗教”一词的理解入手来讨论儒家是一个宗教的，同时也充分注意到了孔教和别的宗教的区别，但是他之基本立场不自觉地回到了以别的宗教的范式来套儒家的倾向，所以其基本的证明方式都是在力图证明孔教和别的宗教之间的相似性，进而展开对否认孔教之宗教性的反击。

但是对于陈焕章而言，证明了孔教是一种宗教，只是其理论建构的第一步，关键在于他还必须还击科学主义者对于宗教的攻击。在启蒙运动之后，宗教在西方社会的地位也日趋衰落，而在科学主义和进化论的

---

① 陈焕章：《论孔教是一宗教》，见《孔教论》，27 页。
② 同上书，5 页。
③ 同上书，14～15 页。

理论模式中，宗教代表着迷信和落后，在这种背景之下提倡孔教显然有点不合时宜。因此陈焕章接下来的另一篇重要文章《论中国今日当昌明孔教》，就是要回答这些问题。

自鸦片战争，特别是在甲午战争失败之后，中国人开始反省中国之失败的原因，一部分人逐渐开始怀疑作为中国传统之象征的孔教。而民国之后，随着儒家的合法地位的消失，对于儒家的怀疑和质疑之声也越来越高，在这样的社会氛围中，要确立孔子的教主地位，陈焕章首先要批驳的便是将中国的积弱归结于孔教的做法。他以世界宗教的发展和国家的兴衰的分析认为国家的衰亡与宗教之间并不存在必然的关系，而且"欧美之强，亦最近之事耳。其所以强之故，皆暗合于孔教者也。我中国所以积弱之由，实显悖于孔教者也。欧美所以强之故，在养民、保民、教民、通民气、同民乐"①。而这些是《论语》、《春秋》、《孟子》等儒家经典的基本内涵。而且孔教对于中国的进步也产生了巨大的作用，如"废封建而免割据之分争；废世卿而免贵族之压制；不立巨子以绝教徒之专横；裁抑君主以重民权之尊贵；学校遍立、选举普通，则人人可徒步而至卿相；分田制禄，口分世业，则人人可得地以养身家；天地之性人为贵，故人权独尊，而奴隶之制废矣；天下无生而贵者，故平等相尚，而阶级之制破矣；轻徭薄赋，尚德缓刑，虽无成文之宪法，而有孔教经义以代之。举凡人身自由、信教自由、言论自由、出版自由、集会自由之属，他国于近世以流血而得之者，吾中国早于二千年前，以孔子经义安坐而得之"②。同样，也正是因为孔教会，才使得中国的古老文明能经历数千年而不坠。

即使孔教之作用如此之大，也不能证明孔教适用于当时的中国，所以陈焕章从个人、家庭、国家、社会等方面进行论证，将孔子思想和当时流行的自由、平等思想和国家主义、民族主义的观念进行了比较，得出的结论是孔教完全适合于今日的中国。

对于个人，陈焕章认为将孔教描述成只注重家庭不注重个人是不正

---

① 陈焕章：《论中国今日当昌明孔教》，见《孔教论》，29 页。

② 同上书，30 页。

确的，他从《大学》之修齐治平的条目来证明个人是儒家的出发点，因此为自由的确立创造了可能性，但自由不等于“自任”，所以儒家特别强调修身，但不能因此而否定儒家对个人自由的肯定。

对于家庭，陈焕章认为孔教肯定男女平等，“男女有别”不足以否定男女平等，在这里他援引康有为的“大同”思想，指出男女有别只是据乱世的说法，到了升平世、太平世就男女无别了。对于家庭妨碍国家主义观念的看法，陈焕章也认为不尽然。“盖国家之下，不能无家，犹中央政府不能无地方政府也。”① 即使家族主义发达伤害到国家意识的确立，也不能采取“家庭革命”这样的激进方法来矫正。

陈焕章还对皇权政治下的“君臣关系”进行了重新解释。“孔子之教有君臣一伦。盖凡同事者，皆可名曰君臣也。主其事者谓之君，辅之行者谓之臣。”② 所以君臣关系被解释成上下级的关系。即使是实行民主的政治体制，也并不妨碍使用君臣之伦这一伦。“中国今日改大皇帝为大总统，诚可谓政治之进化矣。然大皇帝为国家之元首，大总统亦为国家之元首。虽其名号殊、其实权殊，而其为元首则一也。美为民主，而其阁员也用英国尚书之名。法为民主，而其阁员也袭昔日大臣之号。盖君臣之伦，只有进化，而并无绝灭。……且夫君臣之道无损于平等自由之理。”③ 陈焕章还用儒家的民本思想来证明孔教的“重民主义”，他指出专制本身是政治发展的必经阶段，孔教与专制之间并非是一种因果关系。且中国的祸害不在于专制，而在于长期受专制的束缚，现在进化为共和，不过是圣法中“随时救民”思想的一种体现。

许多学者说过中国古代只有天下概念，并无现代政治意义上的国家概念，因而也就不能产生建立在国家认同基础上的爱国主义，所以孔教是世界主义的而不是爱国主义的。这在民族主义盛行的近代中国，显然是一个很大的缺点。陈焕章认为孔子思想中有深厚的爱国情感。“孔子虽

---

① 陈焕章：《论中国今日当昌明孔教》，见《孔教论》，38 页。

② 同上。这种对于五伦的重新解释以适合中国当代的需要的做法，一直为同情儒家的学者所认同，典型的如贺麟。但是中国之“君臣”一伦因为最能体现中国古代专制政治的象征性，所以陈焕章的这种解释在日益激进的民国初年的思想环境中，并不可能具有很强的感召力。

③ 同上书，39 页。

重礼让，然一语及救国，则以争为主。盖国之存亡，关系极大，此而不争，诚不可谓忠也。世人每谓孔子多言忠君而罕言忠国，然此条之所谓忠，非忠国而何尽忠于国，争以救国为事，而不许他人之亡我国家，此孔子忠国之义也。”①

按陈焕章的说法，孔教对于社会的作用主要体现在：

（1）朋友之道；

（2）博爱之道；

（3）以财聚人的社会政策②；

（4）慈善事业。

对于孔教的将来，陈焕章的主张显然是基于康有为大同理念而综合了当时流行的社会主义和平等博爱观念。他所列举的有：

> 一曰混合全球也。破除国界，《春秋》所谓大一统；《礼运》所谓天下为公也。
>
> 二曰变化种色也。改良人种，以同一世界之人类。《论语》所谓有教无类也。至于颜色皆变，乃真可谓同化矣。
>
> 三曰大振女权也。女子与男子各各独立，《礼运》所谓天下为公也。
>
> 四曰同为天民也。破除家界，直隶于天，《礼运》所谓女有归也。
>
> 五曰公营生业也。此近世所谓社会主义，即《礼运》所谓货恶其弃于地，不避藏诸己，力恶其不出于身，不必为己。又《春秋》所谓天地所生，非一家之有，有无当相通是也。
>
> 六曰博爱众生也。戒杀放生，《玉藻》所谓君子远庖厨，凡有血气之类，弗身践也。又《繁露》曰：至于昆虫草木莫不爱不爱，何足谓仁。故孔教之仁与佛同道也。
>
> 七曰同止于至善也。改良人性。③

在阐述了孔教的现在和未来之后，陈焕章开始强调昌明孔教的迫切性。首先是大多数中国人虽然已是孔教徒，但缺乏自觉，所以要让他们

---

① 陈焕章：《论中国今日当昌明孔教》，见《孔教论》，45页。

② 陈焕章还有《孔门理财学》一文刊载于《孔教论》一书中。

③ 陈焕章：《论中国今日当昌明孔教》，见《孔教论》，50～51页。

"知本"。其次是孔教虽然已经很完备，但是随着时代的变化，必须改良。特别是革命之后，教义中不适合于时代的需要"更变"。从信仰自由的角度，国外的大学无不读经，而中国学校废除读经会使人"不知孔教为何物"，相当于"焚书坑儒之祸复现于今日"。再则宗教是文明人必有的信仰，所以不承认孔教是宗教就好像是驱中国人为"无教之禽兽"。不仅如此，近世哲学盛行而神权日渐衰落，孔教以其理性主义之特质而特别适合于当今世界。对于中国人而言当务之急是废除那些真正的迷信活动，而使之恢复到以报本尊亲为要务的孔教中来，恢复自宋明以来不断薄弱的宗教情怀。这样就能为这纷乱的社会提供价值支持，并使一盘散沙的中国人有一共同的信念，以"保教"而达到"保国"、"保种"的目标。

陈焕章更具体地批评了几种流行的观点，认为昌明孔教完全没有弊端。针对有人认为倡导孔教将导致教案的攻击，陈焕章认为教案的关键是晚清政治的腐败，同时也不能因为别人一指"仇教"就放弃自己的信仰，这是典型的崇洋媚外的做法。而昌孔教和近代政教分离的关系，陈焕章认为中国并没有出现孔教与国家政权之间的冲突，而中国社会是建立在孔教之上的，"孔教之全体，言政治者至少居其一半"，所以要将孔教划出政治之外，除非完全抛弃中国文明。①

陈焕章还强调孔教并不会成为科学的障碍，就像西方的宗教并没有阻碍西方科学的发展一样。对于孔教和思想自由、信仰自由之间的关系，他认为现在是许多人以信仰自由为名剥夺了信仰孔教的权利。而"孔教甚大，故能兼容诸教而不相碍也。是故释道回同处中国千余年中，并无教祸。盖普天下万国，其信教之自由最古最久者，莫如中国也"。

陈焕章还提出了在当时的条件下如何发扬孔教的具体办法，其中包括：

一、"遍立孔教会"。

二、"特立教会籍"。中国人自古以来是一个大一统的国家，所

① 在关于政教关系这一点上，陈的立场在本处与前面《论孔教是一宗教》中略有出入，在《论孔教是一宗教》中强调的是孔子创教本身就是因为政教分离。

以并无国籍。而孔教也没有教籍。而“凡入会者，皆为入教。当注名于教会之籍，注籍之费，务取其轻，以普及为主，拟无论男女在十六岁以下者，收银五分，十六岁以上，收银一角”①。

三、“特设教旗”，为黑白赤三色，象征三统三世之意，并在白色中画一木铎。

四、“孔子纪年”。

五、“遍祀上帝而以孔子配也”。

六、“学校皆祀孔子也”。

七、“学校讲经也”。

八、“来复日集众讲教也”。凡孔教会设有专门的讲员，以清代讲“圣谕广训”的办法讲解孔教经典。

九、庆祝孔子诞生纪念日。

十、“以教会主吉凶之礼”。“今拟凡孔教会中人，皆以本会之知礼者主持一切典礼。庶将来可以养成一种礼学专家，而于化民成俗之得道焉矣。”

十一、发愤传教。②

1916 年，在国教运动失败之后，陈焕章又将重点转移到办学上，他试图模仿国外教会大学的方法，将儒家教育和普通知识的教育结合在一起。这种尝试最后因为学生逐渐减少而告结束。

三、打倒孔家店：一种非此即彼式的决裂

清末民初的政治状况，很难让人满意，共和、宪政、复辟、孔教会，这些现象裹挟在一起，造成了民国初年混乱的政局。保守人士希望重建一种威权政治，实际出现的却是袁世凯和张勋的复辟。而康有为的孔教运动，试图给中国人的信仰以一个安顿之所，却因与军阀和复辟难脱干系，因而被视为是科学和民主的敌人，反倒招致更为激烈的批评。因此：

---

① 陈焕章：《论中国今日当昌明孔教》，见《孔教论》，60 页。

② 同上书，62 页。

在没有现状值得维持的情况下，就只有另外一股力量，就是激进的力量拼命地发展。基本上中国近百年是以“变”：变革、变动、革命作为基本价值的。并不是像西方般有一个基本系统（system）在那里，有一些人要保守它多少，有的人要改变它多少。不是这样一个问题，而是中国在现实中找不到一个体制、系统，可以使大家安定下来。①

在新式的知识群体的虚幻的意识中，他们宁愿将中国作为西方社会运动的实验地，所以无政府主义、社会主义、共和主义、互助主义，只要能被他们看到、听到的，他们都希望在中国做一下实验。但是有一种情绪却逐渐凝聚起来，就是破坏，即破坏中国的秩序、中国的价值，以迎接西方的秩序和价值。

当时，梁启超的思想已经转向革命，他在写于 1902 年的《新民说》的“进步”一节中就说：

呜呼！快矣哉，破坏！仁矣哉，破坏！

其破坏者，又有踵起而破坏之者，随破坏而随建设，甲乙相引，而进化之会乃衍于无穷。

即使是被视为守成主义者的刘师培和黄侃等，不是自称“激烈第一人”，便是准备将“当以神州为巨冢”②。

无论是日后被贴上“激进”还是“保守”的这些人中，“激烈”和“破坏”成为他们共同的信念。他们坚信要医治处于沉疴中的中国只有彻底的毁坏然后重建。

在舆论上对儒家极具杀伤性的论说可以上溯到戊戌变法时期的谭嗣同。当康有为提出据乱世、升平世和太平世的“三世说”作为其变法和君主立宪的理论基础的时候，作为变法集团重要成员的谭嗣同则以“三世说”为依据开始直接攻击“君统”和名教纲常伦理。他认为近代中国

① 余英时：《中国近代史上的激进与保守》，见余英时：《现代儒学的回顾与展望》，17 页，北京，三联书店，2004。

② 王汎森：《从传统到反传统》，见王汎森：《中国近代思想与学术的系谱》，112 页，石家庄，河北教育出版社，2001。

社会正由据乱世向升平世转变，根据圣人“因时立法”的原则，原先的政治理念和道德原则已经不适应变化社会的需要，应进行改革。

他指出：“非君择民，而民择君也。”① 这一秉承了晚明启蒙意识的对于君主制度的怀疑还不是谭嗣同的终极目标，他所想的则是对于君主制度本身的变革。而在谭嗣同看来，变革首先要变思想。他指出，为什么君主专制能如此有效地实施其统治，其原因除了国家机器之外，还有一套思想体系，这就是“名教”。他说：“俗学陋行，动言名教，敬若天命而不敢渝，畏若国宪而不敢议。嗟呼！以名为教，则其教已为实之宾，而决非实也。又况名者，由人创造，上以制其下，而不能不奉之，则数千年来，三纲五伦之惨祸烈毒，由是酷焉矣。君以名桎臣，官以名轭民，父以名压子，夫以名困妻，兄弟朋友各挟一名以相抗拒，而仁尚有少存焉者得乎？”② 谭嗣同对于儒家纲常伦理的批判点集中于“上以制其下”的等级制度上，进而提倡一种平等和自由的精神，所以他明确地说，他之创立“仁学”，其目的就是“冲决网罗”，“初当冲决利禄之网罗，次冲决俗学之网罗，若词章之网罗，次冲决全球群学之网罗，次冲决君主之网罗，次冲击伦常之网罗，次冲决天之网罗，次冲决全球群教之网罗，终将冲决佛法之网罗”③。

虽然谭嗣同将名教的产生原因归结为荀子，并指出荀子这种做法是对儒家根本精神的歪曲，但是他矛头直指纲常等儒家核心制度和“冲决网罗”的破坏性思维方式都极大地影响了 20 世纪初的反儒运动的特征。

20 世纪初孔子形象的迅速跌落与日本在“脱亚入欧”的过程中，对于孔子和儒家的否定有关。④ 章太炎曾在《订孔》一文中引述日本人远藤隆吉的话说：“孔子出于支那，则支那之祸本也。”⑤ 虽是转用，但章太炎首开了直接攻击孔子的先例。

---

① 《仁学》三十一，见《谭嗣同全集》，下册，339 页。

② 《仁学》八，见《谭嗣同全集》，下册，299 页。

③ 《仁学·自叙》，见《谭嗣同全集》，下册，290 页。

④ 当时日本最具影响力的政治家福泽谕吉在《劝学篇》、《文明论概略》等著作中都对儒学提出了尖锐的批评。

⑤ 章太炎：《订孔》，见《革故鼎新的哲理——章太炎文选》，508 页。

章太炎说他之所以激烈攻击孔子是因为受康有为之提倡孔教的刺激。这里面多少夹杂有古文经学和今文经学的门户之争的意气成分。章太炎坚决反对建立孔教，“近世有倡孔教会者，余窃訾其怪妄。宗教至鄙，有太古愚民行之，而后终废者，徒以拂俗难行，非故葆爱严重之也。中土素无国教矣，舜敷五教，周布十有二教，皆掌之司徒，其事不在庠序，不与讲诵，是乃有司教令，亦杂与今世社会教育同类，非宗教之科”①。

在章太炎眼里，孔子是一个没有勇气却善于钻营的人。“他（孔子）教弟子，总是依人作嫁，最上是帝师王佐的资格，总不敢觊觎帝位，及到最下一级，便是委吏乘田，也将求去做了。诸君看孔子生平，当时摄行相事的时候，只是依傍鲁君，到得七十二国周游数次，日暮途穷，回家养老，那时并且依傍季氏，他的志气，岂不日短一日么？所以孔教的最大污点，是使人不脱富贵利禄的思想。自汉武帝专尊孔教之后，这热中于富贵利禄的人，总是日多一日。我们今日想要实行革命、提倡民权，若夹杂一点富贵利禄的心，就像微虫霉菌，可以残害全身，所以孔教是断不可用的。”② 章太炎并不认为古代的东西可以尽弃不用，他提倡“国粹”的意思是将古代的文献制度当作历史研究对象，而不是不可冒犯的神圣之物。因此章太炎的转折实际上是一种去魅过程，他消除了人们在攻击孔子时的心理障碍，为新文化运动对儒家思想的彻底攻击提供了心理基础。

辛亥革命之后，人们期待中的共和政体得以确立，但外忧依然如故，内患因军阀之纷争而更甚。社会秩序和价值观处于一种转型过程中惯有的无序状态之中，失望和焦虑的情绪迅速蔓延。而由军阀组成的新政权和文化保守主义势力对于儒家资源的滥用，致使儒学日益与保守、落后、顽固结合在一起。袁世凯的尊孔、张勋的复辟和康有为倡导的孔教运动，直接导致了激进的知识阶层将孔教与迷信、专制、愚昧相等同。在这些新生的激进的知识阶层那里，儒学已经被符号化了，虽然他们并非是没

① 章太炎：《驳建立孔教议》，见《革故鼎新的哲理——章太炎文选》，493 页。

② 章太炎：《东京留学生欢迎会演说词》，见《革故鼎新的哲理——章太炎文选》，143 页。

有看见儒学所拥有的内在的价值，但他们更认为，为了迎接那个想象中的新的中国，他们必须与儒家告别。而《新青年》的激烈反孔的立场，在很大程度上适应了这种心理需要，因此，《新青年》可以称得上是压倒孔庙圣殿的最后一根稻草。

以《新青年》为代表的知识阶层，首先关注到了儒学和孔子与旧制度之间不可分割的关联。所以，在国会讨论孔教提案时，陈独秀、李大钊等人对于将孔教立为国教的议案提出了尖锐的批评。陈独秀在《宪法与孔教》一文中说：

> “孔教”本失灵之偶像，过去之化石，应于民主国宪法，不生问题。只以袁皇帝干涉宪法之恶果，天坛草案，遂于第十九条，附以尊孔条文，敷衍民贼，致遗今日无谓之纷争。

陈独秀认为孔教之存废在国体问题解决之先就应有所决定，所以现在要讨论的不是孔教是否应入宪法的问题，而是孔子是否适合于民国教育的根本精神。当然这在陈独秀这边已有定论。因为他所据者恰是西方近代的民主自由观点。

> 西洋所谓法治国者，其最大精神，乃为法律之前，人人平等，绝无尊卑贵贱之殊。虽君主国亦以此为立宪之正轨。民主共和，益无论矣。然而共和国民之教育，其应发挥人权平等之精神，毫无疑义。

陈独秀认为三纲五常是孔教的根本教义，与自由民主平等精神相违背，所以，

> 以宪法而有尊孔条文，则其余条文，无不可废；盖今之宪法无非采用欧洲，而欧洲法制之精神，无不以平等人权为基础。吾见民国宪法草案百余条，其不与孔子之道相抵触者，盖几希矣，其将何以并存之?①

现实的政治事件使知识界开始认识到，如果不解决价值观的问题，

---

① 任建树主编：《陈独秀著作选编》，第一卷，248、250、252页。

任何制度的变革只能是表面的变革，而激进的思想方法[①]则使他们选择了非此即彼的立场，他们将东方文化和西方文化看作是绝对不同的两种体系，站在建筑于进化论的立场上强调，东西文化的差别不是多元化的现代性的不同路径，东西文化是“古今”、“新旧”的差别，是不同时代的文化。因为中国在竞争中的弱势，以此证明儒家文化是一种落后的文化，不适应现代文明发展和中国走向独立富强的需要，如果要适应竞争格局，就必须抛弃儒家文化。陈独秀指出：“固有之伦理，法律，学术，礼俗，无一非封建制度之遗，持较晰种之所为，以并世之人，而思想差迟，几及千载；尊重廿四朝之历史性，而不作改进之图；则驱吾民于二十世纪之世界以外，纳之奴隶牛马黑暗沟中而已，复何说哉！于此而言保守，诚不知为何项制度文物，可以适而生存于今世。吾宁忍过去国粹之消亡，而不忍现在及将来之民族，不适世界之生存而归消灭也。”[②] 陈独秀也承认孔教并非一无是处，非此即彼的选择中，只能两者居其一。陈独秀《答佩剑青年》说：“记者非谓孔教一无所取，惟以其根本的伦理道德，适与欧化背道而驰，势难并行不悖。吾人倘以新输入之欧化为是，则不得不以新输入之欧化为非。新旧之间，绝无调和两存之余地，吾人只得任取其一。记者倘以孔教为是，当然非难欧化，而以顽固守旧者自居，决不忸怩作‘伪’欺人，里旧表新，自相矛盾也。”[③]因此，儒家文化和民主、科学的价值观之间没有妥协的余地，“要拥护那德先生，便不得不反对孔教、礼法、贞节、旧伦理、旧政治。要拥护那赛先生，便不得不反对旧艺术，旧宗教。要拥护德先生又要拥护赛先生，便不得不反对国粹和旧文学”[④]。

针对军阀对于儒家的利用和孔教会重建儒家制度化的努力，以《新青年》、《新潮》等杂志为阵地的新文化运动，其攻击的重点就在于儒家

---

① 胡适和鲁迅都曾经为他们的激进立场作出说明。鲁迅认为中国人有其惰性，他打了一个著名的比喻就是，如果你想开窗透一下空气，必会招致反对，但如果你说要把屋顶掀掉，人们自然会同意开窗。

② 陈独秀：《敬告青年》，见任建树主编：《陈独秀著作选编》，第一卷，160页。

③ 任建树主编：《陈独秀著作选编》，第一卷，311页。

④ 陈独秀：《本志罪案之答辩书》，见任建树主编：《陈独秀著作选编》，第一卷，317页。

和中国制度之间的密切联系，而他们进一步认为改变这种制度结构的关键是改变人们的思想观念，而这种观念的改变被陈独秀看作是“最后的觉悟”。陈独秀在写于1916年的一篇文章中说：

> 伦理思想，影响于政治，各国皆然，吾华尤甚。儒家三纲之说，为吾国伦理政治之大原，共贯同条，莫可偏废。三纲之根本义，阶级制度是也。所谓名教，所谓礼教，皆以拥护此别尊卑明贵贱制度者也。近世西洋之道德政治，乃以自由平等独立之说为大原，与阶级制度极端相反。此东西文明之一大分水岭也。……自西洋文明输入吾国，最初促吾人之觉悟者为学术，相形见绌，举国所知矣；其次为政治，年来政象所证明，已有不克守缺抱残之势。继今以往，国人所怀疑莫决者，当为伦理问题。此而不能觉悟，则前之所谓觉悟，非彻底之觉悟，盖犹在惝恍迷离之境。吾敢断言曰：伦理的觉悟，为吾人最后之最后觉悟。①

陈独秀不愿意给儒家留下任何回旋的余地，他认为君权与教权有密切的关系，所以，所有在民国提倡孔教的人，必然是与共和政体为敌的人。针对康有为的建立孔教并将孔教立为国教的设想，无论从宗教的历史还是现实的政治来看，都是站不住的。对于宪法草案中提出的以孔子思想为修身大本的条款。陈独秀认为，法律与教育，各有领域，不能混为一谈。反对孔教为国教则不应从信仰自由立论，而是应从各宗教平等出发，由此，“各教教徒，对于国家担负平等，所享权利，亦应平等。必如是而后教祸始不酝酿于国中。由斯以谈，非独不能以孔教为国教，定入未来之宪法，且应毁全国已有之孔庙而罢其祀！”② 陈独秀尤其反对康有为所作出的民国之后风俗民心败坏的结论而认为共和思想流入中国之后，国民道德大有长进，所败坏的“莫过于臣不忠，子不孝，男不尊经，女不守节。然是等谓之不尊孔则可，谓之风俗人心之大坏，盖未知道德之为物，与真理殊，其必以社会组织生活状态为变迁，非所谓一成而万

---

① 陈独秀：《吾人最后之觉悟》，见任建树主编：《陈独秀著作选编》，第一卷，204页。

② 陈独秀：《再论孔教问题》，见任建树主编：《陈独秀著作选编》，第一卷，280页。

世不易者也”[①]。

针对当时许多人将孔子和后儒相区分，展开关于“真孔子”和“假孔子”的争论，陈独秀认为这种分别是不可能的，是一个伪问题。“鄙意以为佛耶二教，后师所说，虽与原始教主不必尽同，且较为完美繁琐。而根本教义，则与原始教主之说不殊，如佛之无生，耶之一神创造是也。其功罪皆应归之原始教主圣人。……孔子之道，亦复如是。足下分汉宋儒者以及今之孔教孔道诸会之孔教，与真正孔子之教为二，且谓孔教为后人所坏。愚今欲问者：汉唐以来诸儒，何不依傍道、法、杨、墨，人亦不以道、法、杨、墨称之？何以独与孔子为缘而复败坏之也？足下可深思其故矣……足下谓孔教之坏于李斯、叔孙通、刘歆、韩愈者，不知所指何事？含混言之，不足以服古人。足下能指示一二事为刘、李、叔孙通、韩愈之创说，而不发源于孔孟者乎？”[②] 陈独秀甚至说，他宁愿共和政治之乱，也不愿意王道政治之治，因为在共和政治中个人独立，王道政治中个人处于奴隶的地位。

从陈独秀的立论中，我们可以看到五四新文化运动在进化论的思维模式影响下，视传统为愚昧落后之根由，在这种非此即彼的选择之下，中国传统的一切都在摒弃之列，家庭、姓名、文言文等等，甚至是汉字也应该拼音化，理由是这些东西与传统的专制政治相联系，要迎接现代民主政治，就必须清除一切传统的遗存。鲁迅在传统的书籍中看到了“吃人”，钱玄同看到了炼丹。因此，激进人士认为中国的典籍应该丢弃在厕所中。

在《新青年》、《新潮》等杂志的影响下，新文化运动吸引了思想狂热的新知识群体。在这样的集体无意识中，青年人陷于一种急于与自己的传统割断联系的迷狂之中，因此，家庭、亲情都在被怀疑和否定之列。在这些激烈的言辞之中，鲁迅的小说和吴虞的论述在青年人的心理引起了最为激烈的震动。在发表于《新青年》四卷五号的《狂人日记》有这

---

① 陈独秀：《孔子之道与现代生活》，见任建树主编：《陈独秀著作选编》，第一卷，269页。

② 陈独秀：《答常乃悳》，见任建树主编：《陈独秀著作选编》，第一卷，273～274页。

么一段描述："我翻开历史一查，这历史没有年代，歪歪斜斜的每叶上都写着'仁义道德'几个字。我横竖睡不着，仔细看了半夜，才从字缝里看出来，满本都写着两个字是'吃人'。"① 将儒家的核心观念"仁义道德"看作"吃人"，是感到自己身处在铁屋子的黑暗中的鲁迅的"呐喊"，很快获得了众声应和，吴虞专门写了一篇文章《礼教与吃人》来为礼教吃人做史实上的证明。

与鲁迅的文学手法不同，吴虞对于儒家礼教的攻击更具理论色彩，准备也更为充分。他在给陈独秀的信中说他"归蜀后，常以六经、五体通考、唐律疏义、满清律例，及诸史中'议礼'、'议狱'之文，与老、庄、孟德斯鸠、甄克思、穆勒约翰、斯宾塞尔、远藤隆吉、久保天随诸家之著作，及欧美各国宪法、民、刑法比较对勘。十年以来，粗有所见"②。吴虞将李贽奉为同道，对孔子的圣人地位、儒家的纲常伦理作了彻底的否定，尤其是对"孝"攻击最力。"他们教孝，所以教忠，也就是教一般人恭恭顺顺地听他们一干在上的人的愚弄，不要犯上作乱，把中国弄成一个'制造顺民的大工厂'。"③

吴虞被胡适称为"四川省只手打倒孔家店的老英雄"④，足见吴虞的言论在新文化运动中的影响力，按周策纵的说法，原因在于"吴虞对孔教的批判态度可能是正适应了时代的需要。问题的实质并非是对孔子的教义进行重新评价，而要揭露许多世纪以来由统治者和官僚们强加在人们身上的伦理原则、制度，即基于孔子本人的教义或者冒用孔子教义的名义的伦理原则与制度的虚伪与残酷。战斗的关键是反对僵化了的传统，而儒学则是这一传统的核心"⑤。

---

① 《鲁迅全集》，第1卷，281页。

② 吴虞：《致陈独秀》（1916年12月3日），见《吴虞集》，385页，成都，四川人民出版社，1985。

③ 吴虞：《说孝》，见《吴虞集》，311页。

④ 胡适后来又说："孔家店之倒也，也不自今日始也。满清之倒，岂辛亥一役为之？辛亥之役乃摧枯拉朽之业。我们打孔家店，及今回想，真同打死老虎，既不能居功，亦不足言罪也。"不知道这段话是否同样否定了吴虞的成绩。《论六经不够作领袖人才的来源》，见《胡适论学近著》，406页。

⑤ 周策纵：《五四运动史》，430页。

五四新文化运动被胡适等人称为中国近代的启蒙运动，这或许值得讨论，的确西方的启蒙运动以个人权利和民主自由科学为指向，促进了西方文明的一个大的发展。但是，五四运动并没有提出一个自己的启蒙的目标，而是将儒家思想视为一个西方教会那样的假想敌，因而也难以为中国未来的发展提供真正的价值基础。或许短短的九十年，我们并不能确切地看到五四新文化运动对于中国发展的利弊，但是，这种彻底反传统的非此即彼的思维方式，却是需要首先被反思的。固然，康有为对于民国的批评有其不甚恰当的地方，但是康有为立足于文化的基础进行制度创设的想法，在举国狂热的背景中，也未尝不是一种众人皆醉而他独醒的痛苦。历史必然会得出这样的结论，任何缺乏文化价值基础支持的制度创设，必然难以真正成为有效的制度。

1919 年，梁启超从欧洲参加凡尔赛和约谈判归来，他发现西方文明并非没有缺点，第一次世界大战让人们从启蒙的奇迹中惊醒。而他们当时还不能预料破坏力更大的第二次世界大战在不远的将来就要爆发。与此同时，在北京大学教授印度哲学和佛教哲学的梁漱溟，开始思考多元现代性的问题，他坚信文化发展有多重路径，从此，儒家又有了有实力的辩护者。虽然儒家一直所依托的制度体系已不复存在，但是，儒家开始寻求其在现代性背景下的发展的可能性。

从 19 世纪末到 20 世纪初短短的 30 年的时间里，儒家由中国人的安身立命之本和合法性的基础转变为新派的知识阶层眼里走向民主和自由的障碍物，中国的意识经历了一场深刻的危机。对于制度化儒家而言，从废除科举制到君主制度的推翻，自“独尊儒术”后形成的一系列制度设置彻底地解体。陈寅恪先生以略带伤感口吻说：“近数十年来，自道光之季，迄乎今日，社会经济之制度，以外族之侵迫，致剧疾之变迁；纲纪之说，无所凭依，不待外来学说之掊击，而已消沉沦丧于不知觉之间；虽有人焉，强聒而力持，亦终归于不可救疗之局。”①

不过激进的知识阶层同样感到一丝悲哀，因为随后的历史说明，儒家并没有随着制度化的解体或曾经有过的彻底否定而失去其对中国人的

---

① 陈寅恪：《挽王静安先生》，见干春松、孟彦弘编：《王国维学术经典集》下册，497 页。

生活的影响，在20世纪的中国政治发展和文化变迁中，儒学以它独特的方式发挥着作用。人们怀着不同的情感，抱着各自的目的或誉之或毁之。客观地说不管是乐观者还是悲观者，在一定的历史阶段内，我们很难对儒家的前景作出确切的判断。

儒学在汉代、宋明时期曾经发生过巨大的变化，也曾经成功地与佛教等外来文化融合，那么面临现代化的挑战，儒家必将找到下一个发展的机会。

结语　寻求新生：儒家在现代中国的意义

本研究最初的缘起是对于20世纪孔子形象的关注。因为，在整个20世纪，对于儒家，中国人曾经倾注了太过复杂的情感，在“打倒”和“维护”之间我们演绎了无奈、同情、悲伤、坚持。“批林批孔”运动开始的时候，我才是七八岁的孩子，但我却记住了一个名字“孔老二”，用这样一种称呼来“关照”曾经（而且应该是依然）是我们民族文明和智慧的象征的“孔夫子”，这其间的曲折自然是可以长期成为中国人自我反省的素材。对于“儒家”，现代中国人经常限于一种“感情用事”的境地之中，这使学术的研究经常会承担它所不能承担的责任。所以很多老师在看完我的论文的时候，对于本文只是对于儒学的未来作了一个哈姆雷特式的两难性回答时，总觉得意犹未尽。

可以说，本文的目的并不是在港台新儒家们的“同情和敬意”上加一分同情，增一分敬意，而是试图从为新儒家所忽视的制度层面，探解更为真实的儒家在中国社会的生存图像，虽然这种图像是不断在变化的，但有一种越来越习惯成自然的制度性存在方式却多少被人所忽视。这种忽视的根本原因有两种，其一是中国弱势文化的处境和制度上的全面西方化，特别是儒家和民主制度之间的矛盾使得对于儒家的制度层面的全面考察被儒家与民主制度的协调的努力所取代。其二是现代的学科建制使得像儒家这种复杂的存在被分解为哲学、历史、社会学等具体的学科按不同的方法来研究的被肢解的状况。这样一来制度化儒家这种复杂的对象便被“按下不表”。许多编辑界的朋友经常将我讨论的问题放到历史或别的栏目，有的干脆说不知如何安排。而在我个人虽然并不是将之完全按“哲学”的路径来处置这个问题的，但也绝对不敢说是按历史或社会学，因此本研究本身便会遭受“学科认同危机”。

所以我需要花一些工夫来说儒者和哲学家的问题。

因为经过胡适、冯友兰以来几代中国“职业”哲学家的塑造，在许多人的心目中，儒家已经抽象成哲学家。①

我在这里之所以要对儒者和哲学家作一些分疏，并不是说儒门中人不关注哲学问题，或者说哲学家不关注现实问题或政治问题，我所要强调的是当我们以康德那样的哲学家的形象来描述孔子及其儒门后学的时候，许多的信息已经被遗漏了。因为无论是从词源的角度还是从西方文化中哲学家的通常形象来看，哲学家所关注的是智慧的问题，但儒家则不然，儒家所关注的则是现实秩序的建构。

许多人十分反感黑格尔对于中国哲学特别是对孔子的“贬低”，因为黑格尔认为孔子的论语只是一些道德教条，是非哲学性的。不过，我却认为我们应该重视黑格尔的敏锐。毫无疑问，孔子关注的重点是为现实的政治和社会生活提供准则和合法性的依据，这也是儒家一如既往的特征。所以儒者的安身立命之处不在于对于概念进行抽象、为思想提供逻辑基础，也就是说他们并不是将西方哲学家所做的工作看作是必需的和前提性的。即使是魏晋和宋明的思想家们对此投注了很多精力，看上去有点哲学家的影子，但我们也不能简单认为这些是他们的工作的核心。因为当我们以玄学家和理学家（道学家）来观照他们的时候，我们已经是不自觉地以哲学家的标准来衡量他们，而他们对于现实的关注，他们的“理论工作”的现实动机便被剥离了。

这就是本文关注儒家的制度化存在的原因。因为我认为自从汉代获

① 近年来对于中国哲学模式的讨论已经成为学术界的热点问题。有一些人认为：尽管胡适、冯友兰对于哲学的概念本身做了符合中国特色的发挥，但是既然使用了“哲学”概念，那就必然会以西方哲学那种“普遍性”的模式去度量中国哲学。而“在那种模式和眼界中，中国古学乃是思想上的侏儒。用黑格尔的话说就是，它乃是‘没有概念化’的、还‘停留在无规定（或无确定性）之中’的‘最浅薄的（纯粹）思想’。事实上，任何一种还依据现成的概念模式——不管它是唯理论的还是经验论的、唯心论的还是实在论的——的哲学思想都极难与东方哲理思想，特别是中国古学进行有效的对话”（张祥龙：《从现象学到孔夫子》，191 页，北京，商务印书馆，2001）。所以张祥龙不赞同用“哲学”这个词来概况中国传统的学问，而主张代之以“中学”或“中国古学”。他说：“中国从远古到近代，有易学、仁学、道学、方术、玄学、性名之学、理气之学、心性之学、缘起性空之学、禅学、义理之学等等，笼而统之可称为‘中学’或‘中国古学’，但没有（狭义的）哲学。”（同上书，190 页）

得独尊地位之后，儒家便获得了一种制度化的存在方式。同时，我之对待儒家，并不是以孔子、孟子这样的个体形式来考量，而是将儒家看作一个群体，一个在汉代以后一直扮演着社会精英角色的群体。他们不但利用统治的权威将孔子和儒家经典神圣化，而科举考试作为制度化儒家的核心的制度设计，将儒家和权力联系起来，由此而建立起了一整套的儒家传播系统。不仅如此，他们依据自己的独尊地位，在现实的政治设计中灌注儒家的理想。因此我们说，儒家从根本上是排斥“静思”而提倡“行动”的。“经世致用”是儒者的出发点。

我不反对将儒家称之为哲学家，但是我反对将儒家只是看作哲学家，因为这必定是孔子及其后学所不愿意的。

我们知道，哲学这门学科的存在，本身就是西方文化影响的结果，无论是以实证主义还是以辩证唯物主义的方式来整理中国的思想也自有其思想意义，但是如果我们忽视儒者的真正的社会使命，忽视儒家在传统中国的存在方式和价值追求，我们或许不能理解儒家，进一步讲也就无法认识儒家对于现代和未来中国的意义。

显然，现代中国学者对于儒家的研究并不是出于一种“考古”的兴趣，因为每一个中国人都能真切地感受到儒家对于我们的生活、制度、价值所投射下的影响。尽管辛亥革命之后，儒家失去了制度的依托，尽管新文化运动中的许多人将儒家看作是一只“死老虎”，但是儒家依然顽强地影响着中国近现代历史的发展。袁世凯等人将民国建立之后的社会失范的原因归结为对于儒家的否定，康有为则试图以完全宗教的方式重建制度化的儒家，后来蒋介石的力行哲学和三民主义儒家化的努力让我们看到了儒家试图在现代政治架构中发生作用的可能性。

即使在1949年之后，对于孔子的研究也带有浓厚的政治色彩，无论是以儒法斗争来概括中国思想的历史，还是开展“批林批孔”运动，我们都可以读出学术之外的意蕴。

20世纪末的改革开放中，儒家和现代化的关系又一次成为关注点。甚至连“中体西用”这样的问题也重新被提起，新儒家的立场也受到了广泛的关注，但在这些讨论中有一点我们可以认定，谁也不可能是仅仅站在哲学的立场上来看待儒家的。由此我们便觉察到以哲学来解释儒家的无力。因此，我相信，要解释儒家的意义，制度化的角度是一种重要的入手处。

主要参考书目

A

艾尔曼：《经学、政治和宗族——中华帝国晚期常州今文学派研究》，江苏人民出版社，1998年。

艾尔曼：《经学·科举·文化史：艾尔曼自选集》，中华书局，2010年。

艾恺：《最后的儒家——梁漱溟与中国现代化的两难》，江苏人民出版社，1996年。

艾森斯塔德：《现代化：抗拒与变迁》，中国人民大学出版社，1988年。

艾森斯塔得：《帝国的政治体系》，贵州人民出版社，1992年。

阿英：《晚清小说史》，东方出版社，1996年。

昂格尔：《现代社会中的法律》，译林出版社，2001年。

B

布迪厄等：《实践与反思——反思社会学导引》，中央编译出版社，1998年。

布尔迪约、帕斯隆：《再生产——一种教育系统理论的要点》，商务印书馆，2002年。

贝淡宁：《超越自由民主》，上海三联书店，2009年。

包弼德：《历史上的理学》，浙江大学出版社，2010年。

C

陈独秀：《陈独秀文章选编》，三联书店，1984年。

陈来：《古代宗教和伦理》，三联书店，1996 年。

陈来：《人文主义的视界》，广西师范大学出版社，1997 年。

陈来：《现代中国哲学的追寻》，人民出版社，2001 年。

陈平原：《老北大的故事》，江苏文艺出版社，1998 年。

陈志让：《军绅政权》，三联书店，1980 年。

陈明：《文化儒学》，四川人民出版社，2009 年。

陈壁生：《经学、制度与生活》，华东师范大学出版社，2010 年。

陈壁生编：《国学与近代经学的解体》，广西师范大学出版社，2010 年。

蔡长林：《从文士到经生——考据学风潮下的常州学派》，“中央研究院”中国文哲专刊（39），2010 年。

D

丹尼斯·K·姆贝：《组织中的传播和权力：话语、意识形态和统治》，中国社会科学出版社，2000 年。

德克·布迪、克拉伦斯·莫里斯：《中华帝国的法律》，江苏人民出版社，2008 年。

邓洪波：《中国书院史》，台湾大学出版中心，2005 年。

F

方克立：《现代新儒家与中国现代化》，天津人民出版社，1997 年。

方克立：《走向 21 世纪的中国文化》，山西教育出版社，1998 年。

费正清：《剑桥中国晚清史》，中国社会科学出版社，1985 年。

费正清等：《剑桥中华民国史》，中国社会科学出版社，1994 年。

费孝通：《费孝通选集》，天津人民出版社，1988 年。

费孝通：《乡土中国·生育制度》，北京大学出版社，1996 年。

费孝通：《中国士绅》，三联书店，2009 年。

冯友兰：《中国哲学史新编》，人民出版社，1992 年。

冯友兰：《中国现代哲学史》，广东人民出版社，1999 年。

冯尔康、常建华：《中国宗族史》，上海人民出版社，2009 年。

冯客：《近代中国之种族观念》，江苏人民出版社，1999 年。

福柯：《福柯集》，上海远东出版社，1998 年。

福柯：《必须保卫社会》，上海人民出版社，1999 年。

福柯：《权力的眼睛》，上海人民出版社，1996 年。

福柯：《安全、领土与人口》，上海人民出版社，2010 年。

G

干春松：《现代化与文化选择——国门开放后的文化冲突》，江西人民出版社，1998 年。

干春松、孟彦弘编：《王国维学术经典集》，江西人民出版社，1997 年。

干春松：《制度儒学》，上海人民出版社，2006 年。

甘怀真：《皇权、礼仪与经典诠释：中国古代政治史研究》，华东师范大学出版社，2008 年。

格尔兹：《文化的解释》，上海人民出版社，1999 年。

顾长声：《传教士与近代中国》（增订本），上海人民出版社，1995 年。

顾卫民：《基督教与近代中国社会》，上海人民出版社，1998 年。

郭齐勇、吴根友：《诸子学志》，上海人民出版社，1998 年。

郭齐勇：《儒家伦理争鸣录——以“亲亲互隐”为中心》，湖北教育出版社，2004 年。

桂思卓：《从编年史到经典：董仲舒的春秋诠释学》，中国政法大学出版社，2010 年。

H

郝大维、安乐哲：《孔子哲学思微》，江苏人民出版社，1996 年。

赫伯特·芬格莱特：《孔子：即凡而圣》，江苏人民出版社，2002 年。

何怀宏：《选举社会及其终结》，三联书店，1998 年。

胡适：《胡适论学近著》，山东人民出版社，1998 年。

胡卫清：《普遍主义的挑战》，上海人民出版社，2000 年。

胡春惠：《民初的地方主义与联省自治》，中国社会科学出版社，2001 年。

华友根：《西汉礼学新论》，上海社会科学院出版社，1998 年。

黄俊杰：《东亚文化交流中的儒家经典与理念：互动、转化与融合》，台湾大学出版中心，2010 年。

黄朴民：《天人合一：董仲舒与汉代学术思潮》，岳麓书社，1999 年。

黄宗智：《清代的法律、社会与文化：民法的表达与实践》，上海书店出版社，2001 年。

黄静嘉：《中国法制史论述丛稿》，清华大学出版社，2006 年。

J

吉登斯：《现代性的后果》，译林出版社，2000 年。

蒋庆：《政治儒学》，三联书店，2003 年。

蒋庆：《王道政治与儒教宪政》，阳明精舍自印本，2010 年。

蒋梦麟：《西潮·新潮》，岳麓书店，2000 年。

蒋梦麟：《现代世界中的中国》，学林出版社，1997 年。

蒋纯焦：《一个阶层的消失：晚清以降塾师研究》，上海书店出版社，2007 年。

姜义华、张荣华编：《康有为全集》，中国人民大学出版社，2007 年。

井上徹：《中国的宗族与国家礼制》，上海书店出版社，2008 年。

教育部考试中心：《中国考试史专题论文集》，高等教育出版社，1999 年。

金耀基：《从传统到现代》，中国人民大学出版社，1999 年。

金耀基：《中国现代化与知识分子》，时报出版公司，1977 年。

景海峰、黎业明：《梁漱溟评传》，人民出版社，1999 年。

荆知仁：《中国立宪史》，联经出版事业公司，1984 年。

K

柯兰：《千年孔府的最后一代》，天津教育出版社，1998 年。

孔飞力：《中华帝国晚期的叛乱及其敌人》，中国社会科学出版社，

1990 年。

L

李安宅：《仪礼和礼记之社会学的研究》，商务印书馆，1931 年。

李峰：《西周的政体：中国早期的官僚制度和国家》，三联书店，2010 年。

李申：《中国儒教史》，上海人民出版社，1999 年。

李泽厚：《中国近代思想史论》，人民出版社，1979 年。

李泽厚：《中国现代思想史论》，人民出版社，1987 年。

李路路：《当代中国现代化进程中的社会结构及其变革》，浙江人民出版社，1992 年。

李长莉：《中国人的生活方式——从传统到近代》，四川人民出版社，2008 年。

李兵：《书院教育与科举关系研究》，台湾大学出版中心，2009 年。

李细珠：《张之洞与清末新政研究》，上海书店出版社，2009 年。

梁启超：《中国近三百年学术史》，中国书店，1985 年。

梁启超：《儒家哲学》，上海人民出版社，2009 年。

梁漱溟：《中国文化要义》，学林出版社，1987 年。

梁治平：《寻求自然秩序中的和谐》，中国政法大学出版社，1997 年。

林耀华：《金翼——中国家族制度的社会学研究》，三联书店，1989 年。

林济：《长江中游宗族社会及其变迁》，中国社会科学出版社，1999 年。

林毓生：《热烈与冷静》，上海文艺出版社，1998 年。

林毓生：《中国意识的危机》，贵州人民出版社，1986 年。

林纬毅：《法儒兼容：韩非子的历史考察》，文津出版社，2004 年。

刘大鹏：《退想斋日记》，山西人民出版社，1990 年。

刘志琴主编：《近代中国社会文化变迁录》，浙江人民出版社，1998 年。

刘泽华：《中国王权主义》，上海人民出版社，2000 年。

刘泽华：《中国政治思想史集》，人民出版社，2007年。

刘小枫：《现代性社会理论绪论》，上海三联书店，1998年。

刘小枫：《个体信仰与文化理论》，四川人民出版社，1997年。

刘军宁：《共和·民主·宪政》，上海三联书店，1998年。

刘海峰、李兵：《中国科举史》，东方出版中心，2004年。

刘禾：《帝国的话语政治》，三联书店，2009年。

刘易斯·科塞：《理念人——一项社会学的考察》，中央编译出版社，2000年。

柳立言：《传统中国法律的理念与实践》，"中央研究院"历史语言研究所，2008年。

鲁迅：《鲁迅全集》，人民文学出版社，1981年。

吕思勉：《中国制度史》，上海教育出版社，1985年。

罗志田：《乱世潜流：民族主义与民国政治》，上海古籍出版社，2001年。

罗志田：《权势转移：近代中国的思想、社会与学术》，湖北人民出版社，1999年。

M

蒙文通：《儒学五论》，广西师范大学出版社，2007年。

麦克林：《传统与超越》，华夏出版社，2000年。

毛礼锐：《中国教育简史》，教育科学出版社，1983年。

马克斯·舍勒：《知识社会学问题》，华夏出版社，2000年。

米勒：《布莱克维尔政治学百科全书》，中国政法大学出版社，1992年。

明恩溥：《中国乡村生活》，时事出版社，1998年。

莫伟民：《主体的命运》，上海三联书店，1996年。

墨子刻：《摆脱困境——新儒学与中国政治文化的演进》，江苏人民出版社，1995年。

N

尼克拉斯·卢曼：《权力》，上海人民出版社，2005年。

Q

乔纳森·H·特纳：《社会学理论的结构》，浙江人民出版社，1987年。

《清末筹备立宪档案史料》，中华书局，1979年。

瞿同祖：《瞿同祖法学论著集》，中国政法大学出版社，1998年。

瞿同祖：《汉代社会结构》，上海人民出版社，2007年。

瞿同祖：《清代地方政府》，法律出版社，2003年。

渠敬东：《缺席与断裂——有关失范的社会学研究》，上海人民出版社，2000年。

亓冰峰：《清末革命与君宪的论争》，"中央研究院"近代史研究所专刊（19），1980年。

齐锡生：《中国的军阀政治（1916—1928）》，中国人民大学出版社，2010年。

秦晖：《农民中国：历史反思与现实选择》，河南人民出版社，2003年。

R

任达：《新政革命与日本——中国，1898—1912》，江苏人民出版社，1998年。

S

沙莲香：《中国民族性》（1）（2），香港三联书店，1999年。

沙莲香等：《中国人百年》，新华出版社，2001年。

桑兵：《晚清学堂学生与社会变迁》，学林出版社，1995年。

史华兹：《寻求富强，严复与西方》，江苏人民出版社，1995年。

史广全：《礼法融合与中国传统法律文化的历史演进》，法律出版社，

2006 年。

史蒂文·卢克斯：《权力：一种激进的观点》，江苏人民出版社，2008 年。

实藤惠秀：《中国人留学日本史》，三联书店，1983 年。

宋仲福等：《儒学在现代中国》，中州古籍出版社，1991 年。

舒新城：《中国近代教育史资料》，人民教育出版社，1981 年。

孙江：《十字架与龙》，浙江人民出版社，1990 年。

孙立平：《传统与变迁》，黑龙江人民出版社，1992 年。

孙星衍等辑、郭沂校补：《孔子集语校补》，齐鲁书社，1998 年。

守屋美都雄：《中国古代的家族与国家》，上海古籍出版社，2010 年。

沈玉成、刘宁：《春秋左传学史稿》，江苏古籍出版社，1992 年。

T

塔尔科特·帕森斯：《现代社会的结构与过程》，光明日报出版社，1988 年。

汤志均编：《康有为政论集》（上下），中华书局，1981 年。

陶东风：《社会转型与当代知识分子》，上海三联书店，1999 年。

唐德刚：《晚清七十年》，岳麓书社，1999 年。

杜维明：《道·学·政——论儒家知识分子》，上海人民出版社，2000 年。

杜赞奇：《文化、权力与国家——1900—1942 年的华北农村》，江苏人民出版社，1994 年。

W

王葆玹：《今古文经学新论》，中国社会科学出版社，1997 年。

王德昭：《清代科举制度研究》，中华书局，1984 年。

王汎森：《章太炎的思想——兼论其对儒学传统的冲击》，时报出版公司，1992 年。

王汎森：《中国近代思想与学术的系谱》，河北教育出版社，2001 年。

王沪宁：《当代中国村落家族文化》，上海人民出版社，1991 年。

王铭铭：《村落视野中的文化与权力》，三联书店，1997 年。

王铭铭、王斯福：《乡土社会的秩序、公正与权威》，中国政法大学出版社，1997 年。

王人博：《宪政文化与近代中国》，法律出版社，1997 年。

王晓秋：《戊戌维新与清末新政》，北京大学出版社，1998 年。

王先明：《近代绅士——一个封建阶层的历史命运》，天津人民出版社，1997 年。

王先明：《变动时代的乡绅——乡绅与乡村社会结构变迁（1901—1945)》，人民出版社，2009 年。

王亚南：《中国官僚政治研究》，中国社会科学出版社，1981 年。

王伯琦：《近代法律思潮与中国固有文化》，清华大学出版社，2005 年。

汪荣祖：《晚清变法思想论丛》，新星出版社，2008 年。

汪德迈：《新汉文化圈》，江西人民出版社，1993 年。

韦森：《经济学与哲学：制度分析的哲学基础》，上海人民出版社，2005 年。

吴雁南等：《中国经学史》，福建人民出版社，2010 年。

吴国武：《经术与性理——北宋儒学转型考论》，学苑出版社，2009 年。

吴春梅：《一次失控的近代化改革》，安徽大学出版社，1998 年。

吴晗、费孝通等：《皇权与绅权》，天津人民出版社，1988 年。

尾形勇：《中国古代的“家”与国家》，中华书局，2010 年。

X

萧公权：《近代中国与新世界——康有为变法与大同思想研究》，江苏人民出版社，1997 年。

萧公权：《中国政治思想史》（上下），中国文化学院出版部，1980 年。

萧功秦：《危机中的变革》，上海三联书店，1999 年。

小野川秀美：《晚清政治思想研究》，时报出版公司，1982 年。

夏晓虹编：《追忆康有为》，中国广播电视出版社，1997 年。

夏传玲：《权杖和权势——组织的权力运作机制》，中国社会科学出版社，2008 年。

刑义田：《秦汉史论稿》，台北东大图书公司，1987 年。

熊十力：《论六经・中国历史讲话》，中国人民大学出版社，2006 年。

熊月之：《西学东渐与晚清社会》，上海人民出版社，1994 年。

熊志勇：《从边缘走向中心——晚清社会变迁中的军人集团》，天津人民出版社，1998。

徐复观：《两汉思想史》，华东师范大学出版社，2001 年。

徐复观编：《知识分子与中国》，时报出版公司，1980 年。

徐复观：《徐复观论经学史二种》，上海古籍出版社，2002 年。

徐复观：《中国思想史论集》，上海书店出版社，2005 年。

徐扬杰：《宋明家族制度史论》，中华书局，1995 年。

西嶋定生：《二十等爵制》，国际文化出版社公司，1992 年。

Y

阎步克：《士大夫政治演生史稿》，北京大学出版社，1996 年。

阎步克：《乐师与史官》，三联书店，2001 年。

杨幼炯：《中国政治思想史》，商务印书馆，1998 年。

杨国强：《百年嬗蜕——中国近代的士与社会》，上海三联书店，1997 年。

杨念群：《儒学地域化的近代形态》，三联书店，1997 年。

余英时：《士与中国文化》，上海人民出版社，1987 年。

余英时：《中国思想传统的现代诠释》，江苏人民出版社，1995 年。

余英时：《钱穆与中国文化》，上海远东出版社，1996 年。

余英时：《现代儒学论》，上海人民出版社，1998 年。

俞荣根：《道统与法统》，法律出版社，1999 年。

殷海光：《中国文化的展望》，中国和平出版社，1988 年。

Z

张枬、王忍之：《辛亥革命前十年间时论选集》，三联书店，1960 年。

张灏：《梁启超与中国思想的过渡》，江苏人民出版社，1993 年。

张晋藩：《中国法律的传统与近代转型》，法律出版社，1997 年。

张君劢：《明日之中国文化》，山东人民出版社，1998 年。

张静庐：《中国近代出版史料初编》，群联出版社，1953 年。

张玉田等：《中国近代军事史》，辽宁人民出版社，1983 年。

张仲礼：《中国绅士——关于其在 19 世纪中国社会中作用的研究》，上海社会科学院出版社，1991 年。

张德胜：《儒家伦理与社会秩序：社会学的诠释》，上海人民出版社，2008 年。

张亚群：《科举革废与近代中国高等教育的转型》，华中师范大学出版社，2005 年。

章太炎：《国学讲演录》，华东师范大学出版社，1995 年。

章开沅、马敏、朱英：《中国近代史上的官绅商学》，湖北人民出版社，2000 年。

郑师渠：《晚清国粹派研究——文化思想研究》，北京师范大学出版社，1997 年。

郑开：《德礼之间——前诸子时期的思想史》，三联书店，2009 年。

郑宗义：《明清儒学转折探析：从刘蕺山到戴东原》，香港中文大学出版社，2009 年。

郑匡民：《西学的中介：清末民初的中日文化交流》，四川人民出版社，2008 年。

曾德雄：《谶纬的思想与时代》，香港国际学术文化资讯出版公司，2006 年。

曾亦：《共和与宪政：康有为晚期政治思想研究》，上海人民出版社，2010 年。

庄孔昭：《银翅——中国的地方社会与文化变迁》，三联书店，2000 年。

赵秀玲：《中国乡里制度》，社会科学文献出版社，2002 年。

周予同：《周予同经学史论著选集》（增订本），上海人民出版社，1996 年。

周策纵：《五四运动史》，岳麓书店，1999 年。

周桂钿：《秦汉思想史》，河北人民出版社，2000 年。

周锡瑞：《改良与革命——辛亥革命在两湖》，中华书局，1982 年。

中国第二历史档案馆编：《中华民国史档案资料汇编》，江苏古籍出版社，1991—1994 年。

《中国现代学术经典·顾颉刚卷》，河北教育出版社，1996 年。

朱维铮：《走出中世纪》，上海人民出版社，1987 年。

朱维铮：《走出中世纪二集》，复旦大学出版社，2008 年。

朱维铮编：《万国公报文选》，三联书店，1998 年。

兹纳涅茨基：《知识人的社会角色》，译林出版社，2000 年。

左玉河：《从四部之学到七科之学》，上海书店出版社，2004 年。

左玉河：《中国近代学术体制之创建》，四川人民出版社，2008 年。

Focault and Herbmas，*Power and Critique*，MIT，1998.

Yi C. Wang，*Chinese Intellectuals and the West*（*1872—1949*），The University of North Carolina Press，1966.

后 记

本来我想做一本关于20世纪孔子形象的书，因为单就孔子形象的丰富性而言，20世纪显然是十分有魅力的。但是在阅读了一些文献和与我的导师方克立先生讨论之后，改成了现在这一个主题。

本书是在我的博士论文的基础上修改而成的，由于其中的一些部分曾经以文章的形式发表过，使我有机会听到许多不同的意见。这为我的修改工作提供了巨大的帮助。

在本书得以出版之际，首先要感谢的是我的导师方克立先生，他一直以敏锐的视角影响着中国哲学的研究，他对于我的选题的支持和具体写作中的帮助增加了我思考的勇气和信心。

另外要感谢的是沙莲香先生，她始终以她的方式支持我的研究。我在她的指导之下，开始有选择地阅读一些社会学和社会心理学的著作，我与她合作写作的两本关于中国人的著作也成为本论文写作的重要准备，特别是在思考方法上的。

麦克林先生是我的老师，也是我的朋友，因他的慷慨，我有机会去美国做访问学者几个月，在那段时间里，我与许多学者一起讨论福柯等人的观点，对我尝试用新的视角来审视儒家提供了更宽广的视野。

我的妻子潘宇博士和女儿干浥始终是我的研究工作的最大的支持者，她们以自己的方式激励我坚持学术研究。我的朋友裘国根、周强强、施光耀、赵剑英、胡邦胜，这些年无论在物质上和精神上均给予了无私的帮助，他们让我体会到了生活的美好。

本文作为博士论文，在答辩过程中，葛荣晋、李甦平、宋志明、秦晖、孙原、余敦康、郑家栋等先生对论文给予了充分的肯定，但同时又指出了许多学理和技术上的问题，这都成为我继续研究和修正的基础。

李艳辉作为丛书的策划者，以很快的速度决定出版本书，无论如何是对于我这些年研究的支持。其他还有许多人给我以思想和资料上的帮助：他们是贺耀敏、王生平、张小劲、宣方、孟彦弘、王毅、沈原、张志强、杨立华、张晓芒、魏长宝、孙燕京、龚隽、赵景来、李小娟、韩璞庚等等，在此一并表示感谢。

特别感谢中国社会科学院哲学研究所学术委员会给予本研究以经济上的支持。

2002年11月

再版后记

修订自己的作品，是一件很复杂的事：最主要的感觉就是“悔其少作”。现在回过头来再看自己过往的作品，虽然觉得提出的问题在今天看来依然有很大的意义，但是在问题的展开方面却是非常的粗疏和简单，因此，即便是与谭徐锋兄有了修订的约定之后，仍是喜惧交加。

2003年出版的《制度化儒家及其解体》和2006年由上海世纪文景出版的《制度儒学》一书，被一些同仁视为是体现着“制度儒学”研究进路的作品，即关注儒家与中国制度的关联，并试图对此做一些理论的阐发。我自己对于制度儒学的认识也是不断深化的，并意识到儒家作为中国制度建构的基本原则在未来中国制度创新过程中的重要意义。

这些深化，一是得益于与许多朋友的攻难，二是得益于许多游学的经历。比如，2003年到2005年，我与彭国翔等人组织的“北京青年儒学论坛”，2006、2007、2010年在哈佛燕京、香港中文大学和台湾大学的研究经历，令我思路有所扩展。与杜瑞乐、毕游塞、陈明、陈壁生等等开展的“儒学在田野”的合作研究，也让我对儒学的生命力倍感信心。

对于我的这些研究，汤一介、余敦康、杜维明、方克立等学界前辈，陈来、陈少明等老师曾以不同的方式对这些研究表示肯定，黄玉顺、梁涛、唐文明等朋友有专门的评论文章，对我的研究或肯定或批评，这些都已转化我继续研究的动力。

这次的修订，除了重新核对引文，内容的修订主要是前二章，即对于“制度的儒家化和儒家的制度化的双向互动”的问题，从材料到论述，均试图展现出近年来我自己在这方面的微薄的进步。

“后制度化时期儒家的命运”一章，也有较大幅度的修正，对于康有为和近代儒学的发展是我最近的研究重点，有一些新的认识也在书中体现了出来。

还要感谢这次修订过程中，通读书稿及核订引文的张城、蒋孝军、袁晓晶、邵磊、孙旭、吕中正、胡适等同学。

再次感谢中国人民大学出版社的李艳辉和谭徐锋、胡明峰，使这本书能以一种“新”的姿态呈现给读者。

干春松

2011 年 9 月